Vorkaufsrechte an Aktien

Europäische Hochschulschriften

Publications Universitaires Européennes
European University Studies

Reihe II
Rechtswissenschaft

Série II   Series II
Droit
Law

Bd./Vol. 4043

PETER LANG

Frankfurt am Main · Berlin · Bern · Bruxelles · New York · Oxford · Wi

Tilman Sprockhoff

Vorkaufsrechte an Aktien

PETER LANG
Europäischer Verlag der Wissenschaften

Bibliografische Information Der Deutschen Bibliothek
Die Deutsche Bibliothek verzeichnet diese Publikation in der
Deutschen Nationalbibliografie; detaillierte bibliografische
Daten sind im Internet über <http://dnb.ddb.de> abrufbar.

Zugl.: Heidelberg, Univ., Diss., 2004

Gedruckt auf alterungsbeständigem,
säurefreiem Papier.

D 16
ISSN 0531-7312
ISBN 3-631-53103-6

© Peter Lang GmbH
Europäischer Verlag der Wissenschaften
Frankfurt am Main 2004
Alle Rechte vorbehalten.

Printed in Germany 1 2 3 4 5   7

www.peterlang.de

Meinen Eltern

XIII

LITERATURVERZEICHNIS

I.　Lehr- und Handbücher

Happ, Wilhelm (Hrsg.)　　Aktienrecht, Handbuch – Mustertexte – Kommentar,
　　　　　　　　　　　　2. Auflage, Köln, Berlin, Bonn, München, 2004
　　　　　　　　　　　　Zitiert: Happ Aktienrecht

Heidenhain, Martin/　　　Münchener Vertragshandbuch, Band 1,
Meister, Burkhardt　　　　Gesellschaftsrecht,
(Hrsg.)　　　　　　　　　5. Auflage, München, 2000
　　　　　　　　　　　　Zitiert: (Bearbeiter) in Münchener Vertragshandbuch,

Hennerkes, Brun-Hagen　Unternehmenshandbuch Familiengesellschaften –
(Hrsg.)　　　　　　　　　Sicherung von Unternehmen, Vermögen und Familie –
　　　　　　　　　　　　Köln, Berlin, Bonn, München, 1995
　　　　　　　　　　　　Zitiert: (Bearbeiter) in Hennerkes, Unternehmenshand-
　　　　　　　　　　　　buch Familiengesellschaften

Henze, Hartwig　　　　　Aktienrecht – Höchstrichterliche Rechtsprechung,
　　　　　　　　　　　　5. Auflage, Köln, 2002
　　　　　　　　　　　　Zitiert: Henze Aktienrecht

Hoffmann-Becking, Michael/　Becksches Formularbuch zum Bürgerlichen,
Schippel, Helmut (Hrsg.)　Handels- und Wirtschaftsrecht,
　　　　　　　　　　　　8. Auflage, München, 2003
　　　　　　　　　　　　Zitiert: (Bearbeiter) in Becksches Formularbuch

Langenfeld, Gerrit/　　　Handbuch der Familienunternehmen,
Gail, Winfried　　　　　8. Auflage, Köln, 1994
　　　　　　　　　　　　Zitiert: Langenfeld/Gail Handbuch der Familienunterneh-
　　　　　　　　　　　　men

Nirk, Rudolf /　　　　　Handbuch der Aktiengesellschaft, Teil I
Reuter, Hans-Peter /　　(Gesellschaftsrecht),
Bächle, Hans-Ulrich　　　3. Auflage, Köln, Stand November 1999
　　　　　　　　　　　　Zitiert: (Bearbeiter) in Handbuch der Aktiengesellschaft,
　　　　　　　　　　　　Teil I

Rittershaus, Gerald /　　Anwaltliche Vertragsgestaltung – Methodische Anleitung
Teichmann, Christoph　　zur Fallbearbeitung im Studium,
　　　　　　　　　　　　2. Auflage, Heidelberg, 2003
　　　　　　　　　　　　Zitiert: Rittershaus/Teichmann, S., RN

Schmidt, Karsten   Gesellschaftsrecht, 4. Auflage, Köln, Berlin, Bonn, München, 2002
Zitiert: K. Schmidt Gesellschaftsrecht, §, S.

II.   Kommentare

1.   Kommentare zum Bürgerlichen Gesetzbuch (BGB)

Erman, Walter   Handkommentar zum Bürgerlichen Gesetzbuch,
Hrsg.: Harm Peter Westermann, Klaus Küchenhoff
1. Band, §§ 1 – 853, 10. Auflage, Münster, 2000
2. Band, §§ 854 – 2385, 10. Auflage, Münster, 2000
Zitiert: Erman-(Bearbeiter), §, RN

Jauernig, Othmar   Bürgerliches Gesetzbuch,
10. Auflage, München, 2003
Zitiert: Jauernig-(Bearbeiter), §, RN

Münchener Kommentar   Münchener Kommentar zum Bürgerlichen Gesetzbuch,
München,
Bd 1, Allgemeiner Teil, §§ 1 – 240, 4. Auflage, 2001,
Bd 3, Schuldrecht BT I, §§ 433 – 606, 3. Auflage, 1995,
Bd 6, Sachenrecht, §§ 854 – 1296, 4. Auflage, 2004,
Zitiert: MK-(Bearbeiter), §, RN

Palandt, Otto   Bürgerliches Gesetzbuch,
63. Auflage, München, 2004
Zitiert: Palandt-(Bearbeiter), §, RN

Reichgerichtsräte -Kommentar   Das Bürgerliche Gesetzbuch mit besonderer Berücksichtigung der Rechtsprechung des RG und des BGH, Komm.,
Berlin, New York,
Band II, 2. Teil, §§ 414 – 610, 12. Auflage, 1978
Zitiert: RGRK-(Bearbeiter), §, RN

Soergel, Hans Theodor   Bürgerliches Gesetzbuch mit Einführungsgesetz und Nebengesetzen, Stuttgart, Berlin, Köln
Bd 2, Allgemeiner Teil 2, §§ 104– 240, 13. Auflage, 1999
Band 3, Schuldrecht II, §§ 433 – 515, 12. Auflage, 1991
Band 16, Sachenrecht, §§ 1018 – 1296, 13. Auflage, 2002
Zitiert: Soergel-(Bearbeiter), §, RN

Staudinger, Julius von   Kommentar zum Bürgerlichen Gesetzbuch mit Einführungsgesetz und Nebengesetzen, Berlin
2. Buch, §§ 433 – 534, 13. Auflage, 1995,
3. Buch, §§ 1018 – 1112, 13. Auflage, 1994,
Zitiert: Staudinger-(Bearbeiter), §, RN

2.   Kommentare zum Aktiengesetzbuch (AktG)

Geßler, Ernst/   Aktiengesetz, Kommentar,
Hefermehl, Wolfgang/   Band I, §§ 1 – 75; München, 1983
Eckardt, Ulrich/   Band IV: §§ 179 – 240; München, 1989 – 1994
Kropff, Bruno (Hrsg.)   Zitiert: (Bearbeiter) in Geßler/Hefermehl, §, RN

Godin, Freiherr von/   Aktiengesetz, Kommentar,
Wilhelmi, Hans (Hrsg.)   Band I, §§ 1 - 178
4. Auflage, Berlin, New York, 1971
Zitiert: (Bearbeiter) in Godin/Wilhelmi, §, RN

Großkommentar   Großkommentar, Aktiengesetz,
§§ 54 – 66, 4. Auflage, Berlin, 2000
Zitiert: (Bearbeiter) in Großkomm., §, Anm.

Hüffer, Uwe   Aktiengesetz, Kommentar,
5. Auflage, München, 2002
Zitiert: Hüffer, §, RN

Zöllner, Wolfgang (Hrsg)   Kölner Kommentar zum Aktiengesetz;
2. Auflage, Köln, Berlin Bonn, München
Band 1, §§ 1 – 75, 1988
Band 5/1, §§ 179 – 240, 1995
Zitiert: (Bearbeiter) in Kölner Komm., §, RN

3.   Kommentare zum GmbH-Gesetz

Baumbach, Adolf/   GmbHG, 17. Auflage, München, 2000
Hueck, Alfred   Zitiert: Baumbach/Hueck, §, RN

Lutter, Marcus/   GmbH-Gesetz, Kommentar,
Hommelhoff, Peter   15. Auflage, Köln, 2000
Zitiert: Lutter/Hommelhoff, §, RN

Scholz, Franz	Kommentar zum GmbH-Gesetz, I. Band, §§ 1 – 44, 9. Auflage, Köln 2000, Zitiert: Scholz-(Bearbeiter), §, RN

4. Kommentare zum Umwandlungsgesetz

Kallmeyer, Harald (Hrsg)	Umwandlungsgesetz, Kommentar, 2. Auflage, Köln, 2001 Zitiert: Kallmeyer-(Bearbeiter), §, RN
Lutter, Marcus (Hrsg.)	Umwandlungsgesetz, Kommentar, 2. Auflage, Köln, 2000, Band 1, §§ 1 – 151 Zitiert: Lutter-(Bearbeiter) §, RN
Widmann, Siegfried/ Mayer, Dieter	Umwandlungsrecht, UmwG, UmwStG, Kommentar, Band 2, §§ 1 – 78 UmwG, Bonn, Berlin, Stand Juni 2000 Zitiert: Widmann/Mayer-(Bearbeiter), §, RN

5. Kommentar zum Börsengesetz

Schwark, Eberhard	Börsengesetz, Kommentar, 2. Auflage, München, 1994 Zitiert: Schwark

6. Kommentare zum Wertpapiererwerbs- und Übernahmegesetz

Ehricke, Ulrich / Ekkenga, Jens / Oechsler, Jürgen	Wertpapiererwerbs- und Übernahmegesetz, Kommentar, München, 2003 Zitiert: (Bearbeiter) in Ehricke/Ekkenga/Oechsler, §
Haarmann, Wilhelm / Riehmer, Klaus / Schüppen, Matthias	Öffentliche Übernahmeangebote, Kommentar zum Wertpapiererwerbs- und Übernahmegesetz, Heidelberg, 2002 Zitiert: (Bearbeiter) in Haarmann/Riemer/Schüppen, §
Steinmeyer, Roland / Häger, Michael	WpÜG-Kommentar zum Wertpapiererwerbs- und Übernahmegesetz mit Erläuterungen zum Minderheiten- ausschluss nach §§ 327a ff AktG Berlin, 2002 Zitiert: Steinmeyer/Häger, §

III.   Monographien

Assmann, Heinz-Dieter/ Übernahmeangebote, ZGR Sonderheft 9
Basaldua, Natalie/   Hrsg. Reinhard Goerdeler, Peter Hommelhoff, Marcus
Bozenhardt, Friedrich/   Lutter, Walter Odersky und Herbert Wiedemann
Peltzer, Martin   Berlin, New York, 1990
                                    Zitiert: Assmann

Beisel, Wilhelm/   Der Unternehmenskauf,
Klumpp, Hans-Hermann 3. Auflage, München, 1996
                                    Zitiert: Beisel/Klumpp S., RN

Claussen, Carsten Peter Bank- und Börsenrecht,
                                    3. Auflage, München, 2003
                                    Zitiert: Claussen

Faistenberger, Christoph Das Vorkaufsrecht,
                                    Salzburg, München, 1967, Habilitation (Innsbruck)
                                    Zitiert: Faistenberger

Gutzler, Stephan   Übertragungshindernisse bei der Unternehmensspaltung –
                                    Die partielle Gesamtrechtsnachfolge bei der Spaltung
                                    nach dem UmwG 1995 unter besonderer Berücksichti-
                                    gung des § 132 UmwG,
                                    Frankfurt, Berlin, Bern, Brüssel, New York, Oxford,
                                    Wien, 1999, Dissertation (Mainz)
                                    Zitiert: Gutzler

Hees, Stephan   Die vertragstypologische Bestimmung des Vorkaufsfalls
                                    und die Wirkungen einzelner Vereinbarungen und Störun-
                                    gen des Drittvertrages für das Vorkaufsverhältnis,
                                    Pfaffenweiler, 1991, Dissertation (Kiel)
                                    Zitiert: Hees

Henrich, Dieter   Vorvertrag, Optionsvertrag, Vorrechtsvertrag,
                                    Berlin, Tübingen, 1965
                                    Zitiert: Henrich

Jilg, Thomas   Die Treupflicht de Aktionärs,
                                    Frankfurt, Berlin, Bern, New York, Paris, Wien, 1996,
                                    Dissertation (Heidelberg)
                                    Zitiert: Jilg

Joussen, Edgar

Gesellschafterabsprachen neben Satzung und Gesellschaftsvertrag, Köln, 1995, Dissertation (Bonn)
Zitiert: Joussen

Krebs, Erich-Rainer

Kontrolle und Schutz vor äußerer Überfremdung im Aktienhandel – Vorschläge für eine verbesserte Gesetzgebung, Darmstadt, 1979, Dissertation (Mainz)
Zitiert: Krebs

Larenz, Karl

Methodenlehre der Rechtswissenschaft,
6. Auflage, Berlin, Heidelberg, New York, 1991
Zitiert: Larenz Methodenlehre

May, Peter

Die Sicherung des Familieneinflusses auf die Führung der börsennotierten Aktiengesellschaft,
Köln, 1992, Dissertation (Hohenheim)
Zitiert: May

Noack, Ulrich

Gesellschaftervereinbarungen bei Kapitalgesellschaften,
Tübingen, 1994, Habilitation (Tübingen)
Zitiert: Noack

Reichert, Jochem

Das Zustimmungserfordernis zur Abtretung von Geschäftsanteilen in der GmbH,
Heidelberg, 1984
Zitiert: Reichert

Salzgeber-Dürig, Erika

Das Vorkaufsrecht und verwandte Rechte an Aktien,
Zürich, 1970
Zitiert: Salzgeber-Dürig

Schanz, Kay-Michael

Börseneinführung: Recht und Praxis des Börsengangs,
München, 2000
Zitiert: Schanz

Schönhofer, Wolfgang

„Vinkulierungsklauseln" betreffend Übertragungen unter Lebenden von Namensaktien und GmbH-Anteilen unter besonderer Berücksichtigung der Rechtslage in der Schweiz und in Frankreich,
Augsburg, 1972, Dissertation (Regensburg)
Zitiert: Schönhofer

Schrötter, Hans-Jörg

Die Grenze der Abschließbarkeit personenbezogener Aktiengesellschaften gegenüber unerwünschten Beteili-

gungen nach deutschem, schweizerischem und französischem Recht,
Regensburg, 1976, Dissertation (Regensburg)
Zitiert: Schrötter

Schurig, Klaus — Das Vorkaufsrecht im Privatrecht,
Berlin, 1975, Dissertation (Köln)
Zitiert: Schurig

Sudhoff, Heinrich — Unternehmensnachfolge,
4. Auflage, München, 2000
Zitiert: Sudhoff

Teichmann, Arndt — Die Gesetzesumgehung,
Göttingen, 1962
Zitiert: Teichmann

Westermann, Harm Peter — Das Verhältnis von Satzung und Nebenordnungen in der Kapitalgesellschaft,
Heidelberg, 1994
Zitiert: Westermann

Wiedemann, Herbert — Die Übertragung und Vererbung von Mitgliedschaftsrechten bei Handelsgesellschaften,
München, Berlin, 1965
Zitiert: Wiedemann

IV. Festschriftsbeiträge

Grunewald, Barbara — Umgehung schuldrechtlicher Vorkaufsrechte,
in: FS für Joachim Gernhuber zum 70. Geburtstag
Hrsg. Hermann Lange, Knut Wolfgang Nörr, Harm Peter Westermann,
Tübingen, 1993
S. 137 - 151
Zitiert: Grunewald in FS Gernhuber, S. 137

Hommelhoff, Peter — Konzerneingangs-Schutz durch Takeover-Recht ?,
in: FS für Johannes Semler
Hrsg. Marcus Bierich, Peter Hommelhoff, Bruno Kropff
Berlin, New York, 1993
S. 455 – 471
Zitiert: Hommelhoff in FS Semler, S. 455

Hueck, Götz

Erwerbsvorrechte im Gesellschaftsrecht,
in: FS für Karl Larenz (zum 70. Geburtstag)
Hrsg. Gotthard Paulus, Uwe Diederichsen, Claus-Wilhelm
Canaris; München, 1973
S. 749 – 767
Zitiert: Hueck in FS Larenz, S. 749

Lorenz, Werner

Vorzugsrechte beim Vertragsabschluss,
in: FS für Hans Dölle, Band I
Hrsg. Ernst von Caemmerer, Arthur Nikisch, Konrad
Zweigert, Tübingen, 1963
S. 103 – 133
Zitiert: Lorenz in FS Dölle, S. 103

Westermann, Harm Peter /
Klingberg, Dietgard

Vorkaufsrechte im Gesellschaftsrecht,
in: FS für Karlheinz Quack zum 65. Geburtstag,
Hrsg. Harm Peter Westermann, Wolfgang Rosener,
Berlin, New York, 1991,
S. 545 – 566
Zitiert: Westermann/Klingberg in FS Quack, S. 545

V.   Aufsätze

Barthelmeß, Stephan
Braun, Yvonne

Zulässigkeit schuldrechtlicher Verfügungsbeschränkungen über Aktien zugunsten der Aktiengesellschaft,
in AG 2000, 172 - 177
Zitiert: Barthelmeß/Braun in AG 2000, 172

Baumann, Horst/
Reiss, Wilhelm

Satzungsergänzende Vereinbarungen – Nebenverträge im Gesellschaftsrecht,
in ZGR 1989, 157 – 215
Zitiert: Baumann/Reiss in ZGR 1989, 157

Böttcher, Conrad /
Beinert, Jörg /
Hennerkes, Brun-Hagen

Möglichkeiten zur Aufrechterhaltung des Familiencharakters einer Aktiengesellschaft,
in DB 1971, 1998 - 2002
Zitiert: Böttcher/Beinert/Hennerkes in DB 1971, 1998

Bosse, Christian

Zulässigkeit des individuell ausgehandelten Rückkaufs eigener Aktien („Negotiated repurchase") in Deutschland,
in NZG 2000, 16 - 20
Zitiert: Bosse in NZG 2000, 16

Burkert, Thomas

Die Reichweite des § 506 BGB,
in NJW 1987, 3157 – 3160
Zitiert: Burkert in NJW 1987, 3157

Capelle, Karl-Hermann

Schutz von Familien-Kapitalgesellschaften gegen Überfremdung,
in BB 1954, 1076 – 1079
Zitiert: Capelle in BB 1954, 1076

Deckert, Martina

Zur Einführung: Die folgenorientierte Auslegung,
in JuS 1995, 480 – 484
Zitiert: Deckert in JuS 1995, 480

Fuhrmann, Lambertus
Simon, Stefan

Praktische Probleme der umwandlungsrechtlichen Ausgliederung,
in AG 2000, 49 – 58
Zitiert: Fuhrmann/Simon in AG 2000, 49

Fuhrmann, Lambertus
Simon, Stefan

Der Ausschluss von Minderheitsaktionären– Gestaltungs-
überlegungen zur neuen Squeeze-out-Gesetzgebung -,
in WM 2002, 1211 – 1217
Zitiert: Fuhrmann/Simon in WM 2002, 1211

Grothus, Jost

Das Vorkaufsrecht an GmbH-Anteilen,
in GmbHR 1959, 24 – 26
Zitiert: Grothus in GmbHR 1959, 24

Halm, Dirk

„Squeeze-Out" heute und morgen: Eine Bestandsauf-
nahme nach dem künftigen Übernahmerecht,
in NZG 2000, 1162 - 1165
Zitiert: Halm in NZG 2000, 1162

Hommelhoff, Peter

Der Unternehmenskauf als Gegenstand der Rechtsgestal-
tung,
in ZHR 150 (1986), 254 - 278
Zitiert: Hommelhoff in ZHR 150 (1986), 254

Horn, Norbert

Internationale Unternehmenszusammenschlüsse,
in ZIP 2000, 473 – 485
Zitiert: Horn in ZIP 2000, 473

Immenga, Ulrich

Vertragliche Vinkulierung von Aktien ?,
in AG 1992, 79 – 83
Zitiert: Immenga in AG 1992, 79

Kallmeyer, Harald

Spaltung: Wie man mit § 132 UmwG 1995 leben kann,
in GmbHR 1996, 242 – 244
Zitiert: Kallmeyer in GmbHR 1996, 242

Kallmeyer, Harald

Ausschluss von Minderheitsaktionären,
in AG 2000, 59 – 61
Zitiert: Kallmeyer in AG 2000, 59

Kindl, Johann

Der Erwerb eigener Aktien nach dem KonTraG,
in DStR 1999, 1276 – 1281
Zitiert: Kindl in DStR 1999, 1276

Knütel, Rolf

Zur sogenannten Erfüllungs- und Nichterfüllungsfiktion
bei der Bedingung,
in JurBl 1976, 613 – 626
Zitiert: Knütel in JurBl 1976, 613

Kossmann, Horst

Der Anspruch auf Genehmigung zur Übertragung vinkulierter Namensaktien,
in BB 1985, 1364 – 1367
Zitiert: Kossmann in BB 1985, 1364

Kowalski, André

Vinkulierte Geschäftsanteile – Übertragungen und Umgehungen,
in GmbHR 1992, 347 – 354
Zitiert: Kowalski in GmbHR 1992, 347

Krause, Hartmut

Das neue Übernahmerecht,
in NJW 2002, 705 – 716
Zitiert: Krause in NJW 2002, 705

Land, Volker

Das neue deutsche Wertpapiererwerbs- und Übernahmegesetz – Anmerkungen zum Regierungsentwurf –
in DB 2001, 1707 – 1713
Zitiert: Land in DB 2001, 1707

Larenz, Karl

Die rechtliche Bedeutung von Optionsvereinbarungen,
in DB 1955, 209 – 211
Zitiert: Larenz in DB 1955, 209

Lehner, Othmar

Die rechtliche Struktur und die Hauptarten der aktienrechtlichen Vorkaufsrechte,
in SJZ 1954, 73 – 81
Zitiert: Lehner in SJZ 1954, 73

Lenz, Jürgen	Das Wertpapiererwerbs- und Übernahmegesetz in der Praxis der Bundesanstalt für Finanzdienstleistungsaufsicht, in NJW 2003, 2073 – 2075 Zitiert: Lenz in NJW 2003, 2073
Lutter, Marcus	Die Rechte und Pflichten des Vorstands bei der Übertragung vinkulierter Namensaktien, in AG 1992, 369 – 375 Zitiert: Lutter in AG 1992, 369
Lutter, Marcus / Grunewald, Barbara	Zur Umgehung von Vinkulierungsklauseln in Satzungen von Aktiengesellschaften und Gesellschaften mbH, in AG 1989, 109 – 117 Zitiert: Lutter/Grunewald in AG 1989, 109
Lutter, Marcus / Grunewald, Barbara	Gesellschaften als Inhaber vinkulierter Aktien und Geschäftsanteile, in AG 1989, 409 – 414 Zitiert: Lutter/Grunewald in AG 1989, 409
Lutter, Marcus/ Schneider, Uwe H.	Die Beteiligung von Ausländern an inländischen Aktiengesellschaften – Möglichkeiten der Beschränkung nach geltendem Recht und Vorschläge de lege ferenda -, in ZGR 1975, 182 – 211 Zitiert: Lutter/Schneider in ZGR 1975, 182
Markwardt, Karsten	Erwerb eigener Aktien: In der Falle des § 71 Abs. 1 Nr. 8 AktG, in BB 2002, 1108 – 1114 Zitiert: Markwardt in BB 2002, 1108
Markwardt, Karsten	Squeeze-out: Anfechtungsrisiken in „Missbrauchsfällen", in BB 2004, 277 – 286 Zitiert: Markwardt in BB 2004, 277
Mayer, Dieter	Spaltungsbremse ? Ein Vorschlag zur sachgerechten Auslegung des § 132 UmwG, in GmbHR 1996, 403 – 413 Zitiert: Mayer in GmbHR 1996, 403
Meilicke, Heinz	Das Options- und Vorkaufsrecht auf den Erwerb von Aktien bei der formwechselnden Umwandlung einer Aktiengesellschaft in eine GmbH,

in BB 1961, 1069
Zitiert: Meilicke in BB 1961, 1069

Mühlbert, Peter /
Schneider, Uwe H.

Der außervertragliche Abfindungsanspruch im Rechte der Pflichtangebote,
in WM 2003, 2301 – 2317
Zitiert: Mülbert/Schneider in WM 2003, 2301

Nietzold

Vorkaufsrecht an Namensaktien,
in JW 1926, 531 – 532
Zitiert: Nietzold in JW 1926, 531

Otto, Hans-Jochen

Gebundene Aktien: Vertragliche Beschränkungen der Ausübung und Übertragbarkeit von Mitgliedschaftsrechten zugunsten der AG,
in AG 1991, 369 – 380
Zitiert: Otto in AG 1991, 369

Pastor, Walter /
Werner, Ulrich

Die Verbindung von Vorkaufsrecht und Genehmigungsvorbehalt bei der Übertragung von GmbH-Geschäfts anteilen,
in BB 1969, 1418 – 1420
Zitiert: Pastor/Werner in BB 1969, 1418

Peltzer, Oliver

Die Neuregelung des Erwerbs eigener Aktien im Lichte der historischen Erfahrungen,
in WM 1998, 322 – 331
Zitiert: Peltzer in WM 1998, 322

Pyszka, Tillmann

Paketzuschlag nach § 11 Abs. 3 BewG bei der Bewertung von wesentlichen Beteiligungen an börsennotierten Aktiengesellschaften,
in AG 1997, 461 – 464
Zitiert: Pyszka in AG 1997, 461

Reichert, Jochem

Zulässigkeit der nachträglichen Einführung oder Aufhebung von Vinkulierungsklauseln in der Satzung der GmbH,
in BB 1985, 1496 – 1502
Zitiert: Reichert in BB 1985, 1496

Reichert, Jochem

Folgen der Anteilsvinkulierung für Umstrukturierungen von Gesellschaften mit beschränkter Haftung und

Aktiengesellschaften nach dem Umwandlungsgesetz von 1995,
in GmbHR 1995, 176 – 195
Zitiert: Reichert in GmbHR 1995, 176

Rieble, Volker

Verschmelzung und Spaltung von Unternehmen und ihre Folgen für Schuldverhältnisse mit Dritten,
in ZIP 1997, 301 – 314
Zitiert: Rieble in ZIP 1997, 301

Schäfer, Carsten

Höchstpersönliche Rechte (Gegenstände) in der Aufspaltung; in:
Die Spaltung im neuen Umwandlungsrecht und ihre Rechtsfolgen
Hrsg. Habersack, Mathias/ Koch, Ulrich/ Winter, Martin
S. 114 - 147
Heidelberg, 1999
Zitiert: Schäfer in Spaltung S. 114

Schermaier, Martin Josef

Die Umgehung des Vorkaufsrechts durch „kaufähnliche Verträge",
in AcP 196 (1996), 256 – 275
Zitiert: Schermaier in AcP 196 (1996), 256

Schreiber, Klaus

Vorkaufsrechte,
in Jura 2001, 196 – 201
Zitiert: Schreiber in Jura 2001, 196

Sieger, Jürgen

Der Ausschluss von Minderheitsaktionären nach den neuen §§ 328a ff AktG,
in ZGR 2002, 120 – 162
Zitiert: Sieger in ZGR 2002, 120

Sieveking, Johann Peter/ Technau, Konstantin

Das Problem sogenannter „disponibler Stimmrechte" zur Umgehung der Vinkulierung von Namensaktien,
in AG 1989, 17 – 24
Zitiert: Sieveking/Technau in AG 1989, 17

Uhlenbruck, Dirk

Der Schutz von Familienaktiengesellschaften gegen das Eindringen unerwünschter Aktionäre,
in DB 1967, 1927 – 1932
Zitiert: Uhlenbruck in DB 1967, 1927

Vetter, Eberhard	Squeeze-out – Der Ausschluss der Minderheitsaktionäre aus der Aktiengesellschaft nach den §§ 327a -327f AktG, in AG 2002, 176 – 190 Zitiert: Vetter in AG 2002, 176
Wastl, Ulrich	Der Handel mit größeren Aktienpaketen börsennotierter Unternehmen – Eine Bestandsaufnahme aus primär aktien-, börsen- und kapitalmarktrechtlicher Sicht –, in NZG 2000, 505 – 514 Zitiert: Wastl in NZG 2000, 505
Winter, Martin	Organisationsrechtliche Sanktionen bei Verletzung schuldrechtlicher Gesellschaftervereinbarungen ?, in ZHR 154 (1990), 259 – 283 Zitiert: Winter in ZHR 154 (1990), 259
Witt, Carl-Heinz	„Selbst-Angebote" und WpÜG. Die Zielgesellschaft als Bieterin ?, in BB 2002, Heft 31, Die Erste Seite Zitiert: Witt in BB 2002, Heft 31, Die Erste Seite

VI. Entscheidungsanmerkungen und Rechtsprechungsübersichten

Berger, Christian	Die Klage auf Zustimmung zur Übertragung vinkulierter Namensaktien – Verfahrensrechtliche Bemerkungen zum AMB-Urteil des LG Aachen, in ZHR 157 (1993), 31 – 47 Zitiert: Berger in ZHR 157 (1993), 31
Emmerich, Volker	Anm. zu OLG Karlsruhe, U. v. 11.04.1990 –14 U 267/88 in WuB IV A. § 504 BGB 1.90, S. 1063 - 1064 Zitiert: Emmerich WuB IV A. § 504 BGB 1.90 (OLG Karlsruhe), S. 1063
Fleck, Hans-Joachim	Anm. zu OLG Karlsruhe, U. v. 11.04.1990 –14 U 267/88 in EWiR 1990, 447 – 448 Zitiert: OLG Karlsruhe EWiR § 504 BGB 1/90, 447 (Fleck)
Pikart, Heinz	Die neuere Rechtsprechung des Bundesgerichtshofs zum Vorkaufsrecht, in WM 1971, 490 – 497 Zitiert: Pikart in WM 1971, 490

Probst, M.	Anm. zu BGH, Urteil v. 11.10.1991 - V ZR 127/90 (= BGHZ 115, 335ff), in JR 1992, 419 – 422 Zitiert: Probst in JR 1992, 419
Tiedtke, Klaus	Anm. zu BGH, Urteil vom 25.09.1986 – II ZR 272/85, in EWiR 1987, 27 – 28 Zitiert: BGH EWiR § 506 BGB 1/87, 27 (Tiedtke)
Tiedtke, Klaus	Vorkaufsrecht und Fehlen der Geschäftsgrundlage des Kaufvertrages, in NJW 1987, 874 – 877 Zitiert: Tiedtke in NJW 1987, 874
Trinkner, Reinhold	Anm. zu OLG Celle v. 29.07.1963 – 4 U 230/62, in BB 1963, 1236 – 1237 Zitiert: Trinkner in BB 1963, 1236
Volhard, Rüdiger	Anm. zu LG Offenburg, U. v. 08.11.1988 – 2 O 220/88, in EWiR 1989, 135 – 136 Zitiert: LG Offenburg EWiR § 504 BGB 1/89, 135 (Volhard)

VII. Sonstiges

Jakob, Horst Heinrich / Schubert, Werner	Die Beratung des Bürgerlichen Gesetzbuchs in systematischer Zusammenstellung der unveröffentlichten Quellen, Recht der Schuldverhältnisse, II, §§ 433 bis 651, Berlin, New York, 1980 Zitiert: Jakob/Schubert Beratung
Mugdan, B. (Hrsg.)	Die gesammelten Materialien zum Bürgerlichen Gesetzbuch für das Deutsche Reich, II. Band, Recht der Schuldverhältnisse, Berlin, 1899 Zitiert: Mugdan
Protokolle	Protokolle der Kommission für die Zweite Lesung des Entwurfs des Bürgerlichen Gesetzbuchs, Band 2, Recht der Schuldverhältnisse, Berlin, 1898 Zitiert: Protokolle

Schubert, Werner (Hrsg.) Die Vorlagen der Redaktion für die erste Kommission zur Ausarbeitung des Entwurfs eines Bürgerlichen Gesetzbuchs, Das Recht der Schuldverhältnisse, Teil 2, Besonderer Teil,
Verfasser: Franz Philipp von Kübel,
Berlin, New York, 1980 (Nachdruck)
Zitiert: Schubert Redaktion

Vorkaufsrechte an Aktien

Die vorliegende Arbeit gliedert sich in sechs Teile. Zunächst werden einführend die Grundlagen des Vorkaufsrechts an Aktien (Teil 1) dargestellt. Anschließend soll versucht werden, den Anwendungsbereich des Vorkaufsrechts näher zu ermitteln (Teil 2). Nach Ausführungen zur Geltendmachung des Vorkaufsrechts (Teil 3) wird ferner die Problematik der Teilbarkeit des Vorkaufsrechts untersucht (Teil 4). Im Anschluss hieran werden die Auswirkungen aktienrechtlicher Umstrukturierungen auf das Vorkaufsrecht näher hinterfragt (Teil 5). Den Abschluss bildet schließlich eine kritische Auseinandersetzung mit den Vorkaufsrechten an Aktien in der praktischen Vertragsgestaltung (Teil 6).

1. Teil: Grundlagen zum Vorkaufsrecht an Aktien

Nach einem einleitenden Grundfall (§ 1) und einer näheren Begriffsbestimmung (§ 2) sollen die rechtsdogmatischen Grundlagen des Vorkaufsrechts an Aktien (§ 3) herausgearbeitet werden.

§ 1   Einleitender Grundfall zum Vorkaufsrecht an Aktien

I.   Sachverhalt[1]: Vorkaufswidriger Verkauf von Aktien der „Bewag" [2]?

Nach der Privatisierung der Bewag 1997 standen den Rechtsvorgängern von Eon zusammen 49 % [3], HEW 11 % und Southern Energy (nunmehr: Mirant) 26 % der Aktien zu. Eine Veräußerung der Beteiligung durch Eon sollte nach den Vorgaben der Privatisierung erst nach Ablauf von 20 Jahren zulässig sein. Hierbei wurde dem Land Berlin ein Vorkaufsrecht eingeräumt (§ 7 Abs. 2). Zur Erfüllung der Kartellauflagen der EU-Kommission aufgrund der Fusion von Veba und Viag zu Eon war

---

[1] Rechtliche Überlegungen mit Blick auf diesen Fall sind ebenso wie die übrigen der Presse oder der Praxis entnommenen Fallbeispiele der vorliegenden Arbeit, nicht zuletzt mangels umfassender Sachverhaltskenntnis, notwendigerweise abstrakt und nicht als abschließende Bewertung eines Rechtsstreits zu verstehen. Die Bezugnahme auf den Sachverhalt dient lediglich der exemplarischen Darstellung praktischer Problembereiche durch Einbettung in konkrete, für die vorliegende Arbeit als zutreffend unterstellte Tatsachen.

[2] Sachverhalt der Presse entnommen, vgl. FAZ vom 15.08.2000, S. 17; vom 17.08.2000, S. 16; vom 05.12.2000, S. 26; vom 15.03.2001, S. 26; vom 04.12.2001, S. 17; Handelsblatt vom 16.08.2000, S. 16; vom 17.08.2000, S. 13; vom 16.11.2000, S. 21; Financial Times vom 17.08.2000, S. 18. Ferner lag dem Verfasser das Urteil des LG Berlin (Az. 99 O 108/00) vor.

[3] Die Kapitalbeteiligung von 49 % entspricht jedoch 52,5 % der Stimmrechts; die Anteile wurden über die Tochtergesellschaften PreußenElektra AG und Bayernwerk AG gehalten, die im Zuge der Verschmelzung ihrer Muttergesellschaften ebenfalls (zur Eon Energie AG) verschmolzen wurden.

letztere zu einem Verkauf der Beteiligung verpflichtet. Am 09.08.2000 teilte Eon mit, sich mit HEW über die Veräußerung der Aktien an der Bewag geeinigt zu haben. Die Gegenleistung der HEW bestand neben 248 Mio. Euro Barzahlung vor allem in der Übertragung zweier Anteilspakete anderer Energieunternehmen. Um die Vorteile der geplanten Steuerreform nutzen zu können, sollte der Vollzug der Vereinbarung allerdings erst 2001 erfolgen. Southern Energy (Mirant), das in die beabsichtigte Veräußerung der Aktien durch Eon nicht eingebunden wurde, berief sich nunmehr jedoch auf einen Verstoß gegen den Konsortialvertrag vom 21./22. September 1997 und erwirkte vor dem LG Berlin eine einstweilige Verfügung zur Untersagung des Vollzugs des Verkaufs [4].

In dem für einen Zeitraum von dreißig Jahren vereinbarten Konsortialvertrag haben die Parteien u.a. folgendes vereinbart:

„§ 7: Künftige Veräußerung und Erwerb von BEWAG-Aktien:
7.1 ....
7.1.1 Ein Partner kann seine BEWAG-Aktien an Dritte, welche die aus dieser Vereinbarung hervorgehenden echte und Pflichten übernehmen sollen, nur mit Zustimmung der anderen Partner veräußern;
7.1.2 Ein Partner kann seine BEWAG-Aktien an jeden Dritten veräußern, ohne die aus dieser Vereinbarung hervorgehenden Rechte und Pflichten auf den Käufer zu übertragen;
7.1.3 Ein Partner kann ohne Zustimmung der anderen Partner seine BEWAG-Aktien an eines seiner im Sinne der §§ 17, 18 AktG verbundenen Unternehmen veräußern oder übertragen, ...
7.1.4 Beabsichtigt ein Partner die Veräußerung seiner BEWAG-Aktien, ist er verpflichtet, den anderen Partnern dies einen Monat im voraus schriftlich mitzuteilen."

An mehreren Stellen weisen der Konsortialvertrag und der Privatisierungsvertrag darauf hin, sämtlichen Partnern (d.h. PreußenElektra, Bayernwerk und Southern Energy, jeweils einschließlich verbundener Unternehmen) solle das Halten gleich hoher Beteiligungen (je 25 %) ermöglicht werden.

II.   Grundsätzliche Problemstellung und Themenabgrenzung

1.   Darstellung einer typischen Vorkaufssituation
Dieser für die Probleme im Zusammenhang mit Vorkaufsrechten an Aktien in der Praxis typische Sachverhalt weist eine Vielzahl rechtlicher Fragen auf, wobei die Rechtsfragen im Zusammenhang mit der Privatisierung vorliegend vernachlässigt

---

[4] LG Berlin Az. 99 O 108/00 (anschließend KG Az. 2 U 10062/00); die schwedische Vattenfall (HEW) erwarb letztlich am 03.12.2001 sämtliche Anteile an der Bewag von Mirant mit einem Paketaufschlag von 46 % für 1,63 Mrd. US-$, vgl. FAZ vom 04.12.2001, S. 17.

werden sollen. Die Vereinbarung einer bloßen Andienungspflicht des veräußernden Gesellschafters ohne ausdrückliches Vorkaufsrecht zog erhebliche Unsicherheiten im gerichtlichen und schiedsgerichtlichen Verfahren nach sich. Problematisch ist insbesondere, ob bzw. inwieweit sich aus dem vereinbarten Grundsatz der
Parität der Partner ein (eventuell in der Höhe beschränktes) Vorkaufsrecht ergibt
und welchen Maßstäben hierbei die Berechnung der Gegenleistung unterliegt. Nur
die steuerrechtliche Verzögerung der Erfüllung gab Southern Energy die Möglichkeit, vor Übertragung der Aktien an HEW eine einstweilige Verfügung zu erwirken. Ansonsten wären wirksame Mittel selbst gegen eine Umgehung des Vorrechts
nicht denkbar gewesen. Zudem ist man wegen der Barzulage geneigt, keinen Kauf,
sondern vielmehr einen kombinierten „Kauf-Tauschvertrag" anzunehmen, dessen
Bedingungen Southern Energy schwerlich erfüllen könnte. Selbst wenn die Vereinbarung ggf. als Umgehungsgeschäft einen Vorkaufsfall darstellen sollte, wäre dem
Berechtigten nur dann geholfen, wenn er die Gegenleistung insgesamt in Geld erbringen dürfte.

Die rechtlichen Probleme im Zusammenhang mit einem Vorkaufsrecht an Aktien
weichen angesichts der Vielschichtigkeit der praktischen Ausgestaltungen von
denen eines „normalen" Vorkaufsrechts erheblich ab. Dies beruht vor allem auf
zwei Erwägungen: Zum einen werden Aktien anders als andere Vorkaufsgegen-
stände nicht um ihrer selbst willen, sondern in ihrer Eigenschaft als Kapitalanlage
bzw. als Ausdruck einer unternehmerischen Beteiligung erworben. Zum anderen
betrifft der Verkauf von Aktien grundsätzlich Massen-Sachgesamtheiten. Eine
Vielzahl der Probleme beruht (auch) darauf, dass nicht eine Aktie, sondern ganze
Aktienpakete verkauft werden. Es ist daher geboten, unter Bildung angemessener
Schwerpunkte die wesentlichen Problembereiche unter dem besonderen Blick-
winkel der Besonderheiten der Transaktionen beim Aktienkauf/-verkauf näher zu
beleuchten [5]. Entgegen Noack [6] ist zumindest für die Besonderheiten des Vorkaufsrechts an Aktien trotz gewisser normativer Vorgaben bei weitem nicht alles
„gesetzlich geregelt" und daher *„im wesentlichen nach Tatbestand und Rechtsfolgen festgelegt"*. Während die Stellungnahmen insbesondere zum GmbH-Recht
zahlreich sind [7], findet sich keine wissenschaftliche Auseinandersetzung mit der
Bedeutung des Vorkaufsrechts an Aktien [8]. Auch wenn eine solche Darstellung
niemals Anspruch auf Vollständigkeit erheben kann [9], sollen die wesentlichen
Problembereiche einer Lösung zugeführt oder zumindest die im Einzelfall bedeutsamen Kriterien herausgearbeitet werden. *Schurig* merkt in seiner grundlegenden

---

[5] Zur Wechselwirkung zwischen Wissenschaft und Praxis auch Hommelhoff in ZHR 150
(1986), 254, 255.

[6] Noack S. 15.

[7] Vgl. Lutter/Hommelhoff § 15, RN 38; Grothus in GmbHR 1959, 24; Pastor/Werner in BB
1969, 1418.

[8] Baumann/Reiss in ZGR 1989, 157, 158.

[9] Vgl. Westermann/Klingberg in FS Quack, S. 545, 546.

Arbeit zu Recht an: *„In manchen Fragen des Vorkaufrechts scheinen die Praxis und die Lehre keine optimalen Lösungen gefunden zu haben."* [10]. Dies gilt angesichts der Komplexität des Aktienrechts für diesen Bereich auch heute noch unverändert. Aktienpakete sind keine „normalen" Wirtschaftsgüter [11]. Die gesetzlichen Vorgaben werden den Erfordernissen der Praxis nicht mehr gerecht und bedürfen mithin einer interessengerechten Korrektur bzw. Ergänzung [12].

Durch das Schuldrechtsmodernisierungsgesetz wurde keine inhaltliche Änderung der gesetzlichen Vorgaben bewirkt; diese wurden in den §§ 463-473 BGB „unverändert" [13] übernommen. Die bislang erfolgten Stellungnahmen in Rechtsprechung und Literatur beanspruchen weiterhin Gültigkeit [14].

2. Themenabgrenzung

Die Arbeit beinhaltet keine allgemeine Behandlung der Erwerbsvorrechte an Aktien, sondern beschränkt sich unter Hervorhebung der wesentlichen Unterschiede zu ähnlich ausgestalteten Rechten auf das Vorkaufsrecht i.S.d. §§ 463 ff BGB. Unter eingehender Analyse der dogmatischen Besonderheiten beim Verkauf des Gegenstands „Aktien" und unter Berücksichtigung der praktischen Vertragsgestaltung wird zur Frage der Anwendbarkeit der gesetzlichen Regelungen und zu deren individualvertraglicher Erweiterung Stellung genommen. Hierbei bleibt die Darstellung auf die Berechtigung an Aktien beschränkt und kann daher nicht ohne weiteres auf andere Arten von Gesellschaftsbeteiligungen erstreckt werden. Neben den spezifischen Regelungen im Aktienrecht (z.B. Übernahmerecht) ist hierbei insbesondere die Wertung des Aktienverkaufs als - mittlerweile weitgehend übliches - Massengeschäft ausschlaggebend, da die freie Veräußerbarkeit oder gar Handelbarkeit bei sonstigen Anteilen nicht gegeben ist (vgl. § 15 Abs. 3 und 4 GmbHG). Hier kommt auch dem Wechselspiel zwischen bloßer Kapitalanlage und der Möglichkeit unternehmerischer Einflussnahme bei der Aktie Bedeutung zu [15].

Von der dogmatischen Behandlung des Themas her soll sich die Arbeit nicht auf eine tiefgreifende Erörterung einer *einzelnen*, möglicherweise sehr speziellen Fragestellung beschränken, sondern die unterschiedlichen rechtlichen Facetten eines Themen*komplexes* eingehend hinterfragen. Da die Auswirkungen des Vorkaufsgegenstandes „Aktie" auf die Rechte und Pflichten der Beteiligten bislang noch nicht näher erörtert wurden, wäre eine Beschränkung auf Einzelfragen schon

---

[10] Schurig S. 16.

[11] OLG Karlsruhe WM 1990, 725, 733 *„Burda/Springer"*.

[12] Zustimmend für den Bereich des Unternehmenskaufs auch Hommelhoff in ZHR 150 (1986), 254, 255.

[13] BT-Drs. 14/6040, S. 242.

[14] Palandt-Putzo, vor § 463, RN 1.

[15] Vgl. BVerfGE 100, 289, 305 *„DAT/Altana"*, sowie BVerfG ZIP 2000, 1670, 1672 *„Moto Meter"*.

5

insoweit problematisch, als zwischen den einzelnen Problembereichen Wechselwirkungen bestehen, so dass sich das Verständnis für die Besonderheiten erst aus der Gesamtschau des Themenkomplexes ergeben kann. Die rechtliche Auseinandersetzung beschränkt sich daher notwendigerweise auf die Herausarbeitung des maßgeblichen rechtlichen Rahmens, ohne sämtlichen Detailfragen oder Folgeproblemen jeweils umfassend nachgehen zu können.

Die Arbeit behandelt hierbei sowohl den einfach strukturierten Aktienverkauf zwischen Privatpersonen, als auch den hochkomplexen Unternehmenskaufvertrag oder die umfassende Umstrukturierung einer Unternehmensgruppe. Mitunter werden die Problemstellungen allerdings bei einem einfachen Kaufvertrag praktisch nicht oder nur eingeschränkt von Bedeutung sein. Die Arbeit stellt hierbei bewusst zwei bedeutende Rechtsprechungs-Entscheidungen [16] zum Vorkaufsrecht an Aktien in den Vordergrund. Die Auseinandersetzung mit den dortigen Problembereichen und den Lösungsansätzen der Gerichte ermöglicht es zusammen mit dem einleitenden Grundfall, die in dieser Arbeit gefundenen Lösungen im Sinne einer „Rückkoppelung" auf ihre Praxistauglichkeit zu überprüfen. Diesem Zweck dient auch der letzte Teil der Arbeit, der zur Untermauerung des wissenschaftlichen Ansatzes die dogmatisch begründeten Ergebnisse in ein Klausel-Konzept münden lassen soll, das den Anforderungen der Praxis gerecht werden soll. Anmerkungen zu praktisch *sinnvollen* Formulierungen bleiben daher auf diesen Teil beschränkt. Zum besseren Verständnis der durchweg sehr komplexen Gestaltungsmöglichkeiten beim Aktienverkauf sind die Ausführungen jedoch auch in den ersten Teilen durch Beispiele ergänzt, die zumeist der Rechtsprechung oder der beratenden Praxis entnommen wurden.

Im Mittelpunkt der Arbeit steht die gemeinsame Zwecksetzung der Parteien bei Abschluss der Vorkaufsvereinbarung. Dieser kommt nicht nur zur Ermittlung des Anwendungsbereichs Bedeutung zu, sondern sie ist als „roter Faden" für das Gesamtverständnis des Themenkomplexes entscheidend. Ausgehend hiervon kann mit Blick auf die unendliche Gestaltungsvielfalt keine pauschale Lösung vorgegeben werden [17]. Zweck der Arbeit ist es hingegen, für die jeweiligen Fragestellungen die maßgeblichen Kriterien und den rechtlichen Rahmen herauszuarbeiten.

---

[16] LG Offenburg AG 1989, 134ff; OLG Karlsruhe WM 1990, 725ff „*Burda/Springer*" einerseits (eingehend zum Sachverhalt unter § 5 III 2a), sowie OLG Stuttgart JZ 1987, 570f; BGH NJW 1987, 890ff „*Dinckelacker*" andererseits (vgl. Sachverhalt unter § 6 III 4a).
[17] May S. 24, 75.

§ 2   Begriffsbestimmung

Unter einem Vorkaufsrecht versteht man die Vereinbarung zwischen Vorkaufsberechtigtem und Verpflichtetem, dass ersterer für den Fall des Verkaufs des belasteten Gegenstandes (hier der Aktien) durch den Verpflichteten an einen Dritten
berechtigt sein soll, durch Ausübung des Vorkaufsrechts einen zweiten, rechtlich
selbständigen Kaufvertrag zustande zu bringen, dessen Inhalt sich grundsätzlich
nach den Bedingungen des Vertrags mit dem Dritten richtet (§ 464 Abs. 2 BGB).

Die praktisch bedeutsamsten Fälle der Vereinbarung von Vorkaufsrechten - neben
Grundstücksverträgen - betreffen Gesellschaftsbeteiligungen [18]. Sie sind hierbei
sowohl bei Familiengesellschaften [19] als auch bei nationalen und internationalen
Wirtschaftsunternehmen vorzufinden, unabhängig von deren Rechtsform und dem
betroffenem Wirtschaftsbereich [20]. Ihre Bedeutung zur Erreichung der unternehmerischen Zielsetzung der Gesellschafter, aber auch der Gesellschaft selbst ist
erheblich [21].

Die präzise Begriffsbestimmung setzt vor allem die Abgrenzung zu benachbarten
Rechtsinstituten (sub. I.) voraus. Daneben ist jedoch die Unterscheidung des Vorkaufsrechts von der aktienrechtlichen Vinkulierung hervorzuheben (sub. II.).

I.   Abgrenzung zu benachbarten Rechtsinstituten

Die Schwierigkeit der praktischen Handhabung besteht in der Abgrenzung einer
Vielzahl ähnlicher Rechtsinstitute. Diese kann hierbei nicht allein streng rechtlich
getroffen werden, da die wirtschaftliche Zielsetzung die konkrete Auslegung indi-
ziert [22].

1.   Darstellung der benachbarten Rechtsinstitute
Angesichts vielfältiger Interessenlagen ist eine Abgrenzung des Vorkaufsrechts [23]
zu benachbarten Rechtsinstituten angezeigt. Ausführliche Darstellungen in der

---

[18] Lorenz in FS Dölle, S. 103; Staudinger-Mader § 504, RN 4; MK-Westermann § 504, RN 1;
Soergel-Huber vor § 504, RN 4.

[19] Zum Begriff Uhlenbruck in DB 1967, 1927.

[20] Vgl. Baumann/Reiss in ZGR 1989, 157, 181; Noack S. 4.

[21] AA (ohne nähere Begründung) Lutter/Schneider in ZGR 1975, 182, 205.

[22] May S. 75; ähnlich MK-Westermann § 504, RN 4.

[23] Auf eine nähere Darstellung des Streitstandes zur Rechtsnatur des Vorkaufsrechts soll verzichtet werden. Auch der Gesetzgeber hat dies ausdrücklich offen gelassen, vgl. Jakob/Schubert
Beratung S. 311, Schubert Redaktion S. 73. Die überwiegende Meinung geht von einem doppelt
bedingten Kaufvertrag aus, vgl. BGHZ 32, 375, 377f; Soergel-Huber vor § 504, RN 8 m.w.N.

Literatur [24] haben gezeigt, dass diverse Probleme bei der dogmatisch-begrifflichen Abgrenzung auf einer uneinheitlichen Terminologie bzw. sogar einem unterschiedlichen Verständnis der vielfach gesetzlich nicht geregelten Rechtsinstitute beruhen [25]. Daher soll es mit Blick auf die regelmäßig individuell angepassten Vereinbarungen vorliegend ausreichen, die grundlegenden rechtlichen Kriterien der wesentlichen Grundtypen für den Bereich des Aktienkaufvertrags kurz darzulegen. Auf Ausführungen zu möglichen Untergruppen soll hingegen verzichtet werden.

a)   Vorhand

Unter einer Vorhand [26] versteht man die Verpflichtung eines veräußerungswilligen Aktionärs, die Anteile vorrangig dem Berechtigten anzubieten bzw. zunächst mit diesem über einen Verkauf zu verhandeln [27]. Diese wird daher auch als „Anbietungspflicht" bezeichnet [28]. Das Erfordernis einer rechtlichen Differenzierung zwischen diesem Rechtsinstitut und dem Vorkaufsrecht wird dadurch unterstrichen, dass beide Institute mitunter zu Unrecht gleichgesetzt werden, obwohl sich der Gesetzgeber im Zuge des Gesetzgebungsverfahrens ausdrücklich gegen die Aufnahme einer Anbietungspflicht in die Vorschriften über das Vorkaufsrecht entschieden hat, weil die Anknüpfung an einen bereits rechtswirksamen Kaufvertrag rechtlich und praktisch als einfacher angesehen wurde [29].

b)   Ankaufsrecht

Ankaufsrechte zeichnen sich durch die dem Erwerber eingeräumte Befugnis aus, einseitig ein Rechtsverhältnis zu begründen, aufgrund dessen er die Übereignung der Aktien verlangen kann. Der Berechtigte ist hier nicht vom Vorliegen eines rechtswirksamen (so beim Vorkaufsrecht) oder geplanten (so bei der Andie-

---

zum Streitstand; aA z.B. Jauernig-Vollkommer § 463, RN 13; ebenso Larenz in DB 1955, 209, 210: Gestaltungsrecht.

[24] Henrich (der Vorkaufsrechte i.e.S. nicht behandeln will, vgl. S. 297) S. 227 ff (Optionsvertrag), 296 ff (Vorrechtsvertrag); Salzgeber-Dürig S. 3 ff (Vorkaufsrecht), 86 ff (Ankaufsrecht), 118 ff (Vorhand); Schurig S. 92 ff; Larenz in DB 1955, 209.

[25] Salzgeber-Dürig S. 106f; Staudinger-Mader vor §§ 504 ff, RN 32; Lorenz in FS Dölle, S. 103; Larenz in DB 1955, 209, 211; Hueck in FS Larenz, S. 749, 752; kritisch gegenüber der grundlegenden Systematisierung von Henrich jedoch Schurig S. 92 ff; ebenso MK-Westermann § 504, RN 2, sowie Soergel-Huber vor § 504, RN 13.

[26] Zur Entstehung des Begriffs vgl. Henrich S. 300 f.

[27] Hueck in FS Larenz, S. 749, 752; MK-Westermann § 504, RN 4; Soergel-Huber vor § 504, RN 14; Larenz in DB 1955, 209, 210.

[28] Jauernig-Vollkommer § 463, RN 7; Salzgeber-Dürig S. 121; Lehner in SJZ 1954, 73, 77 (zum schweizerischen Recht); Schrötter S. 114; BGH NZG 2000, 647 (Andienungspflicht bei der GmbH); unklar MK-Westermann § 504, RN 4 und Sudhoff § 48, RN 31: Andienungs*recht*; Langenfeld/Gail Handbuch der Familienunternehmen 5.2.4.13, Rz. 76.2 (zur GmbH) wollen das Ankaufsrecht zu Unrecht der Vorhand gleichstellen.

[29] Vgl. Protokolle S. 95f; ferner Henrich S. 16ff.

nungspflicht) Kaufvertrags des Verpflichteten mit einem Dritten abhängig. Ankaufsrechte sind vielmehr als Option (i.w.S.) anzusehen [30]. Ihre rechtliche Konstruktion kann verschieden sein: Zum einen kann es sich um einen aufschiebend bedingten Kaufvertrag oder ein (befristetes oder unbefristetes) Kaufangebot handeln [31]. Vielfach wird man aber auch von einer Konstruktion sui generis ausgehen müssen. Die pauschale Gleichstellung von Vorkaufsrecht und Option [32] ist irreführend und sollte vermieden werden [33]. Für den Bereich des Aktienverkaufs ist die dogmatische Grundlage hingegen angesichts der detaillierten praktischen Ausgestaltung der Vereinbarung regelmäßig nicht entscheidend [34]. In Unternehmenskaufverträgen sind Ankaufsrechte vielfach als sog. call-options ausgestaltet, bei denen der Erwerber in einem ersten Schritt Anteile übernimmt und sich darüber hinaus ein einseitiges Übernahmerecht einräumen lässt [35]. Während im Personengesellschaftsrecht Ankaufsrechte unabhängig von der Angemessenheit der Kaufpreisregelung als unzulässiger Ausschluss eines Gesellschafters für ungültig erachtet werden, sofern kein wichtiger Grund vorliegt [36], dient die AG der kapitalmäßigen Beteiligung zu unternehmerischen Zwecken [37]. Soweit die Entgeltregelung die Grenzen der Sittenwidrigkeit bzw. Treuwidrigkeit nicht überschreitet, wird man bei Aktien Ankaufsrechte nicht zu beanstanden haben [38].

c)   Verkaufsrecht
Verkaufsrechte bilden das Gegenstück zu den vorgenannten Ankaufsrechten [39]. Anders als Vorkaufsrechte begründen sie auf der Erwerberseite eine *Verpflichtung* zum Erwerb der Anteile und müssen hierbei - ebenso wie Ankaufsrechte – naturgemäß nähere Regelungen zum Vertragsinhalt, insbesondere zur Höhe des Kaufpreises, vorsehen. Begünstigt wird hierbei also nicht der Erwerber, sondern der

---

[30] Vgl. Larenz in DB 1955, 209, 211; ferner bei MK-Westermann § 504, RN 5; Henrich S. 229f, zur Option eingehend S. 227-295, insb. S. 230-242.

[31] Pikart in WM 1971, 490; Westermann/Klingberg in FS Quack, S. 545, 553 (Potestativbedingung); Soergel-Huber vor § 504, RN 15f.

[32] So z.B. Jauernig-Vollkommer § 463, RN 2; Erman-Grunewald § 504, RN 5; Larenz in DB 1955, 209, 211 (Vorkaufsrecht als Gestaltungsrecht); ähnlich Schurig S. 178 „Sonderfall des Optionsrechts".

[33] Zutreffend Staudinger-Mader vor §§ 504 ff, RN 34.

[34] MK-Westermann § 504, RN 4; Westermann/Klingberg in FS Quack, S. 545, 553.

[35] Noack S. 25, 181 (Fn 2); Westermann/Klingberg in FS Quack, S. 545, 552f.

[36] Westermann/Klingberg in FS Quack, S. 545, 552; MK-Westermann § 504, RN 6; Henrich S. 255; BGHZ 84, 11; BGH ZIP 1988, 906, 909 (Publikums-GmbH & Co KG).

[37] RGZ 49, 77, 79.

[38] Vgl. Halm in NZG 2000, 1162, 1165; offen gelassen von Westermann/Klingberg in FS Quack, S. 545, 552.

[39] „Verkaufsrechte" (sog. „put-options") sind insoweit (spiegelbildlich) mit „Ankaufspflichten" identisch; vgl. Soergel-Huber vor § 504, RN 17 „Ankaufsverpflichtung"; Staudinger-Mader vor §§ 504 ff, RN 37; Erman-Grunewald § 504, RN 5.

Veräußerer. Dennoch sind Verkaufsrechte von der Zwecksetzung eher „passiv", weil der Berechtigte (hier der Veräußerer) aus der AG ausscheiden will und dies allenfalls mittelbar unternehmerische Zwecke der Gesellschaft betrifft. Derartige Regelungen finden sich vor allem in Unternehmenskaufverträgen, sofern Beteiligungen gestaffelt übertragen werden sollen und hierzu zunächst (z.B. für eine Übergangszeit) noch ein Verbleiben in der Gesellschaft vereinbart wird, ein Aktionär sich aber - idR nach einer gewissen Mindestlaufzeit - das „Ausstiegsrecht" vorbehält. Darüber hinaus sind Verkaufsrechte zugunsten von *Minderheitsgesellschaftern* mitunter für den Fall „einseitiger" Geschäftsführung vorzufinden und können schließlich bei fallenden Kursen (z.B. bei nachlassender Konjunktur oder in Marktsegmenten mit stark schwankenden Kursen) einen Schutz des Veräußerers vor hohen Verlusten darstellen [40].

Der Klarstellung dient das folgende, der Presse [41] entnommene

Beispiel: Der aus der Fusion von Veba und Viag hervorgegangene Eon-Konzern traf mit der British Telecom eine Optionsvereinbarung über die Viag Interkom GmbH & Co, an der beide mit jeweils 45 % beteiligt waren. Hiernach sollte Eon berechtigt sein, seine Beteiligung im Januar 2001 an British Telecom zu verkaufen (Verkaufsrecht), während letzterer eine Erwerbsoption auf diese Anteile von Mai bis Juli eingeräumt wurde (Ankaufsrecht). Darüber hinaus wurde auch der norwegischen Telenor AS, die die übrigen 10 % hielt, eine „Verkaufsoption" eingeräumt. British Telecom war somit verpflichtet, nach Ausübung beider Verkaufsrechte diese Gesellschaftsbeteiligungen zu erwerben.

d)   Wiederkaufsrecht

Vom Ankaufsrecht ebenso wie vom Vorkaufsrecht zu trennen ist das beiden ähnliche Wiederkaufsrecht (§§ 456-462 BGB), nach dem der Wiederkäufer durch die Ausübung des Wiederkaufsrechts gegenüber dem ursprünglichen Käufer einen Anspruch auf Rückübertragung begründen kann. Die Bedeutung für Aktienverkäufe ist jedoch gering. Zum einen eignet es sich wegen der grundsätzlichen Preiskoppelung an den Erstverkauf (§ 456 Abs. 2 BGB) nicht für das auf schwankende Kurse und dynamische Wertentwicklungen ausgelegte Aktienrecht. Zum anderen kommt es durch die individuelle Vertragsgestaltung in der Praxis einem Ankaufs- oder allgemeinen Optionsrecht regelmäßig gleich [42].

e)   Bezugsrecht

Ein spezifisch aktienrechtliches Vorerwerbsrecht ist das Bezugsrecht (§ 186 Abs. 1 S. 1 AktG) für die im Zuge einer Kapitalerhöhung neu geschaffenen Aktien. Das Bezugsrecht gewährleistet den Altaktionären die Möglichkeit einer gleichbleiben-

---

[40] Eingehend Salzgeber-Dürig S. 114 f; ferner Schrötter S. 116.

[41] Vgl. FAZ vom 16.08.2000, S. 16; vom 22.11.2000, S. 22; sowie Handelsblatt v. 22.11.2000, S. 26.

[42] Salzgeber-Dürig S. 109; vgl. anschaulich BGH WM 1965, 356f zu einer praktischen Gleichstellung von „Option" und „Wiederkaufsrecht"; ferner Pikart in WM 1971, 490; z.T. a.A. Schrötter S. 119.

den prozentualen Beteiligung an der Gesellschaft [43]. Es handelt sich hierbei im Gegensatz zum Vorkaufsrecht um ein gesetzliches Vorrecht, das zudem unter bestimmten formellen und materiellen Voraussetzungen ausgeschlossen werden kann (§ 186 Abs. 3 AktG) [44]. Zudem können Berechtigte – abgesehen von der Zulässigkeit der Abtretung der Bezugsrechte – ausschließlich Gesellschafter, nicht aber die AG [45] (vgl. § 71b AktG) oder Dritte sein.

f)   Erwerbs- bzw. Verkaufsverbot
Daneben kann eine dem Abwehrinteresse zuzuordnende Verpflichtung, bestimmte Aktien *nicht* zu erwerben, vereinbart werden [46]. Eine derartige Regelung kann zum einen die (vor allem: *nicht* vorkaufsgebundenen) Aktien der AG selbst, zum anderen aber insbesondere Drittbeteiligungen an Wettbewerbern betreffen. Das Verbot kann auf *unternehmerische* Beteiligungen beschränkt sein. Mitunter erstrecken die Beteiligten das Verbot aber auch auf rein kapitalmäßigen Aktienbesitz. Beide Fälle sind vorliegend nicht weiter von Interesse. Schließlich kann sich ein Aktionär gegenüber der Gesellschaft, aber auch gegenüber Gesellschaftern oder Dritten verpflichten, Aktien innerhalb eines bestimmten Zeitraums nicht zu verkaufen [47]. Ein solches „Verkaufsverbot" ist z.B. im Kapitalmarktrecht bei Börsengängen üblich (sog. Lock-up-Periode [48]).

2.   Praktische Handhabung der verschiedenen Rechtsinstitute
a)   Atypische Ausgestaltung
Ausgehend von den verschiedenen vorgenannten Grundtypen treten in der Praxis durch die Einschaltung beratender Juristen eine Vielzahl atypischer Ausgestaltungen auf [49], die eine Vergleichbarkeit von Klauseln, aber auch von juristischen Stellungnahmen der Rechtsprechung und Literatur zu konkreten Fällen erschweren oder gar unmöglich machen. Bezeichnenderweise spricht daher auch das LG Offenburg im „Burda/Springer"-Fall von einer „*dem Vorkaufsrecht der* [früheren]

---

[43] Näher zum Regelungszweck Hüffer § 186, RN 2.

[44] BGHZ 71, 40, 46 „Kali + Salz"; Z 83, 319, 321 „Philipp Holzmann"; Z 120, 141, 145f; Z 125, 239, 241; Z 136, 133 „Siemens/Nold", sowie zuletzt BGH NZG 2000, 836, 837 (zur Ausgabe von Belegschaftsaktien).

[45] Vgl. Hüffer § 186, RN 9.

[46] Vgl. Reichert S. 91f; Otto in AG 1991, 369, 371f.

[47] BayObLG WM 1989, 138, 143; vgl. ferner Sachverhalt OLG Karlsruhe WM 1990, 725, 726 (sub (7)); ebenso im Fall *„Bewag"* wegen der Vorgaben des Privatisierungsvertrages (Halteperiode für PreußenElektra und Bayernwerk 20 Jahre, für Southern Energy wegen der us-amerikanischen kapitalmarktrechtlichen Besonderheiten nur 5 Jahre).

[48] Vgl. Regelwerk Neuer Markt, Abschnitt 2, 7.2.9, Abs. 1: „*Der Emittent ist verpflichtet, ... innerhalb eines Zeitraums von sechs Monaten ... keine Aktien direkt oder indirekt zur Veräußerung ... anzubieten, zu veräußern, ...*".

[49] Hueck in FS Larenz, S. 749, 752; Schurig S. 94f; angesichts fehlender gesetzlicher Regelung soll „Atypik" hier als pauschale Bezeichnung individuell ausgehandelter Regelungen verstanden werden, die auf den „Grundtypen" aufbauen.

§§ 504 ff BGB ähnlichen Befugnis" und bezeichnet die Ausgestaltung unter Berücksichtigung mittelbarer Beteiligungen als *„untypisches Vorkaufsrecht"* [50]. Neben Problemen bei den dogmatischen Begrifflichkeiten treten somit noch Zuordnungsprobleme durch die Verwendung atypischer Klauseln auf, die präzise und interessengerecht ausgelegt und angewendet werden müssen [51]. Darüber hinaus führt die Verwendung englischsprachiger Verträge bei Anwendbarkeit deutschen Rechts angesichts der besonderen angloamerikanischen Vertragstechnik zu Abgrenzungs- und Auslegungsproblemen [52].

b) Alternative und kumulative Anwendung
Die Praxis greift auf die Grundtypen *alternativ,* aber auch *kumulativ* zurück [53]. Insbesondere die Kombination des Vorkaufsrechts mit einer „vorgeschalteten" [54] Andienungspflicht ist trotz erwähnter Bedenken im Gesetzgebungsverfahren verbreitet [55]. Der Hauptvorteil wird darin gesehen, dass bei grundsätzlichem Fortbestehen des Vorkaufsrechts Verpflichteter und Dritter schneller Aufschluss über ein Erwerbsinteresse des Berechtigten erlangen und Kosten einsparen können. Für den Berechtigten verringert sich durch die frühzeitige Einbindung zudem die Umgehungsgefahr [56]. Jedoch können auch gerade aus dieser Kombination Probleme erwachsen, z.B. hinsichtlich der Zulässigkeit einer Ausübung des Vorkaufsrechts nach vorheriger Nichtannahme eines (i.w.) identischen Vertragsangebots [57].

Da eine Darstellung sämtlicher möglicher Ausgestaltungen nicht nur den vorliegenden Rahmen sprengen, sondern zudem der beratenden Praxis zu Unrecht einen begrenzten Umfang an möglichen Gestaltungsformen bescheinigen würde, orientiert sich diese Arbeit am gesetzgeberischen Leitbild, jedoch nicht ohne zu den jeweiligen Kernaspekten die notwendigen Abgrenzungen vorzunehmen und -praxisbezogen - die Bedeutung einer Kombination mehrerer Möglichkeiten bzw. einer atypischen Gestaltung hervorzuheben.

II. Konkurrenz von Vorkaufsrecht und Vinkulierung

Neben dem Vorkaufsrecht dient vor allem die Vinkulierung von Namensaktien der Möglichkeit der Einflussnahme auf die Aktionärsstruktur.

---

[50] LG Offenburg AG 1989, 134, 135f; hierzu kritisch LG Offenburg EWiR § 504 BGB 1/89, 135, 136 (Volhard).
[51] Henrich 232; MK-Westermann § 504, RN 4 weist zu Recht darauf hin, dass die Schwierigkeiten auf dem dispositiven Charakter beruhen.
[52] Vgl. Horn in ZIP 2000, 473, 476 *„Vorherrschaft der englischen Sprache".*
[53] Noack S. 16f.
[54] Baumann/Reiss in ZGR 1989, 157, 182.
[55] Henrich S. 324f; Salzgeber-Dürig S. 133; Soergel-Huber vor § 504, RN 15.
[56] Schrötter S. 115.
[57] Hierzu und zu sonstigen Fragen der Ausübung näher unter § 9.

Beispiel „AGF/AMB" [58]: Die französische Assurances Générales de France SA („AGF"), die zunächst rund 7,4 % der als Inhaber- bzw. vinkulierte Namensaktien ausgegebenen Aktien der Aachener und Münchener Beteiligungs AG („AMB") besaß, versuchte teils über die Börse, teils außerhalb weitere Aktien zu erwerben, um ihre Beteiligung auf über 25 % aufzustocken. Gestützt auf eine Bestimmung der AMB-Satzung, die dies ausdrücklich gestattete, verweigerte der Vorstand die Zustimmung zur Übertragung der Namensaktien ohne Angabe von Gründen. Die AMB hatte allerdings mit der AGF sowie mit zwei weiteren Aktionären, die ihrerseits ihre Beteiligung längerfristig reduzieren wollten, eine Vorkaufsvereinbarung dahingehend geschlossen, dass zunächst AGF und dann AMB selbst vorkaufsberechtigt sein sollen.

Trotz erheblicher dogmatischer und praktischer Unterschiede besteht eine rechtliche und faktische Wechselwirkung zwischen Vorkaufsrechten und der Vinkulierung.

1.   Abgrenzung in Dogmatik und Bedeutung
a)   Begriff der Vinkulierung
Unter „Vinkulierung" versteht man die Koppelung der Wirksamkeit der Verfügung über Aktien an die Zustimmung der Gesellschaft, sofern die Satzung der AG eine solche Regelung ausdrücklich vorsieht (§ 68 Abs. 2 S. 1 AktG) [59]. Diese statutarische Ausnahme [60] vom Grundsatz freier Verkehrsfähigkeit von Aktien gestattet das AktG jedoch lediglich für *Namens*aktien. Eine weitergehende Einschränkung der Übertragbarkeit von Inhaberaktien ist hingegen unzulässig [61]. Vinkulierungsregelungen finden sich auch in § 15 GmbHG [62], die aufgrund der weiten Fassung des Gesetzeswortlauts jedoch in stärkerem Maße zulässig sind als im Aktienrecht. Im Personengesellschaftsrecht folgt die Zustimmungsbedürftigkeit bereits aus der grundsätzlichen Unübertragbarkeit der Mitgliedschaft (§§ 719 Abs. 1 BGB, 105 Abs. 3, 161 Abs. 2 HGB); gesonderte Vinkulierungsregelungen sind dort nicht erforderlich.

b)   Unterschiedliche Wirkung
Vorkaufsrecht und Vinkulierung weisen eine Vielzahl unterschiedlicher Wirkungen auf, von denen die nachfolgenden besonders hervorzuheben sind:

Das Vorkaufsrecht koppelt ausschließlich an das schuldrechtliche Kausalgeschäft an, während die Vinkulierung allein das dingliche Verfügungsgeschäft betrifft und

---

[58] Sachverhalt teilweise angelehnt an LG Aachen v. 19.05.1992, Az. 41 O 30/92 = AG 1992, 410 (Klagerücknahme nach außergerichtlichem Vergleich); um Regelungen zum Vorkaufsrecht ergänzt.

[59] Vgl. lateinisch vincire = fesseln, (an-)binden; die Satzung kann die Zustimmung anderer Organe voraussetzen.

[60] Kossmann in BB 1985, 1364, 1365 spricht gar von einem „Widerspruch" zur freien Verfügbarkeit.

[61] Allg. Ansicht, vgl. statt vieler Hüffer § 68, RN 10.

[62] Eingehend Lutter/Hommelhoff § 15, RN 22 ff; Scholz-Winter, § 15, RN 88 ff.

somit auch andere Veräußerungen als Kaufverträge erfasst [63]. Aufgrund des rein schuldrechtlichen Charakters [64] kommt dem Vorkaufsrecht daher auch nur relative Wirkung zwischen den Beteiligten zu [65], während die Verfügungsbeschränkung des § 68 Abs. 2 AktG als Ausnahme zu § 137 BGB als dingliche Sperre auch Dritten gegenüber wirkt. Das Vorkaufsrecht wird vorwiegend [66] unter den Gesellschaftern vereinbart, während die Vinkulierung das Verhältnis des Gesellschafters zur Gesellschaft betrifft. Allerdings weist das Vorkaufsrecht sowohl eine „negative" (= abwehrende) als auch eine „positive" (= verschaffende) Komponente auf, wohingegen die Vinkulierung gleichsam ausschließlich „negativ" wirkt [67]. So vermag die Vinkulierung zwar zunächst den wohl effektiveren Schutz gegen unerwünschte Übertragungen gewähren. Allein das Vorkaufsrecht gewährt den Aktionären eigenständige Rechte, jedoch vermag auch dieses dem Berechtigten keinen Anspruch auf den Eintritt des Vorkaufsfalles zu verschaffen [68]. Mit Blick auf mögliche Umgehungskonstellationen entscheidet zudem erst die praktische Handhabung über die wirkliche Effektivität. Schließlich liegt ein weiterer Unterschied in der Berücksichtigung der Schutzwürdigkeit der *Gesellschaft*: Abgesehen von eigenen Vorkaufsrechten der AG sind die Interessen der Gesellschaft bei der Ausübung von Vorkaufsrechten der Aktionäre nur mittelbar über die allgemeine Treuepflicht von Bedeutung, während die Vinkulierung die Interessen der Gesellschaft in den Vordergrund stellt. Hiernach ist die Vinkulierung weder rechtlich noch praktisch ein „Minus" gegenüber dem Vorkaufsrecht, sondern ein „aliud" [69].

2. Wechselwirkung einer alternativen und kumulativen Anwendung

Aufgrund der unterschiedlichen Wirkungen schließen sich beide Rechtsinstitute nicht etwa aus, sondern können auch kumulativ eingesetzt werden [70]. Sofern in der Literatur vereinzelt das Bedürfnis eines Vorkaufsrechts neben einer Vinkulierung

---

[63] Vgl. Nirk in Handbuch der Aktiengesellschaft, Teil I, RN 452.

[64] Das dingliche Vorkaufsrecht der §§ 1094 ff BGB betrifft ausschließlich Grundstücke und ist für das Aktienrecht unerheblich; missverständlich zur schuldrechtlichen Wirkung Westermann/-Klingberg in FS Quack, S. 545, 551.

[65] Schubert Redaktion S. 69f (entgegen dem sächsischen und preußischen Vorbild); ferner Immenga in AG 1992, 79f; Hefermehl/Bungeroth in Geßler/Hefermehl § 54, RN 26; Wiedemann S. 88; Kowalski in GmbHR 1992, 347, 348.

[66] Zu möglichen Vorkaufsberechtigten vgl. unter § 3 III.

[67] Wiedemann S. 85.

[68] Allg. Ansicht, vgl. nur MK-Westermann § 504, RN 25.

[69] Kowalski in GmbHR 1992, 347, 348.

[70] Vgl. LG Offenburg AG 1989, 134, 137 „*Burda/Springer*"; treffend Noack S. 25, 290f: „*Reisende soll man nicht aufhalten*"; vereinzelt finden sich auch Vinkulierung und Ankaufspflicht kombiniert, vgl. Henrich S. 323; unklar Westermann/Klingberg in FS Quack, S. 545, 551 (Kaufvertrag zustimmungsbedürftig).

verneint wird [71], dürfte dies auf einer Verkennung zum einen der unterschiedlichen Wirkung, zum anderen der denkbaren praktischen Gestaltungsformen beruhen. Zusätzlich zu einer möglichen Einbettung des Vorkaufsrechts in einen Poolvertrag zwischen den Betroffenen [72] kann hier eine weitestgehende Realisierung der gemeinsamen Zielsetzungen durch schuldrechtliche Vorabbindungen und dingliche Verfügungsbeschränkung gewährleistet werden. Das „Nebeneinander" von Vorkaufsrecht und Vinkulierung bedeutet allerdings nicht zwingend auch eine „Kombination" beider Instrumente [73]. Hiervon kann vielmehr nur dann ausgegangen werden, wenn dies der jeweiligen Zwecksetzung entspricht. Sollten die Ziele jedoch weitgehend identisch oder zumindest aufeinander abgestimmt sein [74], kann eine Wechselwirkung bestehen.

Die Entscheidung des Vorstands im Rahmen der Vinkulierung hat nach pflichtgemäßem Ermessen unter Berücksichtigung des Gesellschaftsinteresses sowie des Interesses des veräußernden Aktionärs zu erfolgen [75]. Die Versagung der Zustimmung bedarf hierbei grundsätzlich keiner sachlichen Rechtfertigung [76]. Sofern ergänzend ein Vorkaufsrecht zugunsten der *AG* selbst vereinbart wurde, wird man im Falle der Veräußerung an einen Dritten an der Zulässigkeit der Verweigerung keine Zweifel haben können. Für den Erwerb eigener Aktien ist dann keine Zustimmung mehr erforderlich [77].

Aber auch bei einer Vorkaufsberechtigung eines *Gesellschafters* könnte die Verweigerung der Zustimmung auf das bestehende Vorkaufsrecht gestützt werden, sofern dies den Interessen der Gesellschaft nicht widerspricht. Grundsätzlich ist das Interesse des Erwerbers im Rahmen des § 68 Abs. 2 AktG zwar unbeachtlich [78], insbesondere ist der Vorstand nicht an Vereinbarungen mit den Gesellschaftern

---

[71] Lutter/Schneider in ZGR 1975, 182, 205 (zu einem satzungsmäßigen Vorkaufsrecht de lege ferenda).

[72] BGH BB 1966, 636; BGH NJW 1987, 890 f „*Dinckelacker*" (beide zum aktienrechtlichen Vorkaufsrecht).

[73] Nach RG JW 1934, 1412, 1413f kann die Wirksamkeit der Abtretung von *GmbH*-Anteilen (nicht aber von Aktien, s.o.) von der Nichtausübung eines statutarischen Vorkaufsrechts abhängig gemacht werden; eine solche „Kombination" könne aber nicht allein wegen des „Nebeneinander" vermutet werden, sondern müsse sich „*deutlich und klar*" ergeben; vgl. ferner Reichert S. 74; sowie ders. in BB 1985, 1496, 1501.

[74] Salzgeber-Dürig S. 9; Lutter/Grunewald in AG 1989, 409, 414: „*schuldrechtliche Verlängerung der Vinkulierungsklausel*".

[75] Hefermehl/Bungeroth in Geßler/Hefermehl § 68, RN 124; Hüffer § 68, RN 15; BGH NJW 1987, 1019, 1020; LG Aachen AG 1992, 410, 411 ff („AGF/AMB"); aA noch RGZ 132, 149, 153ff („Victoria"): freies Ermessen.

[76] Str, aber h.M., vgl. Lutter in Kölner Komm., § 68, RN 30; Hüffer § 68, RN 15; LG Aachen AG 1992, 410, 411ff; a.A. Kossmann in BB 1985, 1364, 1365; Immenga in AG 1992, 79, 82f.

[77] Lutter in Kölner Komm., § 68, RN 44.

[78] Happ Aktienrecht 4.06, RN 3.

oder Dritten gebunden [79]. Die Berücksichtigung der Vorkaufsbindung im Rahmen der Ermessensentscheidung ist jedoch sachgerecht. Das üblicherweise genannte Argument des schützenswerten *Desinvestitionsinteresses* [80] des Veräußerers steht dem nicht entgegen, weil der Vertrag mit dem Berechtigten zu identischen Bedingungen erfolgt (§ 464 Abs. 2 BGB) und die Verkehrsfähigkeit der Aktien somit rechtlich nicht beeinträchtigt wird. Auf die freie Erwerberwahl kann sich der Veräußerer nicht berufen, weil er hierauf in der Vorkaufsabrede ausdrücklich verzichtet hat (§ 242 BGB). Nicht zuletzt mit Blick auf das „Abwehrinteresse" des Vorkaufsrechts kann das Interesse des Berechtigten (mittelbar) auch als ein Interesse der AG aufgefasst werden. Eine *Verpflichtung* zur Verweigerung ist jedoch regelmäßig abzulehnen, weil hierdurch unzulässigerweise eine (verdeckte) Verdinglichung des Vorkaufsrecht erfolgen würde [81]. Allenfalls bei (rechtlicher oder wirtschaftlicher) Identität zwischen Veräußerer und Vorstand könnte die vorkaufsrechtswidrige Erteilung der Zustimmung als sittenwidrig angesehen werden. Darüber hinaus ist eine Verpflichtung zur Erteilung der Zustimmung anzunehmen, sofern die AG in einer Vorkaufsvereinbarung einem Dritten eine vorrangige Berechtigung eingeräumt hat. Der Veräußerer kann sich allerdings nicht - wie dies bei der GmbH überwiegend vertreten wird [82] - auf eine generelle Zustimmungspflicht für den Fall der Nichtausübung des Vorkaufsrechts berufen. Insoweit bestehen die Rechtsinstitute eben nur „nebeneinander" und verwirklicht sich das für Aktien typische „Risiko".

3.   Vorkaufsrecht und Börsenhandel vinkulierter Aktien

Die freie Handelbarkeit von Aktien börsennotierter Gesellschaften (§ 3 Abs. 2 AktG) dient der Sicherstellung der Fungibilität der Wertpapiere. Dies ist bei der Vinkulierung von Aktien (§ 68 Abs. 2 AktG) wegen der dinglich wirkenden Koppelung der Übertragung der Aktien an die Zustimmung der Gesellschaft nicht ohne weiteres gewährleistet. Nach § 38 Abs. 1 S. 1 Nr. 2 BörsG i.V.m. § 5 Abs. 2 Nr. 2 BörsZulV können vinkulierte Namensaktien deshalb nur dann zum Amtlichen Handel zugelassen werden, *„wenn das Zustimmungserfordernis nicht zu einer Störung des Börsenhandels führt"* [83]. Die AG hat sich hierbei gegenüber der Zulassungsstelle zu verpflichten, die Übereignung nur unter besonders engen

---

[79] Lutter in Kölner Komm., § 68, RN 27 a.E.

[80] Hüffer § 68, RN 15; ferner BVerfGE 100, 289, 305 *„DAT/Altana"* zur ständigen Veräußerbarkeit einer Aktie.

[81] Zutreffend Lutter in Kölner Komm., § 68, RN 27; vgl. ferner unten § 3 II 2.

[82] Vgl. bei Kowalski in GmbHR 1992, 347, 348 m.w.N. zum Streitstand.

[83] Das Gleiche galt im Bereich des Neuen Markts, vgl. 3.5 (2) Nr. 2 des Regelwerks (zur Handelbarkeit der Aktien); Vinkulierungen bei börsennotierten Gesellschaften finden sich in der Praxis v.a. bei Versicherungen.

Voraussetzungen zu verweigern [84]. Zur Vereinfachung sind die Aktienurkunden bereits mit einem Blankoindossament versehen oder wird ihnen ein blanko unterzeichneter Umschreibungsantrag beigefügt [85].

Aufgrund der rein schuldrechtlichen Wirkung des Vorkaufsrechts ist die bloße Börsennotierung der AG für die Vereinbarung oder Ausübung eines Vorkaufsrechts zunächst unerheblich. Bestimmte Einzelprobleme, z.b. der Bereich des Übernahmerechts [86], sind hingegen nur bei einer Notierung an der Börse denkbar [87]. Soweit jedoch vorkaufsbelastete Aktien über die Börse veräußert werden, kann es aufgrund der vom „Normalfall" abweichenden vertraglichen Rechtsverhältnisse zu Problemen bei der Feststellung eines „Vorkaufsfalles" kommen. Bei Wertpapiergeschäften über die Börse kommt zwischen bisherigem Berechtigten und dem Erwerber gerade *kein* Kaufvertrag zustande [88]. Die Rechtsbeziehungen im Kassageschäft sind zwischen insgesamt fünf Beteiligten dergestalt konstruiert, dass (vereinfacht) Käufer und Verkäufer je einen Kommissionsvertrag mit einer Bank abschließen, die unter Vermittlung eines Kursmaklers im eigenen Namen, aber für Rechnung von Verkäufer und Käufer einen Kaufvertrag über die (hier unterstellt: vorkaufsbelasteten) Aktien abschließen [89]. Da der Vorkaufsverpflichtete mithin nicht Partei eines Kaufvertrags ist, ist es dogmatisch scheinbar ausgeschlossen, dass der Berechtigte durch eine einseitige Ausübung des Vorkaufsrechts einen Kaufvertrag mit dem Verpflichteten zu den Konditionen zustande bringt, die zwischen den beiden Kommissionären vereinbart wurden. Das für das Vorkaufsrecht wesenstypische Drei-Personenverhältnis liegt nicht vor.

Da das Scheitern des Vorkaufsrechts jedoch allein auf den Besonderheiten des Börsenhandels beruht, wird man beim Verkauf vorkaufsrechtsbelasteter Aktien über die Börse regelmäßig eine analoge Anwendung des § 463 BGB annehmen müssen.

---

[84] Schwark § 38, RN 4; Hefermehl/Bungeroth in Geßler/Hefermehl, § 68, RN 161; ferner Berger in ZHR 157 (1993), 31, 45.

[85] Schanz § 3, RN 103.

[86] Hierzu eingehend unter § 12 II.

[87] Vgl. zum Verhältnis von Pakethandel und verbotenem Insidergeschäft bereits BT-Drs. 12/6679, S. 47, v. 27.01.1994, zu § 14 WpHG.

[88] Vgl. Berger in ZHR 157 (1993), 31, 45.

[89] Zu Auftragserteilung und –ausführung, sowie den einzelnen Rechtsverhältnissen näher Claussen § 9 C, I, II, insbesondere RN 222.

§ 3 Rechtsdogmatische Grundlagen des Vorkaufsrechts an Aktien

Unerlässlich zum umfassenden Verständnis ist ein Überblick über die normativen Vorgaben (sub. I.) und das Problem statutarischer Vorkaufsrechte (sub. II.). Schließlich sind auch die Fragen einzubeziehen, die darauf beruhen, dass als Berechtigte eines Vorkaufsrechts verschiedene Personen(-gruppen) in Betracht kommen (sub. III.).

I. Normative Vorgaben des Vorkaufsrechts und ihre Bedeutung für das Aktienrecht

1. Regelungen der §§ 463 ff BGB

Da es sich auch beim Vorkaufsgegenstand „Aktien" zunächst um ein Vorkaufsrecht handelt, bilden die §§ 463 bis 473 BGB den rechtlichen Ausgangspunkt. Diese Regelungen geben für den „Normalfall" eines Vorkaufsrechts an beweglichen Sachen eine weitgehend vollständige Vorgabe für die rechtliche und praktische Handhabung. Eine unmittelbare und uneingeschränkte Anwendung dieser Normen für Aktien als Vertragsgegenstand ist jedoch allenfalls dann möglich, wenn die Ausgestaltung in der Praxis nicht vom Leitbild des Gesetzgebers abweicht [90].

Sofern das Vorkaufsrecht als Vertragsobjekt „Aktien" betrifft, ergeben sich eine Vielzahl gesellschaftsrechtlicher, z.T. sogar spezifisch aktienrechtlicher Besonderheiten, die bei der Auslegung und Anwendung dieser Normen zu beachten sind. Diese beruhen neben der Vielfalt möglicher Zwecksetzungen einer Vorkaufsvereinbarung vor allem auf dem Charakter eines Aktienverkaufs als Massengeschäft.

2. Besonderheiten beim Aktienkauf/-verkauf im Rahmen der Auslegung

Hinsichtlich der Auslegung ist zu unterscheiden zwischen den nachfolgend aufgeworfenen Besonderheiten der Auslegung der *gesetzlichen* Normen und der - später eingehend darzustellenden - Auslegung der *vertraglichen* Vereinbarungen [91]. Auf die Anwendbarkeit der *einzelnen* Normen des BGB wird im Zusammenhang mit den jeweiligen Problemstellungen ausführlich eingegangen.

Bereits angesichts des *Wortsinns* als „Ausgangspunkt und Grenze der Auslegung" [92] bestehen insoweit Besonderheiten, als das BGB grundsätzlich auf die Individualität des vom Vorkaufsrecht betroffenen Gegenstandes abstellt. Der An- und Verkauf von Aktien ist jedoch stets ein Mengengeschäft. Die Möglichkeit des

---

[90] Hueck in FS Larenz, S. 749, 751, 761; Westermann/Klingberg in FS Quack, S. 545, 546f.

[91] Hierzu näher Larenz Methodenlehre S. 346f; ferner unter § 5 I.

[92] Teichmann S. 24, 36, 44; Larenz Methodenlehre S. 343.

Verkaufs auch nur einer einzelnen Aktie ist zwar nicht lediglich rein theoretisch [93], ihr dürfte jedoch in der Praxis keine gesteigerte Bedeutung zukommen. Die rechtliche und praktische Handhabbarkeit derartiger Mengengeschäfte verlangt insoweit eine spezifische Auseinandersetzung mit dem Anwendungsbereich des § 467 BGB [94]. Entsprechendes gilt mit Blick auf § 472 BGB [95] für den Fall mehrerer Berechtigter, da Aktientransaktionen vielfach mehrere Beteiligte (z.b. Aktionärsgruppen, Konzerne etc) auf jeder Seite aufweisen.

In *systematisch-teleologischer* Hinsicht ist ebenfalls zu fragen, ob sich im Gesamtkontext der Regelungen aus dem Vorkaufsobjekt „Aktien" Besonderheiten hinsichtlich der gesetzgeberischen Zweckrichtung ergeben. Angesichts des in Konsortialverträgen regelmäßig spezifischen Zwecks des Vorkaufsrechts sind sämtliche Normen auch an der unternehmerischen Gesamtkonzeption der Beteiligten auszurichten. So hat sich die Rechtsprechung, wenngleich naturgemäß unter Einbeziehung der Gegebenheiten des Einzelfalles, für eine modifizierte Anwendung des § 470 BGB ausgesprochen, sofern die Vorkaufbindung bei der vorweggenommenen Erbfolge nicht auf die Erben übertragen wurde [96]. Hinsichtlich des Begriffs „Vorkauf" in § 463 BGB wäre ferner daran zu denken, hierunter nicht nur den Kauf i.e.S., sondern auch all die Vertragskonstellationen zu fassen, die bei der Übertragung von Aktien typischerweise an dessen Stelle verwendet werden und somit schon gesetzlich gleichzustellen sind.

Entscheidendes *entstehungsgeschichtliches* Moment ist die Tatsache, dass die an der Erstellung des BGB vor dem Jahre 1900 Beteiligten die besondere Situation bei Vorkaufsrechten an Aktien nicht bedacht haben. Zwar wurden die Regelungen der §§ 463ff BGB im Zuge ihrer Entstehung kontrovers diskutiert und verschiedene Regelungen während des Gesetzgebungsverfahrens erheblich modifiziert. Eine Durchsicht der Materialien ergibt jedoch, dass die Beteiligten hierbei die für Aktientransaktionen relevanten Probleme nicht gesehen haben. Andernfalls wären insbesondere hinsichtlich von Mengekäufen, der Länge der Ausübungsfrist (eine Woche, § 469 Abs. 2 S. 1 BGB) und naheliegender Umgehungsgeschäfte eingehendere Stellungnahmen, wenn nicht gar gesonderte Regelungen zu erwarten gewesen. Da dem Gesetzgeber nichts unterstellt werden darf, was er nicht geregelt, geschweige denn überhaupt gesehen hat, darf die gesetzgeberische Intention bei der Normgebung mithin allenfalls sehr eingeschränkt Berücksichtigung finden. Auf die Frage, ob für den bindenden Willen des Gesetzgebers überhaupt auf die

---

[93] Zu denken wäre hier z.B. an die Veräußerung einer mit besonderen Rechten ausgestalteten sog. „Goldenen Aktie" oder bei exakter Parität mehrerer Gesellschafter die Verschiebung der Mehrheitsverhältnisse durch Veräußerung von lediglich einer einzelnen Aktie.

[94] Hierzu eingehend unter § 10 III.

[95] Ausführlich zu den Problemen bei einer Mehrheit von Berechtigten unter § 11 I, II.

[96] BGH NJW 1987, 890 „*Dinckelacker*".

Stellungnahmen der Mitglieder vorbereitender und beratender Kommissionen abgestellt werden darf [97], kommt es somit nicht an.

Angesichts der Unkenntnis des Gesetzgebers von den spezifischen Problemen ist die Bandbreite möglicher Auslegungen regelmäßig weiter als bei anderen Objekten. Eine *absolut richtige* Auslegung kann es nicht geben [98]. Ziel muss es daher sein, die fallbezogen auftretenden spezifischen Besonderheiten in die Auslegung fraglicher Gesetzesmerkmale einfließen zu lassen.

3. Sonstige gesetzliche Regelungen

Vorkaufsrechte bestehen auch in vielen anderen Rechtsgebieten [99]. Da diese Vorkaufsrechte insbesondere Ausprägungen öffentlich-rechtlicher Zwecksetzungen sind [100], können sie bei der Betrachtung des Vorkaufsrechts an Aktien (weitgehend) unberücksichtigt bleiben. Das Gleiche gilt für das dinglich ausgestaltete Vorkaufsrecht der §§ 1094 ff BGB für Grundstücke. Lediglich in engen Ausnahmefällen wird man auf die hierfür maßgeblichen Regelungen bzw. die speziell hierzu ergangene Rechtsprechung oder Literatur auch im Zusammenhang mit den hier relevanten Fragen zurückgreifen können. Aufgrund des spezifisch gesellschaftsrechtlichen Bezugs erwähnenswert ist die letztlich aber nicht realisierte Initiative zur Schaffung eines gesetzlichen Vorkaufsrechts der öffentlichen Hand für Gesellschaftsbeteiligungen [101]. Anlass der Überlegungen war der Versuch der us-amerikanischen Gesellschaft Texaco, eine Beteiligung an der Gelsenberg AG zu übernehmen [102]. Die Durchsetzbarkeit einer solchen Neuregelung – damals wie heute – scheitert(e) jedoch zum einen an verfassungsrechtlichen Erwägungen [103],

---

[97] Dagegen Larenz Methodenlehre S. 329 und 344 mit der Beschränkung auf die Grundabsicht des Gesetzgebers und die Beratungen der Körperschaft oder Ausschüsse, wohingegen Stellungnahmen der Textverfasser und unterstützenden Mitglieder nicht bindend seien, selbst wenn sie bei der Gesamtbetrachtung zu berücksichtigen seien.

[98] Larenz Methodenlehre S. 312, 314.

[99] Vgl. §§ 24-28 BauGB, §§ 4 ff RSG i.V.m. §§ 9, 21 GrdstVG, § 20 VermG, §§ 11 ff RHeimstG. Daneben besteht eine Vielzahl *landes*rechtlicher Regelungen, insbesondere im Naturschutz- und Denkmalschutzrecht, vgl. Soergel-Stürner vor § 1094, RN 26; vgl. auch EGMR (Beyeler/Italien) v. 05.01.2000 in NJW 2003, 654ff und 658ff zur Entschädigung bei der verzögerten Ausübung eines *staatlichen* Vorkaufsrechts.

[100] Soergel-Stürner vor §§ 1094 ff, RN 5; vgl. zum Vorkaufsrecht nach dem RSG bei BGH NuR 1986, 306, 307: „*positives Lenkungsmittel*" bei der Grundstücksverteilung.

[101] Lutter/Schneider in ZGR 1975, 182, 206; ausführlich ferner Krebs S. 73 ff, auch mit konkretem Formulierungsvorschlag (als neuem § 13a BBankG), S. 79.

[102] So Lutter/Schneider in ZGR 1975, 182, 206.

[103] Verwiesen sei insbesondere auf Art 14 GG wegen einer unzulässigen „*Verstaatlichung auf privatem Wege*", Lutter/Schneider a.a.O., sowie Art 104a-115 GG (Finanzwesen) wegen „*unkalkulierbarer Kosten*" für den Bundeshaushalt, eingehend Krebs S. 75 f, der zutreffend allgemein auf „*komplexe gesamtwirtschaftliche Überlegungen*" abstellt, S. 73.

zum anderen aber angesichts der insbesondere in neuerer Zeit vielfach extrem
hohen Übernahmepreise [104] an der faktischen Finanzierbarkeit.

Zwischenergebnis:
Bei der Auslegung und Anwendung der §§ 463ff BGB sind die spezifisch
*gesellschafts*rechtlichen Besonderheiten (z.B. hinsichtlich Mengenkauf, Beteiligtenmehrheit, Fristfragen) zu beachten.

II. Zulässigkeit statutarischer Vorkaufsrechte

Nachfolgend soll die Frage erörtert werden, ob die Regelung der Vorkaufsrechte in
der Satzung mit dem Aktienrecht vereinbar ist.

1. Ansatz der herrschenden Meinung
Die einhellige Ansicht in der Literatur geht davon aus, statutarische Vorkaufsrechte seien - selbst bei Einstimmigkeit der Gesellschafter [105] - unzulässig [106].
Eine (ausdrückliche oder auch nur angedeutete) nähere Differenzierung erfolgt
hierbei, soweit ersichtlich, bei keinem Autor.

Die Vereinbarung eines Vorkaufsrechts bleibt hiernach beschränkt auf Gesellschaftervereinbarungen, die grundsätzlich formlos wirksam sind [107], in der Praxis
aber regelmäßig zumindest die Schriftform aufweisen. Neben Regelungen zur
abgestimmten Stimmrechtsausübung gehören Vorkaufsrechte (bzw. sonstige atypisch ausgestaltete Erwerbsvorrechte) zum *eisernen Bestand* [108] jedes Konsortialvertrages [109]. In der Praxis werden derartige Vereinbarungen vielfach in engem
sachlich-zeitlichen Zusammenhang mit der Gründung der AG bzw. - bei späterem
Beitritt zur Gesellschaft - mit Erwerb der Beteiligung abgeschlossen; zwingend geboten ist dies jedoch nicht. In rechtlicher Hinsicht kann es hier zum Abschluss
eines weiteren Gesellschaftsvertrages kommen, sofern der „Pool" als GbR ausge-

---

[104] Der Kauf-/Übernahmepreis der – zunächst feindlichen – Übernahme der Mannesmann AG
durch die Vodafone Airtouch plc. betrug z.B. etwa 120 Mrd. Euro.

[105] Otto in AG 1991, 369, 372.

[106] Statt vieler BayObLG WM 1989, 138, 141; sowie Lutter in Kölner Komm., § 68, RN 23;
MK-Westermann, § 504, RN 9; Hueck in FS Larenz, S. 749, 755; a.A. zum früheren Recht (§
222 Abs. 2 HGB) Nietzold in JW 1926, 531; Vorschläge de lege ferenda bei Lutter/Schneider in
ZGR 1975, 182, 204 f (auch zu möglichen Nachteilen).

[107] Soergel-Huber, § 504, RN 4; Noack S. 197; *anders* bei der GmbH, vgl. Lutter/Hommelhoff
§ 15, RN 15.

[108] Salzgeber-Dürig S. 20; vgl. ferner Staudinger-Mader vor §§ 504 ff, RN 2; Noack S. 34.

[109] Die Terminologie ist diesbezüglich schwankend: die Begriffe „Konsortialvertrag", „Grund-
vereinbarung" und „Poolvertrag" sind die für Gesellschaftervereinbarungen üblicherweise verwendeten Termini.

staltet ist. Denkbar sind jedoch auch isolierte Vorkaufsabreden [110]. Hierbei wird die tatsächliche Ermittlung der unternehmerischen Zwecksetzung bei der Vereinbarung eines Vorkaufsrechts allerdings erschwert, wenn nicht ausgeschlossen. Sofern nicht die konkrete Ausgestaltung für die rechtliche Einordnung des Vorkaufsrechts bedeutsam werden sollte, sind jedoch nachfolgend dennoch beide Konstellationen gemeint.

2. Herkömmliche Begründung der Unzulässigkeit

Fraglich ist, ob die Ansicht der überwiegenden Meinung [111] zutrifft und ob ggf. zumindest hinsichtlich der Begründung Klarstellungsbedarf besteht. Der bloße Hinweis auf § 23 Abs. 5 AktG [112] kann nicht genügen, weil diese Norm insoweit ausfüllungsbedürftig ist und die Einbeziehung einer anderen als abschließend bezeichneten Norm verlangt.

a)   § 68 Abs. 2 i.V.m. § 23 Abs. 5 AktG

Die überwiegende Anzahl der Autoren [113] verweist schlicht auf die abschließende Regelung in § 68 Abs. 2 AktG hinsichtlich der zulässigen Beschränkungsmöglichkeit der Verfügung über Namensaktien. Aufgrund des Grundsatzes der freien Übertragbarkeit der Aktie als Korrektiv zur fehlenden Kündigungs- oder Austrittsmöglichkeit bei der AG sei eine weitergehende statutarische Beschränkung der Mitgliedschaft nicht möglich [114].

Der Verweis auf die nur durch § 68 Abs. 2 AktG beschränkte freie Fungibilität der Aktie kann für die Annahme der Unzulässigkeit von Vorkaufsrechten jedoch nicht herangezogen werden. Zunächst betrifft § 68 Abs. 2 AktG ausschließlich die dingliche Übertragung und besagt nichts über Beschränkungen oder bloße „Lenkungen des Übertragungsvorgangs" [115]. Der Grundsatz der freien Übertragbarkeit kann nicht verletzt sein, weil auch bei Vorhandensein eines Vorkaufsrechts eine weitgehend „freie" Übertragung möglich ist. Der Verpflichtete kann seine Aktien zu dem von ihm vereinbarten Kaufpreis verkaufen, selbst wenn dies letztlich an einen anderen Erwerber zu erfolgen hat. Die Kompensation der fehlenden Austritts- oder Kündigungsmöglichkeit soll verhindern, dass der Aktionär eine für ihn wirtschaftlich sinnlose Beteiligung veräußern kann, bezweckt im wirtschaftlich dominierten Kapitalgesellschaftsrecht aber nicht den psychologischen Schutz freier Erwerberwahl. Das Verbot von Verfügungsbeschränkungen impliziert auch nicht notwendi-

---

[110] Noack S. 48 und 58 (dort als „*individualrechtliche Verbindungen*" bezeichnet).

[111] Gänzlich ohne Begründung z.B. Assmann S. 119.

[112] So z.B. Winter in ZHR 154 (1990), 259, 262 (Fn. 10a).

[113] MK-Westermann § 504, RN 9; Westermann/Klingberg in FS Quack, S. 545, 571; Baumann/Reiss in ZGR 1989, 157, 181 und 212; Sudhoff § 26, RN 19; Lutter in Kölner Komm., § 68, RN 23, § 54, RN 16; Otto in AG 1991, 369, 372.

[114] Lutter in Kölner Komm., § 68, RN 23.

[115] Überzeugend Noack S. 282.

gerweise ein Verbot von „Verpflichtungsbeschränkungen" auf der Ebene des Kausalgeschäfts [116]. Das Vorkaufsrecht ist eben kein „minus" zur Vinkulierung, sondern rechtlich ein „aliud". Der auf einem Erst-recht-Schluss beruhende Ansatz vieler Autoren geht somit fehl. Aber selbst unter Berücksichtigung dieses a-fortiori-Gedankens erschiene es widersprüchlich und mit dem Wortlaut nicht begründbar, ein Zurückbleiben der Bindung hinter den Anforderungen des § 68 Abs. 2 AktG - also rechtlich ein „minus" - bei der Vinkulierung zuzulassen [117], oder die Bindung gar zu verschärfen [118], andere geringere Einschränkungen aber als unzulässig zu bezeichnen.

Zutreffend ist hingegen, dass § 68 Abs. 2 AktG entnommen werden kann, dass eine Beschränkung der Genehmigung im Rahmen der Vinkulierung auf Kaufverträge mit vorkaufsberechtigten Personen unwirksam wäre [119]. Eine derartige Beschränkung der dinglichen Verfügung widerspräche dem insoweit abschließenden § 68 Abs. 2 AktG. Soweit das Reichsgericht [120] eine Einziehung zur Übertragung auf Dritte durch satzungsmäßige Bestimmung für zulässig erachtet hat, betraf dies eine abweichende Gesetzeslage und ist heute überholt [121].

b)   §§ 54, 55 i.V.m. § 23 Abs. 5 AktG
Ein Teil der Autoren verweist hingegen auf § 55 (oder §§ 54, 55) AktG [122], nach dem den Aktionären nur für vinkulierte Namensaktien zusätzliche, *„nicht in Geld bestehende"* Nebenleistungen auferlegt werden können. Der Schwerpunkt der Begründung der Unzulässigkeit müsse im abschließenden Charakter dieser für die Zulässigkeit weitergehender Verpflichtungen maßgeblichen Norm gesehen werden [123]. Die Auferlegung der Beachtung satzungsmäßiger Vorkaufsrechte sei hierbei

---

[116] AA anscheinend Otto in AG 1991, 369, 372, der pauschal vorträgt, Erwerbsverbote (und damit wohl auch Vorkaufsrechte) hätten *„spiegelbildlich die Wirkung einer Veräußerungsbeschränkung"*; vgl. auch Happ Aktienrecht, 4.06, RN 1.

[117] Vgl. nur Lutter in Kölner Komm., § 68, RN 27.

[118] Lutter/Schneider in ZGR 1975, 182, 185; Lutter in Kölner Komm., § 68, RN 27; Schönhofer S. 67; aA jedoch Hefermehl/Bungeroth in Geßler/Hefermehl, § 68, RN 102 f.

[119] Wilhelmi in Godin/Wilhelmi § 54, Anm. 10, Wiedemann S. 85f; Lutter in Kölner Komm., § 68, RN 27; vgl. ferner Nirk in Handbuch der Aktiengesellschaft, Teil I, RN 453f.

[120] RGZ 120, 177, 180 f (zu § 227 HGB a.F.).

[121] Zutreffend BayObLG WM 1989, 138, 143; kritisch bereits Böttcher/Beinert/Hennerkes in DB 1971, 1998f.

[122] Auf § 55 (bzw. §§ 54, 55) AktG stellen u.a. Hefermehl/Bungeroth in Geßler/Hefermehl, § 54, RN 21; Lutter/Schneider in ZGR 1975, 182, 187; Hueck in FS Larenz, S. 749, 755; Schrötter S. 40 f; Schönhofer S. 43; Krebs S. 102 f, 114; Wilhelmi in Godin/Wilhelmi § 54, Anm. 9 ab, jedoch allesamt ohne nähere Begründung.

[123] Zutreffend Noack S. 37, 282 f; ferner Böttcher/Beinert/Hennerkes in DB 1971, 1998, 1999; auf § 55 AktG neben § 68 Abs. 2 AktG verweist ebenfalls Hueck in FS Larenz, S. 749, 755.

als weitergehende mitgliedschaftliche Verpflichtung i.d.S. aufzufassen [124] und könne auch nicht deshalb zulässig sein, weil die §§ 54, 55 AktG vermeintlich nur das Verhältnis des Aktionärs zur AG beträfen. Vielmehr sei den Normen das (i.S.d. § 23 Abs. 5 AktG abschließende) Verbot zusätzlicher mitgliedschaftlicher Verpflichtungen zu entnehmen [125].

Nachfolgend soll dargelegt werden, inwieweit dieser Ansatz zwar im Grundsatz zutreffend, aber inhaltlich präzisierungsbedürftig ist.

3.   Eigener Begründungsansatz
a)   Statutarische Vorkaufsrechte bei Inhaber- oder nicht gebundenen Namensaktien
Die Annahme der Unzulässigkeit satzungsrechtlicher Vorkaufsrechte ist für den Bereich der *Inhaber-* oder *nicht gebundenen* Namensaktien aufgrund der vorangehenden Erwägungen zu § 55 AktG nicht zu beanstanden. Da § 55 AktG eine Regelungsmöglichkeit nur für vinkulierte Namensaktien vorsieht, steht dies für sonstige Aktien der Aufnahme in die Satzung mit korporativer Wirkung entgegen (§ 23 Abs. 5 AktG). Allenfalls wäre es denkbar, Vorkaufsrechte [126] bei Inhaberaktien als sog. unechte Satzungsbestandteile zuzulassen [127]. Hierunter werden Bestimmungen der Satzung gefasst, die *formell* in den Satzungstext aufgenommen werden, ohne *materiell* an den hieran anknüpfenden Wirkungen teilzuhaben [128]. Auch ohne gesetzliche Regelung können hierbei ergänzende Bestimmungen in der Satzung zum Handelsregister eingereicht werden. Auf diese Weise wäre gleichsam fakultativ eine satzungsähnliche Publizität des rein schuldrechtlichen Vorkaufsrechts durch die Aufnahme zumindest in die Registerakten möglich [129]. Das Registergericht kann jedoch bei Zweifeln über die materielle Bindungswirkung einer Satzungsbestimmung eine Klarstellung durch die Gesellschaft(er) verlangen [130]. Da bei satzungsrechtlicher Regelung eine beabsichtigte materielle Wirkung nahe liegt, dürfte die Gefahr einer Irreführung und mithin ein Zurückweisungsrecht (bzw. sogar eine entsprechende Pflicht) lediglich in den Fällen ausgeschlossen

---

[124] Vgl. Noack S. 79 f.

[125] Hefermehl/Bungeroth in Geßler/Hefermehl, § 54, RN 19-21; Noack S. 104, 127, 282 f; sog. Magna Charta des Aktionärs; ferner May S. 62 zur Beschränkung des „Raums für individuelle Besonderheiten".

[126] Oder Verweise auf Gesellschaftervereinbarungen, die solche enthalten; vgl. Noack S. 120.

[127] BGHZ 18, 205, 207 f; Noack S. 63 f, 116; Lutter in Kölner Komm., § 54, RN 24, 26; ferner Hefermehl/Bungeroth in Geßler/Hefermehl, § 54, RN 28 (dort als allg. Meinung bezeichnet).

[128] Vgl. Westermann S. 33f; als Standardbeispiel wird die Bestellung der Geschäftsführer in der GmbH in der Satzung genannt, vgl. BGHZ 18, 205, 207f; weitere Beispiele: Gehaltsfestsetzungen; Bezeichnung der Gesellschafter und ihrer Anteile.

[129] Lutter/Schneider in ZGR 1975, 182, 187; ferner Noack S. 64, demzufolge dies aber nicht die Regel sei und daher „vernachlässigt" werden könne (S. 249).

[130] Zöllner in Kölner Komm., § 179, RN 57.

sein, in denen der Satzungstext die fehlende materielle Wirkung unmissverständ-lich klarstellt [131]. Andernfalls ist die Bestimmung als unstatthafte körperschafts-rechtliche Verpflichtung unwirksam. Eine Umdeutung (§ 140 BGB) in eine rein schuldrechtliche Regelung kommt allenfalls bei Einstimmigkeit der Gesellschafter in Betracht [132].

b) Zulässigkeit statutarischer Vorkaufsrechte bei vinkulierten Namensaktien
aa) § 55 AktG als Erlaubnis weitergehender Nebenleistungen
Der Ansatz der herrschenden Meinung ist insoweit konkretisierungsbedürftig, als er aus dem lediglich *beschränkenden* Wortlaut des § 55 ohne nähere Ausführungen ein allgemeines *Verbot* entnimmt. § 55 erlaubt jedoch für vinkulierte Namens-aktien ausdrücklich weitergehende Verpflichtungen. Die Literatur entnimmt aber umgekehrt dieser Beschränkung auch das Verbot für den Bereich der *Namens-aktien*. Dies hieße jedoch, ein Verbot mit dem Wortlaut der ausdrücklichen Erlaub-nis zu begründen. Zumindest ist der hM anzulasten, dass sie ihren dogmatischen Ansatz nicht hinreichend klarstellt, d.h. die Beschränkung ihrer Ansicht auf Inha-beraktien nicht kundtut bzw. die Schlussfolgerung für Namensaktien ignoriert. Zwar mag früher die Bedeutung der vinkulierten Namensaktien im deutschen Wirtschaftsleben gering gewesen sein [133]. Nach der umfangreichen Reformierung des Rechts der Namensaktie und der hierauf aufbauenden Umstellung zahlreicher bedeutender Gesellschaften [134] auf die Namensaktie kann dies heute nicht mehr zutreffen [135]. Zudem ist die Einführung der Namensaktie für Gesellschaften heute sogar vorteilhaft: Hier sei nur die verbesserte Kommunikation (Information, Wer-bung etc.) zum Aktionär, die überschaubare Aktionärsstruktur durch das – vielfach elektronische (virtuelle) – Aktienregister, sowie die leichtere Börseneinführung an ausländischen Börsen [136] genannt.

---

[131] Die Unzulässigkeit der registerrichterlichen Verweigerung bzgl. eines Vorkaufsrechts betont Noack S. 283; nach Hefermehl/Bungeroth in Geßler/Hefermehl, § 54, RN29, sei es *„ratsam"* eine Klarstellung vorzunehmen.

[132] Näher Hefermehl/Bungeroth in Geßler/Hefermehl, § 54, RN 30f; Lutter in Kölner Komm., § 54, RN 27; vgl. auch Zöllner in Kölner Komm., § 179, RN 56.

[133] Insoweit ist die Ansicht Noacks S. 282, Namensaktien seien eine *„praktisch nicht sehr bedeutsame Aktiengattung"* damals völlig zutreffend gewesen; die aktuelle (insbesondere Kom-mentar-) Literatur verkennt aber insoweit die bedeutsamen Änderungen hinsichtlich der Namensaktien.

[134] Umgestellt haben z.B. die DaimlerChrysler AG, die Deutsche Bank AG und die Mannes-mann AG.

[135] Entgegen Noack, z.B. S. 120, sollte die AG mit Inhaberaktien nicht mehr als „Normal-AG" bezeichnet werden.

[136] Die bei international tätigen Gesellschaften verstärkt gewünschte Notierung an auslän-dischen Börsen setzt vielfach, z.B. in New York, Namensaktien voraus; andernfalls können die Werte dort nur über sog. American Depositary Receipts (ADR) platziert werden, vgl. Horn in ZIP 2000, 473, 483.

Das Vorkaufsrecht könnte hiernach nicht nur als unechter Satzungsbestandteil, sondern als echte Nebenpflicht [137] für vinkulierte Namensaktien von § 55 Abs. 1 S. 1 AktG gedeckt sein.

bb) Begriff der „wiederkehrenden Leistung" i.S.d. § 55 Abs. 1 S. 1 AktG

Die „Beachtung des Vorkaufsrechts" müsste eine *„wiederkehrende Leistung"* i.S.d. § 55 Abs. 1 S. 1 AktG sein. Hierbei ist zunächst fraglich, ob es sich um ein Tun oder ein Unterlassen handelt. Es liegt kein generelles Verbot des Verkaufs an Dritte vor, denn gerade einen solchen Verkauf setzt das Vorkaufsrecht begrifflich voraus. Genau betrachtet liegt in der Vorkaufsabrede ein äußerst komplex kombiniertes Ge- und Verbot. Hinsichtlich der ordnungsgemäßen, d.h. insbesondere rechtzeitigen und vollständigen Mitteilung des Vorkaufsfalles ist ein Gebot gegeben, während das Verbot, unzulässige Umgehungsgeschäfte (i.w.S.) zu tätigen und den Vorkauf trotz Ausübung des Vorkaufsrechts (rechtlich oder faktisch) mit dem Dritterweber zu vollziehen, Unterlassungspflichten (Verbote) begründet. Gemäß § 241 Ans. 1 S. 2 BGB kann eine Leistung auch in einem Unterlassen bestehen. Es ist kein spezifisch aktienrechtlicher Grund ersichtlich, einen anderen Leistungsbegriff zugrunde zu legen. Die rechtliche Einordnung als Tun oder Unterlassen durch das Abstellen auf den Schwerpunkt kann aber offen bleiben, sofern die Leistung „Beachtung des Vorkaufsrechts" als „wiederkehrend" anzusehen ist. Ausgehend von dem eindeutigen Wortlaut besteht Einigkeit darüber, dass einmalige Leistungen ebenso wenig wie Dauerleistungen erfasst sind. Im übrigen jedoch ist der Rechtsbegriff „wiederkehrend" schwer zu erfassen.

Für die Annahme einer unzulässigen Dauerleistung könnte sprechen, dass die o.g. Pflichten nicht *periodisch* wiederkehren [138]. Hierbei darf aber nicht verkannt werden, dass das Gesetz keine auch nur mehr oder weniger regelmäßige Periodizität verlangt [139]. Ein weiterer Einwand könnte die Einmaligkeit der Ausübung eines Vorkaufsrechts sein. Da das Vorkaufsrecht bei Nichtausübung grundsätzlich erlischt, könnte man annehmen, die Beachtung des Vorkaufsrechts sei eine lediglich *einmalige* Verpflichtung [140]. Dieser Ansatz übersieht jedoch mehrere spezifische Besonderheiten: Zunächst einmal sind Aktientransaktionen regelmäßig Massengeschäfte, d.h. sie betreffen nicht lediglich einzelne Aktien, sondern Aktienmehrheiten (Aktienpakete). Hierbei wird der Veräußerer aber in der Praxis vielfach nicht sämtliche Aktien auf einmal veräußern, sondern weiterhin Gesellschafter bleiben. In diesem Fall bliebe er für die übrigen Aktien vorkaufsgebunden und wäre demnach für wiederholte Gelegenheiten gebunden. Zudem werden die Aktienverkäufe häufig auch innerhalb einer Gruppe erfolgen. Bei jedem Verkauf bleibt hiernach der jeweilige Verpflichtete an die Beachtung des Vorrechts ge-

---

[137] Zur Einordnung von Erwerbsvorrechten als „Nebenleistungspflicht" vgl. Noack S. 79 f.

[138] Vgl. Lutter in Kölner Komm., § 55, RN 6.

[139] Hefermehl/Bungeroth in Geßler/Hefermehl, § 55, RN 14.

[140] So wohl BayObLG WM 1989, 138, 141.

bunden. Auch hier erlischt das Vorkaufsrecht nicht mit der Übertragung und kann bei einer späteren Rückübertragung auch den vormaligen Veräußerer erneut („wiederholt") treffen [141].

Für die Einordnung als „wiederkehrend" sprechen zwei wesentliche Aspekte. Zum einen wird z.B. eine Unterlassungsverpflichtung als zulässige Nebenleistung angesehen, sofern sich das Verbot nur anlässlich entsprechender Rechtsgeschäfte aktualisiert [142]. Die hierbei in Bezug genommenen sog. Konditionen- oder Rabattkartelle können sich demnach wirksam zur Unterlassung der Abweichung von bestimmten allgemeinen Regeln verpflichten. Dies entspricht aber exakt der Rechtslage bei der Beachtung von Vorkaufsrechten: Wie bei Kartellen soll nicht generell der Abschluss von Verträgen über den betreffenden Gegenstand unzulässig sein, sondern lediglich eine Verpflichtung begründet werden, anlässlich entsprechender Rechtsgeschäfte keine unzulässige Abweichung von bestimmten allgemeinen Regeln vorzunehmen. Diese „allgemeinen Regeln" werden durch den rechtlichen Rahmen des Vorkaufsrechts bestimmt und umfassen somit (positiv) die Verpflichtung zur Beachtung der vereinbarten Berechtigung bzw. (negativ) den vertragswidrigen Vollzug des Vorkaufes und die unzulässige Umgehung der Berechtigung. Während das *allgemeine* Verbot, bestimmte Gegenstände grundsätzlich oder zumindest an bestimmte Personen zu verkaufen, als Dauerleistung nicht wirksam vereinbart werden könnte, gilt dies nicht für das Vorkaufsrecht, das einen Verkauf sogar voraussetzt. Dem Aktionär ist lediglich anlässlich jeder Veräußerung ein bestimmtes Veräußerungsverhalten untersagt. Letztlich besteht ohnehin ein gewichtiger rechtlicher und praktischer Unterschied zwischen dem (rein negativ ausgerichteten) „Verkaufsverbot" und einem Vorkaufsrecht, dessen komplexe Zwecksetzung noch eingehend untersucht werden soll [143]. Der zweite Kernaspekt für die Annahme einer wiederkehrenden Leistung ist die Tatsache, dass sich die Verhaltensvorgabe nicht auf ein konstantes Dauerverhalten bezieht, sondern eher auf atypische Vorgänge. Zwar mag der Aktienverkauf an sich heutzutage ein standardisiertes Massengeschäft geworden sein. Sofern die Parteien ein Vorkaufsrecht vereinbaren, messen sie derartigen Transaktionen aber eine gesteigerte Bedeutung zu, die bei dem Betroffenen jedesmal wieder bestimmte Verhaltenspflichten konkretisiert. Die Beachtung von Vorkaufsrechten ist mithin eine „wiederkehrende Leistung".

cc) Gebot einschränkender Auslegung des § 55 Abs. 1 S. 1 AktG
Aus (zumindest) drei Gründen scheitert dennoch letztlich die Erstreckung des Anwendungsbereichs des § 55 Abs. 1 S. 1 AktG auf Vorkaufsrechte.

---

[141] Zum Vorkaufsrecht für „künftige" Aktien vgl. auch unter § 5 III 1.

[142] Lutter in Kölner Komm., § 55, RN 7.

[143] Vgl. unter § 5 II.

(1)   Wortlautargument

Der Wortlaut des § 55 Abs. 1 S. 1 AktG spricht von der Auferlegung zusätzlicher Verpflichtungen auf die „Aktionäre", sieht mithin eine Koppelung der Verpflichtung nicht an die ausgegebenen Aktien vor, sondern vielmehr an die *Personen* der Gesellschafter. Zwar ist anerkannt, dass Nebenpflichten nicht sämtlichen Aktionären gleichermaßen auferlegt werden müssen, sondern durch Schaffung verschiedener Aktiengattungen (§ 11 AktG) auch auf bestimmte Aktionäre beschränkt werden können [144]. Mit Blick auf das Vorkaufsrecht müssten dann aber zumindest sämtliche Aktien eines Aktionärs von der Bindung erfasst sein. Eine Aufspaltung in gebundene und nicht gebundene Aktien wäre nicht zulässig. Dies ist aber bei dem im Massengeschäft gehandelten Objekt „Aktien" nicht möglich, weil sich dann durch den bloßen Erwerb der Aktien durch einen „gebundenen" Gesellschafter die mitgliedschaftlichen Rechte ändern würden.

(2)   Systematisches Argument

§ 55 AktG erlaubt ausnahmsweise die Verpflichtung zur Erbringung weitergehender Leistungen gegenüber der AG selbst, nicht jedoch die statutarische Festsetzung der Verpflichtung zu wechselseitiger Leistungserbringung zwischen den Gesellschaftern oder gar gegenüber Dritten. Dies ist bei Vorkaufsrechten zugunsten der AG zwar scheinbar unproblematisch. Derartige Vorkaufsrechte sind aber nur sehr eingeschränkt zulässig [145] und demnach nicht als Regelfall zugrunde zu legen. Aufgrund der komplexen Zwecksetzungen der Vorkaufsrechte dienen diese im Zweifel auch dem Interesse der Gesellschaft an einer unternehmerisch sinnvollen Aktionärsstruktur. Selbst wenn die „Leistung" an die AG für diese keinen bestimmbaren Vermögenswert haben muss [146], reicht ein derart mittelbares Interesse für § 55 AktG nicht aus. Insbesondere wäre die Annahme, der AG stünde ein *eigener* durchsetzbarer Anspruch gegen die Aktionäre zu, bei Vorkaufsrechten der Gesellschafter oder Dritter reine Fiktion und wenig lebensnah. Vielmehr erstreben die Gesellschafter hier eine weitestmögliche gegenseitige Bindung durch Inkorporation in die Satzung. Derartige Ansprüche der Aktionäre fallen aber nicht unter § 55 AktG.

(3)   Historisch-teleologisches Argument

Als Konzession an die Zuckerrübenindustrie [147] gedacht stellt das genossenschaftliche Element des § 55 AktG auch heute noch einen Fremdkörper im Aktienrecht dar [148]. Eine Ausweitung dieses Ausnahmetatbestandes auf Konstellationen, die

---

[144] Henze in Großkomm., § 55, Anm. 4.

[145] Hierzu siehe unten § 3 III 3.

[146] Lutter in Kölner Komm., §55, RN 5; Hefermehl/Bungeroth in Geßler/Hefermehl, § 55, RN 12; aA RGZ 49,77.

[147] BT-Drs. IV/171, Bd. 76, Erl. zu § 52; weitere Anwendungsfälle sind heute u.a. Brennereien, Molkereien; vgl. Henze in Großkomm., § 55, Anm. 5.

[148] Hefermehl/Bungeroth in Geßler/Hefermehl, § 55, RN 3; Lutter in Köln. Komm., § 55, RN 2.

sich heutzutage zum Regelfall entwickeln könnten, sind von der Regelungsabsicht und erkennbaren Wertentscheidung des Gesetzgebers nicht mehr gedeckt [149].

<u>Zwischenergebnis:</u>
Statutarische Vorkaufsrechte sind sowohl für Inhaber- als auch für Namensaktien nach allgemeiner Ansicht unzulässig. Die zutreffende dogmatische Grundlage hierfür ist § 55 i.V.m. § 23 Abs. 5 AktG. Bei vinkulierten Namensaktien sind Vorkaufsrechte zwar als wiederkehrende Leistungen i.S.d. § 55 Abs. 1 S. 1 AktG anzusehen. Wortlaut, Systematik und Aspekte der Entstehungsgeschichte gebieten aber ein einschränkendes Verständnis dieses Ausnahmefalles. Die Aufnahme in die Satzung als sog. unechter Satzungsbestandteil - bei entsprechender Klarstellung in der Satzung - und die Aufnahme in die Registerakten stehen dem jedoch nicht entgegen.

4.   Möglichkeiten der Sicherung des Vorkaufsrechts
a)   Notwendigkeit der Sicherung des Vorkaufsrechts
Aufgrund der rein schuldrechtlichen Wirkung des Vorkaufsrechts besteht ein Bedürfnis nach schuldrechtlicher „Verdinglichung" [150] als „Folge" der Unzulässigkeit statutarischer Vorkaufsrechte. Hierauf soll nunmehr kursorisch eingegangen werden. Von der Zielrichtung der Absicherung her sind grundsätzlich *rechtliche* und *faktische* Mechanismen zu unterscheiden, in der Praxis jedoch durchaus sachgerecht zu kombinieren. Die faktische Sicherung zielt zunächst darauf ab, dem Verpflichteten die Missachtung oder Umgehung des Vorkaufsrechts – in welcher rechtlichen Gestaltungsform [151] auch immer – wirtschaftlich uninteressant zu machen. Zugleich wird hierdurch aber auch eine gewisse psychologische Sperre angestrebt, die unzulässige Beeinträchtigungen minimieren soll. Rechtliche Sicherungen hingegen sollen die wirksame Vornahme von Umgehungsgeschäften ausschließen oder erschweren oder zumindest deren Folgen zugunsten des Berechtigten verbessern. Entsprechend hierzu sind jedoch auch die Probleme ausgestaltet: Rechtliche Sicherungen können Verfügungen regelmäßig nicht völlig ausschließen. Vereinzelt mögen die Betroffenen durch ein „Zuviel" an Sicherheit auch eine nichtige und damit gänzlich unwirksame Sicherheit begründet haben. Das Manko einer faktischen Sicherung liegt auf der Hand: Mitunter werden selbst erhebliche wirtschaftliche Nachteile bewusst in Kauf genommen oder dasselbe Ergebnis auf rechtlich anderem Wege erreicht.

---

[149] Zu diesem bindenden Maßstab Larenz Methodenlehre S. 328.

[150] Vgl. Beisel/Klumpp S. 111; RN 364; Noack S. 291; ferner Salzgeber-Dürig S. 75, 159 ff; Lorenz in FS Dölle, S. 103; sowie Winter in ZHR 154 (1990), 259, 260 ff; aA Westermann/Klingberg in FS Quack, S. 545, 549, die bei gesellschaftsrechtlichen Vorkaufsrechten zu Unrecht eine weitergehende Bindung nicht für nötig erachten.

[151] Eingehend zu den Umgehungsmöglichkeiten und einer Fallgruppenbildung unter § 7 I.

b)   Verhältnis von Vorkaufsrechten in Nebenabreden zu Regelungen der Satzung

Der Vorteil einer Regelung in Gesellschaftervereinbarungen wird neben der fehlenden Publizität in der flexiblen Handhabung und Anpassung an geänderte Gegebenheiten gesehen [152]. Hierbei genießen derartige schuldrechtliche Regelungen und Satzungen von Kapitalgesellschaften aufgrund der Vertragsfreiheit selbst bei engem zeitlich-sachlichem Zusammenhang grundsätzlich ein rechtlich *„unabhängiges Eigenleben"* [153]. Dennoch kann eine gewisse „Interdependenz" zwischen beiden nicht geleugnet werden, zumal die Gesellschaftervereinbarung stets mit dem Inhalt der Satzung abgestimmt sein wird. Die im Anschluss an die „Kerbnägel"-Entscheidung [154] aufgekommene, auch heute noch kontroverse Frage, ob einstimmige Gesellschaftervereinbarungen Auswirkungen auf Auslegung oder gar Inhalt der Satzung haben können („Satzungsdurchbrechung") [155], ist für Vorkaufsrechte zwar regelmäßig nicht von Bedeutung [156]. Dies wäre lediglich bei Gesellschaftervereinbarungen der Fall, die Bereiche betreffen, die in der Satzung abweichend geregelt sind [157]. Dennoch können Vorkaufsrechte die Regelungen im Gesellschaftsvertrag (z.B. eine Vinkulierung) sachgerecht ergänzen. Möglich ist ferner ein gleichsam umgekehrter Einfluss der Satzung auf die Auslegung und somit auch auf die praktische Handhabung des Konsortialvertrages. Dies folgt jedoch aus den allgemeinen Grundsätzen der Auslegung und beruht nicht auf spezifisch aktienrechtlichen Aspekten oder gar solchen des Vorkaufsrechts. Unabhängig vom grundsätzlichen Fortbestand des Trennungsprinzips zwischen schuld- und korporationsrechtlicher Ebene und einer durch die Satzungsstrenge [158] verbotenen Gleichstellung besteht eine nicht nur praktische, sondern auch rechtliche Wechselwirkung [159].

c)   Hauptformen der Sicherung

Ein schlichtes „Übertragungsverbot" scheitert am abschließenden Charakter der §§ 137 BGB, 68 Abs. 2 AktG [160]. Die Praxis zeigt die unbestimmte Vielzahl

---

[152] Henze Aktienrecht A I 3a, RN 31; Westermann S. 25, 51; Noack S. 19.

[153] Baumann/Reiss in ZGR 1989, 157, 212.

[154] BGH NJW 1983, 1910; ferner BGH NJW 1987, 1891; BGHZ 123, 15ff = ZIP 1993, 1074, allesamt zum GmbH-Recht.

[155] Ausführlich zum Meinungsstand Henze Aktienrecht A I 3, RN 31 bis 62; sowie Winter in ZHR 154 (1990), 259, 265ff, 281; kritisch Noack S. 157: wegen fehlender Begründung des BGH keine *„feste Rechtsprechung"*.

[156] Vgl. Noack S. 283 f.

[157] In der „Kerbnägel"-Entscheidung z.B. die Tätigkeit der Gesellschaft in einem bestimmten Geschäftsbereich; auf mögliche Einflüsse hinsichtlich der *dinglichen* Ebene bei gegenüber Vinkulierungsabreden abweichenden Abreden soll hier nicht näher eingegangen werden.

[158] Vgl. K. Schmidt Gesellschaftsrecht § 26 III 1, S. 770f.

[159] Ebenso Westermann S. 25, 39 ff; zudem eingehend Noack S. 107 ff.

[160] Vgl. Lutter in Kölner Komm., Anh. § 68, RN 6 m.w.N.

möglicher Vereinbarungen zur Absicherung der rechtlichen Durchsetzbarkeit eines Vorkaufsrechts. Keine der Möglichkeiten vermag jedoch in Theorie und Praxis auch nur annähernd eine Garantie gegen Vereitelungen o.ä. zu sein. Da es um Beschränkungen des Dürfens, nicht des rechtlichen Könnens geht, ist die bloße Kenntnis des Erwerbers vom Vorkaufsrecht oder der schlichte Vermerk auf der Aktienurkunde [161] unbeachtlich [162]. Die nachfolgende kurze Darstellung soll daher auf die rein gesellschafts-/aktienrechtlichen Kernpunkte der drei bedeutendsten Sicherungsformen [163], vor allem mit Blick auf mögliche Nachteile, beschränkt werden.

aa)   Schadensersatz- und Vertragsstrafevereinbarungen
Während die Vereinbarung (pauschalierten) Schadensersatzes vor allem dem Ausgleich des wirtschaftlichen Schadens dient, ist Sinn und Zweck einer Vertragsstrafe die Schaffung einer psychologischen Schranke hinsichtlich der bewussten Missachtung des Vorkaufsrechts und daher vorzugswürdig. Eine unabhängig von einem konkreten Schaden vorgesehene Vertragsstrafe vermeidet gegenüber einem Schadensersatzanspruch ferner nicht nur den Nachweis eines konkret zu beziffernden Schadens, einem Unterfangen, das bei der Vereitelung eines Vorkaufsrechts angesichts der unsicheren und rein hypothetischen Bewertung von Aktien (Kursentwicklung, Geschäftschancen, Reaktion der Börsen etc.) vielfach von vornherein zum Scheitern verurteilt sein wird [164], sondern schließt auch vom dogmatischen Ansatz her den Gegenbeweis eines niedrigeren Schadens aus. Lediglich die Möglichkeit richterlicher Reduzierung (§ 343 Abs. 1 S. 1 BGB) ist bei Nichtkaufleuten (§ 348 HGB) denkbar. Für Kaufleute wird für die Fälle der Sittenwidrigkeit (§ 138 BGB) angesichts des grundsätzlich berechtigten Sicherungsinteresses und der regelmäßig wechselseitigen Auferlegung der Vertragsstrafe nur ein sehr geringer Anwendungsbereich bleiben [165]. Problematisch bei der rechtswidrigen Vereitelung des Vorkaufsrechts ist aber im Einzelfall die auch für die Beweislast (§ 345 BGB) relevante Abgrenzung zwischen Tun und Unterlassen. Ferner wird für den Bereich des aktienrechtlichen Vorkaufsrechts lediglich die verschuldensunabhängige Ausgestaltung der Vertragsstrafe dem Sicherungsbegehren gerecht. Verkannt wird nämlich regelmäßig, dass auch eine Vertragsstrafe leer läuft, sofern der Verpflichtete fehlendes Verschulden nachweisen kann (§§ 339 S. 1, 286 Abs. 4, 276 BGB). Zwar wird der Gegenbeweis bei eindeutigen Umgehungsversuchen unproblematisch scheitern. Der Burda/Springer-Fall hat jedoch gezeigt, dass die Ansichten der Instanzgerichte bei komplexen Sachverhalten mitunter erheblich

---

[161] Nach § 10 Abs. 5 AktG ist die Ausgabe verkörperter Aktienurkunden nicht mehr zwingend.

[162] Salzgeber-Dürig S. 84; Wiedemann S. 83.

[163] Wegen der Koppelung von Vorkaufsrechten und Vinkulierung siehe bereits unter § 2 II.

[164] Henrich S. 367 f; Salzgeber-Dürig S. 75, 160; Noack S. 220; sowie bereits Mugdan S. 193.

[165] Salzgeber-Dürig S. 80 verweist zu recht auf die praktischen Probleme der Einigkeit über *einseitige* Rechte.

voneinander abweichen können [166]. Das Gleiche gilt für die Frage der Entschuldbarkeit einer irrigen Annahme des Nichtvorliegens eines Vorkaufsfalles im Fall „Dinckelacker" [167]. In Anlehnung an die Parallelproblematik im Staatshaftungsrecht [168] wird man das Verschulden des Verpflichteten evtl. dann zu verneinen haben, wenn später ein Gericht das Vorliegen des Vorkaufsfalles bzw. einer unzulässigen Umgehung verneint [169].

bb)   Hinterlegung
(Nur) sofern die AG verbriefte Aktien ausgegeben hat (vgl. § 10 Abs. 5 AktG), kommt die Hinterlegung dieser Aktien bei einem treuhänderisch gebundenen Dritten in Betracht. Dieser wird dann regelmäßig nur bei einstimmiger Anweisung zur Herausgabe der Aktien berechtigt sein. Genau dies kann sich jedoch als problematisch herausstellen, weil eine eingeschränkte Sicherheit gegen vertragswidrige Verfügungen erhebliche wirtschaftliche Beeinträchtigungen durch verzögerte Herausgabe selbst in vermeintlich eindeutigen Fällen mit sich bringen kann. Darüber hinaus müsste stets auch der Anspruch auf Herausgabe der Aktien nach § 931 BGB ausgeschlossen werden, um die Übereignung durch den dinglich Berechtigten nach §§ 929, 931 BGB zu verhindern, da der Aktionär aufgrund des Treuhandverhältnisses weiterhin mittelbarer Besitzer ist. Ein derartiger Abtretungsausschluss wäre aber nicht nur wegen der nur entsprechenden Anwendung des § 399 BGB auf Aktien bedenklich [170], sondern könnte im Wirtschaftsverkehr auch an § 354a HGB scheitern [171]. Ferner bestünde wegen der sog. Abspaltungsverbots die ungewollte Konsequenz, dass eine Übertragung der Rechte auf den Treuhänder umso eher als unwirksam anzusehen wäre, je „sicherer" sie ausgestaltet wäre [172]. Für „künftige" Aktien versagt der Schutz zudem [173], sofern diese nicht direkt dem Treuhänder übergeben werden. Erlangt der Berechtigte die Aktien unzulässig zurück, sind Dritte ferner nach § 935 Abs. 2 BGB, § 68 Abs. 1 AktG, Art. 16 Abs. 2 WG durch die Möglichkeit eines gutgläubigen Erwerbs

---

[166] LG Offenburg ZIP 1988, 1562; OLG Karlsruhe WM 1990, 725 „Burda/Springer"; dieselbe Gefahr besteht unabhängig von der Komplexität des Sachverhalts bei verdeckten Umgehungsgeschäften.

[167] OLG Stuttgart JZ 1987, 570; BGH NJW 1987, 890 „Dinckelacker".

[168] Hierzu BGHZ 97, 97, 107; BGH NJW-RR 1992, 919.

[169] Vgl. Noack S. 220; ob auch hier das Vorliegen eines Kollegialgerichts zu fordern ist, erscheint fraglich, da dem Verpflichteten in juristischer Hinsicht wohl nicht größere Einsicht abverlangt werden kann als einem Einzelrichter.

[170] Hierzu eingehend Noack S. 216 f; Schrötter S. 127 sieht dies zu Unrecht wohl als unproblematisch an.

[171] Insofern ist diese Sicherungsform entgegen Schrötter S. 127f und Noack S. 216f heute nicht mehr „perfekt".

[172] Noack S. 217 f.

[173] Vgl. Salzgeber-Dürig S. 183, sowie S. 188 (Fn. 60) auch zu den Grenzen; für „künftige Aktien" i.ü. § 5 III 1.

geschützt. Daher taugt die Hinterlegung rechtlich lediglich ergänzend als Sicherungsmittel, um zwar eine gewisse Überwachung durch den Treuhänder zu gewährleisten, aber den Beteiligten nicht durch Eigenknebelung oder Unwirksamkeit letztlich „Steine statt Brot" zu geben.

cc) Einbringung der Aktien in eine Gesellschaft
Ein verbesserter Schutz des Berechtigten durch Schaffung einer rechtlichen Verfügungsbeschränkung könnte ferner durch die Einbringung der Aktien in eine „zwischengeschaltete" Gesellschaft realisiert werden [174]. Hiervon zu unterscheiden ist die bloße Verankerung bestimmter Rechte und Pflichten als Nebenpflichten einer gesonderten GmbH ohne Übertragung der Inhaberschaft der Anteile [175]. Der Rückgriff auf die *GmbH* als „Holding" würde hierbei in *dieser* Gesellschaft die Kombination von Vinkulierung und Vorkaufsrecht gestatten (§ 15 Abs. 5 GmbHG) und somit eine absolute Verfügungssperre ermöglichen. Die Verwendung einer *GbR* hingegen würde verglichen mit der GmbH für eventuelle Wechsel der Gesellschafter einen flexiblen [176] und wenig kostenintensiven [177] Rahmen vorgeben, der zudem mangels Verpflichtung zur Offenlegung der Beteiligten [178] dem regelmäßig gewichtigen Geheimhaltungsbedürfnis entgegenkommt. Die gesamthänderische Bindung könnte zudem einen „starken sachenrechtlichen Schutz" [179] gewährleisten. Die Zwischenholding wird in der Praxis aber nur bei einer geringen Anzahl von Beteiligten sachgerecht sein.

Zwischenergebnis:
Die Vorkaufsvereinbarung sollte nähere Bestimmungen zur Absicherung des Vorkaufsrechts beinhalten. Die sachgerechte Ausgestaltung hängt hierbei vom konkreten Einzelfall ab. Eine verschuldensunabhängige Vertragsstrafe kann sich zur Verhinderung von Umgehungen als psychologisch sinnvoll erweisen. Die rechtliche Absicherung kann unter Einbeziehung eines Treuhänders und/oder Einbringung in eine Gesellschaft erfolgen. Eine *umfassende* Sicherung gegen unzulässige Umgehungen ist rechtlich und praktisch nicht möglich.

---

[174] Vgl. Wiedemann S. 89; Schönhofer S. 44; Capelle in BB 1954, 1076, 1079 (Vertragsmuster); eingehend Schrötter S. 120-127 auch zu Vor- und Nachteilen der jeweiligen „Schutzgemeinschaft".

[175] Hierzu eingehend Noack S. 52ff, zu Einzelproblemen S. 191-197, sowie zu möglichen Rechtsformen S. 47ff.

[176] Beachte aber die Verpflichtung zur Bestellung eines gemeinschaftlichen Vertreters. Zwar wäre im Rahmen des § 69 AktG auch die Gesamtvertretungsmacht durch jeweils einen Gesamtvertreter der Beteiligten denkbar; dies wäre aber schwerfällig und liefe den Interessen der Beteiligten i.d.R. zuwider.

[177] Hier sind auch steuerliche Gründe zu nennen, vgl. Uhlenbruck in DB 1967, 1927, 1930.

[178] Anders nach § 40 GmbHG für die zum Handelsregister zu reichende Liste der Gesellschafter.

[179] Schrötter S. 124; Uhlenbruck in DB 1967, 1927, 1930.

III. Mögliche Vorkaufsberechtigte

Das Vorkaufsrecht kann verschiedenen Personenkreisen als Berechtigten zustehen.

1. Wechselseitige Berechtigung der Gesellschafter

Üblicherweise werden Vorkaufsrechte im Konsortialvertrag zwischen den Gesellschaftern der AG vereinbart [180], sei es dass hierbei sämtliche Aktionäre einbezogen werden, sei es dass die Vereinbarung lediglich zwischen wenigen (i.d.R. mehrheitsbeteiligten) Aktionären besteht. Die schuldrechtliche Partizipation an einer derartigen „Gesellschafterfraktion" [181] unterliegt hierbei der Privatautonomie. Demnach haben nicht beteiligte Gesellschafter [182] auch keinen Anspruch auf Aufnahme in das Konsortium [183]. Der aktienrechtliche Gleichbehandlungsgrundsatz (§ 53a AktG) gilt für schuldrechtliche Vereinbarungen der Gesellschafter grundsätzlich ebenso wenig, wie sich der Aktionär auf eine Gleichberechtigung ähnlich einem „Bezugsrecht" (vgl. § 186 AktG) berufen kann. Im Einzelfall erscheint ein Verstoß der beteiligten Gesellschafter gegen ihre Treuepflicht im Rahmen der konsortialen Tätigkeit bei einer wesentlichen Beeinträchtigung der Rechte der übrigen Aktionäre zwar nicht grundsätzlich ausgeschlossen. Für die (bloße) Vereinbarung eines Vorkaufsrechts dürfte - abgesehen von Fällen, die bereits unter § 138 BGB fallen - jedoch kaum ein relevanter Anwendungsfall denkbar sein, zumal dem Aktionär keine Rechte genommen, sondern lediglich ein „Mehr" aufgrund privater Kaufverträge verweigert wird.

2. Abgrenzung vorkaufsberechtigter Nichtaktionäre von „Dritten"

Rechtlich zulässig ist jedoch auch die Vorkaufsberechtigung von Nichtgesellschaftern [184]. Diese sind als Berechtigte von den „Dritten" abzugrenzen, die als Vertragspartei des Kaufvertrags über die Aktien den Vorkaufsfall herbeiführen. Das jeweilige Verständnis des „Dritten" kann nicht abstrakt bestimmt werden, weil es zum einen aufgrund der Relativität [185] des Begriffs ein konkretes Bezugsobjekt voraussetzt und zum anderen unter dem Vorbehalt einer rechtlichen Wertung im Gesamtkontext steht [186]. Jeglicher Versuch einer pauschalen Definition muss

---

[180] Salzgeber-Dürig S. 23; die Zulässigkeit ist allgemein anerkannt, vgl. nur Westermann/-Klingberg in FS Quack, S. 545, 548f; Immenga in AG 1992, 79, 80 m.w.N.

[181] Noack S. 33.

[182] Zur Vermeidung von Missverständnissen sollte auf die Verwendung des konzernrechtlichen Terminus „außenstehende Aktionäre" (vgl. §§ 304 ff AktG) verzichtet werden.

[183] Noack S. 248.

[184] Allg. Ansicht; vgl. nur Otto in AG 1991, 369, 374 (Fn 36).

[185] Staudinger-Mader § 504, RN 34.

[186] Vgl. Larenz Methodenlehre S. 354f zum klassischen Beispiel der einschränkenden Auslegung des „Dritten" im Rahmen des § 123 BGB hinsichtlich Vertreter oder anderer Personen, derer sich der Betreffende bedient; ferner MK-Westermann § 504, RN 23f allgemein zum Begriff des „Dritten".

daher scheitern [187]. „Dritte" können daher völlig Außenstehende (z.B. Wettbewerber) ebenso sein wie alle Nicht-Gesellschafter (z.B. Organmitglieder) oder auch mittelbar Betroffene (z.B. Konzerngesellschaften, Treuhänder, Unterbeteiligte) [188]. Unzutreffend ist jedoch die Aussage, bei mehreren Vorkaufsberechtigten seien diese auch „Dritte", sofern lediglich an einen von ihnen verkauft werde [189]. Abgesehen von speziellen Fragen der Berechtigtenmehrheit [190] kann nach dem eindeutigen Wortlaut des § 463 BGB der Berechtigte niemals zugleich „Dritter" sein. Dem steht jedoch nicht entgegen, im Wege der Auslegung auch in diesem Fall einen Vorkaufsfall anzunehmen.

Für die Veräußerung bei einer Bruchteils- oder Gesamthandsgemeinschaft bzw. bei deren Auseinandersetzung hat die Rechtsprechung die Mitberechtigten nicht als „Dritte" angesehen [191]. Derartige Veräußerungen werden aber bei Aktien eher selten vorkommen, weil regelmäßig keine Mit- oder Gesamthandsberechtigung an *sämtlichen* Aktien vorliegen wird, sondern eine *Allein*berechtigung verschiedener Aktionäre an jeweils einem Paket [192]. Anders könnte es jedoch wegen der gesamthänderischen Bindung bei einer zwischengeschalteten Schutzgesellschaft bürgerlichen Rechts sein. Diese Rechtsprechung hat in der Literatur z.T. Zustimmung, vielfach aber deutliche Kritik erfahren [193]. Zumindest im Aktienrecht ist eine pauschale Lösung aber unzureichend. Richtigerweise wird man das Begriffsverständnis dogmatisch als Frage ordnungsgemäßer Auslegung zu verstehen haben [194]. Daneben können „Dritte" in der Praxis bei Fragen einer unzulässigen Umgehung von Bedeutung sein [195]. Entscheidende Frage bei der sachgerechten Erfassung der Vereinbarung ist, welche Personen als „Dritte" gelten oder hiervon gerade ausgenommen sein sollen [196]. Sofern sich aus der Vorkaufsklausel

---

[187] Siehe hierzu das unterschiedliche Verständnis im Fall *„Burda/Springer"*, OLG Karlsruhe WM 1990, 725ff.

[188] Vgl. Noack S. 34.

[189] Staudinger-Mader § 504, RN 35; sowie MK-Westermann § 504, RN 23, der dies gar als „verhältnismäßig unproblematisch" darstellt, beide schlicht unter Verweis auf OLG Hamm ZMR 1989, 374 = DNotZ 1989, 786.

[190] Eingehend unter § 11.

[191] BGHZ 13, 133 = NJW 1954, 1035; BGHZ 48, 1 = NJW 1967, 1607 (beide zur Bruchteilsgemeinschaft); BGH WM 1970, 321 (zur Gesamthandsgemeinschaft).

[192] Hierzu eingehend unter § 10 und § 11 zur Frage der Teilbarkeit der Vorkaufsberechtigung.

[193] Vgl. eingehend Schurig S. 165 – 169, der von absurder Scheinbegründung spricht.

[194] Ebenso Grunewald in FS Gernhuber, S. 137, 146 f; Erman-Grunewald § 504, RN 9; auch OLG Karlsruhe EWiR § 504 BGB 1/90, 447 f (Fleck) stellt hierauf ab.

[195] Zu sachgerechten Voraussetzungen und Rechtsfolgen von Umgehungsgeschäften, insb. unter Einschaltung Dritter, vgl. allgemein unter § 6 III, sowie die Fallgruppen in § 7 I.

[196] MK-Westermann § 504, RN 17 unter Verweis auf den *„Dinckelacker"*-Fall.

nichts anderes ergibt [197], wird im Interesse der Rechtssicherheit zunächst jeder außer den Parteien der Vorkaufsvereinbarung als „Dritter" anzusehen sein [198]. Die zwischen Vorkaufsvereinbarung und Eintritt des Vorkaufsfalles ausgeschiedenen Personen sind hierbei „Dritten" zumindest gleichzustellen [199].

3. Vorkaufsberechtigung der Aktiengesellschaft
Bei der Frage einer unmittelbaren Berechtigung der AG aus dem Vorkaufsrecht stellen sich drei Probleme:

a) Erwerb eigener Aktien
Die Übereignung der Aktien nach Ausübung des Vorkaufsrechts führt zu einem Erwerb eigener Aktien durch die Gesellschaft [200]. Dieser ist nach der Neufassung des § 71 AktG lediglich in engen Ausnahmefällen bis zu max. 10 % des Grundkapitals (Abs. 2 S. 1) zulässig [201]. Die Zahlung durch die AG gilt hierbei nicht als unzulässige Einlagenrückgewähr (§ 57 Abs. 1 S. 2 AktG). Zwar wäre der Erwerb anders als der durch die Ausübung des Vorkaufsrechts begründete Kaufvertrag auch bei Unzulässigkeit wirksam (§ 71 Abs. 4 AktG). Es könnte jedoch angesichts des wirksamen Vertrages mit dem Dritterwerber zu rechtlich und faktisch problematischen Rückabwicklungen im Mehrpersonenverhältnis kommen. Bei der Realisierung des Vorkaufsrechts ist zudem das fehlende Stimmrecht aus eigenen Aktien (§ 71b AktG) zu bedenken. Sofern vorwiegend Abwehrinteressen, z.B. gegen drohende Überfremdung, von Bedeutung sind, sollte der Erwerb zumindest dann auf § 71 Abs. 1 Nr. 1 AktG (Abwendung eines *„schweren, unmittelbar bevorstehenden Schadens von der Gesellschaft"*) gestützt werden können, wenn der interessierte Dritte (z.B. ein Wettbewerber) vor allem eine Schädigung bezweckt oder sein Vorgehen eine solche notwendigerweise mit sich bringt [202]. Angesichts erheblicher Nachweisprobleme sollte jedoch auch ein an Nr. 8 angelehntes, hierbei aber notwendig vorab preislich limitiertes Vorkaufsrecht aufgrund einer allgemeinen *Ermächtigung der Hauptversammlung* in Betracht gezogen werden. Über die Zwecksetzung des Eigenerwerbs trifft das Gesetz keine Vorgaben [203]. Als unzulässige Umgehung der §§ 71 a, d AktG ist auch der Aktien-

---

[197] Zu Fragen der Auslegung der Vorkaufsklausel eingehend unter § 5; zum Sonderfall des „Konzernvorkaufsrechts" zudem gesondert unter § 5 III 2.

[198] Im Grundsatz ebenso MK-Westermann § 504, RN 23: fehlende Teilhabe am Vorkaufsverhältnis.

[199] OLG Karlsruhe WM 1990, 725 *„Burda/Springer"*; sowie OLG Karlsruhe EWiR § 504 BGB 1/90, 447 (Fleck).

[200] Noack S. 289 erachtet dieses Problem wohl lediglich für die GmbH als problematisch.

[201] Vom Erwerb durch die AG zu trennen ist die Einräumung eines Vorkaufsrechts durch die AG (Verpflichtetenstellung). Diese kann ebenfalls mit §§ 71 ff AktG kollidieren, sofern der Erwerb des Vorkaufsberechtigten dem Zweck der eigenen Aktien zuwiderlaufen würde.

[202] Str.; wie hier Hüffer, § 71, RN 9 m.w.N. zum Streitstand.

[203] Markwardt in BB 2002, 1108, 1109.

erwerb durch Einschaltung verbundener Unternehmen anzusehen [204]. Dies ist insbesondere bei komplexen Konzernvorkaufsrechten [205] zugunsten von Tochtergesellschaften zu berücksichtigen.

Die AG hat stets die Gleichbehandlung der Gesellschafter zu gewährleisten (§ 53a AktG). § 71 Abs. 1 Nr. 8 AktG ist insoweit nur deklaratorisch [206]. Bei einer Vielzahl veräußerungswilliger Aktionäre wäre ein (Paket-)Rückkauf mit lediglich einem oder wenigen Aktionären regelmäßig unzulässig. Soweit der Vorkauf mit dem Dritten einen deutlich über dem Börsenkurs liegenden Kaufpreis vorsieht, kann die Ausübung des Vorkaufsrechts durch die AG nicht nur den Gleichbehandlungsgrundsatz des § 53a AktG verletzen, sondern sich darüber hinaus noch als verbotene Einlagenrückgewähr darstellen [207].

b)   Legitimation des Vorstands

Eine Meinung [208] bringt vor, dem Vorstand fehle eine ausreichende Legitimation zum Abschluss schuldrechtlicher „Übertragungsbeschränkungen". Als Begründung wird angeführt, dass diese Rechtsgeschäfte anders als sonstige Geschäfte des Aktionärs mit der AG nur von ihm persönlich abgeschlossen werden könnten [209] und der Vorstand hierdurch in unzulässiger Weise auf die Aktionärsstruktur Einfluss nehmen würde. Dies sei nicht von der Geschäftsführungsbefugnis und Vertretungsmacht erfasst [210]. Diese Ansicht hat zunächst terminologische Schwächen, da „Übertragungsbeschränkungen" rechtlich schwer einzuordnen sind [211]. Ferner wird die Möglichkeit unzulässiger Einflussnahme des Vorstands auf die Aktionärsstruktur abgesehen von § 68 Abs. 2 AktG [212] nicht grundsätzlich bestrit-

---

[204] Hüffer § 71, RN 2 m.w.N.

[205] Hierzu unter § 5 III 2.

[206] Ebenso Hüffer § 71, RN 19j; Bosse in NZG 2000, 16, 17 (Fn. 23), sowie Kindl in DStR 1999, 1276, 1279 sprechen treffend von einem *„umgekehrten Bezugsrecht"*.

[207] Ausführlich Bosse in NZG 2000, 16, 18 m.w.N; Kindl in DStR 1999, 1276f; Peltzer in WM 1998, 322, 329.

[208] Otto in AG 1991, 369 ff, insb. S. 372-375; sowie Immenga in AG 1992, 79, 81-83; hiergegen aber ausführlich Barthelmeß/Braun in AG 2000, 172 ff.

[209] Immenga in AG 1992, 79, 81.

[210] Otto in AG 1991, 369, 373-375; sowie Immenga in AG 1992, 79, 80-83.

[211] Immenga stellt zunächst (S. 80) auf *„Vorkaufsrechte und vertragliche Vereinbarungen über eine Verfügungsbeschränkung"* ab, spricht dann aber von *„Übertragungsbeschränkungen"*, ohne dies zu erläutern oder klarzustellen, ob hiervon auch Vorkaufsrechte erfasst sein sollen; denkbar wären auch rein faktische Übertragungsbeschränkungen. Otto (S. 374, Fn 35) will unter *„Verfügungsbeschränkungen"* zumindest die *„Einräumung eines Vorkaufsrechts gegenüber des Gesellschaft zugunsten einer von dieser benannten oder zu benennenden Person"* fassen, weil er (wohl zu Unrecht) darauf abstellt, ein Vorkaufsrecht habe den *„Charakter einer Abtretungsbeschränkung"*.

[212] Eingehend zur zulässigen Einflussnahme i.R.d. § 68 Abs. 2 AktG auch LG Aachen AG 1992, 410, 413.

ten. Die Neutralitätspflicht gebietet dem Vorstand, den Interessen der Gesellschaft stets den Vorrang einzuräumen, insbesondere vor eigenen Interessen. Sofern dies zur Wahrung des Gesellschaftsinteresses erforderlich ist, kann sich durchaus auch eine Einflussnahme auf die Gesellschafterstruktur als zulässig erweisen, sofern der Vorstand nicht aus sachwidrigen Erwägungen einzelne Aktionäre parteiisch bevorzugt oder benachteiligt [213]. Unklar mag im Einzelfall lediglich die Grenzziehung sein. Es darf nicht verkannt werden, dass die Zulässigkeit des Erwerbs eigener Aktien, insb. im Anwendungsbereich der Nr. 1, notwendigerweise eine zulässige Einflussnahme auf die Aktionärsstruktur darstellt. Das Gleiche gilt für einen Bezugsrechtsausschluss durch den Vorstand beim genehmigten Kapital (§§ 202f, 186 AktG). Die Gestattung des Erwerbs eigener Aktien unter bestimmten Voraussetzungen impliziert die sachgerechte Vorbereitung und Sicherung dieses Erwerbs im Vorfeld. Regelmäßig wird die 10 %-Grenze eine nachhaltige Einflussnahme ausschließen. Darüber hinaus bietet der Rückgriff auf die Treuepflicht einen hinreichend flexiblen Wertungsmaßstab, der ein generelles Verbot nicht erforderlich erscheinen lässt. Zumindest für den Bereich des Vorkaufsrechts besteht an der Legitimation des Vorstandes kein berechtigter Zweifel [214].

c)   Praktische Handhabung bei Unzulässigkeit

Sofern die Beteiligten keine ausdrückliche Regelung für den Fall getroffen haben sollten, dass die AG die Anteile nicht selbst erwerben darf, sei es aus vorgenannten, sei es aus anderen Gründen, ist fraglich, ob die Vereinbarung im Zweifel dahingehend ausgelegt werden kann, dass die Vorkaufsberechtigung nunmehr den Gesellschaftern zustehen soll [215]. Eine solche Auslegung kann bei hinreichenden Anhaltspunkten durchaus möglich sein und erscheint vielfach sachgerecht. Die Annahme eines derartigen Willens im Wege ergänzender Vertragsauslegung liefe jedoch auf eine reine Fiktion hinaus [216]. Zudem bestünde mit Blick auf die Ausschlussfrist des § 469 Abs. 2 S. 1 BGB eine erhebliche Rechtsunsicherheit hinsichtlich der Ausübungsformalien, insbesondere für den Fristbeginn und Zeitpunkt und Inhalt der Vorkaufsmitteilung. Die Unwirksamkeit bzw. Unmöglichkeit der Ausübung durch die AG führt vielmehr im Zweifel zu einer Befreiung des Verpflichteten von seiner Vorkaufsbindung.

---

[213] Barthelmeß/Braun in AG 2000, 172, 175 m.w.N.

[214] Die Zulässigkeit eines Vorkaufsrechts der AG selbst bejahen: Schrötter S. 113; Lutter in Kölner Komm., § 54, RN 26; Barthelmeß/Braun in AG 2000, 172, 174ff m.w.N. (S. 173, Fn. 4); BayObLG WM 1989, 138 ; aA (unklar) Sudhoff § 26, RN 19 und MK-Westermann § 504, RN 9, die das Vorkaufsrecht der Gesellschaft anscheinend auf die GmbH beschränken wollen.

[215] In dieser Hinsicht Noack S. 289; dieses Problem wirft auch Reichert S. 77 auf, jedoch ohne Lösungsvorschlag.

[216] Zu den Voraussetzungen der ergänzenden Vertragsauslegung BGH NJW 2002, 2310f.

Zwischenergebnis:
Die Vereinbarung eines Vorkaufsrechts zugunsten der AG kann im Einzelfall
aktienrechtlichen Grundsätzen widersprechen. Die Verwendung des Begriffs des
„Dritten", sei es als Berechtigter, sei es als „Dritterwerber", führt in Ermangelung
einer Klarstellung durch die Parteien zu erheblichen Rechtsunsicherheiten.

IV. Nachträgliche Änderung des Vorkaufsrechts

Vorkaufsrechte können während ihrer Geltungsdauer auch Änderungen unterworfen sein.

1. Einvernehmliche Abänderungen
Als schuldrechtliche Vereinbarungen können Vorkaufsvereinbarungen, sei es als
einfache Vorkaufsklausel, sei es im Rahmen eines Konsortialvertrages, grundsätzlich nur einstimmig geändert werden [217]. Das Vorkaufsrecht ist als Individualrecht
jedes Begünstigten mithin auch mit „satzungsändernder" Mehrheit nicht entzieh-
bar. Mangels Regelung in der Satzung ist der für die Vinkulierung herangezogene
Verweis auf § 180 AktG [218] nicht zulässig. Zwischen anfänglicher Vorkaufsbindung und nachträglicher Einführung von Vorkaufsrechten besteht demnach kein
bedeutsamer Unterschied. Anders ist die Rechtslage allenfalls in den Fällen, in
denen die Vereinbarung ausdrücklich eine (qualifizierte) Mehrheit ausreichen lässt
[219]. Dies erscheint aber lediglich bei einem größeren Gesellschafterkreis und bei
Vorliegen eines sachlichen Grundes denkbar und wird nur selten vorkommen.

Eine Verlängerung, Änderung oder Aufhebung des Konsortialvertrages muss nicht
notwendig eine entsprechende Änderung des Vorkaufsrechts beinhalten. Hier wird
man richtigerweise zu differenzieren haben: Sofern die Beteiligten eine individuelle Vorkaufsklausel vereinbart haben, unabhängig von einem ggf. separat geschlossenen Konsortialvertrag, ist das Vorkaufsrecht grundsätzlich zeitlich nicht
befristet. Eine etwa erfolgte Kündigung oder Aufhebung des Poolvertrages bzw.
dessen zeitliches Auslaufen bei fehlender Verlängerung betrifft das Vorkaufsrecht
zunächst nicht. Gegen einen automatischen Gleichlauf spricht schon die getrennte
Regelung beider Vereinbarungen. Eine konkludente Regelung wird man hierin nur
dann sehen können, wenn ein derartiger Wille aus der Vereinbarung unmissverständlich hervorgeht. Ist die Vorkaufsklausel nur Teil eines Konsortialvertrages
(Regelfall), umfasst dessen Verlängerung oder Aufhebung grundsätzlich auch das
Vorkaufsrecht. Für eine getrennte Handhabung trotz einheitlicher Regelung wären
nähere Anhaltspunkte erforderlich. Eine gesonderte Aufklärungspflicht, insbeson-

---

[217] Zum Sonderfall des Verzichts siehe unter § 9 II 1; zur dogmatischen Abweichung bei der
GmbH vgl. ausführlich Reichert in BB 1985, 1496, 1499ff.
[218] Vgl. Hüffer § 180, RN 5 ff.
[219] Hierzu OLG Stuttgart GmbHR 1997, 1108f.

dere des Mehrheitsgesellschafters, hinsichtlich der Tragweite der Änderungen und deren Auswirkungen auf das Vorkaufsrecht wird nur selten in Betracht kommen. Die Ansicht des BGH [220], trotz notarieller Belehrung sei eine solche Pflicht auch bei einvernehmlicher Änderung möglich, sofern zwischen den Beteiligten ein besonderes Vertrauensverhältnis bestünde, ist zumindest für das Aktienrecht zu weitgehend [221].

2. Einseitige Einwirkungs- oder Änderungsmöglichkeit

Ein Anspruch eines Beteiligten auf Aufhebung oder Anpassung der Vorkaufsregelungen ist lediglich nach allgemeinen zivilrechtlichen Grundsätzen denkbar. Taugliche Anspruchsgrundlage ist hierbei der Wegfall der Geschäftsgrundlage (§ 313 BGB). Dies kommt zumindest in den Fällen in Betracht, in denen der Zweck des Vorkaufsrechts nachträglich weggefallen ist oder sich im Zuge der Zeit erheblich verändert hat [222]. Bedeutsam können hier aber keine einseitigen Motive oder Ziele, sondern allein die geänderte gemeinsame unternehmerische Zwecksetzung sein [223]. So ist ein Aufhebungsanspruch denkbar, sofern das Vorkaufsrecht im Einzelfall ausschließlich Abwehrinteressen gegenüber bestimmten Wettbewerbern diente, diese Konkurrenten aber nicht mehr existieren oder mittlerweile in bedeutendem Umfang in die Unternehmensstruktur der am Vorkaufsrecht Beteiligten einbezogen ist. Hinsichtlich des Verschaffungsinteresses kann eine wirtschaftliche Neuausrichtung das Interesse am Erwerb weiterer Anteile entfallen lassen, z.B. wenn die übrigen vorkaufsberechtigten Gesellschafter ihre Anteile bereits veräußert haben. Daneben ist ein Anspruch auf *Klarstellung* der – inhaltlich unverändert fortstehenden – Vorkaufsklausel denkbar, sofern der Wortlaut und der Gesamtzusammenhang ein eindeutiges Verständnis nicht zu begründen vermögen. Die Durchsetzbarkeit wäre über die Feststellungsklage zu gewährleisten. Schließlich steht jedem Beteiligten grundsätzlich das Recht zur Kündigung des Konsortialvertrages zu [224]. Regelmäßig werden die Verträge aber auf eine sehr lange Laufzeit bezogen, und das Recht zur Kündigung an zusätzliche Voraussetzungen gekoppelt [225].

---

[220] BGH DStR 1991, 1500, 1501 für die GmbH & Co KG.

[221] Zu berücksichtigen ist hierbei auch, dass der vom BGH herangezogene „Rettungsanker" des Fristablaufs analog § 242 Abs. 2 AktG nach Eintragung ins Handelsregister bei aktienrechtlichen Vorkaufsrechten nicht greift. Deutlich enger für die Aufklärungspflicht bei Entwurfsänderung vor Unterzeichnung: BGH WM 1965, 356, 358f.

[222] Baumann/Reiss in ZGR 1989, 157, 163.

[223] Zur Zwecksetzung eingehend unter § 5 II.

[224] Vgl. auch Salzgeber-Dürig S. 72, 154f.

[225] Vgl. BGH NJW 1987, 890; OLG Stuttgart JZ 1987, 570 „*Dinckelacker*" auch zur zulässigen Dauer eines Poolvertrages (konkret: 30 Jahre) und zur Koppelung der Kündigung an das Absinken der Beteiligung unter 25 %.

2. Teil: Anwendungsbereich des Vorkaufsrechts / Umgehungsschutz

Der Anwendungsbereich des Vorkaufsrechts hängt zunächst von der vom Umgehungsschutz zu trennenden (§ 4) Auslegung der Vorkaufsklausel (§ 5) ab. Weiter ist auf die Voraussetzungen und Rechtsfolgen des Umgehungsgeschäfts zunächst abstrakt (§ 6) und anschließend in ausgewählten Fallgruppen (§ 7) einzugehen.

§ 4 Abgrenzung von Auslegung und Umgehungsschutz

Die Redaktoren des BGB hielten die gesetzlichen Vorgaben offensichtlich für ausreichend und gingen davon aus, dass hinsichtlich der konkreten Bedeutung der Vorkaufsklausel *„bei richtiger Interpretation des Begründungsaktes Zweifel nicht bestehen"* könnten [226]. Aus diesem Grunde wurde auch auf das Aufstellen von spezifischen Interpretationsregeln verzichtet. Bei näherer Betrachtung erscheint diese Auffassung -aus heutiger Sicht- wohl nicht nur für den Vorkaufsgegenstand „Aktie" als unzutreffend. Auch hinsichtlich Auslegung und Umgehungsschutz erweisen sich Aktientransaktionen daher als *„Prüfstein der Funktionsfähigkeit des gesetzlichen Zivilrechts"* [227]. Nach einer einleitenden Darstellung der praktischen Handhabung (sub. I.) soll ein eigener Ansatz zur Abgrenzung (sub. II.) aufgezeigt werden.

I. Praktische Handhabung in Rechtsprechung und Literatur

Rechtsprechung und Literatur leiden unter der fehlenden Trennschärfe zwischen den Begriffen Auslegung und Umgehung. Der klassische rein formelle Ansatz wird jedoch heutzutage mehr und mehr zugunsten einer wertenden Betrachtung aufgegeben, die die Unterscheidung zumindest mittelbar aufgreift.

1. Undifferenzierte Anwendung von Auslegung und Umgehungsschutz
In der älteren Rechtsprechung [228] findet sich überwiegend keine klare Trennlinie zwischen Fragen der Auslegung und der Gewährleistung eines ausreichenden Schutzes vor unzulässiger Umgehung. Die Gerichte beschränken sich vielmehr darauf, mit allenfalls sehr pauschalen Begründungen Ergebnisse zu rechtfertigen, die den Eindruck hervorrufen, weitgehend ergebnisorientiert getroffen worden zu sein [229]. Die neuere Rechtsprechung greift die Unterscheidung nunmehr eher indirekt auf, indem sie bestrebt erscheint, die Umgehungsversuche bereits auf der Ebene

---

[226] Schubert Redaktion S. 71; vgl. ferner Probst in JR 1992, 419, 420.

[227] Hommelhoff in ZHR 150 (1986), 254, 255; kritisch ferner Schurig S. 129; Hees S. 43f.

[228] Vgl. OLG Nürnberg DNotZ 1970, 39, 41; BGH WM 1957, 1162, 1164 f.

[229] Zu Recht kritisch Schermaier in AcP 196 (1996), 256, 265 f.

der „*interessengerechten Auslegung*" [230] des Begriffs „Kaufvertrag" zu lösen. Eine nähere Auseinandersetzung mit Fragen der Umgehung *nach* der Auslegung der Klausel findet sich jedoch nicht [231]. Auch in der Literatur wird die Abgrenzung nicht strikt durchgehalten [232]. Eine andere Ansicht löste das Erfordernis eines mitunter erweiterten Anwendungsbereichs bei formalem Festhalten am Kauf i.e.S. in „*überholter Unbeweglichkeit*" [233] über ein komplexes und wenig systematisches Umgehungsinstrumentarium [234]. Da sich bei Vorliegen eines Kaufvertrags kaum Probleme ergeben, bestand für eine Trennung zwischen Fragen der Auslegung und des Umgehungsschutzes scheinbar keine Notwendigkeit. Die ausschließliche Ermittlung des Anwendungsbereichs des Vorkaufsrechts über die Auslegung *oder* Umgehung kann schon allein wegen der unterschiedlichen Rechtsfolgen nicht ausreichen: Während die Auslegung letztlich danach fragt, ob das Vorkaufsrecht ausübbar ist oder nicht, ist im Rahmen eines sachgerechten Umgehungsschutzes eine Vielzahl von Sanktionen bzw. Rechtsfolgen denkbar [235]. Darüber hinaus wird der Wertungsunterschied zwischen vertragsgemäßem und vertragwidrigem Verhalten verkannt.

2.   Begründung eines erweiterten Anwendungsbereichs des § 463 BGB
Die Durchsicht der Literatur zeigt eine unendliche Vielfalt weitgehend pauschaler Ansätze zur Herleitung eines gegenüber der Beschränkung auf den reinen Kaufvertrag erweiterten Anwendungsbereichs der Regelung des § 463 BGB. Die nachfolgenden drei Ansätze sind hierbei die wohl bedeutendsten.

a)   „Materieller Ansatz"
Der vorwiegend von *Schurig* [236] begründete *materielle* oder *wirtschaftliche* Ansatz stellt grundsätzlich sämtliche Veräußerungsgeschäfte dem Kauf gleich, bei denen der unmittelbare Vertragszweck ebenso gut durch den Berechtigten erfüllt werden könnte [237]. Bloß mittelbare Zwecksetzungen oder gar interne Motive des Verpflichteten und des Dritten seien hierbei allerdings unbeachtlich. Die Grenze der

---

[230] BGHZ 115, 335, 339 f.

[231] Vgl. BGH NJW 1987, 890, 891 ff; LG Offenburg AG 1989, 134, 135 ff; OLG Karlsruhe WM 1990, 725, 729 ff.

[232] Zustimmend Hees S. 11, Fn. 4; präzise hingegen MK-Westermann § 504, RN 18; sowie Hees S. 11 ff; ähnlich Schermaier in AcP 196 (1996), 256, 260 f.

[233] So kritisch Schurig S. 129 mit umf. Nachweisen zum Meinungsstand (insb. Fn. 598).

[234] Eingehende Kritik auch bei Hees S. 11 f m.w.N.

[235] Ausführlich zu den Rechtsfolgen eines Umgehungsgeschäfts unter § 6.

[236] Schurig S. 132 ff („*interessengerechte Betrachtungsweise*"); in diese Richtung auch BGH NJW 1998, 2136f.

[237] Ähnlich Salzgeber-Dürig S. 33 (für das schweizerische Recht) „*Rechtsgeschäft gegen ein von jedermann zu erbringendes Entgelt*".

„Unmittelbarkeit" bleibt aber im Dunkeln [238]. *Westermann* [239] greift den materiellen Ansatz auf und will als „Kauf" all die Verträge ansehen, in die der Berechtigte zur Wahrung seines Abwehr- und Erwerbsinteresses eintreten könne, ohne die berechtigten Erwartungen des Verpflichteten in Bezug auf den Vertragsinhalt in Frage zu stellen.

Mit Blick auf den Wortlaut und die Entstehungsgeschichte ist das Kriterium der Zweckerreichung aber als unabhängig vom zugrunde liegenden Rechtsgeschäft und eines möglichen Verstoßes gegen die Pflichten aus der Vorkaufsabrede durch den Verpflichteten willkürlich und als Grundsatzlösung nicht begründbar [240]. Die Rechtsnatur des Vertrages richtet sich nach dem Willen der Vertragsparteien, nicht einer mitunter zufälligen Erfüllbarkeit durch Außenstehende.

b)   „Personengebundener Ansatz"
Ein anderer Ansatz [241] stellt für die Frage des Vorliegens eines Vorkaufsfalles darauf ab, ob der konkrete Veräußerungsvertrag mit Blick auf die Person des Vertragspartners bzw. die konkrete Gegenleistung besondere personengebundene Zwecke beinhalte. Die Übertragung dieses für das österreichische Recht entwickelten Ansatzes auf die Regelung des § 463 BGB ist zweifelhaft. Zum einen beruht er wesentlich auf nationalen Rechtsbesonderheiten [242]. Während bei einem „normalen" Kaufvertrag regelmäßig die Person des Erwerbers als gleichgültig oder zumindest von untergeordneter Bedeutung angesehen wird [243], weil es allein oder primär auf die Realisierung des Sachwertes ankommen wird, kann die Person des Erwerbers von Aktien von erheblicher Bedeutung sein. Hierunter fallen neben dem Tausch von Aktienpaketen zur Erreichung einer Beteiligungsverflechtung die Auflösung einer solchen Verflechtung [244] bzw. der Verbleib des Verpflichteten in der Gesellschaft (i.S.e. *Teil*verkaufs einer Beteiligung), bei denen es dem Veräußerer darauf ankommt, dass gerade ein bestimmter Erwerber die Aktien erwirbt. Da es dem Verpflichteten im Streitfall unschwer gelingen dürfte, zumindest nachvollziehbare Gründe für die Bedeutung des konkreten Vertragspartners zur Realisierung eines bestimmten unternehmerischen Ziels vorzubringen, führt der personen-

---

[238] Kritisch fragt auch Schermeier in AcP 196 (1996), 256, 273 nach der Bedeutung des unmittelbaren Zwecks.

[239] MK-Westermann § 504, RN 17; ähnlich Lutter/Grunewald in AG 1989, 109, 111 (zur Vinkulierung), sofern „*derselbe oder annähernd derselbe Rechtserfolg bewirkt*" werde.

[240] Ebenso Schermaier in AcP 196 (1996), 256, 272; kritisch auch Hees S. 27.

[241] Insbesondere Bydlinski, zitiert nach Hees S. 21 f, der diesem Ansatz (eingeschränkt) beitritt, vgl. S. 30; zustimmend Schermaier in AcP 196 (1996), 256, 261 f; im Grundsatz ebenso Staudinger-Mader § 504, RN 17.

[242] Vgl. bei Hees a.a.O.

[243] Schermaier in AcP 196 (1996), 256, 259 ff; Hees S. 24.

[244] Z.B. bei der Münchener Rück und der Allianz; vgl. AG-Report 2000, R 228, R 295.

gebundene Ansatz angesichts des Nachweisproblems auch nicht zu einer verbesserten praktischen Handhabung.

c)   Kriterium der „Kaufähnlichkeit"

Die heutige Rechtsprechung will den Begriff des Kaufvertrags unter „*vorsichtiger Ausdehnung des* [früheren] *§ 504 BGB auf kaufähnliche Verträge*" erstrecken [245]. Die Literatur ist dieser Entwicklung zum Teil unter Hinweis auf §§ 445, 493 BGB a.f., die in ihrem Regelungsbereich eine Gleichstellung kaufähnlicher Verträge ausdrücklich anordneten, beigetreten [246].

Die Maßgeblichkeit des Kriteriums der „Kaufähnlichkeit" ist jedoch ebenfalls Bedenken ausgesetzt. Der Verweis auf §§ 445, 493 BGB a.F. gibt jedoch wenig her, weil diese Normen sich gerade nicht auf das gesamte Kaufrecht oder gar speziell die Regelungen des Vorkaufsrechts erstreckten. Die Voraussetzungen einer Analogie sind nicht dargetan und dürften sich auch schwerlich herleiten lassen. Da das Vorkaufsrecht sich der Entstehungsgeschichte nach ausschließlich auf den Kauf bezieht, liegt hinsichtlich anderer Vertragstypen schon keine Regelungslücke vor [247]. Ein allgemeines Vorerwerbsrecht wurde bei der Entstehung des BGB ausdrücklich abgelehnt. Die Regelung der „Kaufähnlichkeit" in §§ 445, 493 BGB a.F. spricht mithin eher *gegen* die Ausweitung im Rahmen des § 463 BGB [248]. Letztlich würde der Anwendungsbereich des § 463 BGB ohnehin nur durch ein inhaltsleeres Schein-Kriterium [249] erweitert, dessen unklare und damit notwendig willkürliche Grenze von Probst [250] treffend durch die schlichte Frage entwertet wird, „wie *kauf*ähnlich kauf*ähnlich*" sei. Soweit der Rückgriff auf das Merkmal der Kaufähnlichkeit schließlich damit begründet wird [251], dass auch im Anwendungsbereich des RSG [252] eine sinngemäße Anwendung der Regelungen über das Vorkaufsrecht auf sonstige entgeltliche Veräußerungen erfolgt, wird allerdings verkannt, dass anders als bei den Regelungen im BGB § 11 S. 1 RSG eine solche Erweiterung des Anwendungsbereichs ausdrücklich anordnete [253]. Da der Rege-

---

[245] BGHZ 115, 335, 339f; vgl. ferner BGH NJW 1998, 2136f; BGH NJW 2003, 3769f.

[246] Vgl. Schermaier in AcP 196 (1996), 256, 271f, jedoch unter kritischer Darlegung fortbestehender Unsicherheiten; Kowalski in GmbHR 1992, 347 (die dort in Fn. 2 zitierte Entscheidung RG JW 1934, 1412f nimmt hierzu aber keine Stellung); ferner Joussen S. 20.

[247] BGH NJW 2002, 2310.

[248] AA Schermaier in AcP 196 (1996), 256, 271 f.

[249] Vgl. Schermaier in AcP 196 (1996), 256, 258 „*Urteil wirft mehr Probleme auf als es bewältigt*".

[250] Probst in JR 1992, 419, 421.

[251] So insbesondere Schermaier in AcP 196 (1996), 256, 271.

[252] Reichssiedlungsgesetz v. 11.08.1919, RGBl. 1919, S. 1429.

[253] § 11 S. 1 RSG, mittlerweile aufgehoben durch § 27 Nr. 9 GrdstVG (1961), lautete: „*Die Vorschriften ... sind sinngemäß anzuwenden auf andere Verträge, die auf die Veräußerung eines Grundstücks gegen Entgelt gerichtet sind.*"

lungszweck mit Vorkaufsrechten an Aktien nicht vergleichbar ist, scheidet eine Analogie oder auch nur Übertragung des Rechtsgedankens von vornherein aus.

Eine pauschale Gleichstellung des Kaufs mit anderen „üblichen" vertraglichen Gestaltungsformen [254] würde den möglichen Wortsinn überschreiten, da z.B. die Einbringung in eine GmbH und der Verkauf der Anteile dieser Gesellschaft nach dem Wortlaut keinesfalls als Verkauf der Aktien anzusehen wäre. Dem kann auch nicht entgegenstehen, dass es nach dem Willen des Gesetzgebers darauf ankommen soll, ob der Vertrag *„als Kaufvertrag anzusehen"* sei [255]. Angesichts des anderslautenden Gesetzeswortlauts und der nicht angesprochenen Folgeprobleme (z.B. hinsichtlich der Gegenleistung) kann diese Stellungnahme nicht im Sinne einer weitestmöglichen Auslegung verstanden werden [256]. Hiervon zu trennen bleibt hingegen die Frage, ob ein solches Vorgehen von den Parteien gewillkürt dem (dann atypischen) Vorkaufsrecht unterstellt wurde oder aus Gründen des Umgehungsschutzes im Ergebnis einem Kauf gleichgestellt werden kann. Hierauf wird noch einzugehen sein. Darüber hinaus scheitert die Gleichstellung im Wege der Gesetzesauslegung daran, dass es angesichts der unendlichen Vielfalt möglicher und im Einzelfall sachgerechter Vertragsgestaltungen keine „typischen" oder „üblichen" Gestaltungen gibt, die man berechtigterweise einem Kauf gleichstellen dürfte.

d)   Unzulässige Grundsatzkorrektur des Gesetzeswortlauts

Unabhängig von der vorstehenden Kritik der Ansätze im einzelnen stellt sich die pauschale Erweiterung der gesetzlichen Vorgaben als nicht gerechtfertigter Eingriff sowohl in die Kompetenzen des Gesetzgebers als auch in die Privatautonomie der Parteien [257] dar. Die vorgenannten Ansätze leiden darunter, dass sie zugunsten des Berechtigten pauschal eine Erweiterung des gesetzlichen Anwendungsbereichs vornehmen, dessen rechtlicher Rahmen nicht nur wenig greifbar ist, sondern im Veräußerungsfall gegensätzliche Ansichten geradezu herausfordert.

Beispiel: Der Verpflichtete veräußert die Hälfte seiner insgesamt vorkaufsgebundenen Aktien im Wege des Aktientauschs an einen Dritten, mit dem er wirtschaftlich enger zusammenarbeiten möchte. Sofern der vorkaufsberechtigte Konkurrent nunmehr sein Vorkaufsrecht ausüben möchte, drängt sich geradezu Streit darüber auf, was der „unmittelbare Zweck" der Transaktion ist bzw. worin die „berechtigten Erwartungen" des Verpflichteten bestehen.

Sofern die Parteien nichts Abweichendes vereinbart haben, mag es im Einzelfall auf den hypothetischen Parteiwillen beider Parteien zur Zeit der Vereinbarung des

---

[254] So Grunewald in FS Gernhuber, S. 137, 139 f; kritisch hiergegen Schermaier in AcP 196 (1996), 256, 273 f.

[255] Mugdan S. 192, Jakob/Schubert Beratung S. 320.

[256] Treffend Soergel-Huber § 504, RN 39 *„Das Vorkaufsrecht ist kein Ankaufsrecht zum Schätzpreis."*.

[257] Zustimmend Hees S. 27; Schermaier in AcP 196 (1996), 256, 260 und 274.

Vorkaufsrechts ankommen. Es ist aber kein Grund ersichtlich, warum bereits für den „Standardfall", d.h. unabhängig vom Zweck des Vorkaufsrechts bzw. von einer unzulässigen Umgehung des Vorkaufsrechts, der gesetzliche Wortlaut unzureichend sein und einer Grundsatzkorrektur durch die Rechtsprechung bedürfen sollte. Die extensive Auslegung darf nicht zu einer pauschalen Gleichstellung mit anderen Vertragsarten führen. Angesichts der gesetzlichen Vorgaben besteht ohne konkrete Anhaltspunkte weder Grund noch überhaupt Berechtigung der Gerichte, den Inhalt der Vorkaufsvereinbarung durch eine extensive Auslegung des Gesetzeswortlauts umzugestalten [258]. Die Frage der Gerechtigkeit einer Norm- oder Klauselauslegung ist kein anerkanntes Auslegungskriterium [259].

II. Eigener Ansatz: Verlagerung auf die *vertragliche* Ebene

Fraglich ist, ob nicht die besseren Argumente für eine Verlagerung der notwendigen Korrektur des Begriffs „Kauf" von der gesetzlichen auf die vertragliche Ebene sprechen. Die Ermittlung des konkreten Umfangs der Beschränkung des Verpflichteten ergibt sich dort im Rahmen einer Betrachtung der verschiedenen Wertungsstufen.

1. Materielle Extension des „Kaufvertrags" auf vertraglicher Ebene
Nach einhelliger Meinung kommt es für die Frage der Einordnung des Vertrages als „Kauf" nicht auf die formelle Bezeichnung des Vertrages an, sondern es sind letztlich wertende (materielle) Gesichtspunkte entscheidend [260]. Für die Maßgeblichkeit des materiellen Verständnisses spricht allein schon die Tatsache, dass es andernfalls die Parteien des Vorkaufes in der Hand hätten, durch eine abweichende formelle Bezeichnung [261] das Vorkaufsrecht des Berechtigten leer laufen zu lassen. Dennoch bestehen sowohl in dogmatischer als auch in praktischer Hinsicht tiefgreifende Unterschiede. Die Unzulänglichkeiten der zahlreichen vorgenannten Ansätze zur Erfassung vertraglicher Konstruktionen außerhalb des Kaufvertrags i.e.S. lassen sich weitgehend dadurch vermeiden, dass man nicht auf die Extension der *gesetzlichen* Vorgaben, sondern auf eine interessengerechte und

---

[258] Zutreffend bereits RG JW 1934, 1412, 1414; May S. 20; sowie *Larenz* Methodenlehre S. 318, 328 f, 344, 348; treffend *Probst* in JR 1992, 419, 420 *„Eine Änderung der* [früheren] *§§ 504 ff BGB wäre Sache des Gesetzgebers."*; vgl. ferner *Soergel-Huber* § 504, RN 5; *Hees* S. 27 ff; einschränkend aber *Staudinger-Mader* § 504, RN 17.

[259] Ausführlich *Larenz* Methodenlehre S. 349; *Schermaier* in AcP 196 (1996), 256, 262; ferner *Deckert* in JuS 1995, 480, 482.

[260] BGHZ 115, 335, 339f; BGH NJW 1998, 2136f; *Salzgeber-Dürig* S. 32f; ferner *Schermaier* in AcP 196 (1996), 256, 258.

[261] Treffend *Hees* S. 14 *„Etikettenschwindel".*

wertende Betrachtung der *vertraglichen* Vereinbarungen abstellt [262]. Hierbei ist zum einen die Vorkaufsvereinbarung zwischen Verpflichtetem und Berechtigtem maßgebend, zum anderen die konkrete Willensrichtung des Verpflichteten, beim Abschluss des Rechtsgeschäfts mit dem Dritten den Wert der Sachen gegen Entgelt zu realisieren [263]. Die Auslegung der Vorkaufsvereinbarung gibt mit Blick auf die (enge oder weite) Zwecksetzung des Vorkaufsrechts den Rahmen für die Frage vor, welche Rechtsgeschäfte zwischen Verpflichtetem und Drittem als Vorkaufsfall anzusehen sein sollen.

Während die Gegenauffassung andere Rechtsgeschäfte als den Kauf von § 463 BGB erfasst sieht und im Einzelfall prüfen muss, ob die Vereinbarung des Verpflichteten mit dem Dritten dem gerecht wird, verbleibt es nach hier vertretener Lösung bei der gesetzlichen Beschränkung auf den Kauf als den Vorkaufsfall auslösendes Rechtsgeschäft. Die konkrete Prüfung hängt hierbei davon ab, ob die Vorkaufsvereinbarung sich an dem gesetzlichen Leitbild orientiert oder dieses verändert, insbesondere inhaltlich erweitert. In ersterem Fall verlangt dann die nähere Bewertung des mit dem Dritten vereinbarten Rechtsgeschäfts lediglich die Entscheidung darüber, ob dieses als Kauf anzusehen ist oder nicht. Sofern sich aus der Vorkaufsklausel jedoch ergibt, dass auch andere Rechtsgeschäfte von dem - insoweit atypisch ausgestalteten - Vorkaufsrecht erfasst werden sollen, haben die Beteiligten von ihrer Befugnis Gebrauch gemacht, den Anwendungsbereich des dispositiven § 463 BGB zu modifizieren [264]. Da sich der Umfang des Vorkaufsrechts letztlich nach dessen Zweckrichtung richtet [265], können somit auch ohne *ausdrückliche* Erweiterung des Anwendungsbereichs andere Rechtsgeschäfte als der Kauf erfasst sein, sofern diese der Zweckrichtung zuwiderlaufen würden. Erst im Rahmen dieser wertenden Betrachtung der vertraglichen Vereinbarung kann den von der überwiegenden Ansicht ins Feld geführten Argumenten für ein extensives Verständnis des Kaufes indizielle Bedeutung zukommen.

2.   Ermittlung des Umfangs der „Freiheits"-Beschränkung
Die Vereinbarung eines Vorkaufsrechts stellt sich für den Verpflichteten als „Freiheits"-Beschränkung dar [266]. Das Ziel der Auslegung ist die Ermittlung des kon-

---

[262] Vgl. auch Schermaier in AcP 196 (1996), 256, 267; ob der BGH (Z 115, 335 ff) dies sagen wollte - so Grunewald in FS Gernhuber, S. 137, 140 f - mag dahinstehen, weil es sich der Entscheidung zumindest nicht eindeutig entnehmen lässt; vgl. auch Probst in JR 1992, 419, 420 *„der interpretativ-methodische Ansatz des BGH (bleibt) ein wenig im unklaren"*.

[263] Vgl. zu letzterem auch Schermaier in AcP 196 (1996), 256, 264.

[264] Ähnlich Schermaier in AcP 196 (1996), 256, 274, der auf die Pflichtverletzung aus der Vorkaufsabrede abstellt; ablehnend Schurig S. 130ff, 157ff, der nicht auf die Vertragsauslegung, sondern auf die Gesetzesauslegung abstellt.

[265] Ausführlich hierzu unter § 5 II.

[266] Vgl. Burkert in NJW 1987, 3157, 3158; ferner Schurig S. 15.

kreten Umfangs der Beschränkung und der im Einzelfall betroffenen „Freiheit"
[267]. Hierbei ist neben einer materiellen auch eine formelle Beschränkung gegeben.

Der Verpflichtete ist zunächst in seiner *materiellen* (inhaltlichen) Dispositionsfreiheit eingeschränkt. Während die allgemeine Vertragsabschlußfreiheit nicht
betroffen ist, hat er Einschränkungen der Vertragsaufhebungs- bzw. -änderungs-
freiheit, insbesondere aber der Partnerwahlfreiheit hinzunehmen [268]. Die Vertrags-
inhaltsfreiheit [269] besteht zwar prinzipiell fort. Ausnahmen sind aber beim vorab
vereinbarten Vertragsinhalt (sog. limitiertes Vorkaufsrecht), sowie aus Gründen
des Umgehungsschutzes denkbar. Mit Blick auf die Regelungen der §§ 465, 466
BGB sind nicht notwendig alle Regelungen eines Aktienkaufvertrags auch nach
§ 464 Abs. 2 BGB dem Berechtigten gegenüber wirksam [270].

Der Verpflichtete ist ferner Beschränkungen bei der *formellen* Gestaltung von
Rechtsgeschäften unterworfen. Er ist zwar nicht gehalten, bestimmte Gestaltungsformen zu beachten [271]. Im Bereich des allgemeinen Vertragsrechts können
über die Zwecksetzung des Vorkaufsrechts im Einzelfall allerdings auch andere
Vertragsarten, insbesondere der Tauschvertrag, vom (atypischen) Vorkaufsrecht
erfasst sein [272]. Daneben kann das Vorkaufsrecht auch gesellschaftsrechtliche Vorgänge, wie die Einbringung in eine Gesellschaft, den Verkauf mittelbarer Beteiligungen oder Maßnahmen nach dem UmwG erfassen.

Die Beschränkung des Verpflichteten bewirkt hierbei zwar nicht, dass dieser an der
Vornahme dieser Handlungen gehindert wäre. Er hat jedoch die sich aus dem Eintritt des Vorkaufsfalls ergebenden Rechtsfolgen beim Abschluss des Erstvertrags
zu berücksichtigen. Hierdurch ist er faktisch in seinen vertraglichen Möglichkeiten
eingeschränkt. Trotz der Relativität der Rechtsposition des Vorkaufs*berechtigten*
führt die Vorkaufsabrede für *diesen* zu keiner rechtlichen Einschränkung. Soweit
ihm nach allgemeiner Ansicht weder ein Anspruch auf Einflussnahme auf den Inhalt (§ 464 Abs. 2 BGB) noch auf den Eintritt des Vorkaufsfalles selbst eingeräumt
wird [273], betrifft dies lediglich das „Ob" bzw. „Wie" des Rechts, schränkt aber
seine vertraglichen Möglichkeiten nicht ein.

---

[267] Ähnlich May S. 75: Einstellung in den Abwägungsprozess.

[268] Salzgeber-Dürig S. 133, 259f (dort zur Vinkulierung); Noack S. 288: Einschränkung der
Dispositionsbefugnis.

[269] Hierzu Schubert Redaktion S. 71; ferner Erman-Grunewald § 505, RN 4; Schurig S. 154.

[270] Zur Durchbrechung der inhaltlichen Akzessorietät als *Umgehungs*sanktion vgl. § 6 III 3.

[271] Teichmann S. 73 keine „*zwingende Gestaltungsform*".

[272] Zum Umgehungsschutz beim Tausch vgl. unter § 7 II.

[273] BGHZ 110, 230, 232f; Z 115, 335, 338f; Westermann/Klingberg in FS Quack, S. 545, 553f.

3.   Stufenverhältnis von Auslegung und Umgehungsschutz

Auslegung und Umgehungsschutz stehen in einem Stufenverhältnis zueinander [274]. Erst wenn die Bedeutung einer Klausel durch Auslegung ermittelt wurde, kann die Frage aufgeworfen werden, ob das Vorgehen von Verpflichtetem und Drittem eine unzulässige Umgehung darstellt und die Interessen des Berechtigten über verschiedene Mechanismen geschützt werden müssen.

a)   1. Stufe: Bestimmung des Vorkaufsfalles durch Vertragsauslegung

Der erste Schritt ist stets die Ermittlung des von den Parteien Gewollten durch Auslegung ihrer (regelmäßig schriftlichen) Erklärungen. Die Beteiligten können sich hierbei auf das gesetzliche Leitbild des Vorkaufes stützen. Es steht ihnen aber auch frei, das Vorrecht beliebig atypisch auszugestalten. Die Schwierigkeiten beruhen hierbei zum einen darauf, dass bei lediglich konkludenter Erweiterung *„manche Unsicherheiten"* [275] bestehen, zum anderen aber auch bei ausdrücklicher Regelung der Wortlaut viele Fragen offen lässt.

Beispiel [276]: Die Parteien der Vorkaufsabrede vereinbaren folgendes: *„Dem anderen Gesellschafter steht im Veräußerungsfall das Vorkaufsrecht zu, das innerhalb von sechs Wochen nach erteilter Genehmigung ausgeübt werden muss."* Hier ist unklar, ob durch den Begriff *„im Veräußerungsfall"* sämtliche einer dinglichen Übertragung zugrunde liegenden Rechtsgeschäfte, also nicht nur der Abschluss eines Kaufvertrags, als Vorkaufsfall anzusehen sein sollen oder ob mit *„Veräußerung"* nur ungenau der *„Verkauf"* i.e.S. gemeint sein soll.

b)   Erweiterung auf andere Rechtsgeschäfte kraft ergänzender Auslegung

Sofern die Parteien bestimmte Sachverhaltskonstellationen nicht erfasst haben sollten, stellt sich die Frage, ob die Vorkaufsabrede über ihren Wortlaut hinaus im Wege ergänzender Vertragsauslegung auf andere Situationen erstreckt werden kann, sofern dies dem hypothetischen Parteiinteresse entspricht [277]. Hierbei ist die Erstreckung auf Rechtsgeschäfte, die einem Kaufvertrag wertungsmäßig gleichzustellen sind, kraft ergänzender Vertragsauslegung vom Umgehungsschutz i.e.S. zu trennen, weil im Falle einer unzulässigen Umgehung die Sanktion in Form der Fiktion des Vorkaufsfalles nicht wegen der Kaufähnlichkeit, sondern wegen der Umgehung erfolgt, selbst wenn das Rechtsgeschäft einem Kaufvertrag nicht gleichzusetzen sein sollte.

Beispiel: Je nach den Umständen des Einzelfalls kann ein Tausch im Wege ergänzender Vertragsauslegung einem Kaufvertrag gleichgesetzt werden und vom Vorkaufsrecht erfasst sein. Mangels Gegenleistung wird hingegen eine Schenkung wohl nie „kaufähnlich" sein. Selbst wenn sich die Vorkaufsklausel nicht dahin auslegen lässt, dass sie auch Schenkungen, ggf. gegen Zahlung einer „angemessenen" Gegenleistung, erfassen soll, steht dies der Annahme einer unzulässigen *Umgehung* des Vorkaufsrechts nicht grundsätzlich entgegen.

---

[274] Zustimmend Hees S. 11 f; Probst in JR 1992, 419, 421.

[275] Erman-Grunewald § 505, RN 4 und 8.

[276] Nach RG JW 1934, 1412.

[277] Emmerich WuB IV A. § 504 BGB 1.90 (OLG Karlsruhe), S. 1063f; Grunewald in FS Gernhuber, S. 137, 139.

Der ergänzenden Vertragsauslegung sind jedoch rechtliche und faktische Grenzen gesetzt. In *rechtlicher* Hinsicht darf die ergänzende Vertragsauslegung nicht als Mittel richterlicher Willkür und aufgrund von Billigkeitserwägungen letztlich als Scheinbegründung bzw. reine Fiktion erscheinen [278]. Ohne nähere Anhaltspunkte in der Vereinbarung oder deren Zwecksetzung ist für eine Erweiterung des Anwendungsbereichs nur wenig Spielraum. Da es auf den hypothetischen Willen der Parteien ankommt, nicht auf einen objektiv vermeintlich sinnvollen Sinngehalt, darf die ergänzende Vertragsauslegung keine Bevormundung der Parteien durch Abänderung des Vertragsinhalts enthalten [279]. Die *faktische* Grenze liegt vor allem in der fehlenden Möglichkeit, rückblickend den hypothetischen Parteiwillen zum Zeitpunkt der Vorkaufsvereinbarung zu ermitteln, zumal die Beteiligten nunmehr selbst etwaige schriftliche Unterlagen in konträrem Sinne verstanden wissen wollen.

c) 2. Stufe: Erweiternde Anwendung als Umgehungssanktion
Erst hieran anknüpfend steht die Frage, ob nicht aus Gründen des Umgehungs-schutzes im Einzelfall die Anwendung der Vorkaufsklausel geboten ist, obwohl sie nach dem Wortlaut eigentlich nicht einschlägig wäre. Die Sanktion unzulässiger Umgehungen beschränkt sich aber nicht auf die bloße Fiktion des Vorkaufsfalles, sondern bietet ein weites Spektrum möglicher Rechtsfolgen [280].

Zwischenergebnis:
Bei der Ermittlung des Anwendungsbereichs des vereinbarten Vorkaufsrechts ist strikt zwischen der Auslegung der Vorkaufsklausel und Fragen des Umgehungs-schutzes zu differenzieren (Stufenverhältnis). Ein erweitertes Verständnis des Vor-kaufsfalles kann nicht durch pauschale Erweiterung des Begriffs „Kaufvertrag" in § 463 BGB auf andere rechtsgeschäftliche Vereinbarungen erfolgen, sondern allein einzelfallbezogen durch Auslegung der konkret vereinbarten Vorkaufsklausel, so-wie der Willensrichtung des Verpflichteten beim jeweiligen Rechtsgeschäft mit dem Dritten.

---

[278] Soergel-Huber vor § 504, RN 6 a.E.; ähnlich Heinrich S. 136, 141; Teichmann S. 17.

[279] Teichmann S. 29, 44; restriktiv auch BGH NJW 2002, 2310f.

[280] Eingehend zu den möglichen Voraussetzungen und Rechtsfolgen einer Umgehung unter § 6.

§ 5 Auslegung der Vorkaufsklausel

Das Verständnis der Rechtsprechung und Literatur leidet darunter, dass im Rahmen der Auslegung nicht eindeutig unterschieden wird, ob und warum eine Vereinbarung als Kaufvertrag bzw. vertraglich erweiterter Vorkaufsfall anzusehen ist und welche Regelungen dem Berechtigten gegenüber bindend sein sollen. Nachfolgend soll zunächst auf die Bedeutung des Parteiwillens für die Auslegung der Vorkaufsklausel eingegangen werden (sub. I.), bevor in einem neuen Ansatz versucht werden soll, den Anwendungsbereich des Vorkaufsrechts über dessen spezifische Zwecksetzung zu definieren (sub. II.). Abschließend werden zwei bedeutende Sonderfälle der Auslegung erläutert (sub. III.).

I.   Abhängigkeit des Begriffs des Vorkaufs vom Parteiwillen

Da Auslegung ein vermittelndes Tun bezeichnet, durch das der Sinn dem Auslegenden zum Verständnis gebracht werden soll und die mögliche Bedeutung daher notwendig im Rahmen einer gewissen Bandbreite zu unterschiedlichen Ergebnissen führen kann [281], gibt es keine „absolut richtige" Auslegung [282]. Das Auslegungsergebnis ist jedoch unter Berücksichtigung der Auslegungsziele und ausgehend vom Willen der Parteien plausibel zu begründen [283].

1.   Auslegungsziel
Maßgeblicher Zeitpunkt für die Bestimmung des Umfangs des Vorkaufsrechts ist regelmäßig der Abschluss der Vorkaufsvereinbarung. Im Einzelfall mag sich die Reichweite im Zusammenhang mit einer geänderten Zwecksetzung des Vorkaufsrechts nachträglich ändern. Sofern schriftliche Regelungen fehlen, wird man für eine stillschweigende einvernehmliche Änderung aber gewichtige Anhaltspunkte voraussetzen müssen. Die Auslegung hat ferner zu berücksichtigen, dass die rechtliche Konzeption des Vorkaufsrechts für sämtliche drei Beteiligten Vor- und Nachteile aufweist, also keineswegs grundsätzlich dem Berechtigten einen allgemeinen Vorrang einräumt. Ebenso wie bei der Vinkulierung [284] ist das *konkrete* Interesse des Dritterwerbers für die Auslegung der Vereinbarung zwischen Verpflichtetem und Berechtigtem unerheblich [285]. Seine *abstrakte* Rechtsstellung mag hingegen im Rahmen der Auslegung der Vorkaufsklausel durchaus ergänzend von Bedeutung sein. Je umfassender die Rechte des Berechtigten ausgestaltet sind, desto geringer kann die Möglichkeit eines Dritterwerbers sein, den eigenen Erwerb

---

[281] Ausführlich Larenz Methodenlehre S. 312.

[282] Hees S. 16; Larenz Methodenlehre S. 314.

[283] Zutreffend Probst in JR 1992, 419, 421, „*zu Unrecht wenig beachtete Möglichkeit derartiger Vereinbarungen*"; ferner Hees S. 16.

[284] Vgl. Lutter in AG 1992, 369, 373; Kossmann in BB 1985, 1364, 1366.

[285] Westermann/Klingberg in FS Quack, S. 545, 550; Soergel-Huber § 504, RN 2; Burkert in NJW 1987, 3157, 3159.

zu realisieren. Erreicht die Rechtsstellung des Berechtigten ein Ausmaß, das erwerbswillige Dritte vom Abschluss eines Vertrages abhalten könnte, mag dies im Einzelfall gegen eine stillschweigende Erstreckung der Vorkaufsberechtigung auf sämtliche Veräußerungsarten sprechen. Andernfalls könnte eine nicht beabsichtigte Knebelung des Verpflichteten eintreten, die diesen in seiner Veräußerungsfreiheit unzumutbar beeinträchtigt.

Das OLG Stuttgart [286] prägte den Begriff der *„vertragsautonomen Auslegung"* zur Ermittlung der Bedeutung der Vorkaufsklausel. Dies unterstreicht die Bedeutung der Dispositivität der Regelungen der §§ 463 ff BGB für das Verständnis von Vorkaufsvereinbarungen. Demnach ist die Ermittlung des Anwendungsbereichs der Vorkaufsklausel nicht nur für atypische Gestaltungen bedeutsam, sondern setzt stets einen Zusammenhang der Vorkaufsklausel mit der gesamten vertraglichen Vereinbarung voraus [287]. Die Schwierigkeit der korrekten Ermittlung des Parteiwillens zum Zeitpunkt der Vereinbarung des Vorkaufsrechts zeigen jedoch die mitunter seitenlangen Ausführungen über das vermeintliche Parteiverständnis mit gegenteiligen Ansichten zwischen den Instanzgerichten [288].

2.   Vertragliche Regelung des Umfangs
Ein Vorkaufsfall liegt unproblematisch in den Fällen vor, in denen die Übertragung der Aktien gegen Geld erfolgen soll. Problembereiche ergeben sich im Einzelfall jedoch hinsichtlich der Frage, ob der Vertrag bereits rechtsverbindlich geschlossen wurde oder sich die Parteien lediglich in einem dem endgültigen Vertragsschluss vorgelagerten Stadium der Verhandlungen befinden. Dies kann insbesondere bei für Aktientransaktionen üblichen Rahmenverträgen, Grundsatzvereinbarungen oder sog. *letter of intent* bedeutsam werden. Im allgemeinen Zivilrecht mag der Grundsatz gelten, dass Vorverträge die Ausnahme sind und der Kaufvertrag als geschlossen anzusehen ist, sofern die wesentlichen Vertragsbestandteile vereinbart wurden [289]. Bei Verkäufen von Aktienpaketen sind Vorverträge hingegen nicht Ungewöhnliches. Hierbei liegen der Preis und andere bedeutsame Vertragsbestandteile zumeist erst in abstrakt definierter Form fest und werden erst im Zusammenhang mit der Unterzeichnung des Hauptvertrages konkret bezeichnet.

Die Parteien können die gesetzlichen Regelungen jedoch auch zugunsten des Berechtigten erweitern [290]. Dies betrifft zunächst die tatbestandlichen Voraussetzungen des Vorkaufsfalles. Die Erweiterung kann sich aber auch auf die Rechts-

---

[286] JZ 1987, 570, 571 „Dinckelacker".

[287] Zum Zweck des Vorkaufsrechts an Aktien vgl. eingehend unter § 5 II.

[288] Vgl. BGH NJW 1987, 890, 891-893 („*Dinckelacker"*; unter Hinweis auf die *„Grundtendenz"* des Vertrags); LG Offenburg AG 1989, 134, 135-137; sowie OLG Karlsruhe WM 1990, 725, 729-734 („*Burda/Springer"*).

[289] BGH WM 1956, 1518f; Lorenz in FS Dölle, S. 103, 113; Henrich S. 118.

[290] Schermaier in AcP 196 (1996), 256, 257 (Fn. 9), 260; Probst in JR 1992, 419, 421.

folgenseite erstrecken [291]. Die vertragliche Erweiterung des Vorkaufsfalls kann pauschal oder konkret erfolgen. Soweit die Beteiligten den Vorkaufsfall über den bloßen Kaufvertrag auf *jedes* Rechtsgeschäft erstrecken, das auf eine Übertragung der Aktien abzielt, erfasst das (dann atypische) Vorkaufsrecht z.B. Tauschverträge ebenso wie die Übertragung gegen Erbringung von Dienstleistungen. Da der Berechtigte grundsätzlich nicht in der Lage sein wird, bei anderen Vertragstypen exakt die vertraglich vereinbarte Gegenleistung zu erbringen, können Probleme auftreten, wenn die Parteien die Rechtsfolgen nicht näher geregelt haben.

Beispiel: Bei der Schenkung (auch im Wege vorweggenommener Erbfolge) mögen die Parteien unterschiedlicher Ansicht auch über die Unentgeltlichkeit gegenüber dem Berechtigten sein und über eine angemessene (§§ 315 ff BGB) Gegenleistung streiten. Ähnliche Probleme bestehen aber auch bei der Einbringung der Aktien in eine Gesellschaft im Wege einer Sacheinlage oder dem praktischen Hauptproblemfall, dem Aktientausch [292].

Mitunter erfolgt die vertragliche Erweiterung aber nicht pauschal, sondern konkret für *bestimmte* Rechtsgeschäfte oder Arten von Rechtsgeschäften. Eine allgemeine Vermutung für eine derartige Erstreckung unabhängig von konkreten Anhaltspunkten besteht daher nicht [293].

Unabhängig davon steht es den Parteien aber auch frei, alternativ oder kumulativ die *Rechtsfolgen* beim Vorliegen eines Vorkaufsfalles abzuändern. Dies kann die Vereinbarung bestimmter Ausübungsmodalitäten (Fristen, Form- und Verfahrensfragen), aber auch die abweichende Regelung der Gegenleistung, insbesondere der Preisbestimmung, betreffen [294]. Hierunter ist auch der Fall des preislimitierten Vorkaufsrechts zu fassen [295].

Es steht den Parteien jedoch frei, den Anwendungsbereich der Vorkaufsklausel gegenüber dem gesetzlichen Leitbild weiter einzuschränken. Hierunter fällt vorwiegend die gewillkürte Ausklammerung bestimmter Verkaufsfälle aus dem Anwendungsbereich des Vorkaufsrechts [296], z.B. Kaufverträge mit Mitgesellschaftern oder Verwandten oder nahestehenden Personen, aber auch bei Verkäufen innerhalb

---

[291] Soergel-Huber § 504, RN 55.

[292] Hierzu näher unter § 7 II, III.

[293] Ablehnend auch Henrich S. 342; Salzgeber-Dürig S. 32, 284; Schermaier in AcP 196 (1996), 256, 260, 262; aA jedoch Jauernig-Vollkommer § 463, RN 16; § 505, RN 6; ähnlich Kowalski in GmbHR 1992, 347, 349 (für Vinkulierung); sehr weit auch Grunewald in FS Gernhuber, S. 137, 139ff. Die Entscheidung RG JW 1934, 1412 ff kann wegen des mehrdeutigen Wortlauts („...*im Veräußerungsfall das Vorkaufsrecht...*") hingegen nicht zur Begründung herangezogen werden.

[294] Hier ist die Bestimmung des Preises insbesondere gem. §§ 315 ff BGB durch einen Dritten (z.B. einen Schiedsgutachter) bzw. unter Anknüpfung an den Börsenpreis denkbar; vgl. Schrötter S. 115; Reichert S. 87f.

[295] Vgl. Soergel-Huber § 504, RN 55.

[296] Vgl. beispielhaft BGH WM 1991, 642; ferner Henrich S. 326; Scholz-Winter § 15, RN 87.

einer bestehenden Konzernverbindung [297]. Rechtsdogmatisch erfolgt dies über eine Einschränkung des Tatbestandsmerkmals „Dritter" [298] bei dem für die Annahme eines Vorkaufsfalls erforderlichen Kaufvertrag. Rechtlich zulässig sind aber auch *sonstige* Einschränkungen, z.B. zeitlicher Art [299].

Treffen die Parteien keine vom Leitbild des § 463 BGB abweichende Regelung hinsichtlich des Umfangs des Vorkaufsrechts und lässt sich eine solche auch nicht der Zwecksetzung entnehmen, muss es jedoch bei der Beschränkung des § 463 BGB auf echte Kaufverträge bleiben [300].

3.   Eingeschränkte Anwendbarkeit der klassischen Auslegungsansätze aufgrund der Besonderheiten eines Aktienverkaufs
Die Auslegung von Gesellschaftervereinbarungen richtet sich - mit Ausnahme des stark subjektiven Verständnisses - im wesentlichen nach den allgemeinen Auslegungskriterien, die auch für die Auslegung von Gesetzen maßgeblich sind. Zwar besteht zwischen der Auslegung von Gesetzen und von Rechtsgeschäften ein grundlegend unterschiedlicher Ansatz [301]. Insbesondere für den Regelfall der Einbettung des Vorkaufsrechts in eine umfassende Konsortialvereinbarung kommt es jedoch zu einer Annäherung [302]. Nachfolgend soll hinterfragt werden, inwieweit bei der Anknüpfung an die klassischen Auslegungskriterien die spezifischen Besonderheiten des Vorkaufsrechts an Aktien zu berücksichtigen sind.

Die Anknüpfung an den *Wortlaut* ist der Inbegriff der Auslegung. Hierbei kann das Ergebnis der Auslegung auch dadurch beeinflusst werden, dass die Parteien rechtskundig sind oder bei der Erstellung der Vorkaufsklausel Berater hinzugezogen haben [303]. Selbst notarielle Verträge bieten jedoch keine hinreichende Gewissheit einer umfassenden Klarheit. Der wesentliche Grund hierfür ist die Tatsache, dass den Beteiligten zur Zeit der Vereinbarung des Vorkaufsrechts weder die eigene unternehmerische Entwicklung noch die der betroffenen AG bekannt ist und die Art und Weise künftiger Transaktionen noch im Dunkeln liegt. Da es

---

[297] Zum Bereich des „Konzernvorkaufsrechts" vgl. eingehend unter § 5 III 2.

[298] Vgl. MK-Westermann § 504, RN 17; ausführlich zum Begriff des Dritten im konkreten Fall OLG Karlsruhe WM 1990, 725, 730ff; ferner § 3 III 2.

[299] Mitunter stellen die Parteien Verkäufe innerhalb eines bestimmten Zeitraums (z.B. sechs Monate) vom Vorkaufsrecht frei, um dem Verpflichteten im Rahmen einer wechselseitigen Konsortialvereinbarung vor Eintritt einer gewissen „Festigung" der gemeinsamen unternehmerischen Ausrichtung die uneingeschränkte Entscheidung über den Verkauf der Beteiligung zu belassen.

[300] Zutreffend Schermaier in AcP 196 (1996), 256, 260.

[301] Hierzu eingehend Larenz Methodenlehre S. 346 f.

[302] Auf eine nähere Darstellung soll verzichtet werden; hinsichtlich einer umfassenden dogmatischen vergleichenden Betrachtung vgl. Noack S. 63, 80 ff; ferner Westermann S. 43f.

[303] BGH WM 1963, 356, 357.

54

Formulierungen mit rechtlich völlig eindeutigem Wortlaut nicht geben kann [304], stellen die Gerichte mit stetiger Regelmäßigkeit klar, dass auch andere Aspekte zur Bestimmung des Parteiwillens von Bedeutung sein können [305]. Die Formulierung des Vorkaufsrechts ist somit zwar stets Ausgangspunkt der Ermittlung des Anwendungsbereichs. Die Anknüpfung an den Wortlaut kommt jedoch dann an ihre Grenze, wenn ein wortlautgetreues Verständnis der Klausel nicht nur unvollständig erscheint, sondern überhaupt keinen Anwendungsfall des Vorkaufsrechts ergibt. Dies kommt gerade bei gesellschaftsrechtlichen Vorkaufsrechten häufiger vor, als man erwarten sollte [306]. Hier stellt sich dann die höchst problematische Frage, ob es sich um ein Redaktionsversehen der Parteien handelt [307] oder die Vereinbarung bewusst weit gefasst wurde, um lediglich eine Art Rahmen vorzugeben. In diesen Fällen kann der konkreten Formulierung allenfalls untergeordnete Bedeutung zukommen [308].

Ausgehend vom Wortlaut sind aber stets alle übrigen Umstände zu berücksichtigen, die für die Ermittlung des von den Vertragsparteien gewollten Inhalts wesentlich sind [309]. Der Rückgriff auf die *systematische Auslegung* erscheint problematisch. Man könnte geneigt sein, aus der Stellung der Vorkaufsabrede im Vertragswerk Rückschlüsse darauf zu ziehen, ob die Vorkaufsabrede einem umfassenden Schutz der gemeinsamen Zielsetzung oder lediglich bestimmten, eng abgegrenzten Zwecken dienen soll. Mit Blick auf praktische Zufälligkeiten bei der Vertragsgestaltung [310] ist insoweit jedoch Vorsicht geboten, weil hierdurch den Parteien ein Wille unterstellt werden kann, den sie bei Unterzeichnung der Vereinbarung nicht zum Ausdruck bringen wollten. Sofern die Vorkaufsregelung jedoch umfassend in der Präambel oder an anderer „zentraler" Stelle des Vertrages geregelt sein sollte, spricht dies eher dafür, dass die Beteiligten dem Vorkaufsrecht eine umfassende Funktion zukommen lassen wollten. Umgekehrt schließt die vermeintlich „versteckte" Regelung ein solches Verständnis allerdings nicht aus.

Traditionell kommt der *Entstehungsgeschichte* vor allem mit Blick auf die grundlegenden Wertentscheidungen der Beteiligten Bedeutung zu [311]. Bei Unklarheiten über den Anwendungsbereich und die Zwecksetzung des Vorkaufsrechts kann

[304] Vgl. MK-Westermann § 504, RN 18; Teichmann S. 17, 21f; a.A. BGH NJW 1987, 890, 891, obwohl gerade dieser Fall eher das Gegenteil nahe legt.
[305] BGH NJW 2001, 144, 145; BGHZ 115, 335, 340; das LG Offenburg in AG 1989, 134, 136 verweist zu Recht auf das Verbot spitzfindiger „sprachlich-stilistischer Analyse".
[306] Vgl. nur RG JW 1934, 1412f; OLG Karlsruhe WM 1990, 725, 729f; kritisch auch LG Offenburg EWiR § 504 BGB 1/89, 135f (Volhard).
[307] So OLG Karlsruhe WM 1990, 725, 730 „offenkundige Redaktionsfehler".
[308] Vgl. BGH NJW 1998, 2136, 2137 „Wortlaut nicht ohne Bedeutung".
[309] Zutreffend BGH NJW 1987, 890, 891; ferner Winter in ZHR 154 (1990), 259, 264.
[310] Umfassend zu praktischen Problemen im 6. Teil der Arbeit.
[311] Näher Larenz Methodenlehre S. 328 ff, 344.

neben der eigentlichen Vorkaufsvereinbarung daher auch die „Vorgeschichte" des Vertragsabschlusses Bedeutung erlangen [312]. Anders als bei Normwerken sind hierbei jedoch nicht stets schriftliche Unterlagen verfügbar. Neben möglichen Vor- oder Rahmenverträgen (Grundsatzvereinbarungen) ist hierbei der Schriftwechsel der Parteien zu berücksichtigen. Darüber hinaus kann die Einschaltung von Bera- tern für die Frage relevant werden, welche Bedeutung die Beteiligten dem Vor- kaufsrecht zugemessen haben [313]. Maßgeblich für die Bedeutung der Vorkaufs- klausel ist jedoch stets der Wille der Beteiligten, wie er in der Vereinbarung zum Ausdruck kommt. Mögliche Änderungen im Vorfeld der Vereinbarung dürfen daher nicht zu einer Verzerrung des tatsächlich Gewollten führen.

Entscheidendes Kriterium der Auslegung der Vereinbarung ist stets die *teleolo- gische Auslegung*. Nicht nur bei Familiengesellschaften ist der „*Grundtendenz des Vertrages besondere Aufmerksamkeit zu schenken*" [314]. Gerade wegen der Unzulänglichkeiten des Wortlauts tritt die Frage nach Sinn und Zweck der Vor- kaufsklausel in den Vordergrund. Da die verschiedenen Ansätze zur Bestimmung des Anwendungsbereichs des Vorkaufsrechts grundsätzliche Schwächen haben oder zumindest für den Bereich der Vorkaufsrechte an Aktien nicht handhabbar sind [315], soll daher in einem neuen Ansatz der Frage nachgegangen werden, inwie- weit sich der Anwendungsbereich über die der vertraglichen Regelung zugrunde liegende gemeinsame *Zwecksetzung* der Parteien ermitteln lässt.

II.   Bestimmung des Anwendungsbereichs über die Zwecksetzung des Vorkaufsrechts

Die möglichen Zwecksetzungen der Beteiligten bei der Vereinbarung eines Vor- kaufsrechts sind vielfältig. Regelmäßig werden die Abwehr- und die Verschaf- fungsfunktion betont. Im Rahmen der vorliegenden Arbeit ist aber neben einem möglichen spekulativen Element die spezifische Zwecksetzung bei Aktienbetei- ligungen hervorzuheben.

1.   Vorkaufsrecht als Abwehrrecht
Eines der klassischen Motive eines Vorkaufsrechts ist das Abwehrinteresse [316], bei dem der Berechtigte den Erwerb des betreffenden Gegenstandes durch einen Dritten verhindern will. Der Erwerb ist dann nicht wirklich beabsichtigt, sondern

---

[312] OLG Karlsruhe WM 1990, 725, 729.

[313] Vgl. auch BGH WM 1965, 356, 357.

[314] BGH NJW 1987, 890f; vgl. ferner BGH NJW 1998, 2136, 2137.

[315] Hierzu eingehend unter § 4 I.

[316] So Schurig S. 15f, 76 ff; von Burkert in NJW 1987, 3157 als „*Abwehrfunktion*" bezeichnet; Schreiber in Jura 2001, 196f; ferner BGH NJW 1987, 890, 891 im Falle „*Dinkelacker*"; aus der neueren Rechtsprechung BGH NZG 2000, 647 (zur GmbH).

nur „Mittel zum Zweck" [317]. Die Schutzrichtung kann hierbei zunächst gegen Nicht-Gesellschafter gerichtet sein, z.B. zur Vermeidung des Erwerbs durch einen Wettbewerber (Schutz „nach außen"). Daneben kann aber auch ein weiterer Aktienerwerb durch Mitaktionäre verhindert werden (Schutz „nach innen"). Mitunter wird die Differenzierung „innen/außen" auch im Sinne einer Abgrenzung nationaler und internationaler (ausländischer) Aktienerwerber vorgenommen [318]. Angesichts der Globalisierung erscheint dies aber nicht mehr zeitgemäß. Das Vorkaufsrecht schützt allgemein vor dem Erwerb von Aktien durch andere als den Berechtigten. Sofern die Berechtigung jedoch allen Gesellschaftern eingeräumt wurde, wird die Abwehrfunktion regelmäßig allein „nach außen" gerichtet sein. Ein Erwerb der Mitgesellschafter soll hier nicht grundsätzlich vermieden werden [319]. Die Auslegung kann auch ergeben, dass das Interesse an einer paritätischen Kapitalbeteiligung unter den Gesellschaftern gegenüber dem generellen Abwehrwillen zurückstehen soll [320]. Der Schutz „nach außen" vermag ebenso der Verhinderung einer (nationalen oder internationalen) Überfremdung oder dem Schutz vor einer „feindlichen Übernahme" dienen [321] wie der bloßen Gewährleistung eines überschaubaren Gesellschafterkreises. Der Schutz „nach innen" soll vor allem eine Begründung oder Ausweitung einer ungewollten Machtstellung in einer Gesellschaft oder gar Unternehmensgruppe verhindern. Dieser Schutz kann hierbei sowohl den Minderheitsgesellschaftern durch die Verhinderung einer (im Einzelfall sogar satzungsändernden) Mehrheit als auch den Mehrheitsgesellschaftern durch die Vermeidung einer die unternehmerische Flexibilität beeinträchtigenden Sperrminorität zugute kommen [322].

2. Vorkaufsrecht als Verschaffungsanspruch
Soweit das Vorkaufsrecht einem Verschaffungsinteresse dient, kann dies sowohl der Erhöhung der eigenen Beteiligung als auch dem Weiterverkauf dienen.

Das Vorkaufsrecht dient ferner schon begrifflich einem „Erwerbsinteresse" [323], weil es eine allgemeine Besserstellung vor Dritten im Vorkaufsfall vorsieht.

---

[317] Staudinger-Mader vor §§ 504 ff, RN 2: Rechtsgedanke des § 2034 BGB; ferner Burkert in NJW 1987, 3157 f.

[318] Kossmann in BB 1985, 1364; Lutter/Schneider in ZGR 1975, 182ff.

[319] Soweit hierbei alle Aktionäre weiterhin entsprechend ihrer bisherigen Beteiligung berechtigt sein sollen, betrifft dies die Verschaffungsfunktion; zu Fragen der Vorkaufsberechtigung mehrerer Gesellschafter vgl. unter § 11 II.

[320] So der BGH NJW 1987, 890, 892.

[321] Salzgeber-Dürig S. 193; Westermann/Klingberg in FS Quack, S. 545, 546; Hueck in FS Larenz, S. 749, 751; Kossmann in BB 1985, 1364; im Falle *Dinckelacker* (BGH NJW 1987, 890, 892) diente das Vorkaufsrecht der Verhinderung einer Einflussnahme Familienfremder.

[322] MK-Westermann § 504, RN 1 sieht die Vermeidung der Anteilsverschiebung wohl nur bei der GmbH erfasst.

[323] Schurig S. 15f, 76ff; Burkert in NJW 1987, 3157f *„Verschaffungsfunktion"*.

57

Insoweit unterscheidet es sich im Grundsatz von der „negativ" ausgerichteten Vinkulierung, der ein eigenständiges Verschaffungselement fremd ist [324]. Faktisch kann die Vinkulierung jedoch naturgemäß den übrigen Aktionäre weitere Anteile verschaffen, wenn der Veräußerer bei Verweigerung der Drittveräußerung an diese verkaufen muss, um den Wert seiner Beteiligung realisieren zu können [325]. Abwehr- und Verschaffungsfunktion stehen notwendigerweise nicht isoliert nebeneinander, sondern gehen ineinander über bzw. sind miteinander verbunden [326]. Zudem kann sich das individuelle, aber auch das gemeinsame Interesse am Vorkaufsrecht im Laufe der Zeit [327] auch verlagern, z.B. durch Veränderung der wirtschaftlichen Gesamtsituation oder der unternehmerischen Ausrichtung der Gesellschaft oder der Gesellschafter. Als Indiz für die besondere Bedeutung des Verschaffungsinteresses wird es regelmäßig anzusehen sein, wenn der Berechtigte bereits früher, insbesondere im sachlich-zeitlichen Zusammenhang mit dem Abschluss der Vorkaufsvereinbarung erfolglos bemüht war, weitere Anteile zu erwerben.

Selbst wenn der Berechtigte bei Vereinbarung des Vorkaufsrechts die Erhöhung des eigenen Aktienpakets noch beabsichtigt haben mag, kann sich die unternehmerische Ausrichtung im Zeitpunkt der Ausübung des Vorkaufsrechts geändert haben. Mitunter bietet sich ihm jedoch die Möglichkeit, sich entweder den Verzicht [328] auf das Vorkaufsrecht „abkaufen" zu lassen oder die Ausübung des Vorkaufsrechts allein zum Zweck des Weiterverkaufs [329] an einen Dritten zu erklären. Auch in diesem Fall realisiert sich der dem Verschaffungsinteresse immanente Vermögenswert.

Beispiel [330]: Im Oktober 1999 wollten Vodafone Airtouch (17,25 %) und Veba (nunmehr Eon) und RWE (zusammen 60,25 %) ihre Anteile an E-Plus an die France Télécom verkaufen. Der Verkauf scheiterte jedoch am Vorkaufsrecht des Mitgesellschafters Bell South, der die Beteiligung von insgesamt 77,5 % an KPN veräußerte.

---

[324] Vgl. Hüffer § 68, RN 10 m.w.N., der sechs Zwecke der Vinkulierung nennt; ferner Nirk in Handbuch der Aktiengesellschaft, Teil I, RN 52; Salzgeber-Dürig S. 195; Noack S. 25, 291.

[325] Verallgemeinernd Salzgeber-Dürig S. 194f: Vinkulierung kann weitgehend denselben Zwecken dienbar gemacht werden wie das Vorkaufsrecht.

[326] BGHZ 115, 335 (Leitsatz a); Staudinger-Mader vor §§ 504 ff, RN 2; Soergel-Huber vor § 504, RN 5; Erman-Grunewald § 504, RN 1; Grunewald in FS Gernhuber, S. 137, 140; Kowalski in GmbHR 1992, 347, 348; Westermann/Klingberg in FS Quack, S. 545, 547; Noack S. 25; aA aber Burkert in NJW 1987, 3157 als *alternative* Betrachtung; Hueck in FS Larenz, S. 749, 751 erwähnt in seiner grundlegenden Darstellung lediglich das Abwehrinteresse.

[327] Im Falle „*Dinckelacker*" lagen zwischen Begründung und Ausübung des Vorkaufsrechts 13 Jahre, bei „*Burda/Springer*" hingegen lediglich 2 Jahre.

[328] Hierzu eingehend unter § 9 II 1.

[329] Das BVerfG ZIP 2000, 1670, 1673 („*Moto Meter*") erklärt die Motive des Erwerbs einer Aktie bei der *aktienrechtlichen* Behandlung für unerheblich.

[330] Nach FAZ v. 06.10.1999, S. 23, sowie Presseerklärungen im Internet.

3. Vorkaufsrecht als Spekulationsmittel

Die Regelungen der §§ 463ff BGB sind dispositiv. Sofern die Beteiligten sich abweichend von § 464 Abs. 2 BGB vorab auf den Vorkaufspreis geeinigt haben sollten, kann dieses sog. (preis-) limitierte Vorkaufsrecht [331] zugunsten des Berechtigten auch spekulativen Zwecken dienen [332]. Da heutige Aktienpreise unabhängig von einer evtl. Börsennotierung die reellen Sachwerte mitunter erheblich übersteigen, kann der Berechtigte hieran ein gesteigertes Interesse haben [333]. Bei wechselseitig vereinbarten Vorkaufsrechten kommt dieser Vorteil sämtlichen Beteiligten zu. Im Vorkaufsfall kann sich der Berechtigte bei zwischenzeitlich (stark) gestiegenem Aktienwert auf einen (erheblich) günstigeren Kaufpreis berufen, als der Dritterwerber ihn ausgehend vom reellen Wert auszuhandeln vermochte. Bei rückläufigem Aktienwert wäre der Berechtigte zwar nur zur Ausübung zu einem überhöhten Preis berechtigt. Zumindest bei vorherrschendem Spekulationsinteresse wird der Berechtigte hier aber auf die Ausübung verzichten [334], sofern die Preislimitierung nicht lediglich einseitig bindend sein und dem Berechtigten die Berufung auf den tatsächlichen Kaufpreis (vgl. § 464 Abs. 2 BGB) nicht verwehrt bleiben soll. Abzugrenzen sind hierbei die *absolute* und die *relative* Limitierung [335]. Während erstere einen Festpreis voraussetzt, erfolgt letzterenfalls eine prozentuale Koppelung an einen Index, einen bestimmten (früheren oder gegenwärtigen) Aktienwert oder gar den später vereinbarten Kaufpreis mit dem Dritterwerber. Hierbei kann die Ermittlung des Wertes bzw. eines Schätzpreises einem Dritten, z.B. als Schiedsgutachter, übertragen werden [336].

In der praktischen Ausgestaltung sind die Parteien im Rahmen bestimmter rechtlicher und faktischer Grenzen grundsätzlich frei. Die *rechtlichen* Grenzen betreffen zunächst eine mögliche Sittenwidrigkeit des Kaufpreises, z.B. bei einer Limitierung auf den Buch- oder gar Nennwert der Aktien. Bei Options- und Ankaufsrechten wird man dies eher annehmen dürfen [337]. Aber auch bei Vorkaufsrechten dürfte in Grenzfällen die faktische Unverkäuflichkeit der Anteile dem Grundsatz der freien Übertragbarkeit der Aktien entgegenstehen. Weiter kann bei komplexen Preisberechnungsklauseln die Bestimmbarkeit des Preises problematisch werden. Eine Berufung auf geänderte Rahmenbedingungen ist als Wegfall der

---

[331] Jauernig-Vollkommer § 464, RN 5; RGRK-Mezger § 504, RN 6; Soergel-Huber § 504, RN 55, § 505, RN 12; Staudinger-Mader vor §§ 504 ff, RN 7f, § 505, RN 17; Henrich S. 297; Salzgeber-Dürig S. 6, 26-31, 137; ferner Schubert Redaktion S. 70; aus der Rechtsprechung grundlegend RGZ 104, 122, 123.

[332] Unzutreffend Lehner in SJZ 1954, 73, 75 (Fn. 17).

[333] Salzgeber-Dürig S. 27; zur Preisermittlung eingehend Lehner in SJZ 1954, 73, 75.

[334] Salzgeber-Dürig S. 6.

[335] Eingehend Salzgeber-Dürig S. 28-31.

[336] Vgl. zum Übernahmepreis bereits Böttcher/Beinert/Hennerkes in DB 1971, 1998, 2002.

[337] Vgl. Henrich S. 255; ferner Reichert in BB 1985, 1496, 1500.

Geschäftsgrundlage nur selten möglich [338], weil bei Aktien dynamische Wertentwicklungen wesenstypisch sind und zudem beide Parteien gleich stark treffen
können. Die *faktischen* Grenzen des limitierten Vorkaufsrechts sind zunächst die in
der Praxis schwierige Entscheidungsfindung über die Preisberechnung, unabhängig
von der Frage einer relativen oder absoluten Festsetzung. Die denkbaren Modalitäten der Preisberechnung sind vielfältig und führen zu umfangreichen Preis-
ermittlungsklauseln [339]. Die andere faktische Grenze besteht in der hohen Umgehungsanfälligkeit derartiger Vereinbarungen. Der Verpflichtete wird umso eher
geneigt sein, die Rechte des Berechtigten zu vereiteln, je finanziell günstiger
dessen Situation im Falle der Ausübung des Vorkaufsrechts ist. Die bei deutlich
höheren Aktienwerten vermeintlich günstige Rechtsposition führt somit zu einer
gleichsam „proportional" steigenden Umgehungsgefahr.

4.   Eigener Ansatz: Spezifischer Zweck des Vorkaufsrechts an Aktien
Ausgehend von diesen allgemeinen Überlegungen soll nunmehr hinterfragt
werden, inwieweit die Zwecksetzung des Vorkaufsrechts an Aktien als Kernele-
ment der Bestimmung des Anwendungsbereichs der Vorkaufsklausel herangezogen werden kann.

**a)   Sonderinteressen beim aktienrechtlichen Vorkaufsrecht in Rechtsprechung
und Literatur**
Die Rechtsprechung und Literatur stellen zur Ermittlung der Bedeutung der Vorkaufsklausel zunächst auf die vorgenannten allgemeinen Ansätze der Zweckrichtung ab [340]. Vereinzelt finden sich darüber hinaus gesonderte Stellungnahmen zu
spezifisch aktienrechtlichen Zwecksetzungen. Das LG Offenburg [341] sah den
Zweck in der künftigen Kooperation der betroffenen Gesellschaften zum wechselseitigen Vorteil und der Achtung vor dem Lebenswerk des gemeinsamen Vaters
der Parteien. Der BGH [342] betonte, das Vorkaufsrecht könne ferner der „Poolbindung" dienen, d.h. der Gewährleistung der im Konsortialvertrag gegenseitig
eingegangenen Verpflichtungen der Betroffenen. Die Stärkung der Bindung an
unternehmerische Absprachen hebt auch *Westermann* [343] hervor. *Burkert* [344]
hingegen reduziert die Zwecksetzung auf die beiden Hauptfunktionen und plädiert

---

[338] Zutreffend MK-Westermann § 505, RN 5; OLG Stuttgart JZ 1987, 570, 571f; aA BGH NJW
1987, 890, 893; eingehend hierzu Hees S. 108-131.

[339] Vgl. beispielhaft BGH WM 1965, 365ff zu Kaufpreisberechnungsproblemen bei Anknüpfung an den durchschnittlichen Börsenkurs der letzten sechs Monate.

[340] Vgl. Salzgeber-Dürig S. 6.

[341] AG 1989, 134, 136 *„Burda/Springer"*.

[342] BGH WM 1963, 356; BGH NJW 1987, 890, 892 *„Dinckelacker"*; zustimmend Burkert in
NJW 1987, 3157.

[343] MK-Westermann § 504, RN 1.

[344] NJW 1987, 3157ff; ähnlich Langenfeld/Gail Handbuch der Familienunternehmen 5.2.4.13,
Rz. 76.1.

für eine i.w. *alternative* Zuordnung. *Grunewald* [345] geht differenzierter vor und unterstreicht neben dem Abwehr- und Erwerbsinteresse den Zweck der Vermeidung der Konzentration von Beteiligungen in einer Hand. *Noack* [346] stellt darauf ab, dass das Abwehr- und das Erwerbsinteresse eines Vorkaufsrechts ineinander übergehen und der Aufrechterhaltung oder Festigung einer bestehenden Machtstruktur dienen können. In Unternehmenskaufverträgen bestünden sie regelmäßig als „call and put options" [347]. Dieser Ansatz stellt sich für das Aktienrecht also - vereinfacht - als Kombination von Abwehr- und Erwerbsinteresse dar. Nach *Salzgeber-Dürig* [348] knüpft ein Vorkaufsrecht entweder an die Aktien selbst, an den potentiellen Erwerber oder an die zu erhaltende oder zu schaffende Sachgesamtheit bzw. -einheit an. Den Ausführungen nach beziehen sich die beiden ersteren auf das Erwerbs- und Abwehrinteresse, während letzteres die komplexe Interessenlage hinsichtlich Erhaltung bzw. Erweiterung des gesellschaftsinternen Einflusses andeutet.

Vereinzelt wird vorgebracht, die Zwecksetzung des Vorkaufsrechts sei bei der Begründung und Ausübung des Vorkaufsrechts unbeachtlich, weil die Rechte und Pflichten der Beteiligten gesetzlich festgelegt seien und die persönlichen Motive die Rechtsstellung des Berechtigten nicht erweitern oder beschränken könnten [349]. Dem ist zuzugeben, dass rein interne Motive die gesetzlichen oder vertraglichen Rechte nicht ändern können und sich der Gesetzgeber weder für ein Rangverhältnis unter den möglichen Zwecksetzungen entschieden hat [350], noch eine Pflicht zur Begründung der Ausübung des Vorkaufsrechts statuiert hat. Dennoch gibt erst die Auslegung der gemeinsamen Zwecksetzung der Parteien Aufschluss über das Gewollte. Sofern sich hierbei z.B. ein Wille allein zur Abwehr von Nicht-Gesellschaftern ergeben sollte, steht beim Erwerb durch einen Mitgesellschafter der Verneinung des Vorkaufsrechts auch nicht der Wortlaut des § 463 BGB entgegen [351].

b)   Eigener Ansatz: Sicherung einer unternehmerischen Gesamtkonzeption
Die vorgenannten Ansätze sind grundsätzlich zutreffend, erscheinen jedoch zur Erfassung der Komplexität des aktienrechtlichen Vorkaufsrechts als zu eng. Der

---

[345] In FS Gernhuber, S. 137.

[346] Noack S. 25 und 281 (dort auch als „*Machtgleichgewicht*" bezeichnet).

[347] Noack S. 25, 281.

[348] S. 4-8, deren gute und differenzierte Darstellung nicht auf das schweizerische Recht beschränkt ist.

[349] Soergel-Huber vor § 504, RN 6.

[350] AA wohl Soergel-Huber vor § 504, RN 6, demzufolge das Abwehrinteresse als „*weniger weitgehend*" im Erwerbsinteresse enthalten sei; ähnlich OLG Stuttgart in JZ 1987, 570, 571 Erfüllungs- vor Abwehrinteresse; gegenteilig hingegen Staudinger-Mader vor §§ 504 ff, RN 2: Abwehrinteresse im Vordergrund.

[351] Ähnlich Burkert in NJW 1987, 3157 für den Anwendungsbereich des § 465 BGB.

61

Versuch einer Reduzierung auf einen „entweder-oder-Ansatz", nach dem auch die Wahrung der Mehrheitsverhältnisse (allein) der Abwehrfunktion zuzurechnen sein soll [352], vermag nicht zu überzeugen, weil eine gleichbleibende Machtstruktur auch beim anteiligen Erwerb (= Verschaffung) aller Gesellschafter möglich ist und durch diese bei entsprechender Gewinnerwartung auch bezweckt sein wird. Ansatzpunkt muss die durch das Vorkaufsrecht zu vermittelnde Realisierung des zwischen den Gesellschaftern Vereinbarten sein [353]. Hierdurch wird das Vorkaufsrecht gleichsam zum „Mittel zum Zweck" und dient der Erreichung eines umfassenden Ganzen [354]. Daher sollte die Bedeutung von Vorkaufsrechten im Bereich der Kontroll- und Sanktionsmöglichkeiten aktienrechtlicher Rechtsstellungen nicht unterschätzt werden [355].

Die Parteien verfolgen regelmäßig - in unterschiedlich starker Ausprägung - eine Vielzahl von Einzelzwecken. Diese gehen in ihrer Gesamtschau über die bloße Kombination des allgemeinen Erwerbs- oder Verschaffungsinteresses weit hinaus und erfassen *spezifisch* wirtschaftliche, aber auch gleichsam psychologische Elemente. Hierbei ist die Erhaltung bzw. Erweiterung des internen Einflusses ein wesentliches Element. Erst durch das Abstellen auf eine globale unternehmerische Gesamtkonzeption werden aber wirtschaftliche, gesellschaftliche und soziale *Ziele* der Gesellschaft mit einbezogen [356]. Das *wirtschaftliche* Element beruht darauf, dass es anders als beim Erwerb „normaler" Gegenstände bei der „Aktie" um eine Verkörperung (eines Teils) einer Sachgesamtheit geht, der ihrerseits eine Vielzahl anderer Objekte zuzurechnen ist, die gleichsam mittelbar miterworben werden. Der Aktienbesitz ist kein Selbstzweck, sondern dient der Erreichung bestimmter gemeinsamer Ziele, z.B. im Rahmen eines sog. joint venture. Der Aktienbesitz ist jedoch nicht notwenig Ausdruck unternehmerischer Tätigkeit, sondern stellt auch eine Sonderform der Kapitalanlage dar. Hier kann es von Interesse sein, spekulativ tätige Dritte fernzuhalten und somit eine gewisse Stabilität des Kurses bzw. des

---

[352] So Burkert in NJW 1987, 3157, der jedoch allein auf *Stimmrechte* (Verwaltungsrechte), nicht aber z.B. auf Gewinnrechte (Vermögensrechte) abstellt; die Abwehrfunktion mag hingegen dominieren, „sofern" (nicht „*weil*"!) es nur um die Verhinderung von Stimmrechtsverschiebungen gehen sollte; kritisch gegenüber Burkert auch Westermann/Klingberg in FS Quack, S. 545, 546 (Fn 8).

[353] So zutreffend, aber eher beiläufig, denn als Ausgangspunkt der Überlegung BGH NJW 1987, 890, 892 („*Dinckelacker*"); präzise hingegen Westermann/Klingberg in FS Quack, S. 545, 548; MK-Westermann § 504, RN 1.

[354] Ähnlich Probst in JR 1992, 419, 421 Schutzverhältnis der Vorkaufsabrede; auf die Verfolgung „*unternehmerischer Ziele*" weist Immenga in AG 1992, 79, 81 für die Vinkulierung hin und sieht diese als „*Grundlage für wirtschaftliche Kooperationsinteressen*" (S. 82) an.

[355] Diesen Aspekt werfen auch Westermann/Klingberg in FS Quack, S. 545, 546 auf.

[356] Dieses Element führt Salzgeber-Dürig S. 7f hingegen nicht an; vgl. hingegen Tiedtke in NJW 1987, 874 „*weitergehender Zweck*".

Aktienwertes zu gewährleisten [357]. Der Zweck des Aktienbesitzes kann somit auch auf den Zweck eines Vorkaufsrechts „durchschlagen". Darüber hinaus kann auch der Unternehmensgegenstand der AG als ein Indiz der Ausrichtung der Gesellschaft mitunter für die Zweckrichtung des Vorkaufsrechts herangezogen werden [358]. Das *psychologische* Element kann in rein privaten und internen Gründen bestehen, die einen Verkauf an Dritte verhindern sollen. Hier sei beispielhaft auf den Willen zur „Achtung vor dem Lebenswerk des Vaters" im Burda/Springer-Fall [359] verwiesen. Daneben kommen aber bei reinen Familiengesellschaften oder anderen Gesellschaften mit eng begrenztem Personenkreis auch das Geheimhaltungsbedürfnis und die Vertrauenswürdigkeit der Beteiligten zum Tragen, insbesondere sofern den Gesellschaftern auch Führungsaufgaben zukommen. Insoweit ist auch die Anzahl der Gesellschafter von Bedeutung. Bei einer AG mit weniger Gesellschaftern sind die individuellen Eigenschaften jedes Gesellschafters wichtiger als bei Publikumsgesellschaften [360].

Die Funktion des Vorkaufsrechts als ein Element zur Realisierung einer bestimmten unternehmerischen Zielsetzung zwingt schon im Rahmen der Auslegung zu einer Art Ergebniskontrolle. Hierbei ist die Billigkeit zwar kein Element der Entscheidungsfindung. Umgekehrt kann aber die mögliche Unbilligkeit eine eingehende Hinterfragung des Ergebnisses gebieten. Ein die Interessen aller Beteiligten berücksichtigendes Verständnis der Vorkaufsklausel kann daher letztlich - ebenso wie die Verhandlungen zur Vereinbarung des Vorkaufsrechts das Ergebnis von Kompromissen sind - vom „Kompensationsgedanken" zumindest mitbestimmt sein. So kann die Einschränkung der Vorkaufsklausel z.B. beim konzerninternen Verkauf durch die Verpflichtung zur Weitergabe der Pflichten aus dem Vorkaufsrecht kompensiert werden. Ähnliches gilt für die Erweiterung des Anwendungsbereichs des Vorkaufsrechts: Hier kann im Einzelfall dem Vorkaufsberechtigten - unabhängig von der Anwendbarkeit der §§ 464-466 BGB - eine weitgehendere Bindung an die Vereinbarungen des Vorkaufes zuzumuten sein. Schließlich ist auch die Leistungsfähigkeit der Beteiligten zu berücksichtigen [361]. Die fehlende wirtschaftliche Möglichkeit des Berechtigten zum Erwerb eines umfangreichen Aktienpakets mit hohem Kaufpreis kann als Indiz dafür anzusehen sein, dass der Berechtigte zur Beschränkung der Ausübung des Vorkaufsrechts berechtigt sein soll [362]. Ähnliches gilt für mittelbare Beteiligungen des Verpflichteten, sofern

---

[357] Noack S. 38 spricht insoweit bei der Zwecksetzung von Gesellschaftervereinbarungen von einer *„begrenzten Marktpflege zur Vermeidung übermäßiger Kursveränderungen"*.

[358] Ähnlich für die Vinkulierung Salzgeber-Dürig S. 239 ff.

[359] LG Offenburg in AG 1989, 134, 136.

[360] Pastor/Werner in BB 1969, 1418, 1420.

[361] Vgl. LG Offenburg AG 1989, 134ff; Soergel-Huber § 504, RN 2 (sowie Fn. 8).

[362] Vgl. zur objektiven Teilbarkeit unter § 10.

dieser aus gesellschaftsrechtlichen Gründen nicht in der Lage sein sollte, auf den Rechtsinhaber (Tochtergesellschaft) entscheidenden Einfluss auszuüben [363].

Die Komplexität des aktienrechtlichen Vorkaufsrechts bringt es mit sich, dass die Grenze zwischen Ermittlung des Gewollten und zulässiger Festlegung eines hypothetischen Parteiwillens fließend ist und im Einzelfall aus Gründen des Umgehungsschutzes auch überschritten werden muss [364]. Dennoch erscheint es sachgerecht, für die Auslegung der Vorkaufsklausel deren Anwendungsbereich maßgeblich über die gemeinsame Zwecksetzung der Parteien zu ermitteln.

Zwischenergebnis:
Das aktienrechtliche Vorkaufsrecht verkörpert regelmäßig ein komplexes Konglomerat von verschiedenartigen Zwecksetzungen, die in ihrer Gesamtheit Ausdruck einer unternehmerischen Gesamtkonzeption der Gesellschaft(er) sind und sich nicht auf die bloße Kombination von Erwerbs- und Abwehrinteresse reduzieren lassen. Lediglich hinsichtlich einzelner Fragestellungen mag der Frage Bedeutung zukommen, ob die Parteien im Einzelfall einzelnen Elementen der Zwecksetzung besondere oder geringere Bedeutung zumessen wollten oder sogar für gänzlich unerheblich erachteten. Die Zwecksetzung kann sich auch zwischen Vereinbarung und Vorkaufsfall ändern. Hierfür sind aber konkrete Anhaltspunkte für einen *gemeinsamen* Willen der Beteiligten notwendig.

III. Aktienrechtliche Sonderfälle der Auslegung

Die Besonderheiten des Vorkaufsrechts an Aktien erfordern eine nähere Betrachtung zweier Sonderfälle. Umfang und Bedeutung des Vorkaufsrechts sind zum einen für den Bereich der Aktien fraglich, die der Verpflichtete erst zeitlich nach Vereinbarung des Vorkaufsrechts erwirbt („künftige Aktien"). Ferner ist der Anwendungsbereich einer zunächst pauschal als „Konzernvorkaufsrecht" zu bezeichnenden Vorkaufsabrede näher zu hinterfragen.

1. Vorkaufsrecht für künftige Aktien
Der Verpflichtete kann dem Berechtigten auch ein Vorkaufsrecht an Gegenständen einräumen, die ihm (noch) nicht gehören [365]. Diesem Fall kommt insbesondere für den Fall eines künftigen Erwerbs durch den Verpflichteten und den anschließenden Weiterverkauf Bedeutung zu. Klärungsbedürftig ist, ob sich das Vorkaufsrecht an Aktien auch ohne ausdrückliche Einbeziehung im Zweifel auf Anteile erstreckt, die vom Verpflichteten zu einem späteren Zeitpunkt hinzu erworben wurden oder ob

---

[363] Hierzu näher unter § 5 III 2 b).
[364] AA Soergel-Huber vor § 504, RN 6 a.E.; zum Umgehungsschutz eingehend unter §§ 6, 7.
[365] Soergel-Huber § 504, RN 2.

es ausschließlich die Anteile umfasst, die dem Verpflichteten zum Zeitpunkt der Vereinbarung zustehen.

a) Literatur und Rechtsprechung

In der Literatur wird dieses Problem nur selten erörtert [366]. Nach *Huber* [367] beschränkt sich das Vorkaufsrecht an einem Gesellschaftsanteil im Zweifel auf diesen, auch wenn der Verpflichtete nachträglich einen weiteren Anteil hinzu erwirbt. Eine nähere Begründung für diese auf sämtliche Arten von Gesellschaftsanteilen bezogene Annahme gibt *Huber* jedoch nicht.

Das *LG Offenburg* nimmt zur Frage der Einbeziehung einer erhöhten Aktienbeteiligung des Verpflichteten von 24,9 % auf 26 % nicht verbindlich Stellung [368]. Soweit eine solche Erhöhung zum Zeitpunkt der Vereinbarung des Vorkaufsrechts bereits beabsichtigt gewesen sein sollte, stehe dies jedoch der Einbeziehung in das Vorkaufsrecht nicht grundsätzlich entgegen.

Das *OLG Karlsruhe* [369] betont die grundsätzliche Beschränkung des Vorkaufsrechts auf lediglich einen Vorkaufsfall. Dennoch sei auch die Vereinbarung eines Vorkaufsrechts für mehrere Fälle individualvertraglich zulässig. Wegen des rein schuldrechtlichen Charakters des Vorkaufsrechts und der hieraus folgenden fehlenden Bindungswirkung gegenüber einem Erwerber sei ein solches Verständnis jedoch nur selten angezeigt. Daher lehnte das Gericht die Erstreckung auf die zu einem späteren Zeitpunkt von seiten des Verpflichteten hinzu erworbenen Aktien unter Verweis auf den vermeintlich entgegenstehenden Wortlaut, der ein Vorkaufsrecht lediglich für die *„übernommene Beteiligung"* [370] vorsah, ab, obwohl es vorher selbst den Wortlaut für nicht entscheidend erachtet hatte [371].

b) Eigener Ansatz

Die Erstreckung des Vorkaufsrechts auf künftige Aktien ist dogmatisch streng von der Zulässigkeit eines Vorkaufsrechts für mehrere Vorkaufsfälle an derselben Sache zu trennen. Da der vorkaufsbelastete Gegenstand nach Vollzug des Verkaufs nicht mehr im Eigentum des Verpflichteten steht [372], setzt ein Vorkaufsrecht für mehrere Vorkaufsfälle entweder eine dingliche Wirkung (z.B. § 1098 Abs. 2 BGB)

---

[366] Noack (S. 213) geht hierauf auch im Rahmen des Verhältnisses „gebundener und freier Anteile" nicht ein.

[367] Soergel-Huber § 504, RN 2a.

[368] AG 1989, 134, 137 *„Burda/Springer"*.

[369] WM 1990, 725, 732 *„Burda/Springer"*.

[370] OLG Karlsruhe WM 1990, 725, 734.

[371] OLG Karlsruhe WM 1990, 725, 729.

[372] Die Aktien bleiben lediglich dann beim „Verpflichteten", wenn dieser sie an einen Dritten verkauft, der Berechtigte sein Vorkaufsrecht nicht ausübt und nunmehr der Vollzug des Kaufvertrags unterbleibt; vgl. Salzgeber-Dürig S. 22, 25.

oder eine schuldrechtliche Einbeziehung des Dritten voraus. Letztere ist insbesondere bei wechselseitigen Vorkaufsrechten der Gesellschafter von Bedeutung, sofern die Aktien an einen Mitgesellschafter verkauft werden. Die Problematik künftiger Aktien betrifft jedoch nicht die Frage der Bindung des Erwerbers an die Vorkaufsabrede, sondern den gegenständlichen Umfang des Vorkaufsrechts. Das Vorkaufsrecht an künftigen Aktien ist dogmatisch aufschiebend bedingt durch deren Erwerb durch den Verpflichteten.

Der Berechtigte kann zwar vom Verpflichteten weder einen rechtsgeschäftlichen Erwerb weiterer Aktien noch die Wahrnehmung eines Bezugsrechts im Rahmen einer Kapitalerhöhung der Gesellschaft verlangen. Dies schließt jedoch eine individualvertragliche Erweiterung des Vorkaufsrechts für den Fall des Hinzuerwerbs nicht aus. Hierfür könnte sprechen, dass der Hinzuerwerb weiterer Anteile bei Aktienbeteiligungen keine unvorhersehbare Maßnahme ist. Die konkludente Erweiterung des Vorkaufsrechts setzt aber über die objektive Möglichkeit und Vorhersehbarkeit des Erwerbs weiterer Anteile hinaus voraus, dass die Einbeziehung auch dem tatsächlichen oder mutmaßlichen Willen *beider* Parteien entspricht. Dennoch erscheint die pauschale Ablehnung der Erstreckung durch *Huber* [373] problematisch. Bei GmbH-Anteilen mag die auch gesetzlich verankerte (vgl. § 15 Abs. 2 GmbHG) Individualität jedes Anteils für diesen Ansatz sprechen. Einer undifferenzierten Übertragung auf das Vorkaufsrecht an Aktien steht jedoch die Einordnung als Massensachgesamtheit entgegen. Das Vorkaufsrecht an Aktien betrifft stets eine Vielzahl individueller Anteile. Anstelle einer jeweils individuellen Verknüpfung des Rechts mit jeder einzelnen Aktie legt der Wortlaut eher eine pauschale Erstreckung auf eine „Beteiligung" i.S.e Gesamtheit nahe.

Das entscheidende Argument *gegen* die pauschale Erstreckung auf künftige Aktien ist vielmehr die unzulässige Beeinträchtigung des Verpflichteten in seiner unternehmerischen Entscheidungsfreiheit. Dieser hat durch die Vorkaufsabrede lediglich in begrenztem Umfang in die Beschränkung seiner Dispositionsfreiheit eingewilligt. Durch die gleichsam automatische Erstreckung auf Anteile, deren möglicher Erwerb zur Zeit der Vereinbarung von den Parteien bei der Gestaltung der Vorkaufsklausel nicht bedacht wurde, wäre der Verpflichtete nicht allein bei einem Verkauf der Aktien beeinträchtigt. Vielfach entfiele wegen der rein praktisch eingeschränkten Veräußerbarkeit sogar bereits das Interesse am *Erwerb* der Anteile. Die stillschweigende Erstreckung des Vorkaufsrechts auf künftige Aktien ist demnach lediglich in den Fällen denkbar, in denen dies die Zwecksetzung gebietet. Hiervon wird man im Zweifel ausgehen können, sofern – kumulativ – die Formulierung der Vorkaufsklausel einen weiten Anwendungsbereich vorgibt, der Hinzuerwerb weiterer Aktien durch den Verpflichteten bereits angelegt oder zumindest geplant war und das Verschaffungsinteresse des Berechtigten im Vordergrund steht.

---

[373] Soergel-Huber § 504, RN 2a.

2. „Konzernvorkaufsrecht"

a) Darstellung der Problematik

Sofern die von einem Vorkaufsrecht erfassten Beteiligungen an einer AG Bestandteil komplexer Konzernstrukturen sind, treten spezifische Rechtsfragen auf, die bei Vorkaufsrechten an Aktien außerhalb einer Konzernverbindung oder an sonstigen Gegenständen nicht denkbar sind. Diese sollen zunächst veranschaulicht werden an der wichtigsten Entscheidung zum Vorkaufsrecht an Aktien, dem

<u>Fall "Burda/Springer"</u> [374]: Die Brüder Franz, Frieder und Hubert Burda schlossen 1986 eine sog. „Grundsatzvereinbarung" zur Neuordnung ihrer Unternehmensgruppe. Die zur Burda-Gruppe gehörenden Personengesellschaften, an denen die drei Brüder ebenso allein beteiligt waren wie an den jeweiligen Komplementär-GmbHs, sollten im Wege der „Realteilung" unter jeweiliger Übertragung der Anteile an die Brüder in selbständige Unternehmensbereiche aufgeteilt werden. Zum Zwecke einer auch künftig engen Kooperation der Beteiligten wurde u.a. vereinbart: *„Die Brüder räumen sich gegenseitig für die übernommenen Beteiligungen Vorkaufsrechte ein."*

Die Burda Verwaltungs-GmbH & Co KG („Burda KG"), deren alleinige Kommanditisten und Gesellschafter der Komplementär-GmbH die Brüder waren, war insbesondere auch als Kommanditistin an der Axel-Springer-KG („AS KG"), der damaligen Alleingesellschafterin der Axel-Springer-Verlags-AG („ASV AG"), beteiligt. Nach dem Ausscheiden eines Bruders aus der Burda KG veräußerte und übertrug diese ihre Kommanditbeteiligung gegen eine zunächst 24,9 %ige, später auf 26 % aufgestockte Beteiligung an der ASV AG an einen Erwerber. Hierbei handelte es sich um an die Zustimmung des Aufsichtsrats der ASV AG gekoppelte vinkulierte Namensaktien. In einer bereits 1985 geschlossenen Vereinbarung u.a. zwischen der Burda KG und der AS KG wurde eine wechselseitige Anbietungspflicht hinsichtlich der Aktien der ASV AG bei einer geplanten Übertragung an „Dritte" aufgenommen, sowie die Zulässigkeit der Übertragung der Aktien an die ASV AG durch die AS KG an von letzterer beherrschte Gesellschaften vereinbart. 1988 wurden die Aktien von der Burda KG für etwa 500 Mio. DM verkauft.

Die in der Rechtsprechung und Literatur verwendete uneinheitliche Terminologie führt zu Schwierigkeiten bei der rechtlichen Handhabung. Begriffe wie „Konzernklausel" [375] sollten daher vermieden werden. Die nähere rechtliche Auseinandersetzung mit dem Bereich des „Konzernvorkaufsrechts" ergibt, dass es sich nicht um *eine*, sondern vielmehr um *drei* [376] unterschiedliche Fragestellungen handelt, deren rechtlicher Rahmen nachstehend näher bestimmt werden soll.

---

[374] Sachverhalt nach OLG Karlsruhe v. 11.04.1990, Az. 14 U 267/88 = WM 1990, 725 = AG 1990, 499, LG Offenburg v. 08.11.1988, Az. 2 O 220/88 = ZIP 1988, 1562 = AG 1989, 134; der BGH hat die Annahme der Revision durch Beschluss v. 04.02.1991 abgelehnt (so Soergel-Huber § 504, RN 15, Fn. 11).

[375] Vgl. LG Offenburg AG 1989, 134, 137; OLG Karlsruhe WM 1990, 725, 730; wohl vertretbar bei Kowalski in GmbHR 1992, 347, 350 ff (*„einfache und verlängerte Konzernklausel"*) wegen der klaren Beschränkung des Sachzusammenhangs.

[376] Für die ersten beiden Konstellationen kann – zumindest für grundsätzliche Überlegungen – auf den Burda/Springer-Fall zurückgegriffen werden.

b)   Eintritt des Vorkaufsfalls beim Verkauf durch abhängige Gesellschaft

Nach § 463 BGB setzt der Eintritt des Vorkaufsfalls einen Verkauf durch den Verpflichteten voraus. Ein Verkauf der vorkaufsbelasteten Sache durch andere Personen gibt dem Berechtigten hingegen keine Möglichkeit zur Ausübung des Vorkaufsrechts, weil der Verpflichtete die Sache nicht verkauft hat und der Verkäufer nicht an das Vorkaufsrecht gebunden ist. Daher stellt sich gerade bei komplexen Unternehmensstrukturen das Problem der Handhabung mittelbarer Beteiligungen. Hier ist klärungsbedürftig, ob und ggf. unter welchen Voraussetzungen ein Verkauf vorkaufsbelasteter Aktien durch eine Tochtergesellschaft zwischen den Parteien als Vorkaufsfall anzusehen ist. Man könnte geneigt sein, hiervon für den Regelfall auszugehen, weil der Verkauf durch einen Nichtberechtigten mit Zustimmung (§ 185 BGB) des Verpflichteten im Zweifel ein Umgehungsgeschäft darstellt [377]. Vorliegend handelt der Verkäufer jedoch als Berechtigter und bedarf auch zur Wirksamkeit der Übereignung keiner Zustimmung durch den Verpflichteten. Dieser spezielle Aspekt des Umgehungsschutzes greift nicht.

Fraglich ist, inwieweit die (ggf. ergänzende) Auslegung zur Bestimmung des Anwendungsbereichs des Vorkaufsrechts herangezogen werden kann. Rechtlich stellt sich die Konstellation als Vorkaufsverpflichtung über „fremde Gegenstände" dar, nämlich die Aktien der abhängigen Gesellschaft. Ein Vorkaufsrecht kann schuldrechtlich durchaus auch an Gegenständen vereinbart werden, die nicht im Eigentum des Verpflichteten stehen [378]. Stehen die vorkaufsbelasteten Aktien zum Zeitpunkt der Vereinbarung des Vorkaufsrechts bereits einer Tochtergesellschaft zu [379], richtet sich die Verpflichtung von Beginn an auf die Übertragung der der abhängigen Gesellschaft zustehenden Aktien. In diesem Fall kann die Regelung nur dahingehend ausgelegt werden, dass der Verpflichtete im Vorkaufsfall bei Ausübung des Vorkaufsrechts gehalten sein soll, eine Übertragung der Aktien von der Tochtergesellschaft auf den Berechtigten zu bewirken [380]. Das Gleiche gilt in den Konstellationen, in denen der Wortlaut des Vorkaufsrechts zwar nur die Anteile an der Tochtergesellschaft zu erfassen scheint, die ergänzende Vertragsauslegung aber seine Erstreckung auf die über die Tochtergesellschaft gehaltene mittelbare Beteiligung ergibt [381]. Etwas anderes ist lediglich dann denkbar, wenn dem Verpflichteten eine hinreichende Einflussnahme auf die Übertragung durch die Tochtergesellschaft nicht zukommt. Neben den bestehenden Mehrheitsverhältnissen ist hier insbesondere die Eigenverantwortlichkeit des Vorstands (§ 76

---

[377] So Palandt-Bassenge § 1097, RN 2 entgegen RGZ 104, 42.

[378] Soergel-Huber § 504, RN 2; ferner LG Offenburg AG 1989, 134, 136.

[379] Sonst wird ein *nachträglicher* Verkauf an die Tochtergesellschaft vorliegen; hierzu unter c).

[380] Zustimmend Soergel-Huber § 504, RN 14 a.E.

[381] LG Offenburg in AG 1989, 134, 136f „*Burda/Springer*"; zu Unrecht am dogmatischen Ansatz der „Auslegung" zweifelnd LG Offenburg EWiR § 504 BGB 1/89, 136 (Volhard), der davon ausgeht, das Gericht habe auch die Verpflichtung zur Beachtung des Vorkaufsrechts auf die abhängige Gesellschaft erstreckt.

AktG) bei einer AG als Tochtergesellschaft von Bedeutung. Diese schließt eine bindende Weisung an den Vorstand der AG aus. Allerdings kann je nach den Umständen des Einzelfalls auch bereits die rein faktische Einflussnahmemöglichkeit ausreichen. Die Einwirkungsmöglichkeit ist in diesem Zusammenhang zwar ein gewichtiges Indiz, ihr Fehlen steht der Annahme eines Vorkaufsfalles beim Verkauf durch die Tochtergesellschaft aber nicht zwingend entgegen [382]. Im Einzelfall mag sich das Vorkaufsrecht an Aktien, die von einer Tochtergesellschaft gehalten werden, im Verkaufsfall dann nicht durchsetzen lassen. Hierbei wird den Interessen des Berechtigten über die verschuldensunabhängige Haftung des Verpflichteten für anfängliches Unvermögen hinreichend Rechnung getragen [383].

Beispiel: Die A-GmbH räumt der B-GmbH ein Vorkaufsrecht an den Aktien der Z-AG ein. Diese werden jedoch nicht von ihr, sondern von der X-GmbH gehalten. An der X-GmbH steht der A-GmbH jedoch nur 25 % zu während die übrigen 75 % von der M-KG gehalten werden. Gegen die schuldrechtliche Zulässigkeit des Vorkaufsrechts an den Aktien der Z-AG bestehen keine Bedenken. Die A-GmbH kann die Verpflichtung zur Übertragung der Aktien jedoch gegen die Mehrheit der M-KG nicht erfüllen und kann sich daher Schadensersatzansprüchen der B-GmbH aussetzen.

c)   Eintritt des Vorkaufsfalls bei konzerninternem Verkauf [384]

Die gesetzliche Regelung des § 463 BGB räumt dem Vorkaufsberechtigten das Recht zur Ausübung des Vorkaufsrechts bei Abschluss eines Kaufvertrags über den vorkaufsbelasteten Gegenstand ein, d.h. unabhängig von der Person des Vertragspartners [385]. Den Parteien steht es jedoch frei, den Eintritt des Vorkaufsfalls abweichend von der gesetzlichen Regelung von der Person des Erwerbers abhängig zu machen [386]. Für Vorkaufsrechte an Aktien stellt sich daher im Einzelfall die Frage, ob ein Verkauf der Aktien an eine konzerninterne Gesellschaft die Erwerbsberechtigung auslösen soll [387].

Auch wenn diese Einschränkung dem Wortlaut der Vorkaufsklausel nicht ausdrücklich zu entnehmen sein sollte, kann sie sich im Wege ergänzender Vertragsauslegung aus der Zwecksetzung des Vorkaufsrechts ergeben [388]. Aufgrund der rein schuldrechtlichen Wirkung wäre der Berechtigte jedoch nunmehr gehindert,

---

[382] Ähnlich Noack S. 297.

[383] Soergel-Huber § 504, RN 2.

[384] Zur insoweit spezielleren Frage der Umgehung des Vorkaufsrechts durch Einbringung der Aktien in eine Tochtergesellschaft vgl. unter § 7 III.

[385] Ausnahmen hiervon sind in §§ 470, 471 BGB für den Verkauf an die Erben bzw. im Rahmen der Zwangsvollstreckung oder Insolvenz geregelt.

[386] Lutter/Grunewald in AG 1989, 109, 110; MK-Westermann § 504, RN 14.

[387] Vgl. OLG Karlsruhe WM 1990, 725, 726: *„Die AS KG ist berechtigt, jederzeit ... die Aktien ... auf von der AS KG beherrschte Gesellschaften ... zu übertragen."* (Sachverhalt *„Burda/Springer"*).

[388] Zutreffend LG Offenburg AG 1989, 134, 137; kritisch OLG Karlsruhe EWiR § 504 BGB 1/90, 447f (Fleck); ähnlich Kowalski in GmbHR 1992, 347, 351 (zur Vinkulierung).

69

sein Vorkaufsrecht gegenüber der Konzerngesellschaft geltend zu machen, die die Anteile erworben hat. Da der Berechtigte somit durch die Möglichkeit des Verpflichteten zur vorkaufsfreien Veräußerung in seiner Rechtsstellung beeinträchtigt wird, setzt diese eine Pflicht des Vorkaufsverpflichteten zur Weitergabe der Verpflichtungen aus dem Vorkaufsrecht voraus [389]. Die Unterwerfung des Erwerbers unter die Regelungen der Vorkaufsabrede ist hierbei das notwendige Korrektiv für die einschränkende Auslegung der Vorkaufsklausel.

Dient die Zwecksetzung des Vorkaufsrechts vorwiegend dem Verschaffungsinteresse, wird der Berechtigte ein sachliches Interesse an der Realisierung der Erwerbsmöglichkeit für *jeden* Fall des Verkaufs haben. Dies spricht im Zweifel gegen die Annahme einer vorkaufsfreien konzerninternen Veräußerung. Dient das Vorkaufsrecht jedoch ausschließlich oder zumindest vorwiegend dem Abwehrinteresse, so wird dieses durch die interne Umstrukturierung nicht beeinträchtigt. Lässt sich die Zwecksetzung nicht hinreichend konkret bestimmen oder schließt die komplexe Zwecksetzung aus anderen Gründen eine vorkaufsfreie Übertragung der Aktien ohne Beeinträchtigung der Interessen des Berechtigten aus, so wird man - dem gesetzlichen Regelfall folgend - eine Einschränkung des Vorkaufsrechts ablehnen müssen [390]. Neben dem Zweck des Vorkaufsrechts ist für die Frage der Beeinträchtigung des Berechtigten das Motiv für die Umstrukturierung von Bedeutung. Darüber hinaus kann dem Grad der „Konzernverwandtschaft" eine gewisse Bedeutung zukommen. Aufgrund der Vielfältigkeit des möglichen Beteiligungsgeflechts kann insoweit aber keine nähere Eingrenzung vorgenommen werden. Dient die Umstrukturierung der Bündelung der Anteile zum anschließenden Weiterverkauf, sei es der vorkaufsbelasteten Anteile durch die erwerbende Konzerngesellschaft, sei es der erwerbenden Konzerngesellschaft selber durch eine Konzernobergesellschaft, ist die konzerninterne Veräußerung lediglich ein rechtlicher Zwischenschritt zum Verkauf an einen außenstehenden Dritten. Eine Beschränkung des Vorkaufsrechts im Wege ergänzender Vertragsauslegung scheidet hierbei aus.

d)   Vorkaufsrecht zugunsten eines Konzerns
Schließlich kann das Vorkaufsrecht nicht nur einem einzelnen Berechtigten zustehen, sondern - im Rahmen eines komplexen Beteiligungsgeflechts – auch einer Unternehmensgruppe. Die Vorkaufsberechtigung von konzernangehörigen Gesellschaften kommt zum einen dann in Betracht, wenn diese ebenfalls Partei der Vereinbarung zwischen Verpflichtetem und Berechtigtem ist. Daneben steht es den Parteien der Vorkaufsabrede jedoch frei, Konzerngesellschaften als (weitere)

---

[389] Ebenso Noack S. 296f; Soergel-Huber § 504, RN 15a (ergänzende Vertragsauslegung); da das Vorkaufsrecht die schuldrechtliche Ebene betrifft, kann der Ansatz von Kowalski (in GmbHR 1992, 347, 353, zur Vinkulierung), die Übertragung an die Tochtergesellschaft unter die *auflösende* Bedingung der Änderungen im Gesellschafterbestand zu stellen, nicht herangezogen werden. Zur Weitergabepflicht eingehend unter § 6 III 4.
[390] Vgl. OLG Karlsruhe EWiR § 504 BGB 1/90, 447, 448 (Fleck).

Berechtigte in den Anwendungsbereich des Vorkaufsrechts einzubeziehen (Vertrag zugunsten Dritter, § 328 BGB) [391]. Die betreffende Konzerngesellschaft wird durch die Einräumung des Vorkaufsrecht lediglich begünstigt, da die Pflicht zur Erbringung der Gegenleistung erst mit Ausübung des Vorkaufsrechts bei Eintritt des Vorkaufsfalles begründet wird (§ 464 Abs. 2 BGB) [392]. Beim echten Vertrag zugunsten Dritter wird der begünstigten Gesellschaft ein eigenes Recht zur Geltendmachung des Vorkaufsrechts eingeräumt, während beim unechten Vertrag zugunsten Dritter lediglich die Vertragspartei eine Übertragung der Aktien an die begünstigte Gesellschaft verlangen kann. Neben dem im Einzelfall problematischen Nachweis des notwendigen Rechtsbindungswillens des Verpflichteten gegenüber einer nicht an der Vereinbarung beteiligten Gesellschaft setzt eine Drittbegünstigung gerade bei komplexen Unternehmensstrukturen und wechselnden Beteiligungsverhältnissen deren hinreichende Bestimmtheit voraus.

Zwischenergebnis:
Die Annahme einer stillschweigenden Erstreckung der Vorkaufsabrede auf Aktien, die der Verpflichtete erst zeitlich nach der Vereinbarung des Vorkaufsrechts erworben hat, würde für den Verpflichteten grundsätzlich eine unzumutbare Beschränkung seiner unternehmerischen Entscheidungsfreiheit bedeuten. Eine Einbeziehung künftiger Aktien in den Anwendungsbereich der Vorkaufsklausel ist jedoch ausnahmsweise möglich, sofern das Verschaffungsinteresse des Berechtigten vorherrscht und bei weiter Fassung des Wortlauts der Erwerb weiterer Anteile bereits bei Vereinbarung des Vorkaufsrechts geplant war. Die Vereinbarung eines Vorkaufsrechts im Rahmen komplexer Konzernstrukturen gebietet eine strikte Trennung der beteiligten Gesellschaften. Auch hierbei kann die gemeinsame Zwecksetzung der Parteien jedoch eine Erweiterung bzw. Einschränkung des gesetzlichen Leitbilds des Vorkaufsrechts erfordern.

---

[391] Vgl. Soergel-Huber vor § 504, RN 4, § 504, RN 3; Palandt-Putzo § 463, RN 2; MK-Westermann § 504, RN 8; Staudinger-Mader vor §§ 504 ff, RN 8, § 504, RN 3.

[392] Staudinger-Mader vor §§ 504 ff, RN 8, § 504, RN 3; RGRK-Mezger § 504, RN 6; MK-Westermann § 504, RN 8; Reichert S. 77; aA Schurig S. 125 f, der hierin zu Unrecht einen Vertrag zu Lasten Dritter sieht und nur den Weg über ein Angebot des Verpflichteten zulassen will.

§ 6 Voraussetzungen und Rechtsfolgen eines Umgehungsgeschäfts

Die Ermittlung des Anwendungsbereichs des Vorkaufsrechts erweist sich für den Berechtigten ohne einen hinreichenden Schutz vor Umgehungsgeschäften als wenig hilfreich. Will der Verpflichtete dem Berechtigten das Vorkaufsrecht z.Zt. seiner Vereinbarung noch gerne einräumen, so erweist sich dieses später bei der Realisierung des Aktienwerts bzw. der beabsichtigten Umstrukturierungsmaßnahme als hinderlich. Hierbei ist es Aufgabe von Rechtsprechung und Literatur [393], die Rechtsstellung des Berechtigten gegen das *„Katz-und-Maus-Spiel"* [394] des Verpflichteten zu verteidigen, ohne letzteren über das gebotene Maß hinaus in seiner freien Entscheidung über die Veräußerung der vorkaufsbelasteten Aktien zu beschränken. Nachfolgend soll versucht daher werden, der *„einfallsreichen Kautelarpraxis"* [395] zur Umgehung von Vorkaufsrechten bei (gesellschaftsrechtlicher) Gestaltung durch ein differenziertes Konzept des Umgehungsschutzes zu begegnen. Da der Erfindungsgeist juristischer Vertragskonstruktionen unbegrenzt ist [396], soll die Darstellung darauf beschränkt bleiben, nach den allgemeinen Grenzen der Vertragsfreiheit bei vorkaufsvermeidender Gestaltung (sub. I.) zunächst einen eigenen Ansatz zum rechtlichen Rahmen eines Umgehungsgeschäfts (sub. II.) aufzuzeigen [397], bevor versucht werden soll, eine sachgerechte Systematik der verschiedenen einschlägigen Rechtsfolgen zu erstellen (sub. III.).

I.   Grenzen der Vertragsfreiheit bei vorkaufsvermeidender Gestaltung

1.   Grundsatz der Vertragsfreiheit

Durch die Vereinbarung des Vorkaufsrechts hat der Verpflichtete in begrenztem Rahmen in eine Beschränkung seiner vertraglichen Dispositions- und Gestaltungsfreiheit eingewilligt [398]. Die vom Gesetzgeber schwach ausgestaltete Rechtsstellung des Berechtigten [399] führt dazu, dass das Vorkaufsrecht ohne einen wirksamen Umgehungsschutz einfach umgangen werden könnte [400]. Sofern die Parteien eine Erstreckung auf andere Rechtsgeschäfte bzw. rechtliche Konstruktionen nicht vorgenommen haben sollten, geht das Vorkaufsrecht in diesen Fällen ins

---

[393] Vgl. Schubert Redaktion S. 70f; Mugdan S. 192.

[394] Schurig S. 130.

[395] BGHZ 115, 335, 339; ähnlich Grunewald in FS Gernhuber, S. 137.

[396] Sandweg in Becksches Formularbuch, IV. 19, Anm. 3: kein *„Patentrezept"* gegen unzulässige Umgehungen.

[397] Eine grundsätzliche Abgrenzung zwischen Gesetzes- und Vertragsumgehung würde den Rahmen der vorliegenden Arbeit jedoch überschreiten; vgl. ausführlich zu beiden Teichmann.

[398] Zustimmend Schermaier in AcP 196 (1996), 256, 260, 273f.

[399] Treffend Hees S. 43: *„institutionelle Schwäche des Vorkaufsrechts"*.

[400] Böttcher/Beinert/Hennerkes in DB 1971, 1998, 2000, die dies jedoch zu Unrecht bei der Andienungspflicht für nicht möglich erachten.

Leere. Der Rückgriff auf andere rechtliche Mechanismen als den Kauf führt demnach nach dem gesetzlichen Leitbild des Vorkaufsfalls i.S.d. § 463 BGB zu einer *„legalen Vereitelung"* [401]. Um die Rechtsstellung des Berechtigten nicht auszuhöhlen, ist es daher geboten, das Vorkaufsrecht vor unzulässigen Umgehungsversuchen zu schützen.

Eine allgemeinverbindliche Definition der „Umgehung" gibt es nicht [402]. Soweit hierunter lediglich ein Verhalten gefasst wird, das den Eintritt des Vorkaufsfalls treuwidrig verhindert [403], erscheint dies jedoch insoweit zu eng, als lediglich die Verhinderung des Vorkaufsfalls erfasst würde, nicht hingegen auch sonstige beeinträchtigende Handlungen des Verpflichteten, wie z.B. eine unzulässige inhaltliche Ausgestaltung [404]. Für die vorliegende Arbeit soll daher als Umgehung jedes Verhalten des Verpflichteten gelten, mit dem dieser die aus der Vorkaufsabrede resultierende Rechtsstellung des Berechtigten abredewidrig beeinträchtigt. Höchst problematisch ist allerdings die rechtliche Einordnung einer Maßnahme als vorkaufsrechtswidrige „Umgehung". Hierbei darf zum einen die Rechtsstellung des Berechtigten nicht zu dessen Gunsten überdehnt werden [405]. Der Anwendungsbereich nach umfassender Auslegung der Vorkaufsklausel ist grundsätzlich bindend. Dem Berechtigten kommt weder ein Anspruch auf Eintritt des Vorkaufsfalls noch auf die Übertragung der Aktien im Falle einer anderweitigen Veräußerung zu [406]. Andererseits muss es dem Verpflichteten verwehrt sein, der Zwecksetzung des Vorkaufsrechts zuwider ein dem Vorkaufsfall wirtschaftlich gleichzusetzendes Rechtsgeschäft mit dem Dritten in der Absicht vorzunehmen, eine Ausübung des Vorkaufsrechts durch den Berechtigten zu verhindern.

Beispiele: Zwei Aktionäre haben sich gegenseitig ein Vorkaufsrecht an ihren Aktien eingeräumt. Um die Berechtigung an den Aktien auf einen Dritten zu übertragen, ohne die Wirkungen des Vorkaufsrechts auszulösen, vereinbaren der Veräußerer und der Dritterwerber,

(a) dass die Wirksamkeit des Kaufvertrags über die Aktien über § 139 BGB von der Genehmigung eines durch einen vollmachtlosen Vertreter für den Berechtigten abgeschlossenen Erlassvertrages über das Vorkaufsrecht durch den Berechtigten abhängen soll [407];

oder

(b) dass der Verpflichtete dem Dritten ein unbefristetes und unwiderrufliches Kaufangebot unterbreitet und neben der Unterwerfung unter dessen Stimmrechtsweisungen

[401] Hees S. 28f, 43f; ähnlich Soergel-Huber § 504, RN 39.

[402] Eine vertiefte Auseinandersetzung über die eingehend dargestellten Bereiche hinaus wäre für die vorliegende Arbeit auch nicht von Nutzen, weil diese anstelle materieller Ansätze bloße Begrifflichkeiten in den Vordergrund stellen würde. Vgl. näher Soergel-Hefermehl § 134, RN 37-40; sowie die grundlegende Arbeit von Teichmann, insbesondere S. 105f.

[403] So Schermaier in AcP 196 (1996), 256, 268; ähnlich Schurig S. 157.

[404] BGH NJW 2003, 3769f; zu einer präzisen Umgehungssystematik vgl. unter § 7 I.

[405] Schermaier in AcP 196 (1996), 256, 273f; vgl. ferner Soergel-Hefermehl § 134, RN 37.

[406] BGHZ 110, 230, 232f; Z 115, 335, 338f; Westermann/Klingberg in FS Quack, S. 545, 551; wohl aA LG Offenburg AG 1989, 134ff.

[407] Hierzu BGH v. 09.02.1990, Az. II ZR 274/88 = Z 110, 230 = NJW 1990, 1473.

und der Übertragung sämtlicher vermögensrechtlicher Rechtspositionen dem Dritten eine umfassende Stimmrechtsvollmacht erteilt [408].

Bislang ist es nicht gelungen, ein tragfähiges Konzept zur Bewältigung der spezifischen Konfliktfälle für Vorkaufsrechte an Aktien zu entwickeln [409]. Angesichts der Vielzahl denkbarer Ausgestaltungen ist es geboten, die maßgeblichen Kriterien und die wesentlichen Fallgruppen in ihrem rechtlichen Rahmen darzustellen. Umgehungsgeschäfte bringen hierbei erhebliche Beweisschwierigkeiten für den Vorkaufsberechtigten mit sich [410]. Grundsätzlich trifft den Berechtigten die Beweislast für das Vorliegen eines wirksamen, den Vorkaufsfall auslösenden Rechtsgeschäfts [411]. In bestimmten Fällen vorkaufsvermeidender Gestaltung werden jedoch auch eine Beweiserleichterung über die Grundsätze des Anscheinsbeweises [412] oder gar eine Beweislastumkehr [413] erwogen. Als erhebliche Einschränkung der Dispositionsfreiheit des Verpflichteten sollte hierbei aber insoweit Zurückhaltung geboten sein, als allgemeine Grundsätze einer „üblichen" oder „angemessenen" Vertragsgestaltung nicht bestehen [414] und eine Umkehr der Beweislast die in §§ 463 ff BGB getroffene Grundsatzentscheidung des Gesetzgebers unzulässig in Frage stellen würde. Eine eingehende Darstellung der Fragen der Beweislast ist im Rahmen der vorliegenden Arbeit zwar nicht möglich [415]. Dennoch wird auf diesen Problembereich bei der nachfolgenden Darstellung der Umgehungsgrundsätze zumindest indirekt eingegangen.

2.   Rechtsgrundlage des Umgehungsverbots

Fraglich ist, auf welche Rechtsgrundlage das Umgehungsverbot gestützt werden kann.

---

[408] Zu einer vergleichbaren Vereinbarung hinsichtlich eines Hausgrundstücks vgl. BGH v. 11.10.1991, Az. V ZR 127/90 = Z 115, 335 = NJW 1992, 236 = JR 1992, 415.

[409] Kritisch auch Schurig S. 43.

[410] Sieveking/Technau in AG 1989, 17, 18; Schurig S. 160.

[411] Allg. Ansicht; vgl. BGHZ 110, 230, 234; MK-Westermann § 506, RN 3; Jauernig-Vollkommer § 465, RN 1; Palandt-Putzo § 465, RN 4.

[412] Vgl. Soergel-Stürner vor § 1094, RN 7; in diese Richtung wohl auch RG JW 1934, 1412, 1414 (keine sachlichen Gründe des Verpflichteten zum Abschluss eines Tauschvertrags); kritisch Hees S. 65f m.w.N.

[413] Ablehnend Schermaier in AcP 196 (1996), 256, 269.

[414] Zutreffend Hees S. 65; ferner Staudinger-Mader § 504, RN 23 (Beweislast beim Berechtigten auch für Umgehungsfälle).

[415] Vgl. hierzu sehr ausführlich Schermaier in AcP 196 (1996), 256, 268-271; Hees S. 65f; ferner Lutter/Grunewald in AG 1989, 109, 115f (zur Vinkulierung).

a)   Rechtsprechung und Literatur
Die Bewältigung von Umgehungsversuchen in der Rechtsprechung und Literatur unterlag einem starken Wandel [416]. Da die Gerichte stets auf die Besonderheiten des Einzelfalls abstellen, ist bei Verallgemeinerungen einzelner Entscheidungen Zurückhaltung geboten [417]. Der klassische Ansatz des Umgehungsverbots greift auf *§ 138 BGB* zurück [418]. Insbesondere die Rechtsprechung des Reichsgerichts [419] löste die Umgehungsfälle über das Kriterium der Sittenwidrigkeit. Der BGH folgte dem zunächst [420], stellte jedoch in der Folgezeit unter Annahme des Vorkaufsfalls maßgeblich auf die Interessenlage des Berechtigten ab [421]. Neuerdings stellt der BGH [422] auf ein „interessengerechtes Verständnis der gewählten Vertragsgestaltung" ab. Auch die Literatur, die zunächst vorwiegend auf § 138 BGB abgestellt hatte [423], stützte sich nachfolgend verstärkt auf andere Rechtsgrundlagen.

Hierbei wird vor allem auf *§ 465 BGB* verwiesen, nach dem bestimmte Vereinbarungen dem Berechtigten gegenüber unwirksam sind [424]. Da dieser einen allgemeinen Rechtsgedanken beinhalte [425], könne der Berechtigte in direkter oder analoger [426] Anwendung des § 465BGB die unzulässige Beeinträchtigung seiner Berechtigung geltend machen.

---

[416] Eine umfassende globale Darstellung ist in diesem Rahmen nicht möglich und - mit Blick auf die Besonderheiten des Vorkaufsgegenstandes „Aktie" im Gegensatz z.B. zu Grundstücken - von der Entwicklung her auch wenig aussagekräftig. Vgl. insofern bereits ausführlich Schurig S. 151 ff; Hees S. 43 ff, sowie BGH NJW 1992, 236 (= BGHZ 115, 335ff; insoweit dort jedoch nicht abgedruckt). Die verschiedenen Ansätze werden jedoch im Rahmen der jeweiligen Problembereiche aufgegriffen und bewertet.

[417] Hees S. 15.

[418] Vgl. Palandt-Putzo § 465, RN 3; Westermann/Klingberg in FS Quack, S. 545, 553; RGZ 88, 361, 365f; BGHZ 34, 200, 205f; OLG Stuttgart DB 2001, 854.

[419] RGZ 88, 361, 365f; Z 125, 123, 126; RG JW 1934, 1412ff; kritisch Schurig S. 158-160.

[420] BGHZ 34, 200, 205f; BGH NJW 1964, 540, 541; vgl. Pikart in WM 1971, 490, 491, 493f.

[421] BGH NJW 1992, 236.

[422] NJW 2003, 3769f.

[423] Henrich S. 342ff; Reichert S. 76; Krebs S. 115; RGRK-Mezger § 506, RN 2f.

[424] Soweit Palandt-Putzo § 465, RN 3 als Rechtsfolge des § 465 BGB den § 138 BGB nennt, ist dies zumindest missverständlich.

[425] Wohl unstreitig, vgl. BGHZ 110, 230, 232; BGH NJW 1987, 890, 893; Staudinger-Mader § 506, RN 3; Schurig S. 154; Hees S. 70ff.

[426] Gegen die Analogie jedoch Burkert in NJW 1987, 3157, 3158, sofern die Abwehrfunktion des Vorkaufsrechts betroffen sei; anders jedoch Tiedtke in NJW 1987, 874ff.

Zudem werden als Rechtsgrundlage auch *§ 162 BGB* oder allgemein *§ 242 BGB* genannt [427]. Die Treuwidrigkeit wird zum einen auf die Berufung der Unwirksamkeit des Kaufvertrags mit dem Dritten bezogen [428], zum anderen als allgemeiner Wertungsmaßstab für das Verhältnis der Parteien der Vorkaufsabrede genannt [429]. Schließlich wird für gesellschaftsrechtliche Sachverhalte ergänzend auf den Verstoß einer Maßnahme gegen die Treuepflicht abgestellt [430].

b)   Eigener Ansatz: kombinierte rechtsfolgenorientierte Anwendung der Rechtsgrundlagen

Die Maßgeblichkeit des Kriteriums der Treuepflicht für den Umfang des Umgehungsverbots ist zweifelhaft. Die Treuepflicht [431] trifft die Gesellschafter einer Gesellschaft in dieser Eigenschaft, nicht in ihrer Eigenschaft als Inhaber einer zivilrechtlichen Befugnis als Vorkaufsverpflichteter. Zwar nähern sich schuldrechtliche Pflichten im Konsortialvertrag mitgliedschaftlichen Pflichten ansatzweise an, sind aber dennoch streng von diesen zu trennen [432]. Zudem könnte über die Treuepflicht nur die Umgehung zu Lasten eines vorkaufsberechtigten Mitgesellschafters erfasst werden, weil gegenüber außenstehenden Dritten keine Treuepflichten bestehen. Darüber hinaus ist der Rückgriff auf die Treuepflicht mit Blick auf deren wenig greifbaren Umfang zur rechtlichen Absicherung auch nicht erforderlich. Die Konstellationen unzulässiger Umgehungen lassen sich auch mit dem allgemeinen rechtlichen Instrumentarium des BGB hinreichend erfassen.

Die übrigen vorstehend genannten Rechtsgrundlagen sind hingegen sämtlich geeignet, jeweils einen *Teil*bereich der Umgehungsproblematik zu erfassen [433]. Erst ihre Kombination ermöglicht jedoch die abschließende Behandlung vorkaufsrechtswidriger rechtsgeschäftlicher Handlungen. Allen Normen gemein ist der Wille zur Sanktion unzulässigen rechtsgeschäftlichen Verhaltens. Da der Maßstab der Unzulässigkeit sich nach dem Umfang des Vorkaufsrechts richtet, dieser jedoch von der konkreten vertraglichen Zwecksetzung abhängt [434], können sich die

[427] Vgl. BGH WM 1957, 1162, 1165; BGHZ 115, 335, 339f; BGH NJW 1998, 2136f; sowie Hees S. 59ff; Schurig S. 156; Knütel in JurBl 1976, 613, 622f; Westermann/Klingberg in FS Quack, S. 545, 553; kritisch gegenüber der Anwendung des § 162 BGB hingegen Schermaier in AcP 196 (1996), 256, 262ff; sowie Soergel-Huber § 504, RN 30; Probst in JR 1992, 419, 420.

[428] Vgl. MK-Westermann § 504, RN 14 a.E.

[429] LG Offenburg AG 1989, 134, 137; Probst in JR 1992, 419, 421; Schurig S. 156, 161f.

[430] Westermann/Klingberg in FS Quack, S. 545, 562.

[431] Aus der Rechtsprechung des BGH grundlegend BGHZ 103, 184, 193ff = ZIP 1988, 301 *„Linotype"*; Z 107, 296 = ZIP 1989, 980 *„Kochs/Adler"*; Z 129, 136, 142ff *„Girmes"*; BGH AG 1999, 517 *„Hilgers"*; aus der Literatur K. Schmidt Gesellschaftsrecht § 28 I 4, S. 799ff m.w.N.

[432] Vgl. eingehend Jilg S. 39ff, 51ff; ferner May S. 80; Noack S. 284; problematisch daher Westermann/Klingberg in FS Quack, S. 545, 562.

[433] Hierzu näher unter § 6 III, sowie § 7 I.

[434] Eingehend unter §§ 4, 5, insbesondere § 5 II.

Rechtsgrundlagen des Umgehungsverbots allein in den *Rechtsfolgen* unterscheiden. Allein eine solche als „rechtsfolgenorientierte alternative Anwendung" zu bezeichnende kombinierte Rechtsgrundlage vermag die nachfolgend näher aufgezeigten Schwächen isolierter Ansätze zu vermeiden.

II. Eigener Ansatz zum rechtlichen Rahmen eines Umgehungsgeschäfts

Es besteht weder Raum noch Anlass für eine grundlegende dogmatische Aufarbeitung des Umgehungsschutzes. Ausgehend von der klassischen Unterscheidung nach objektiven und subjektiven Elementen soll vielmehr der rechtliche Rahmen eines Umgehungsgeschäfts beim Vorkaufsrecht an Aktien näher eingegrenzt werden.

1.   Objektives Element
Üblicherweise wird das objektive Element dahingehend verstanden, dass über eine abweichende vertragliche Gestaltung ein im wesentlichen identisches Ziel erreicht wird [435]. Dieser Ansatz wird neuerdings für den Bereich des Vorkaufsrechts wegen der beschränkten Rechtsstellung des Berechtigten dahingehend konkretisiert, dass die Erreichung eines vergleichbaren Ergebnisses zwar erforderlich, aber allein nicht ausreichend sein soll. Vielmehr setze die Annahme einer unzulässigen Umgehung eine objektive Pflichtverletzung des Verpflichteten voraus [436]. Da die Abstraktheit des Gesellschaftsrechts die Erreichung des „gleichen" Ergebnisses auf verschiedenen Gestaltungswegen gestattet, das Vorkaufsrecht jedoch vom gesetzlichen Leitbild her nur bestimmte rechtsgeschäftliche Konstellationen erfasst, ist eine derartige einschränkende Betrachtung durchaus angebracht. Dieser materielle Ansatz setzt jedoch die nähere Eingrenzung des Maßstabs der Pflichtwidrigkeit voraus.

Manche Autoren [437] gehen davon aus, der Berechtigte [438] habe ungünstige Bedingungen gegen sich gelten zulassen, sofern der Verpflichtete diese nur ernsthaft wolle. Hiergegen spricht jedoch, dass der Verpflichtete durch die Vorkaufsklausel in eine Beschränkung seiner Freiheit zur unternehmerischen Entscheidung über Veränderungen im Gesellschafterkreis eingewilligt hat [439]. Selbst wenn er sich hieran nicht mehr gebunden fühlen sollte, ändert dies am objektiven Bestehen der

---

[435] Grundlegend zu objektiven und subjektiven Elementen Teichmann S. 67ff; ferner Hees S. 44; Schurig S. 157; Lutter/Grunewald in AG 1989, 109, 111 verweisen zu Recht auf das Problem von *„Ebene und Maß der Vergleichbarkeit"*.

[436] Schermaier in AcP 196 (1996), 256, 262f; Probst in JR 1992, 419, 421; Soergel-Hefermehl § 134, RN 37; so wohl nunmehr auch BGH NJW 2003, 3769f.

[437] Vgl. nur MK-Westermann § 504, RN 22.

[438] MK-Westermann a.a.O. spricht versehentlich vom *„Verpflichteten"*.

[439] Westermann/Klingberg in FS Quack, S. 545, 554.

vertraglichen Pflichten nichts. Die *fehlende* Ernsthaftigkeit ist zwar ein gewichtiges Indiz für die Umgehung. Für die Verneinung der Umgehung kann jedoch die Ernsthaftigkeit der Vereinbarung nicht ausreichen.

Für den Bereich der Vorkaufsrechte an Aktien richtet sich der Maßstab der Pflichtwidrigkeit vielmehr nach der Zwecksetzung des Vorkaufsrechts [440]. Aufgrund des Stufenverhältnisses basieren demnach sowohl Auslegung als auch Umgehung auf der vereinbarten Zwecksetzung. Ausgehend von einem identischen Bezugspunkt nehmen beide jedoch unterschiedliche Wertungen [441] vor. Insoweit mag die Grenze zwischen ergänzender Vertragsauslegung und Umgehungsschutz fließend sein. Dies steht jedoch ihrer grundsätzlichen Anerkennung nicht im Wege.

Soweit der Verpflichtete ein Rechtsgeschäft tätigt, dessen Inhalt dem Zweck des Vorrechts nicht entgegensteht, hat der Berechtigte dies auch dann hinzunehmen, wenn hierdurch sein Vorkaufsrecht beeinträchtigt wird oder gar erlöschen sollte [442]. Stellt ein Rechtsgeschäft jedoch die von den Beteiligten unmittelbar beabsichtigte (unternehmerische) Zielsetzung in Frage, handelt der Verpflichtete pflichtwidrig und „umgeht" die Vorkaufsabrede. Das Vorkaufsrecht schützt [443] insoweit den Berechtigten auch vor wirtschaftlich gleichgerichteten Umgehungsgeschäften. Hierbei kann *im Rahmen* der Zwecksetzung neben der wirtschaftlichen Nachvollziehbarkeit der Maßnahme [444] vor allem das Vorliegen eines sachlichen Grundes [445] für das vom Kaufvertrag abweichende Rechtsgeschäft oder die beeinträchtigende inhaltliche Ausgestaltung von Bedeutung sein. Daneben ist aber auch die Bedeutung der Person des Dritterwerbers für den Vertragsschluss mit dem Verpflichteten zu bedenken („personenrechtlicher Einschlag"). Das Kriterium der „Üblichkeit" erweist sich jedoch auch unabhängig von Beweisschwierigkeiten als Scheinkriterium, weil auch neuartige Gestaltungsformen nicht per se der Zwecksetzung widersprechen. Darüber hinaus müssten im Umkehrschluss häufige Umgehungsversuche deren Zulässigkeit begründen können, was jedoch zu untragbaren Ergebnissen führen würde [446]. Schließlich würde die Üblichkeit vertrags-

---

[440] Probst in JR 1992, 419, 421; Schermaier in AcP 196 (1996), 256, 262f; ähnlich Hefermehl/-Bungeroth in Geßler/Hefermehl § 68, RN 156 (Zweck der Vinkulierung ist maßgebend für die Frage der Umgehung); ausführlich zur Zwecksetzung unter § 5 II.

[441] Hierzu bereits unter § 4 I 1.

[442] Vgl. Soergel-Huber § 504, RN 39; BGH NJW 2003, 3769; ferner Erman-Grunewald § 505, RN 6 *„legitimes Interesse"*.

[443] Treffend Probst in JR 1992, 419, 421 *„Schutzverhältnis"* der Vorkaufsabrede; sowie OLG Nürnberg in DNotZ 1970, 39, 42 *„Schutzgedanke"*.

[444] MK-Westermann § 504, RN 21 m.w.N.; ausführlich, jedoch kritisch zur Berücksichtigung des wirtschaftlichen Hintergrunds Teichmann S. 74f.

[445] Vgl. RG JW 1934, 1412, 1414; BGH NJW 1998, 2136, 2137.

[446] Teichmann S. 72f.

fremde Vereinbarungen zum objektiven Maßstab der Vorkaufsvereinbarung machen.

Die Anknüpfung an den Verstoß gegen die Vorkaufsabrede geht insofern über das Kriterium des Rechtsmissbrauchs hinaus, als es dieses inhaltlich konkretisiert. Ähnlich wie beim Rechtsmissbrauch bedient sich der Verpflichtete einer nur formell zulässigen rechtlichen Gestaltung in Form oder Inhalt, die das Vorkaufsrecht der gemeinsamen Zielsetzung zuwider aushöhlt [447]. Soweit dem Rechtsmissbrauch entgegengehalten wird, dieser treffe keine positive Aussage über die maßgeblichen Rechtsfolgen [448], trifft dies für die Umgehung des Vorkaufsrechts nicht zu. Da dem Verpflichteten im Rahmen der Zwecksetzung der Vorkaufsabrede seine unternehmerische Veräußerungsfreiheit verbleibt, ist die rein negative Aussage über die Unzulässigkeit einer konkreten Maßnahme ausreichend. Die jeweiligen Rechtsfolgen richten sich nach Art und Umfang der Umgehung [449].

2.   Subjektives Element

Höchst umstritten ist jedoch immer noch die Frage, ob eine Umgehung allein auf objektive Kriterien gestützt werden kann oder auch ein subjektives Element voraussetzt [450]. Die überwiegende Ansicht [451] verlangt zu Recht keine gezielte *Absicht* der Umgehung. Eine solche wäre auch allenfalls dann denkbar, wenn jede Umgehung zugleich die Voraussetzungen der Sittenwidrigkeit erfüllen müsste. Dem steht jedoch die heutige abgestufte Rechtsfolgensystematik entgegen [452]. Klärungsbedürftig ist jedoch, ob unterhalb einer Absicht i.e.S. ein subjektives Element erforderlich ist.

Während die herrschende Meinung heute eine rein objektive Sicht der Umgehung befürwortet [453] und die Rechtsprechung ihre Entscheidungen recht uneinheitlich begründet [454], setzt ein anderer Teil eine *bewusste* Missachtung des Vorkaufs-

---

[447] Soergel-Huber § 504, RN 39; ferner Hees S. 86.

[448] Eingehend Teichmann S. 76ff, 78 (zur Gesetzesumgehung).

[449] Ausführlich zu den Rechtsfolgen unter § 6 III.

[450] Schurig S. 157 will die Probleme allein über die Sachverhaltsauslegung, die Gesetzesauslegung und die Analogie lösen und hält die Frage nach dem subjektiven Element für unbeachtlich.

[451] Vgl. BGH NJW 1998, 2136, 2138; Soergel-Hefermehl § 134, RN 40; Soergel-Huber § 505, RN 20; Palandt-Heinrichs § 134, RN 28; Erman-Palm § 134, RN 18; aA jedoch OLG Stuttgart DB 2001, 854; ferner MK-Mayer-Maly § 134, RN 18 unter Verweis auf die frühere Rechtsprechung; eingehend zu dieser sog. subjektiven Theorie Teichmann S. 67f.

[452] Hierzu eingehend unter III.

[453] Vgl. BGHZ 37, 363, 366; Z 51, 255, 262; Lutter/Grunewald in AG 1989, 109, 110 m.w.N., sowie dies. in AG 1989, 409, 410; Probst in JR 1992, 419; Erman-Palm § 134, RN 18 m.w.N.; Soergel-Hefermehl § 134, RN 40; in diese Richtung auch BGH WM 1990, 222; BGH NJW 1992, 236; OLG Nürnberg NJW-RR 1992, 461f.

[454] Vgl. nur BGHZ 110, 230, 232, sowie BGH NJW 1987, 890ff und BGH NJW 203, 3769, die (auch) auf das subjektive Element der Umgehung abstellen („unterlaufen wollten").

rechts voraus [455]. Dieses Verständnis beruht jedoch auf der Koppelung des Umgehungsbegriffs mit einem persönlich vorwerfbaren Verhalten. Ausgehend von einem wertneutralen Umgehungsbegriff beinhaltet die Umgehung - anders als die Sittenwidrigkeit - richtigerweise keinen subjektiven Schuldvorwurf und kann daher auch allein an objektive Kriterien anknüpfen [456]. Hierfür spricht auch der Wortlaut des § 134 BGB (für die Gesetzesumgehung), der allein die objektiv unzulässige Abweichung ausreichen lässt. Ein subjektives Element würde zudem erhebliche Beweisschwierigkeiten mit sich bringen und letztlich doch aus objektiven Merkmalen abgeleitet. Ein rein objektives Verständnis der Umgehung gewährleistet - ausgehend von der vertraglichen Vorkaufsabrede - über eine interessengerechte Anwendung der abgestuften Umgehungsfolgen die von der Rechtsordnung gebotene inhaltliche Ausgestaltung des Rechtsverhältnisses zwischen Verpflichtetem und Berechtigtem.

Die mit steter Regelmäßigkeit direkt oder indirekt wiederholte, vermeintlich entscheidende Frage, ob der Verpflichtete - stark vereinfacht - eigentlich einen Kaufvertrag abschließen „will" [457], „soll" [458] oder doch zumindest „kann" [459], beruhen letztlich entweder auf dem unzulässigen Zirkelschluss „wer will/soll/kann, der muss", oder auf einer wenig nachvollziehbaren und nur scheinbar einfach zu handhabenden Wertung.

Auch durch das vorliegende erweiternde Verständnis wird das Vorkaufsrecht *nicht* zu einem allgemeinen Vorerwerbsrecht. Der Umfang des Umgehungsschutzes orientiert sich stets am Willen der Parteien. Dieser kann aber wegen der spezifisch unternehmerischen Interessenlage beim Aktienverkauf jedoch selbst bei fehlender *ausdrücklicher* Abweichung vom gesetzlichen Leitbild des § 463 BGB weiter als bei sonstigen Vorkaufsrechten ausfallen.

---

[455] Palandt-Putzo § 465, RN 3 „*vereiteln sollen*"; Schermaier in AcP 196 (1996), 256, 275; ähnlich Palandt-Heinrichs § 134, RN 28 *subjektive Momente den Ausschlag geben*; wohl auch Kowalski in GmbHR 1992, 347, 352.

[456] Lutter/Grunewald in AG 1989, 109 110; Teichmann S. 69, 105 nennt neben Beweisschwierigkeiten, der Erfolgsbezogenheit des Verbots, dem fehlenden subjektiven Vorwurf auch noch den Gleichheitsgrundsatz und das Gerechtigkeitsgebot als Argumente für die sog. objektive Theorie.

[457] Hierunter fallen auch die in der Sache wenig hilfreichen Synonyme der „Veräußerung gegen Geld" oder „entgeltlichen Veräußerung"; vgl. auch bei Schermaier in AcP 196 (1996), 256ff, 262f, 275.

[458] Vgl. BGH NJW 1998, 2136, 2137 „... *in Wahrheit verkaufen will und keine Gründe ersichtlich sind, die Sache anders als durch Kauf zu veräußern*"; näher bei Schermaier in AcP 196 (1996), 256, 264.

[459] Vgl. den (herrschenden) Ansatz der interessengerechten Auslegung von Schurig S. 152.

80

III. Erstellung einer sachgerechten Rechtsfolgensystematik

Die Vielzahl möglicher Verhaltensweisen und Interessenslagen der Beteiligten erfordert für den Fall eines Verstoßes des Verpflichteten gegen die Vorkaufsabrede ein abgestuftes Instrumentarium an Rechtsfolgen bzw. Sanktionen [460]. Eine präzise Vorgabe der konkreten Rechtsfolge für jeden Einzelfall kann nicht gegeben werden. Nachfolgend sollen jedoch die bislang überwiegend lediglich isoliert betrachteten Rechtsfolgen und die für ihre Anwendung maßgeblichen Kriterien systematisch aufgearbeitet und bewertet werden [461].

1. Nichtigkeit des Vorkaufes wegen Sittenwidrigkeit
Ausgangspunkt der Überlegung bei unzulässiger Umgehung des Vorkaufsrechts ist stets die Frage, ob das Rechtsgeschäft mit dem Dritten wegen Sittenwidrigkeit (§ 138 BGB) nichtig ist oder dem Berechtigten gegenüber als Vorkaufsfalls anzusehen ist, um diesem die Ausübung des Vorkaufsrechts zu ermöglichen.

Der Unterschied liegt sowohl auf der *Tatbestands-* als auch auf der *Rechtsfolgen*seite. Die Sittenwidrigkeit enthält als das stärkste Unwerturteil des BGB nicht nur einen objektiven Sittenverstoß, sondern auch subjektiv einen gesteigerten Moralvorwurf und sollte daher auf extreme Ausnahmefälle beschränkt werden [462]. Sonstige Umgehungsgeschäfte sind dagegen wertneutral [463]. Bei Sittenwidrigkeit des Verkaufs steht die Nichtigkeit des Vertrags der Annahme eines Vorkaufsfalles zwingend entgegen. In diesem Fall bleibt das Vorkaufsrecht dem Vorkaufsberechtigten zwar erhalten, er ist jedoch nicht berechtigt, den verkauften Gegenstand zu erwerben. Dies mag bei einem ausschließlich als *Abwehrrecht* gegen einen Dritterwerber ausgelegten Vorkaufsrecht sachgerecht sein [464], kann aber in den Fällen, in denen das Vorkaufsrecht zumindest auch Erwerbsinteressen dient, zu dem befremdlichen Ergebnis führen, dass der Verpflichtete letztlich gerade wegen des Sittenverstoßes weitgehend risikolos handelt. Zwar scheitert der Vertrag mit dem Dritterwerber. Der Verpflichtete ist jedoch nicht gehalten, die Aktien nunmehr dem Berechtigten zu übertragen. Da dem Berechtigten sein Vorkaufsrecht erhalten bleibt und dieser keinen Anspruch auf den Eintritt des Vorkaufsfalles hat,

---

[460] Zustimmend Probst in JR 1992, 419, 421 *„erforderliche Systematisierung ... noch zu leisten"*; ebenso Westermann/Klingberg in FS Quack, S. 545, 555 *„einigermaßen geordnete Systematik"*; ferner Lutter/Grunewald in AG 1989, 109, 110.

[461] Soweit sich diese Rechtsfolgen (z.B. erweitertes Verständnis des „Vorkaufsfalls") bereits aus der Auslegung der Vorkaufsklausel ergeben, ist ein Rückgriff auf diese Umgehungskonstellationen nicht erforderlich.

[462] Heute h.M.; vgl. nur BGH NJW 1992, 236; Hees S. 47ff; Knütel in JurBl 1976, 613, 623; Erman-Grunewald § 504, RN 19; einschränkend jedoch MK-Westermann § 504, RN 18 Prüfung vorwiegend am Maßstab der Sittenwidrigkeit.

[463] Soergel-Hefermehl § 134, RN 37.

[464] MK-Westermann § 504, RN 20; Burkert in NJW 1987, 3157, 3159f; vgl. ferner BGH NJW 1992, 236.

könnte es auch an den Voraussetzungen eines Schadensersatzanspruchs fehlen. Die Nichtigkeit wegen Sittenwidrigkeit muss somit auf die Fälle beschränkt bleiben, in denen die auf der Zwecksetzung des Vorkaufsrechts beruhende Auslegung der Vorkaufsklausel einem derartigen Ergebnis nicht entgegensteht. Andernfalls würde man den vertraglich vereinbarten Verhaltensmaßstab zu dem im Rechtsverkehr allgemein unabdingbaren Mindeststandard erklären. Das bloße Vorliegen eines subjektiven Umgehungswillens ist für die Abgrenzung zwischen Sittenwidrigkeit und Fiktion des Vorkaufsfalls nicht von ausschlaggebender Bedeutung [465].

Sollten im Einzelfall lediglich einzelne Regelungen des Vertrages mit dem Dritten die Sittenwidrigkeit begründen, kann sich die Frage nach der Abgrenzung der Teil-Unwirksamkeit (§§ 138, 139 BGB) von der inhaltlichen Modifizierung des Erst-vertrags stellen [466]. Von der Rechtsfolge her kommen beide Ansätze zu identi-schen Ergebnissen. Mit Blick auf die geringeren tatbestandlichen Voraussetzungen der (schlichten) Umgehung gegenüber der Sittenwidrigkeit ist jedoch der Weg über die Anpassung der Vertragsbedingungen leichter handhabbar und daher vorzugs-würdig.

2.   Fiktion des Vorkaufsfalles aufgrund unzulässiger Umgehung
In vielen Fällen ist hingegen die Fiktion des Vorkaufsfalles [467] die einzig sachgerechte Rechtsfolge eines Umgehungsversuchs. Taugliche Rechtsgrundlage ist insoweit § 162 BGB [468]. Hierbei besteht die Folge der Missachtung des Vor-kaufsrechts gerade nicht in der Unwirksamkeit des Vertrags mit dem Dritten, sondern in dessen Wirksamkeit mit der Maßgabe, dass das Umgehungsgeschäft dem Berechtigten die Ausübung des Vorkaufsrechts ermöglicht [469]. Durch einen fiktiven Vorkaufsfall wird nicht nur das Verschaffungsinteresse des Berechtigten bestmöglich gewährleistet [470], sondern zugleich die Umgehungswahrscheinlich-keit durch den psychologischen Druck zu vertragskonformem Verhalten ver-mindert. Die bloße Beschränkung auf Geldausgleich [471] liefe darauf hinaus, dass der Berechtigte gezwungen werden könnte, sich das Vorkaufsrecht durch die Leis-tung von Schadensersatz gleichsam abkaufen zu lassen. Dies widerspricht jedoch dem allgemeinen Vorrang des Primäranspruchs im BGB.

---

[465] AA Lutter/Grunewald in AG 1989, 109, 110f.
[466] Zur Durchbrechung der inhaltlichen Akzessorietät vgl. nachfolgend unter 3.
[467] Zum Begriff Soergel-Huber § 504, R 27; Noack S. 295.
[468] § 162 BGB ist insoweit spezieller als § 242 BGB.
[469] Vgl. Noack S. 179f, sowie Lutter/Grunewald in AG 1989, 109, 110f zur sog. Normanwendungstheorie.
[470] BGH NJW 1992, 236 (= Z 115, 335, dort jedoch nicht abgedruckt); MK-Westermann § 504, RN 20 a.E.
[471] Hierfür grundsätzlich Probst in JR 1992, 419, 421 ausdrücklich entgegen § 249 BGB.

82

Auch wenn die Sittenwidrigkeit die schärfste Sanktion vorwerfbaren Umgehungs-
verhaltens ist, erfolgt die Abgrenzung zur Fiktion des Vorkaufsfalls unter Prüfung
der Wirksamkeit des Vertrags nicht *nach* der allgemeinen Umgehungsprüfung [472].
Dogmatisch geht sie dieser vielmehr zwingend voraus, auch wenn sie als Teil eines
einheitlichen Umgehungskonzepts rein gedanklich gleichzeitig erfolgen kann.

3. Durchbrechung der inhaltlichen Akzessorietät
Mit der Ausübung des Vorkaufsrechts kommt zwischen dem Berechtigten und dem
Verpflichteten ein Vertrag zu den Bedingungen zustande, die letzterer mit dem
Dritten vereinbart hat (§ 464 Abs. 2 BGB). Gerade angesichts der Komplexität von
Aktienkaufverträgen sind jedoch verschiedene Durchbrechungen dieser inhaltli-
chen Akzessorietät [473] zu bedenken, die in §§ 465, 466, 468 BGB auch bereits
vom Gesetzgeber angelegt sind.

Sofern die Umgehung durch den Verpflichteten darin besteht, dass dieser zwar ein
in den Anwendungsbereich des Vorkaufsrechts fallendes Rechtsgeschäft, insbesondere einen Kaufvertrag i.e.S., geschlossen hat, hierbei jedoch unzulässig beeinträchtigende Regelungen vereinbart hat, ist der Berechtigte zwar nicht an der
Ausübung des Vorkaufsrechts an sich gehindert, kann jedoch durch die sich aus
der inhaltlichen Bindung an die Vertragsbedingungen mit dem Dritten ergebenden
Rechtsfolgen der Ausübung erheblich beeinträchtigt sein. In diesem Fall besteht
die sachgerechte Rechtsfolge unter Rückgriff auf § 465 BGB in der Durchbrechung der inhaltlichen Akzessorietät durch Wegfall oder Anpassung beeinträch-
tigender Klauseln [474]. Grundsätzlich wird man - entsprechend dem Vorgehen bei
den Grundsätzen des Wegfalls der Geschäftsgrundlage (§ 313 BGB) - einer bloßen
Änderung den Vorrang vor dem gänzlichen Wegfall einer Regelung einräumen
müssen. Sollte jedoch das genaue Maß einer bloßen Abänderung unklar bleiben,
kommt zu Lasten des Verpflichteten als für die Umgehung Verantwortlichen allein
der Wegfall der beeinträchtigenden Bestimmung in Betracht. Es bleibt jedoch zu
betonen, dass der Verpflichtete in der inhaltlichen Ausgestaltung des Vertrags
grundsätzlich frei ist. Daher sind belastende Regelungen, die sich nicht als Umgehung der Vorkaufsvereinbarung darstellen, vom Berechtigten hinzunehmen.

Die eingeschränkte Akzessorietät [475] aus Gründen des Umgehungsschutzes ergänzt hiernach die ohnehin gebotene Überprüfung im Hinblick auf eine abweichende inhaltliche Ausgestaltung des Vertragsverhältnisses zwischen Verpflich-

---

[472] So jedoch Schurig S. 158f.

[473] Vgl. Burkert in NJW 1987, 3157, 3158; zur gewillkürten Durchbrechung durch
Vereinbarung s. unter § 4 II 3.

[474] Entgegen Jauernig-Vollkommer § 464, RN 6 kommt es jedoch nicht darauf an, dass die
Bestimmungen auf eine Vereitelung „*abzielen*".

[475] Soergel-Huber § 505, RN 3; ferner Burkert in NJW 1987, 3157, 3159.

tetem und Berechtigtem [476]. Die vom Umgehungsschutz zu trennenden unge-schriebenen Ausnahmen von § 464 Abs. 2 BGB betreffen zunächst Klauseln, die rechtlich nicht zum Kaufvertrag gehören, obwohl sie in derselben Urkunde ent-halten sind. Weiter entfalten bestimmte Regelungen [477] bereits nach der Natur der Sache keine Bindungswirkung gegenüber dem Berechtigten. Schließlich sollen nach der Rechtsprechung [478] auch die Bestimmungen dem Berechtigten nicht entgegengehalten werden können, die nicht wesensgemäß zum Kaufvertrag gehö-ren, sondern hierin einen „*Fremdkörper*" darstellen.

Beispiel: Neben einem Aktienkauf vereinbaren der Verpflichtete und der Dritte eine Stimmbindung dahingehend, dass der Verpflichtete dem Dritten gegenüber verbindliche Weisungen zur Ausübung des Stimmrecht abgeben können soll. Diese Vereinbarung steht nach dem BGH „*ersichtlich außerhalb des vertraglichen Abhängigkeitsverhältnisses von Leistung und Gegenleistung und gehört infolgedessen nicht wesensgemäß zum Übertra-gungsvorgang*" [479] und bindet den Berechtigten daher nicht.

Da § 464 Abs. 2 BGB die Bindung allein auf den Kaufvertrag erstreckt, ist diese Beschränkung nicht nur sachgerecht, sondern geboten. Allerdings ist bei der Frage, welche Regelungen hiervon erfasst sind, zu berücksichtigen, dass dem Verpflich-teten zur Erreichung seiner unternehmerischen Zielsetzung ein weiter inhaltlicher Gestaltungsspielraum verbleiben muss. Die Einordnung als „Fremdkörper" erfolgt daher nicht aus der Sicht des Berechtigten, sondern aus der eines unternehmerisch denkenden neutralen Beobachters. Die Konstellationen eines Fremdkörpers ohne Annahme einer vorkaufsrechtswidrigen Umgehung werden daher zumindest beim Verkauf von Aktien als Bestandteil eines Unternehmenskaufs eher gering sein.

4.   Sonderfall: Verpflichtung zur Weitergabe der Vorkaufsverpflichtung

Neben diesen drei wichtigsten Rechtsfolgen eines Umgehungsgeschäfts ist noch eine Vielzahl weiterer rechtlicher Mechanismen denkbar [480], deren abschließende Darstellung jedoch unterbleiben soll. Vielmehr ist zur Erfassung spezifisch gesell-

---

[476] Diese Differenzierung fehlt z.B. bei Soergel-Huber § 505, RN 11ff.

[477] Z.B. zur Fälligkeit; vgl. BGH NJW 1983, 682; BGH NJW 1989, 37, 38.

[478] BGHZ 77, 359, 362f; BGH NJW 1987, 890, 892f (sog. Fremdkörpertheorie).

[479] BGH NJW 1987, 890, 892f „Dinckelacker". Angesichts der evidenten Umgehung ist die fehlende Bindung des Berechtigten interessengerecht; mit Blick auf die Zwecksetzung der ver-traglichen Konstruktion erscheint es aber mehr als zweifelhaft, dass die Stimmbindung gleich-sam isoliert vereinbart und „unwesentlich" sein sollte.

[480] Hier sind zunächst Schadensersatzansprüche zu nennen, die dem Berechtigten zumindest einen finanziellen Ausgleich für die Beeinträchtigung der aus der Vorkaufsabrede resultierenden Rechte gewähren, sofern der Berechtigte das Vorliegen eines Schadens darlegen und notfalls be-weisen kann. Entgegen Lutter/Schneider in ZGR 1975, 182, 187 ist der Schadensersatzanspruch aber nicht der einzige („*nur*") Anspruch des Berechtigten. Burkert (in NJW 1987, 3157, 3159) vertritt ferner, dass dem Berechtigten ein Anspruch gegen den Verpflichteten auf Unterlassung der Übertragung des Vorkaufsgegenstandes bzw. gar auf Rückübertragung an den Verpflichteten zustehe (ähnlich bereits Schurig S. 147). Schließlich wird für den Fall erheblicher Beeinträchti-gungen eines Mitgesellschafters ein Ausschluss aus der AG erwogen (vgl. Lutter/Grunewald in AG 1989, 409, 411 zur Vinkulierung).

schaftsrechtlicher Besonderheiten nachfolgend auf den Sonderfall der Verpflichtung zur Weitergabe der Vorkaufsverpflichtung („Weitergabepflicht") einzugehen.

a) Problemdarstellung

Zur Darstellung der typischen Konstellation dient das berühmte

Beispiel „Dinckelacker" [481]: Bei der Dinckelacker-Brauerei in Stuttgart bestand seit 1971 zwischen den beiden Großaktionären, die jeweils über 43,499 % des Grundkapitals der Gesellschaft verfügten, ein sog. Poolvertrag. Hierin einigten sich beide, ihr Stimmrecht gemeinsam auszuüben und neue Aktien zu gleichen Teilen zu erwerben. Ferner räumten sich die Großaktionäre gegenseitig ein Vorkaufsrecht ein, wobei *„als Verkauf ... jede Veräußerung von Aktien"* gelten sollte, mit Ausnahme eines *„Verkaufs, der mit Rücksicht auf ein künftiges Erbrecht an einen gesetzlichen Erben erfolgt"*. Der Poolvertrag sollte auch *„für etwaige Rechtsnachfolger eines Vertragsteils"* gelten. Der für 30 Jahre abgeschlossene Poolvertrag sollte kündbar sein, sofern die Beteiligung einer Vertragspartei unter 25 % sinkt. Im Jahre 1984 verkaufte und übereignete ein Großaktionär seinen zwei drei Söhnen insgesamt 22,5 % des Grundkapitals im Nennwert von 1,65 Mio. DM für jeweils 16,5 Mio. DM, ohne den Söhnen die Verpflichtungen aus dem Poolvertrag aufzuerlegen. Dieser am Börsenkurs orientierte Kaufpreis wurde jedoch auf den Todesfall zinslos gestundet. Zugleich setzte er die Söhne zu Erben ein, verpflichtete diese aber gleichzeitig zur Ausübung des Stimmrechts nach seinen Weisungen und ließ sich eine Stimmrechtsvollmacht erteilen. Nachfolgend kündigte er den Poolvertrag unter Hinweis auf sein Absinken der Beteiligung. Der andere Großaktionär übte nunmehr sein Vorkaufsrecht hinsichtlich einem der Söhne aus, woraufhin der veräußernde Großaktionär die Anfechtung des Kaufvertrages wegen Irrtums über das Vorliegen eines Vorkaufsfalles erklärte und sich auf den Wegfall der Geschäftsgrundlage berief.

Klärungsbedürftig ist weniger die grundsätzliche Frage, ob dieses Verhalten als Umgehungsgeschäft anzusehen ist, als die konkret einschlägige Rechtsfolge. Hierbei ist insbesondere mit Blick auf die Auslegungsregel des § 470 BGB die Bedeutung der fehlenden Weitergabe der Verpflichtung aus dem Vorkaufsrecht an die erwerbenden Söhne zu hinterfragen.

b) Voraussetzungen und Rechtsfolgen der Weitergabepflicht

Wie gezeigt kann die Vorkaufsklausel für bestimmte Konstellationen einschränkend ausgelegt werden, *sofern* die Interessen des Berechtigten durch die Weitergabe der Pflichten aus der Vorkaufsklausel an den Erwerber gewahrt werden (sog. Kompensationsgedanke). Rechtlich lässt sich diese Weitergabepflicht auf die ergänzende Vertragsauslegung stützen [482]. Man könnte geneigt sein, diesem Ansatz entgegenzuhalten, er sei als rein ergebnisorientiert letztlich willkürlich. Hierbei würde jedoch verkannt, dass in den Fällen, in denen die Zwecksetzung der Parteien

---

[481] Sachverhalt nach BGH v. 25.09.1986, Az. II ZR 272/85 = NJW 1987, 890 = WM 1987, 10 = JZ 1987, 566; Vorinstanz OLG Stuttgart v. 28.10.1985, Az. 5 U 202/84 = JZ 1987, 570.

[482] Vgl. statt vieler MK-Westermann § 504, RN 42; Soergel-Huber § 504, RN 6 und 27; bereits grundlegend ablehnend jedoch Erman-Grunewald § 504, RN 9. Hierbei handelt es sich daher nicht um eine Umgehungssanktion i.e.S. Mit Blick auf die nachfolgend erörterte Rechtsfolge soll der rechtliche Rahmen dennoch in diesem Zusammenhang näher vorgestellt werden.

zur Zeit der Vereinbarung des Vorkaufsrechts feststeht, durchaus Veräußerungs-vorgänge in Betracht kommen, die den Interessen des Berechtigten nicht ent-gegenstehen. Würde man hier im Sinne eines entweder-oder-Ansatzes den Vor-kaufsfall bejahen oder verneinen, würde dies einen der Beteiligten benachteiligen, ohne dass dies beabsichtigt wäre. Vielmehr kann es Verkäufe geben, die zwar einerseits ein Erwerbsinteresse des Berechtigten nicht auslösen, bei denen jedoch andererseits ein Bedürfnis nach Fortdauer des Vorkaufsrechts besteht.

Klärungsbedürftig ist nunmehr, ob die Weitergabepflicht eine *allgemeine* Rechts-folge ist oder auf bestimmte Anwendungsbereiche beschränkt bleibt. Sofern die Beteiligten sich nicht ausdrücklich auf eine Weitergabepflicht verständigt haben, wird man eine stillschweigende Vereinbarung nur annehmen können, wenn kumu-lativ zwei Voraussetzungen erfüllt sind. Zum einen darf der Schutzzweck des Vorkaufsrechts im Zeitpunkt des Veräußerungsvorgangs nicht betroffen sein. Hiervon kann lediglich in den Fällen ausgegangen werden, in denen das Vor-kaufsrecht ausschließlich einem Abwehrinteresse dient oder dieses Element bei komplexer Zwecksetzung zumindest stark dominiert. Zum anderen muss die Zwecksetzung des Vorkaufsrechts eine Fortdauer der Berechtigung, d.h. die Möglichkeit der Geltendmachung des Vorkaufsrechts gegenüber dem Dritten im Falle eines Verkaufs durch diesen an einen Vierten, erfordern. Andernfalls stünde einem Erlöschen des Vorkaufsrechts nichts entgegen. Diese Kriterien werden in concreto lediglich in zwei Fallkonstellationen in Betracht kommen [483]. Die erste betrifft die bereits mehrfach erörterten konzerninternen Veräußerungen zum Zwecke interner Umstrukturierungen [484]. Hier wird der Berechtigte - bei vorherr-schendem Abwehrinteresse - typischerweise gegen den Verkauf der Aktien keine Einwände haben, sofern er für den Verkauf der Aktien durch die erwerbende Konzerngesellschaft an einen Außenstehenden seine Berechtigung geltend machen kann. Die zweite Konstellation betrifft die Verkäufe im Wege vorweggenommener Erbfolge. Für diese ordnet § 470 BGB im Zweifel die Nichtausübbarkeit des Vorkaufsrechts an, sofern der Verkauf *„mit Rücksicht auf ein künftiges Erbrecht an einen gesetzlichen Erben erfolgt"*. Um zu vermeiden, dass der Verpflichtete sich unter Berufung auf § 470 BGB der Vorkaufsbindung entledigen kann, legte der BGH [485] eine Konsortialvereinbarung dahingehend aus, dass eine vorkaufsfreie Veräußerung eine Weitergabe der sich aus dem Vertrag ergebenden Pflichten voraussetze. Dies führt in der Praxis zu einer erheblichen Einschränkung der Aus-legungsregel des § 470 BGB [486]. Diesen beiden Fällen können im Einzelfall

---

[483] Die von Soergel-Huber § 504, RN 15 erörterten Fälle der Realteilung sollen nicht näher behandelt werden.

[484] Zustimmend Noack S. 296f; Soergel-Huber § 504, RN 15a.

[485] NJW 1987, 890ff; ferner OLG Stuttgart JZ 1987, 570, 571 (als Vorinstanz).

[486] Die Literatur erweckt hingegen den Eindruck, es würde sich um eine Ausnahme handeln; vgl. Staudinger-Mader § 511, RN 5; Soergel-Huber § 511, RN 4; klarer Erman-Grunewald

sonstige Verkaufsvorgänge gleichgestellt werden, die sich durch eine besondere persönliche Verbindung zwischen Verpflichtetem und Drittem auszeichnen.

Zwar liefe eine automatische Vorkaufsbindung des Erwerbers auf einen unzulässigen Vertrag zu Lasten Dritter hinaus [487]. In den vorgenannten Fällen wird man jedoch im Zweifel davon ausgehen können, dass sich der erwerbende Dritte bei Kenntnis vom Vorkaufsrecht und dessen grundsätzlicher Zwecksetzung mit der Übernahme der hieraus resultierenden Pflichten einverstanden erklärt [488].

Da die Weitergabepflicht eine dogmatisch (ggf. stillschweigend) vereinbarte Einschränkung des Vorkaufsfalls ist, führt die Verletzung dieser Pflicht zwingend zur Annahme des Vorkaufsfalls [489]. Soweit vertreten wird, der Berechtigte sei befugt, Schadensersatz zu fordern [490], beruht dies auf der Unmöglichkeit der Übereignung der Aktien bei Vollzug des Erstvertrags (Schadensersatz statt der Leistung, §§ 280, 281 BGB), nicht auf der fehlenden Weitergabe der Vorkaufsbindung. Fraglich ist jedoch die Möglichkeit einer „Heilung" der unterbliebenen oder unvollständigen Weitergabe der Pflichten aus der Vorkaufsabrede. Manche Autoren [491] nehmen dies für den Fall einer unverzüglichen Nachholung der Weitergabe an. Hiergegen spricht jedoch zum einen, dass der Maßstab der Unverzüglichkeit selbst bei Anknüpfung an die Legaldefinition des § 121 Abs. 1 S. 1 BGB („ohne schuldhaftes Zögern") erhebliche Unsicherheiten mit sich bringt, weil der zeitliche Bezugspunkt offen bleibt. Zum anderen ist es mit Blick auf die Relativität der Schuldverhältnisse dogmatisch zweifelhaft, einer zum Zeitpunkt der Ausübung des Vorkaufsrechts wirksamen Ausübungserklärung durch die nachträgliche Ergänzung der Vereinbarung des Verpflichteten mit dem Dritten ex nunc die Wirkung zu nehmen. In evidenten Fällen mag der Rückgriff auf § 242 BGB nicht völlig ausgeschlossen sein. Im übrigen setzt die vorkaufsvermeidende Weitergabe jedoch die ordnungsgemäße Übernahme der Pflichten aus der Vorkaufsabrede durch den Dritten zu Gunsten des Berechtigten bereits zum Zeitpunkt des Kaufvertrags voraus.

Zwischenergebnis:
Der Umschwung zur Normanwendungstheorie im Allgemeinen und zur nuancierten und bewussten Rechtsfolgensystematik im Besonderen ist in der Rechtsprechung und Literatur noch nicht umfassend vollzogen. Die interessengerechte

§ 511, RN 1; sowie Noack S. 293; ferner bei MK-Westermann § 511, RN 1f, der jedoch darauf abstellt, ob der Verpflichtete das Vorkaufsrecht „abschütteln" möchte (klarer § 504, RN 17 a.E.).
[487] Unstreitig, vgl. Noack S. 294.
[488] Strittig; Lutter in Kölner Komm. § 54, RN 28-30 m.w.N.; § 55, RN 23; Noack S. 180; einschränkend Salzgeber-Dürig S. 105; Hefermehl/Bungeroth in Geßler/Hefermehl § 54, RN 36.
[489] Ähnlich Noack S. 295; Soergel-Huber § 511, RN 4, jedoch wohl aA bei § 504, RN 15a.
[490] Staudinger-Mader § 504, RN 42; Soergel-Huber § 504, RN 15a.
[491] Soergel-Huber § 504, RN 32; BGH EWiR § 506 BGB 1/87, 27, 28 (Tiedtke).

Rechtsfolge hängt von der Art der konkreten Umgehungshandlung und der gemeinsamen Zwecksetzung des Vorkaufsrechts ab. Die Sittenwidrigkeit eines Umgehungsgeschäfts wird hierbei nur noch in Ausnahmefällen in Betracht kommen. Vielmehr wird die Bewältigung einer Umgehung regelmäßig eine Fiktion des Vorkaufsfalls oder eine Anpassung der Vertragsbedingungen erfordern. Der Sonderfall einer Verpflichtung zur Weitergabe der Vorkaufsbindung, insbesondere bei konzerninternen Verkäufen oder vorweggenommener Erbfolge, stellt hingegen keinen Mechanismus gegen unzulässige Umgehungen dar, sondern beruht auf ergänzender Vertragsauslegung. Ein Verstoß gegen diese Verpflichtung führt zur Annahme eines Vorkaufsfalls.

88

§ 7   Darstellung ausgewählter Umgehungsfallgruppen

In der Literatur finden sich zahlreiche Darstellungen zu möglichen Umgehungskonstellationen, die jedoch regelmäßig weder eine nachvollziehbare Systematik aufweisen, noch einen Anspruch auf weitgehende Vollständigkeit erheben können. Bestimmte Konstellationen wurden bisher eher vernachlässigt, während andere bereits einer eingehenden Untersuchung unterzogen wurden [492]. Nachfolgend soll daher versucht werden, in einem eigenen Ansatz eine bislang fehlende [493] abschließende Systematik der Umgehungsfallgruppen vorzustellen (sub. I.). Anschließend sollen drei spezifisch aktienrechtlich bedeutsame Umgehungskonstellationen näher untersucht und einer Lösung zugeführt werden (sub. II.-IV.).

I.   Systematik der Umgehungsfallgruppen

Da es allgemeingültige Grundsätze zur Bewältigung von Umgehungen nicht geben kann [494], bietet sich die Erfassung möglicher Umgehungen in Form von Fallgruppen an. Sämtliche Umgehungskonstellationen lassen sich hierbei in sechs Fallgruppen einteilen [495], wobei jede sich ihrerseits in verschiedene Unterfälle aufgliedern lässt. Im Rahmen der vorliegenden Arbeit muss sich die Darstellung auf die wesentlichen Elemente dieser Fallgruppen beschränken, ohne jeden Unterfall einer konkreten Lösung zuordnen zu wollen.

1.   Koppelung des Erstkaufes an Wirksamkeitsvoraussetzungen
Wesenselement der ersten Fallgruppe ist die unzulässige Koppelung des Erstkaufes an bestimmte Wirksamkeitsvoraussetzungen [496]. Die Begriffe „Koppelung" und „Wirksamkeitsvoraussetzung" sind hierbei untechnisch zu verstehen. Hierunter fallen als Unterfälle die z.T. bereits durch § 465 BGB dem Berechtigten gegenüber für unbeachtlich erklärte Vereinbarung von Bedingungen und Genehmigungs- oder Rücktrittsvorbehalten, sowie die nachträgliche Vernichtung des Erstkaufes durch vorab angelegte Tatsachen, wie die Anfechtung wegen Irrtums oder die Berufung auf den Wegfall der Geschäftsgrundlage [497] (§ 313 BGB).

---

[492] Vgl. die eingehende Untersuchung bestimmter Umgehungsfälle durch Hees.

[493] Vgl. Probst in JR 1992, 419, 421 „Fallgruppenbildung noch zu leisten".

[494] Zutreffend Noack S. 170.

[495] Eine andere Systematik schlägt Grunewald in FS Gernhuber, S. 137ff vor, die jedoch nicht sämtliche Umgehungskonstellationen erfasst. Das Gleiche gilt für Schurig S. 151-162, der nur drei Fallgruppen (Verhinderung des Vorkaufsfalls, Verleidung des Vorkaufsfalls, Verleitung zur Ausübung) zugrunde legt. Zudem weisen die Gruppen keine einheitliche „Umgehungsstruktur" auf.

[496] Insoweit sei auf die ausführlich Behandlung durch Hees S. 88-131, 144-179 verwiesen.

[497] OLG Stuttgart JZ 1987, 570, 571; einschränkend jedoch BGH NJW 1987, 890, 893; hierzu Tiedtke in NJW 1987, 874ff.

Bei dieser Fallgruppe drängt sich eine Lösung über die analoge Anwendung des § 465 BGB auf. Besonderes Augenmerk ist hierbei auf die Einheitlichkeit der Anwendung des gefundenen Lösungsansatzes zu legen, um über die faktische Austauschbarkeit von „Wirksamkeitsvoraussetzungen" nicht zu willkürlichen und damit unbilligen Ergebnissen zu gelangen. Ferner ist gerade bei einem Aktienkauf im Rahmen eines Unternehmenskaufs zu berücksichtigen, dass die Aufnahme derartiger Regelungen üblich ist. Daher sollte zur Vermeidung faktischer Unverkäuflichkeit versucht werden, bei der Gestaltung und Abwicklung derartiger Verträge keine unzumutbar strengen Maßstäbe anzusetzen.

2.   Verwendung abweichender Vertragstypen *mit* Übereignung der Aktien
Die zweite Fallgruppe zeichnet sich dadurch aus, dass der Verpflichtete die Aktien zwar auf einen Dritten überträgt, hierbei jedoch keinen Kaufvertrag abschließt, sondern eine abweichende rechtliche Gestaltung wählt. Als bedeutendste [498] Unterfälle sind hierbei die nachfolgend eingehend behandelten Konstellationen des Tauschs (insbesondere des Aktientauschs), sowie der Einbringung in eine Gesellschaft und des Verkaufs der verpflichteten Gesellschaft durch die Muttergesellschaft zu nennen. Daneben fällt hierunter aber auch die problematische Handhabung der einfachen und der gemischten Schenkung [499], auch bei vorweggenommener Erbfolge [500], sowie weiter die Übertragung gegen Dienst- oder Werkleistung [501], die Sicherungsübereignung [502] oder die erschlichene Zwangsvollstreckung [503].

Diese Fallgruppe wird sich in der Rechtsfolge im wesentlichen über die Fiktion des Vorkaufsfalls lösen lassen, sofern nicht bereits die (ggf. ergänzende) Auslegung die Erstreckung der Vorkaufsklausel auf (bestimmte oder alle) sonstigen Veräußerungsgeschäfte gebietet.

3.   Verwendung besonderer vertraglicher Gestaltungen *ohne* Übereignung der Aktien
Hiervon zu unterscheiden ist die dritte Fallgruppe, bei der es an der rechtsgeschäftlichen Übertragung der Aktien auf den Dritten zwar fehlt, ein wirtschaftlich zumindest vergleichbarer Erfolg jedoch auf andere Weise erreicht

---

[498] Vgl. Kowalski in GmbHR 1992, 347, 348f.

[499] Staudinger-Mader § 504, RN 12; Erman-Grunewald § 504, RN 8; Grunewald in FS Gernhuber, S. 137, 138f; RGRK-Mezger § 504, RN 8; ausführlich Schurig S. 137; BGH WM 1957, 1162, 1164; BGH NJW 1987, 890, 891f.

[500] BGH NJW 1987, 890ff; Noack S. 292ff.

[501] MK-Westermann § 504, RN 19; Soergel-Huber § 504, RN 12, § 507, RN 3; Grunewald in FS Gernhuber, S. 137 140.

[502] Westermann/Klingberg in FS Quack, S. 545, 558; Erman-Grunewald § 504, RN 8; Grunewald in FS Gernhuber, S. 137, 142.

[503] Das Problem beruht hier auf der Regelung des § 471 BGB, die einen Vorkaufsfall verneint.

90

wird. Als Unterfälle sind hierbei vor allem die Einräumung von Unterbeteiligungen [504], die Verpfändung von Aktien [505], sowie der Abschluss von Treuhand- [506] oder Stimmbindungsverträgen [507] oder die umfassende Stimmrechtsvollmacht zu fassen.

Die interessengerechte Bewältigung möglicher Umgehungen wird hierbei selbst bei Annahme einer unzulässigen Umgehung durch die Schwierigkeit beherrscht festzulegen, ob die im Einzelfall unzulässige Gestaltung einem Vorkaufsfall gleichzusetzen ist und demzufolge dem Berechtigten die Möglichkeit zur Ausübung des Vorkaufsrechts gibt, oder ob die Unwirksamkeit der Beeinträchtigung wegen Sittenwidrigkeit geboten ist.

4. „Verleidung" des Vorkaufsrechts
Die vierte Fallgruppe umfasst Sachverhalte, bei denen der Verpflichtete mit dem Dritten zwar ein von der Vorkaufsabrede erfasstes Rechtsgeschäft abschließt, durch die konkrete inhaltliche Ausgestaltung dem Berechtigten jedoch in unzulässiger Weise die Geltendmachung des Vorkaufsrechts erschwert oder faktisch unmöglich macht („verleidet" [508]). Der rechtliche Ansatz besteht hier in der Unwirksamkeit derartiger Bestimmungen analog § 465 BGB.

Unter diese Fallgruppe fällt ferner der Abschluss eines Scheingeschäfts mit dem letztlich nicht ernsthaft kaufbereiten Dritten [509]. Zwar wird hierdurch dem Berechtigten die Möglichkeit des Erwerbs eröffnet. Zugleich wird er aber zur Vermeidung des (vermeintlichen) Erlöschens des Vorkaufsrechts in unzulässiger Weise zu einer wirtschaftlichen Entscheidung gezwungen. Zur Vermeidung einer weitergehenden Rechtsunsicherheit wird man dem Berechtigten jedoch kein Wahlrecht einräumen können, ob er den Verpflichteten am vermeintlichen Kauf festhalten oder das Vorkaufsrecht schlicht fortbestehen lassen will [510].

---

[504] MK-Westermann § 504, RN 19; Erman-Grunewald § 504, RN 19.

[505] Schurig S 157; Soergel-Huber § 504, RN 34f.

[506] Krebs S. 108; Kowalski in GmbHR 1992, 347, 351; Kossmann in BB 1985, 1365; treffend Lutter/Schneider in ZGR 1975, 182, 194 „Macht des Faktischen".

[507] RGZ 69, 134; BGH NJW 1987, 890ff; Lutter/Grunewald in AG 1989, 109, 111-113; Lutter in Kölner Komm., § 68, RN 50; Hefermehl/Bungeroth in Geßler/Hefermehl § 68, RN 157f; ausführlich Noack S. 66ff, 136ff.

[508] Staudinger-Mader § 504, 20; Schurig S. 152; ähnlich Krebs S. 115 „Versauerung"; ebenso BGHZ 34, 200, 205.

[509] Ausführlich zur Abgrenzung der sog. Tatbestandserschleichung von der sog. Tatbestandsvermeidung und deren praktischer Handhabung Teichmann S. 48-50, 64f.

[510] Vgl. Soergel-Huber § 504, RN 22; Staudinger-Mader § 504, RN 22 und 25; Hees S. 192ff; Schurig S. 161.

5.   Vertragswidriger Vollzug des Erstvertrags
Die fünfte Fallgruppe umfasst zwei ähnliche, aber doch notwendig zu trennende
Sachverhalte, nämlich den vorkaufsrechtswidrigen Vollzug eines *rechtmäßigen*
bzw. eines *unwirksamen* Vertrags mit dem Dritten. Bei ersterem liegt zwar ein
Vorkaufsfall vor, das Vorkaufsrecht geht durch den Vollzug des Kaufes jedoch
letztlich ins Leere. Bei letzterem liegt mangels wirksamem Kaufvertrag kein
Vorkaufsfall vor. Dennoch vollziehen die Parteien des Vorkaufes diesen Vertrag
und vereiteln das Vorkaufsrecht [511].

Die rechtliche Handhabung ist hierbei problematisch. In Ausnahmefällen wird man
den Vorkaufsfall fingieren und dem Berechtigten die Ausübung trotz unwirksamen
Vertrags gestatten können. Die Praxis bringt hierbei vielfältige Lösungsansätze
[512], die stets einer kritischen Prüfung im Einzelfall standhalten müssen. Denkbar
ist hierbei ein Anspruch aus § 826 BGB gegen den Dritten, insbesondere bei einer
Freistellungsvereinbarung zugunsten des Verpflichteten [513].

6.   Nachträgliche Aufhebung bzw. Änderung des Erstvertrags
Die sechste Fallgruppe betrifft nachträgliche Änderungen oder Aufhebungen des
Erstvertrags. Die überwiegende Meinung sieht hierbei – vereinfacht – bloße Änderungen als bindend an, eine Aufhebung des Vertrages jedoch nicht [514]. Zudem soll
in den Fällen, in denen eine erforderliche Genehmigung noch nicht erteilt oder eine
aufschiebende Bedingung noch nicht eingetreten ist, selbst nach Ausübung des
Vorkaufsrechts eine Aufhebung des Kaufvertrags möglich sein [515]. Dieser Ansatz
ruft jedoch insbesondere für Aktienverkäufe im Zusammenhang mit einem Unternehmenskauf Umgehungen geradezu hervor und erscheint daher zweifelhaft. Hier
spricht nicht zuletzt aus Gründen der Rechtssicherheit und leichteren Handhabbarkeit mehr dafür, dem Berechtigten ein Wahlrecht hinsichtlich der Vereinbarungen zuzugestehen und Änderungen gleichsam als neuen Vorkaufsfall anzusehen
[516].

---

[511] Auch der Vollzug eines unwirksamen Vertrags ist nach dem Abstraktionsprinzip
grundsätzlich wirksam.

[512] Salzgeber-Dürig (kein Anspruch); Henrich S. 285, 369 (nur bei Kollusion); Lutter in Kölner
Komm., § 68, RN 23 (nur Schadensersatz); vgl. ferner MK-Westermann § 504, 30; § 505, RN 1;
Staudinger-Mader § 504, RN 38ff; Kowalski in GmbHR 1992, 347, 348.

[513] Verneinend Krebs S. 112 (Fn. 2); Assmann S. 120; MK-Westermann § 505, RN 6; bejahend
hingegen Noack S. 179; sowie Lutter/Grunewald in AG 1989, 409, 410 m.w.N.

[514] Vgl. Schurig S. 169-171; Soergel-Huber § 504, RN 18f, 40f; § 505, RN 24; Staudinger-
Mader § 504, RN 18.

[515] Zuletzt BGHZ 139, 29, 31ff.

[516] Erman-Grunewald § 510, RN 4, § 504, RN 13, § 505, RN 2; Salzgeber-Dürig S. 49f.

Drei der praktisch bedeutendsten Umgehungsformen, die für Vorkaufsrechte an Aktien bislang noch nicht näher hinterfragt wurden, sollen nachfolgend mit Blick auf mögliche Kriterien und Grundsätze der rechtlichen Bewertung untersucht werden.

II. Umgehung des Vorkaufsrechts durch Vereinbarung eines Aktientauschs

In der Praxis werden Aktienpakete, insbesondere im Rahmen eines Unternehmenskaufs, verstärkt nicht mehr verkauft, sondern im Wege des Aktientauschs veräußert [517]. Dies beruht zum einen auf den für Beteiligungen zu zahlenden hohen Erwerbspreisen, die vielfach nicht einmal über Kredite in bar zu finanzieren sind. Zum anderen ist die Gewährung von Aktien bei wirtschaftlich prosperierenden Unternehmen auch für den Veräußerer interessanter als ein Festpreis. Zum Dritten kann über den Aktientausch zugleich eine von beiden Seiten gewünschte Verflechtung der Unternehmensgruppen realisiert werden.

Nach Wortlaut und Entstehungsgeschichte [518] fällt der Abschluss eines Tauschvertrags nicht in den Anwendungsbereich des Vorkaufsrechts. Hierbei stellt sich jedoch stets die Frage, unter welchen Voraussetzungen der Aktientausch [519] dem Berechtigten gegenüber als unzulässige Umgehungsmaßnahme anzusehen ist, sofern dieser an der Ausübung des Vorkaufsrechts gehindert ist.

Beispiel [520]: Die Gesellschaftervereinbarung einer AG sieht *„im Veräußerungsfall das Vorkaufsrecht"* der übrigen Gesellschafter vor. Einer der Aktionäre, ein Landkreis, veräußert nun seine Aktien gegen „interkommunal gebundene" Aktien eines anderen Landkreises.

Die rechtliche Einordnung eines Aktientausch als vorgeblich unzulässige Umgehungsmaßnahme stand auch beim einleitenden Grundfall „Bewag" im Mittelpunkt des Interesses.

Hier veräußerte Eon die Beteiligung an der Bewag an die HEW gegen 248 Mio. Euro Barzahlung und Übertragung mehrerer Aktienpakete, ohne die Bewag-Aktien zuvor dem angeblich vorkaufsberechtigten Mitgesellschafter Southern Energy angeboten zu haben. Letzterer erwirkte vor dem Berliner Landgericht eine einstweilige Verfügung zur Verhinderung der Übereignung der Beteiligung an HEW [521].

---

[517] Horn in ZIP 2000, 473, 475; insoweit für den Aktientausch nicht zutreffend Grunewald in FS Gernhuber, S. 137, 140 *„Tausch selten"*.

[518] Vgl. Schubert Redaktion S. 71.

[519] Die Darstellung soll hierbei auf den Tausch gegen *Aktien* beschränkt bleiben. Die angeführte Literatur und Rechtsprechung bezieht sich hingegen zumeist pauschal auf den Tausch.

[520] Angelehnt an RG v. 26.01.1934, Az. II 179/33 = JW 1934, 1412 *„interkommunal gebundene Aktien"*; dort jedoch zum Vorkaufsrecht samt Vinkulierung an einer *GmbH*.

[521] Ausführlich unter § 1.

Insbesondere bei einer vom Gesetzeswortlaut abweichenden Fassung der Vorkaufsklausel ist zu prüfen, ob sich das Vorkaufsrecht nach dem tatsächlichen oder hypothetischen Willen der Parteien im Wege der Auslegung auch auf Tauschkonstellationen erstrecken soll bzw. in welchen Fällen der Aktientausch eine unzulässige Umgehung des Vorkaufsrechts darstellt.

1. Tausch als Vorkaufsfall in der Literatur und Rechtsprechung

Rechtsprechung und Literatur betonen überwiegend den Grundsatz, der Abschluss eines Tauschvertrags falle nicht in den Anwendungsbereich des Vorkaufsrechts i.S.d. § 463 BGB [522]. Für den Bereich des *Aktien*tauschs sind die Ansichten hingegen gespalten.

a) Literatur

Die überwiegende Ansicht in der Literatur [523] will den Tausch gegen Aktien dem Kauf gleichstellen, weil es sich hierbei - im weiteren Sinne - um vertretbare Sachen [524] handele, für die es einen Marktpreis gebe [525]. Vereinzelt finden sich jedoch - bedeutende - Einschränkungen. *Hees* will dies auf Tauschverträge beschränken, bei denen die getauschten Aktien zeitnah wieder zum Tageskurs veräußert werden sollen [526]. *Schurig* [527] will dem Berechtigten nur dann die Möglichkeit zur Ausübung des Vorkaufsrechts einräumen, wenn dieser ebenfalls Aktien der betroffenen Gesellschaft leisten könne, da ihm kein Recht zur Entrichtung des Wertes der Gegenleistung in bar zustehe.

Für den speziellen Fall des sog. Ringtauschs [528] wird die Möglichkeit der Ausübung des Vorkaufsrechts einhellig abgelehnt [529].

---

[522] Vgl. statt vieler RGZ 88, 361, 364; Palandt-Putzo § 463, RN 4; Reichert S. 76; Soergel-Huber § 504, RN 6 und 37 m.w.N.; a.A. jedoch Erman-Grunewald § 504, RN 8.

[523] Vgl. Palandt-Bassenge § 1097, RN 1; Soergel-Stürner § 1097, RN 3; Salzgeber-Dürig S. 34, Fn 11; Schurig S. 135; MK-Westermann § 504, RN 22; Staudinger-Mader § 504, RN 21; Erman-Grunewald § 504, RN 8; Grunewald in FS Gernhuber, S. 137, 140, 142; a.A. Hees S. 36f.

[524] MK-Westermann § 504, RN 19; Schermaier in AcP 196 (1996), 256, 261f.

[525] Soergel-Huber § 504, RN 7; Grunewald in FS Gernhuber, S. 137, 139f.

[526] Hees S. 45, 64; abweichend MK-Westermann § 504, RN 22, sowie Staudinger-Mader § 504, RN 21, und Soergel-Stürner § 1097, RN 3, die auf die Möglichkeit des Weiterverkaufs der Aktien abstellen.

[527] Schurig S. 135.

[528] Zu den verschiedenen Tauschvarianten nachfolgend unter 2 a).

[529] Vgl. BGHZ 49, 7ff; Schurig S. 138; ohne Begründung MK-Westermann § 504, RN 19; Soergel-Huber § 504, RN 6; Staudinger-Mader § 504, RN 12; Erman-Küchenhoff § 1097, RN 2; Palandt-Bassenge § 1098, RN 2.

b)   Rechtsprechung

Neuere Rechtsprechung zum Aktientausch gibt es, soweit ersichtlich, nicht [530]. Die ältere Rechtsprechung scheint schon mit Blick auf § 480 BGB einer grundsätzlichen Gleichstellung von Tausch und Kauf für den Bereich des Vorkaufsrechts zuzuneigen [531]. Daher setzte das Reichsgericht [532] auch für die Annahme des Nichtvorliegens des Vorkaufsfalls voraus, dass der getauschte Gegenstand *„gebraucht und nicht anders hätte erworben"* werden können. Dieses Erfordernis eines sachlichen Grundes für den Verpflichteten zum Rückgriff auf den Tausch hat das Reichsgericht später bestätigt [533].

Weder die Literatur noch die Rechtsprechung setzen sich allerdings näher mit den Besonderheiten des Aktientauschs auseinander oder nehmen gar eine Unterscheidung verschiedener Tauschkonstellationen vor.

2.   Eigener Ansatz zum Aktientausch

Eine rein wirtschaftliche Betrachtung widerspricht der Intention des Gesetzgebers und wäre letztlich willkürlich. Dies schließt jedoch die Berücksichtigung wirtschaftlicher Aspekte, insbesondere die Bedeutung der konkreten unternehmerischen Entscheidung für die Beteiligten nicht nur nicht aus, sondern setzt diese als Grundlage der gemeinsamen Zwecksetzung gerade voraus [534]. Nach einer Darstellung der verschiedenen Tauschkonstellationen soll ein eigener Ansatz zu den Kriterien einer möglichen Gleichstellung von Kauf und Aktientausch herausgearbeitet werden.

a)   Tauschkonstellationen

Der Aktientausch ist in drei verschiedenen Varianten möglich.

Als „Standardtausch" [535] soll der Tausch der vorkaufsbelasteten Aktien gegen Aktien, die vom Dritten an einer anderen Gesellschaft gehalten werden, bezeichnet werden, z.B. der vollständige oder anteilige Tausch der Aktien an zwei 100 %igen Tochtergesellschaften. Sofern es sich bei der Gegenleistung um Aktien an einer zu gründenden oder in Gründung befindlichen Gesellschaft handelt, ist neben dem

---

[530] Eine Ausnahme ist die Entscheidung 99 O 108/00 des LG Berlin zur einstweiligen Verfügung im „Bewag"-Fall; (Az. des Kammergerichts: 2 U 10062/00).

[531] So zu Unrecht bereits RGZ 88, 361, 364; hiergegen RGRK-Mezger § 504, RN 8.

[532] RGZ 88, 361, 366 zur Frage der Sittenwidrigkeit der Umgehung durch ein Tauschgeschäft, wobei sich der Dritte jedoch in concreto verpflichtet hatte, die Tauschsache zurückzukaufen, vgl. Soergel-Huber § 504, RN 8.

[533] RG JW 1934, 1412, 1414.

[534] May S. 75; vgl. ferner zur sog. folgenorientierten Auslegung Deckert in JuS 1995, 480ff.

[535] Die Bezeichnungen dienen nur der Abgrenzung und dem Verständnis, sind aber kein Hinweis auf praktische Häufigkeit.

Gebot hinreichender Bestimmtheit [536] zu beachten, dass die AG erst mit der Eintragung in das Handelsregister entsteht (vgl. § 41 Abs. 1 S. 1 AktG [537]).

Hiervon zu unterscheiden ist die Konstellation, in der die AG, die die vorkaufsbelasteten Aktien erwirbt, als Gegenleistung eigene Aktien (vgl. § 71 Abs. 1 Nr. 8 AktG) überträgt („Tausch gegen eigene Aktien"). Schließlich kommt der Aktientausch als sog. „Ringtausch" [538] in Betracht. Bei dieser Konstellation überträgt der Vorkaufsverpflichtete die vorkaufsbelasteten Aktien auf die erwerbende AG. Die Gegenleistung liegt in der Übertragung von Aktien an der erwerbenden Gesellschaft durch deren Gesellschafter oder durch Übernahme neuer Aktien im Wege einer Kapitalerhöhung. Diese dreiseitige Tauschkonstellation führt demnach in ihren beiden Unterfällen ebenso wie der Tausch gegen eigene Aktien zu einer unmittelbaren Beteiligung des Verpflichteten am Dritten.

Diese Varianten sind bei der praktischen Umsetzung mitunter austauschbar. Die rechtliche Einordnung kann jedoch unterschiedlich sein. Während der Standardtausch ein Tausch i.e.S. ist, sind der Ringtausch und der Tausch gegen eigene Aktien nicht als Tausch, sondern als eine Form der Einbringung in eine Gesellschaft anzusehen [539]. Hierbei macht es für die Anwendbarkeit des Vorkaufsrechts keinen Unterschied, ob der Ringtausch in einem dreiseitigen Tauschverhältnis oder durch Ausgabe neuer Aktien erfolgt, weil eine Beteiligung des Gesellschafters auch bei der Einschränkung des Bezugsrechts durch Beschlussfassung der Hauptversammlung geboten ist. Ebenso ist es nicht entscheidend, ob der Verpflichtete die Aktien an der erwerbenden Drittgesellschaft durch diese selbst („eigene Aktien") oder durch den Gesellschafter („Ringtausch") erhält.

Die folgenden Erwägungen beziehen sich jedoch zunächst [540] nur auf den Standardtausch.

b)   „Tauschähnliche" Kaufverträge
In bestimmten Konstellationen liegt aus rechtlichen Erwägungen schon kein Tauschvertrag, sondern ein Kauf i.e.S. vor, der lediglich „tauschähnlich" ausgestaltet ist. Hiervon wird man insbesondere in folgenden drei Fällen ausgehen müssen.

---

[536] Henrich S. 124f, 133.

[537] Vorher besteht eine Vor-AG; hierzu näher Hüffer § 41, RN 2ff; sowie LG Heidelberg AG 1998, 197ff.

[538] Vgl. BGHZ 49, 7, 9 = NJW 1968, 104 zum Ringtausch an Grundstücken; Schurig S. 138.

[539] Soergel-Huber § 504, RN 10, sowie Noack S. 297 sprechen sich für eine pauschale Gleichbehandlung von Tausch und Einbringung aus.

[540] Die Einordnung des Ringtauschs und des Tauschs gegen eigene Aktien werden im Rahmen der Umgehung durch Einbringung in eine Gesellschaft (sub. III.) erörtert.

aa) Leistung erfüllungshalber / an Erfüllung Statt

Eine Gleichstellung von Tausch und Kauf ist zunächst geboten, sofern der jeweilige Tauschgegenstand nur eine vereinbarte oder zulässige Ersatzleistung für die Leistung von Geld ist [541]. Hierunter fallen zwei Konstellationen: Zum einen betrifft dies die Leistung eines Aktienpakets durch den *Dritterwerber* an Erfüllung Statt bzw. erfüllungshalber. Hier dient die Sachleistung nur der Erbringung einer eigentlich geschuldeten Geldleistung. Da trotz der nachträglichen Ersetzung der Gegenleistung ein Kaufvertrag vorliegt, treten abgesehen von der Zulässigkeit einer nachträglichen Änderung des Kaufvertrags [542] keine rechtlichen Probleme auf. Die Gleichstellung erfasst jedoch auch den entgegengesetzten Fall, bei dem der vorkaufsbelastete Gegenstand vom *Verpflichteten* an den Dritterwerber an Erfüllungs Statt bzw. erfüllungshalber geleistet wird [543]. Gibt der Vorkaufsverpflichtete die Aktien nur deshalb an den Dritterwerber, um damit eine diesem gegenüber aus einem anderen Vertrag bestehende Geldleistungspflicht zum Erlöschen zu bringen, so liegt rechtlich keine Übertragung des Vorkaufsgegenstandes aufgrund eines Kaufvertrages vor. Dennoch ist der Berechtigte befugt, den vom Verpflichteten geschuldeten Kaufpreis an den Dritterwerber im Gegenzug gegen die Übertragung der vorkaufsrechtsbelasteten Aktien an ihn zu zahlen [544]. Dieses Ergebnis trägt regelmäßig sowohl den Interessen des Berechtigten als auch denen des Verpflichteten hinreichend Rechnung. Der innere Wille des Verpflichteten zur Leistung an den Dritten, sowie die Interessen des letzteren sind im Verhältnis zum Berechtigten unbeachtlich.

bb) Doppelkauf

Bei einem Tauschvertrag kommt es den Parteien auf die Leistung des jeweiligen Sachwerts durch die Gegenseite an, so dass eventuelle Wertangaben nur zur Offenlegung ihrer Berechnungen zur Angemessenheit des Wertverhältnisses dienen. In Abgrenzung hierzu liegt ein sog. Doppelkauf dann vor, wenn beide Parteien unter Verrechnung der gegenseitigen Geldforderungen gegen Geld verkaufen wollen [545]. Dieser ermöglicht dem Berechtigten stets die Ausübung des Vorkaufsrechts. Ähnliches kommt bei der Vereinbarung einer Rückkaufverpflichtung des Dritten für die von ihm geleisteten Aktien in Betracht [546]. Sofern der Verpflichtete jederzeit den Rückerwerb der vom Dritten geleisteten Aktien verlangen kann, steht dies der Vereinbarung einer Geldleistung für den Verkauf seiner eigenen Aktien wertungsmäßig gleich und löst im Verhältnis zum Berechtigten den Vorkaufsfall aus.

---

[541] Nach Schubert Redaktion S. 71 sollte dies eine Frage des Einzelfalls sein.

[542] Vgl. hierzu die Fallgruppe unter § 7 I 6.

[543] Hees S. 40f; Staudinger-Mader § 504, RN 17; Salzgeber-Dürig S. 33; MK-Westermann § 504, RN 19; Soergel-Huber § 504, RN 11.

[544] Ähnlich Schurig S. 136; Hees S. 40f; Soergel-Huber § 504, RN 11.

[545] Staudinger-Mader § 504, RN 12 „*Sachaustausch nicht bezweckt*".

[546] Vgl. Soergel-Huber § 504, RN 8 unter Verweis auf RGZ 88, 361.

cc) Tauschleistung als Nebenleistung

Der eigentliche Aktientausch, d.h. der Austausch zweier Aktienpakete [547], ist von dem Fall zu trennen, bei dem neben einer Geldleistung ein Aktienpaket als Gegenleistung vereinbart wird (Aktientausch mit Barzulage [548]). Sofern sich der Wert der Aktien im Verhältnis zur Barleistung wirtschaftlich als bloße *Neben*leistung darstellt, greift § 466 BGB ein [549]. Hiernach kann der Berechtigte anstelle von Nebenleistungen, die er zu bewirken außerstande ist, deren Wert entrichten. Die Ermittlung des Wertes der Aktien mag bei fehlender Börsennotierung zwar praktisch aufwendig und streitträchtig sein. Der Ausschluss des Vorkaufsrechts wegen fehlender Schätzbarkeit nach § 466 S. 2 1. HS BGB ist bei Aktien jedoch nicht denkbar. Die Bedeutung des Erwerbs gerade der getauschten Beteiligung mag für den Verpflichteten aus unternehmerischen Gesichtspunkten erheblich sein. Dieser Aspekt ist jedoch allein bei der Ermittlung des Wertes der Gegenleistung zu berücksichtigen, stellt jedoch nicht bereits die Schätzbarkeit an sich in Frage.

Klärungsbedürftig ist hingegen die rechtliche Einordnung einer Tauschleistung als Hauptleistung. Diese hat unabhängig davon auszufallen, ob der Tauschgegenstand die alleinige Gegenleistung ist oder eine Barzulage vereinbart wurde [550].

c) Kriterien zur Einordnung eines Aktientauschs als Vorkaufsfall

Da sich die konkrete Einordnung eines Rechtsgeschäfts als Umgehungsgeschäft mit Blick auf die Zwecksetzung der Vorkaufsabrede stets als Einzelfallentscheidung darstellt, soll versucht werden, die hierfür maßgeblichen Kriterien [551] näher zu bezeichnen. Die vermeintliche „Kaufähnlichkeit" [552] des Aktientauschs führt schon insoweit nicht weiter, als der Gesetzgeber trotz des allgemeinen Verweises auf das Kaufrecht in § 480 BGB beide Rechtsgeschäfte unterschiedlich behandeln wollte [553]. Ebenso wenig kann es auf die rein zufällige Erbringbarkeit der Gegenleistung durch den Berechtigten ankommen [554]. Dies würde vermögende Berechtigte, die (zufällig) über größere Aktienbeteiligungen verfügen, unabhängig von dem jeweils Vereinbarten willkürlich begünstigen. Auch ein vermittelnder Ansatz dahingehend, der Berechtigte sei zwar im Zweifel zur Ausübung berechtigt, müsse dann aber die konkret geschuldete Gegenleistung erbringen [555] (Kompensations-

---

[547] Der Austausch zweier einzelner Aktien ist rein theoretisch und daher auch nachfolgend zu vernachlässigen.

[548] Vgl. beispielhaft den einleitenden Grundfall „Bewag".

[549] Schurig S. 135; Staudinger-Mader § 504, RN 12.

[550] RGZ 88, 361, 364; Soergel-Huber § 504, RN 6; Schurig S. 135.

[551] Vgl. schon Schubert Redaktion S. 71 zur Frage möglicher „*Indizien*" für eine Gleichstellung.

[552] Zum Kriterium der Kaufähnlichkeit näher unter § 4 I 2 c).

[553] RGRK-Mezger § 504, RN 8.

[554] Zutreffend Hees S. 36; Soergel-Huber § 504, RN 7; a.A. die wohl h.M.

[555] Vgl. Schurig S. 134f.

gedanke), führt nicht weiter. Hierzu wäre der Berechtigte allenfalls bei einer börsennotierten AG in der Lage. In diesem Fall könnte sich der Verpflichtete bei einer Geldleistung des Berechtigten die Aktien aber unschwer auch selbst auf dem Markt beschaffen und wäre nicht auf die Erbringung der Sachleistung angewiesen [556].

Die Abgrenzung hat daher allein über die Frage nach der konkreten Bedeutung der Gegenleistung „Aktie" im Gegensatz zur Leistung von Geld zu erfolgen [557]. Die grundsätzliche Beschränkung auf Kaufsituationen verbietet hierbei eine pauschale Erweiterung zu Gunsten des Berechtigten [558]. Maßgebliche Bedeutung kommt den folgenden Kriterien zu:

1. Kriterium: Börsennotierung der AG

Handelt es sich bei der AG, deren Aktien der Dritte als *Gegen*leistung erbringt, um eine börsennotierte Gesellschaft [559], kann die Gegenleistung durch eine unbestimmte Vielzahl von Personen erbracht werden. Auf die Größe des Aktienpakets kann es nicht ankommen, weil dies allein die faktische Möglichkeit der Leistungserbringung, nicht die rechtliche Qualifizierung der Gegenleistung betrifft. Dieses üblicherweise ausschließlich für den Kaufvertrag vorgebrachte Ansatz spricht für eine „objektive" Gleichgültigkeit des Verpflichteten an der Person des Vertragspartners und somit für die Annahme des Vorkaufsfalls. Zwar mag der Verpflichtete ein gesteigertes Interesse an der Erbringung der eigenen Leistung an einen bestimmten Erwerber haben, insbesondere im Zuge einer wechselseitigen Beteiligung zweier Unternehmensgruppen. Die Gleichstellung des Tauschs mit dem Kauf aus Gründen des Umgehungsschutzes betrifft jedoch ausschließlich die Gegenleistung, nicht die eigene Leistung des Verpflichteten. Daher ist es für die Annahme eines Vorkaufsfalls nur eingeschränkt von Bedeutung, aus welchen Gründen und an wen der Verpflichtete die vorkaufsbelasteten Aktien verkaufen will.

2. Kriterium: Umfang und Wert der Gegenleistung

Umfang und Wert des vom Erwerber übertragenen Aktienpakets geben zunächst lediglich einen Hinweis darauf, ob der Berechtigte rein faktisch zur Erbringung der Gegenleistung in der Lage wäre, nicht ob er zur Ausübung des Vorkaufsrechts überhaupt berechtigt ist. Darüber hinaus können sie jedoch im Einzelfall auch für die Frage bedeutsam sein, ob der Verpflichtete ein wirkliches Interesse an der Erbringung einer Sachleistung hat. Je geringer der Umfang und der Wert der ge-

---

[556] Grunewald in FS Gernhuber, S. 137, 140.

[557] Zutreffend Hees S. 64.

[558] Ebenso Schermaier in AcP 196 (1996), 256, 273f; Hees S. 86; Soergel-Hefermehl § 134, RN 37; a.A. Erman-Grunewald § 504, RN 8.

[559] Zum Sonderfall der Börsennotierung der vorkaufsbelasteten Aktien vgl. nachfolgend d).

tauschten Beteiligung des Dritten ist, desto eher kann die Vermutung nahe liegen, dass der Verpflichtete auch mit einer Geldzahlung einverstanden wäre [560].

3. Kriterium: Bezweckte Weiterveräußerung der Gegenleistung
Maßgeblich für die Einordnung einer Maßnahme als unzulässige Umgehung ist der Zeitpunkt der Vornahme des das Vorkaufsrecht beeinträchtigenden Rechtsgeschäfts. Ist das Vorkaufsrecht infolge eines zulässigen Tauschgeschäfts erloschen, steht es dem Verpflichteten frei, die erworbene Gegenleistung weiterzuveräußern, ohne dass dies die rechtliche Einordnung des Tauschvertrags ändern könnte. Dennoch kommt dem Verbleib der getauschten Aktien insofern Bedeutung zu, als eine geplante Weiterveräußerung in unmittelbarem zeitlichem Zusammenhang mit dem Tauschvertrag gegen die Annahme eines Interesses des Verpflichteten an der Gegenleistung, und damit gegen die Einordnung als Tausch schlechthin, sprechen kann. Will der Verpflichtete die Sache zeitnah weiterveräußern, kommt es ihm auf die Realisierung des Wertes der getauschten Aktien, nicht auf diese selbst an. Bedeutung kommt demnach nicht der rein tatsächlichen Weiterveräußerung an sich zu, sondern der bloßen Absicht, unabhängig davon, ob sich diese nachfolgend auch realisiert. Im Einzelfall kann demnach die zeitnahe Veräußerung auf einen entsprechenden Veräußerungs*willen* [561] bereits zum Zeitpunkt des Erwerbs hindeuten. Dies gilt insbesondere für Unternehmenskaufverträge, deren Vorbereitung und Abschluss regelmäßig erheblichen Aufwand mit sich bringt [562].

4. Kriterium: Berechtigtes Interesse an den getauschten Aktien
Der Verpflichtete ist nicht gezwungen, die Wahl des von ihm beabsichtigten oder abgeschlossenen Rechtsgeschäfts näher zu begründen. Er muss daher auch keine sachlichen Gründe für die Vornahme eines Aktientauschs vorbringen [563]. Stellt sich jedoch umgekehrt heraus, dass ein berechtigtes Interessen an den getauschten Aktien nicht besteht, so kann dies gegen das Vorliegen eines sachlichen Interesses an der Tauschleistung sprechen. Als mögliches Interesse sind hier neben der beabsichtigten Realisierung einer konkreten und wirtschaftlich nachvollziehbaren Verflechtung zweier Unternehmensgruppen [564] oder deren Auflösung [565] steuerliche

---

[560] Grunewald in FS Gernhuber, S. 137, 140; OLG Frankfurt a.M. NJW 1996, 935 (5 Daimler-Benz Aktien).

[561] Entgegen MK-Westermann § 504, RN 22, sowie Staudinger-Mader § 504, RN 21 kommt es nicht auf die bloße Möglichkeit des Verkaufs, sondern auf den entsprechenden Willen an; zutreffend Hees S. 45, 64.

[562] OLG Nürnberg NJW-RR 1992, 461f.

[563] AA wohl RG JW 1934, 1412, 1414.

[564] Noack S. 43.

[565] Vgl. Wastl in NZG 2000, 505, 509; sowie AG-Report 2000, R 228, R 295 (zur Entflechtung der Münchener Rück und der Allianz).

Gründe [566] denkbar. Maßstab ist aber allein die Gegenleistung und die durch deren Erwerb unmittelbar bezweckten rechtlichen und wirtschaftlichen Folgen. Auf eine umfassende Freiheit zur Auswahl des Vertragspartners kann sich der Verpflichtete hingegen nicht berufen [567]. Ebenso wenig kann er die Unmöglichkeit der Finanzierung eines Barangebots durch den Dritten geltend machen, da ihm in diesem Fall gerade an einer Gegenleistung in Geld gelegen ist und er an der Leistung der Aktien durch den Dritten gerade kein Interesse hat.

Diese Kriterien stehen jedoch weder isoliert nebeneinander, noch besteht eine konkrete Rangfolge unter ihnen. Entscheidend ist vielmehr die Gesamtschau unter Berücksichtigung der Zwecksetzung [568]. Hierbei ist auch eine gewisse *Interdependenz* unter den Kriterien zu beachten. Auch wenn einige Aspekte für die Möglichkeit der Ausübung des Vorkaufsrechts sprechen (z.B. Börsennotierung), kann dies durch andere gegenteilige Tatsachen gleichsam entkräftet werden. Problematisch bleibt jedoch im Einzelfall die Frage nach konkreten Anforderungen, die man an die Annahme eines berechtigten Interesses zu stellen hat.

d) Gleichstellung von Kauf und Aktientausch bei einer Vorkaufsbelastung von stimmberechtigten Aktien einer börsennotierten AG

Mit Blick auf die vorgenannten Kriterien fragt sich, ob nicht zumindest insoweit eine Grundsatzentscheidung getroffen werden kann, als der Aktientausch vorkaufsbelasteter stimmberechtigter Aktien einer börsennotierten AG [569] gegen Aktien des Dritten dem Berechtigten die Möglichkeit der Ausübung des Vorkaufsrechts gibt.

Als taugliche Rechtsgrundlage kommen die §§ 31 Abs. 6 S. 1, 23 Abs. 2 S. 2 WpÜG in Betracht. Hiernach werden in bestimmten Konstellationen Kauf- und Tauschverträge gleichgestellt [570] und den Aktionären der Zielgesellschaft das Recht eingeräumt, anstelle der Aktien eine Gegenleistung in Geld zu verlangen. Auch wenn diese Bestimmungen zunächst auf öffentliche Übernahmeangebote beschränkt erscheinen, kann ihnen doch für den Erwerb von Aktienpaketen börsennotierter Gesellschaften zum einen der Grundsatz entnommen werden, dass wegen der spezifischen Besonderheiten von Aktientransaktionen Kauf und Tausch bei

---

[566] Zum Einfluss steuerlicher Gesichtspunkte auf die Veräußerung im Zusammenhang mit Vorkaufsrechten vgl. auch den „Bewag"-Fall.

[567] Vgl. näher unter § 4 II 2.

[568] Treffend Soergel-Huber § 504, RN 39 *„Sinn der Vorkaufsabrede".*

[569] In Abgrenzung zum vorgenannten 1. Kriterium betrifft die Börsennotierung vorliegend die Gesellschaft, deren Aktien vorkaufsbelastet sind.

[570] Vgl. Haarmann/Riehmer/Schüppen, § 31, RN 157ff; Oechsler in Ehricke/Ekkenga/Oechsler, § 31, RN 57; Steinmeyer/Häger, § 31, RN 83f; ebenso früher Art 17 Abs. 3 Übernahmekodex der Börsensachverständigenkommission beim Bundesministerium der Finanzen.

börsennotierten Gesellschaften austauschbare Rechtsinstitute sind. Zum anderen wird dem Dritten in den genannten Fällen - unter den dortigen Voraussetzungen - die Verpflichtung auferlegt, wahlweise auch Geld als Gegenleistung anzubieten. Demnach steht es dem Vorkaufsverpflichteten frei, für seine vorkaufsbelasteten Aktien anstelle der Aktien eine Gegenleistung in Geld, d.h. den Abschluss eines Kaufvertrags i.e.S., zu verlangen. Dies rechtfertigt eine pauschale Gleichstellung derartiger Konstellationen mit einer Verkaufssituation, zumal der Gesetzgeber durch die (teilweise) Gleichstellung von Aktientausch und Kauf insbesondere auch Umgehungsgeschäfte verhindern wollte.

Im Zweifel steht daher der Tausch vorkaufsbelasteter stimmberechtigter Aktien einer börsennotierten AG gegen Aktien, die vom Dritten gehalten werden, einem Kaufvertrag gleich.

e)   Gegenleistung des Berechtigten
Von der Frage, unter welchen Voraussetzungen der Berechtigte sein Vorkaufsrecht ausüben kann, streng zu trennen ist die Bestimmung der von ihm zu erbringenden Gegenleistung.

Eine Ansicht [571] geht davon aus, der Berechtigte habe im Tauschfalle die vom Dritten versprochene Gegenleistung zu erbringen, während ihm die Gegenansicht [572] ein Recht zur Leistung des entsprechenden Wertes in Geld einräumen will. Ist der Tausch als Vorkaufsfall anzusehen, kann dem Berechtigten nicht das Recht verweigert werden, die konkret geschuldeten [573] Aktien zu leisten, sofern er (ebenfalls) über derartige Aktien verfügt oder sich diese beschaffen kann. Die Leistung von Aktien ist eine Gattungsschuld. Klärungsbedürftig ist jedoch, ob im Wege eines Wahlrechts auch die Leistung des Aktienwertes in Geld zulässig ist.

Der Berechtigte wird nur in den wenigsten Fällen in der Lage sein, die vom Dritten geschuldeten Aktien im jeweiligen Umfang zu leisten. Daher würde eine derartige Beschränkung der Gegenleistung rein faktisch die Ausübung des Vorkaufsrechts verhindern und sich damit in Widerspruch zur Entscheidung für Zulässigkeit der Ausübung setzen. Da eine unzulässige Umgehung ohnehin nur in den Fällen in Betracht kommt, in denen der Verpflichtete im Rahmen o.g. Kriterien kein (berechtigtes) Interesse an der Erbringung der Gegenleistung in Aktien hat, wird er durch die Entrichtung des entsprechenden Geldbetrages nicht unzumutbar beeinträchtigt. Zudem kann ihn die Zahlung des objektiven Wertes vermögensmäßig in die Lage versetzen, die Aktien des Dritten zu erwerben, sofern der Dritte diese

---

[571] Schurig S. 134f; Salzgeber-Dürig S. 34 (Fn. 11); ebenso Staudinger-Mader § 504, RN 17.

[572] Jauernig-Vollkommer § 463, RN 16; Grunewald in FS Gernhuber, S. 137, 139.

[573] Selbstverständlich kann der Berechtigte aber keine *anderen* (auch börsennotierten) Aktien leisten.

nicht nur tauschen, sondern auch *verkaufen* will [574]. Für ein Wahlrecht des Berechtigten spricht neben der vorgenannten Parallele zum neuen Übernahmerecht schließlich der Gedanke einer Gleichstellung von Tausch und Kauf auch in den Rechtsfolgen. Selbst wenn der Tausch auch in Umgehungskonstellationen nicht rechtlich zum Kauf wird, gebietet die bereits erörterte Rechtsfolgensystematik eine Gleichbehandlung des Berechtigten mit Blick auf die Gegenleistung. Die Besserstellung des Berechtigten gegenüber dem Dritten rechtfertigt sich aus der Sanktion einer objektiven Pflichtwidrigkeit des Verhaltens des Verpflichteten. Der vom Berechtigten zu zahlende Betrag ermittelt sich hierbei nach §§ 315 ff BGB [575]. Haben sich die Beteiligten nicht auf die Bestimmung des Betrages durch einen Außenstehenden verständigt, steht die Festsetzung des jeweiligen Betrages im billigen Ermessen des Verpflichteten (§ 316 BGB). Der Berechtigte ist hierbei (nur) durch die Überprüfungsmöglichkeit nach § 315 Abs. 3 BGB geschützt.

Zwischenergebnis:
Eine allgemeine Gleichstellung des Kaufs mit dem Tausch gegen Aktien, die der Dritte an anderen Gesellschaften hält, ist nicht möglich. Sofern das vom Verpflichteten abgeschlossene Rechtsgeschäft nicht bereits aus Wertungsgründen als Kauf i.e.S. anzusehen ist, sind für die Gleichstellung aus Gründen des Umgehungsschutzes vor allem die Börsennotierung der AG, deren Aktien der Dritte als Gegenleistung erbringt, der Umfang und Wert der Gegenleistung, die bezweckte Weiterveräußerung der erworbenen Aktien durch den Verpflichteten und dessen berechtigtes Interesse an den getauschten Aktien von Bedeutung. Der Tausch vorkaufsbelasteter stimmberechtigter Aktien einer börsennotierten AG gegen Aktien, die vom Dritten gehalten werden, stellt im Zweifel einen Vorkaufsfall dar. Der Ringtausch und der Tausch gegen eigene Aktien des Dritten sind rechtlich als Einbringung in eine Gesellschaft zu qualifizieren.

III. Umgehung des Vorkaufsrechts durch Einbringung der vorkaufsbelasteten Aktien in eine Gesellschaft

Eine der bedeutendsten Umgehungskonstellationen [576] besteht in der Einbringung der vorkaufsgebundenen Aktien in eine Gesellschaft.

Beispiel [577]: Im Jahre 1919 erklärten sich die Aktionäre unter Gewährung eines Vorkaufsrechts zu ihren eigenen Gunsten mit der Einräumung einer Sperrminorität an das Reich

---

[574] Grunewald in FS Gernhuber, S. 137, 140.

[575] Vgl. BGH NJW 1987, 890ff, Grunewald in FS Gernhuber, S. 137, 140; Jauernig-Vollkommer § 463, RN 16; zur Ermittlung des Paketpreises i.R.d. § 11 Abs. 3 BewG ausführlich Pyszky in AG 1997, 461ff.

[576] Vgl. Kowalski in GmbHR 1992, 347, 348f.

[577] RG v. 09.12.1926, Az. 247/26 IV = JW 1927, 670 „*Ilseder Hütte*".

einverstanden, um eine drohende Verstaatlichung der auf dem Gebiet der Eisenerz-produktion tätigen Gesellschaft zu vermeiden. Im Rahmen der Gründung der VIAG brachte das Reich später die Aktien in diese ihr zu 100 % gehörende Gesellschaft ein, ohne die Weitergabe der Vorkaufsbindung sicherzustellen.

Es fragt sich, was dieser Vorgang für die Rechte der vorkaufsberechtigten Aktionäre bedeutete. Hierbei ist insbesondere eine mögliche spätere Veräußerung der Anteile der Gesellschaft, in die die Aktien eingebracht wurden, oder ein Verkauf der eingebrachten Aktien durch die Gesellschaft, gedanklich zu berücksichtigen.

Diese Problematik wurde bislang, soweit ersichtlich, nur für die Vinkulierung bereits näher hinterfragt [578]. Daher soll versucht werden, die eher pauschalen Stellungnahmen der Literatur zu untersuchen und einen eigenen Ansatz zum Vorkaufsrecht zu entwickeln [579].

1. Ansicht der Literatur und Rechtsprechung

a) Literatur

Die Ansichten der Literatur zur Zulässigkeit der Einbringung eines vorkaufs-belasteten Gegenstandes in eine Gesellschaft sind vielfältig. Überwiegend wird auf den Grundsatz verwiesen, nach dem die Einbringung in eine Gesellschaft rechtlich kein „Kaufvertrag" sei und daher das Vorkaufsrecht nicht auszulösen vermöge [580]. Zudem sei die Einbringung von dem „*vielschichtigen Verhältnis*" [581] zwischen dem Verpflichteten und der Gesellschaft abhängig, in das der Berechtigte nicht eintreten könne. Hiervon sei lediglich dann eine Ausnahme zu machen, wenn die Abtretung der Anteile der Gesellschaft, in die die Aktien eingebracht wurden, mit der Einbringung einen einheitlichen Vorgang bilde [582].

Daneben werden jedoch auch andere Ansätze vertreten. Zum Teil [583] wird die Ausübung des Vorkaufsrechts für zulässig erachtet, sofern der Verpflichtete mit der Gesellschaft keine Weitergabe der Vorkaufsbindung vereinbart habe. *Schurig*

---

[578] Kowalski in GmbHR 1992, 347, 350ff; Lutter/Grunewald in AG 1989, 109ff, sowie 409ff.

[579] Zu den umwandlungsrechtlichen Varianten (z.B. Ausgliederung), vgl. unter § 13.

[580] Salzgeber-Dürig S. 34, Palandt-Putzo § 463, R 4; Jauernig-Vollkommer § 463, RN 16; Soergel-Huber § 504, RN 10; MK-Westermann § 504, RN 18 und 19; Schermaier in AcP 196 (1996), 256, 261; Reichert S. 76.

[581] MK-Westermann § 504, RN 19; BGHZ 31, 37, 41 „*Erfüllung eines genossenschaftlichen Verhältnisses*".

[582] Insoweit unstreitig; vgl. Soergel-Huber § 504, RN 10 und 15 (Fn. 5); MK-Westermann § 504, RN 19; Staudinger-Mader § 504, RN 21; Kowalski in GmbHR 1992, 347, 351f; Lutter/-Grunewald in AG 1989, 409, 410, jedoch einschränkend für den bloßen *Teil*verkauf (S. 412); anders wenn der Berechtigte der Einbringung zustimmt, vgl. Staudinger-Mader § 504, RN 10 unter Hinweis auf OLG Nürnberg DNotZ 1970, 39, 41.

[583] Noack S. 296f; zur Einbindung der Tochtergesellschaft auch Kowalski in GmbHR 1992, 347, 350; ausführlich zur Weitergabepflicht unter § 6 III 4.

[584] nimmt einen Vorkaufsfall an, sofern nur der *Wert* der Aktien eingebracht werden solle, nicht die Aktien selbst. Manche Autoren [585] nehmen eine Gleichstellung an, sofern der neue Rechtsträger eine reine Holding sei. Wieder andere [586] bringen vor, die Einbringung sei wie ein Tausch - gegen eine Beteiligung an der Gesellschaft - zu behandeln. Schließlich wird auch die nachträgliche Veräußerung der Aktien durch die Gesellschaft, in die die Aktien eingebracht wurden, als Vorkaufsfall angesehen, sofern der aus dem Vorkaufsrecht Verpflichtete die Weiterveräußerung als Mehrheitsgesellschafter veranlasst habe. Sofern der Verpflichtete nach der Einbringung jedoch nur Minderheitsgesellschafter sei, liege selbst dann kein Vorkaufsfall vor, sondern führe die Einbringung zum Erlöschen des Vorkaufsrechts, wenn die spätere Veräußerung durch die Gesellschaft bereits bei der Einbringung beabsichtigt war [587].

b)   Rechtsprechung
Es gibt nur wenige Entscheidungen, die sich mit der Frage einer Umgehung des Vorkaufsrechts durch Einbringung der Anteile in eine Gesellschaft befassen.

Das *Reichsgericht* [588] hat diesen Problembereich in obigem Beispiel letztlich offen lassen können, weil es allein über die Frage der Sittenwidrigkeit der Einbringung zu entscheiden hatte. Diese lehnte das Gericht jedoch unter Hinweis auf die Besonderheiten der Nachkriegsphase und das Handeln des Staates im Interesse der Allgemeinheit ab. Im übrigen entschied es sich jedoch gegen eine pauschale Erstreckung auf *„wirtschaftlich ähnlich liegende Fälle"* ohne nähere gesetzliche Regelung [589].

Das *OLG Nürnberg* [590] entschied für den Fall der Einbringung eines Grundstücks in eine neu gegründete Gesellschaft, die zu diesem Zeitpunkt kein anderes Vermögen besaß, und dem gleichzeitigen Verkauf der Geschäftsanteile, dass beide Rechtsgeschäfte *„ein einheitliches, nicht trennbares Vertragswerk"* darstellen. Entscheidend hierfür sei neben dem zeitlichen Element die von dem Verpflichteten gewollte Einheitlichkeit des Gesamtvorgangs. Rechtsfolge der Ausübung des Vorkaufsrechts sei hiernach jedoch nicht der Eintritt des Berechtigten in die Gesellschaft, sondern die Begründung eines Kaufvertrags mit dem Verpflichteten über den Gegenstand des Vorkaufsrechts.

---

[584] Schurig S. 136.

[585] Kowalski in GmbHR 1992, 347, 353; Lutter/Grunewald in AG 1989, 409, 411, 414, jeweils zur Vinkulierung.

[586] Soergel-Huber § 504, RN 10; mit Einschränkungen auch Noack S. 297, der den Vorkaufsfall bei Weitergabe der Vorkaufsbindung jedoch ablehnen will.

[587] Eingehend Soergel-Huber § 504, RN 10.

[588] RG JW 1927, 670 *„Ilseder Hütte"*; hierzu auch Noack S. 296.

[589] RGZ 104, 42, 44.

[590] NJW-RR 1992, 461f (rechtskräftig).

Nach dem OLG Stuttgart [591] löst die Sacheinlage eines Unternehmensteils mit einem vorkaufsbelasteten Grundstück das Vorkaufsrecht nur bei sittenwidriger Aushöhlung des Vorkaufsrechts aus.

Das *OLG Köln* [592] hat in der Übertragung vinkulierter GmbH-Anteile auf eine Gesellschaft und dem Verkauf von deren Anteilen ein unzulässiges Umgehungsgeschäft gesehen, weil zum einen ein enger zeitlich-sachlicher Zusammenhang beider Rechtsgeschäfte festzustellen war und zum anderen der Dritte zuvor vergebens versucht hatte, die vinkulierten Anteile rechtsgeschäftlich zu erwerben [593].

2. Eigener Ansatz
a) Rechtlicher Rahmen
Die sachgerechte Erfassung der Problematik einer Einbringung vorkaufsbelasteter Aktien in eine Gesellschaft setzt die dogmatische Unterscheidung verschiedener Ausgestaltungsformen voraus. Neben dem Vorgang der eigentlichen Einbringung kann die rechtliche Behandlung davon abhängen, ob der Verpflichtete die Anteile dieser Gesellschaft ebenfalls in zeitlich-sachlichem Zusammenhang veräußert oder ob die Gesellschaft ihrerseits die ursprünglich vorkaufsbelasteten Aktien weiterveräußert.

In den Fällen, in denen der Verpflichtete die Aktien in eine Gesellschaft einbringt, in der ihm nur die Stellung eines Minderheitsgesellschafters zukommt, oder bei einer Einbringung *uno actu* mit dem Verkauf der Anteile, verliert der Verpflichtete bereits mit dem ersten Schritt, dem Übergang des Eigentums auf die Gesellschaft, die Einflussnahmemöglichkeit auf den Gegenstand des Vorkaufsrechts. Das Gleiche gilt wegen der Eigenverantwortlichkeit des Vorstands (§ 76 AktG) bei der Einbringung der Aktien in eine AG.

Im übrigen erfolgt die Beeinträchtigung des Berechtigten bei der bloßen Einbringung in eine weiterhin mehrheitlich kontrollierte Gesellschaft, z.B. im Rahmen einer konzerninternen Umstrukturierung, erst in einem zweiten Schritt, nämlich durch den Weiterverkauf durch die Gesellschaft oder den Verkauf von deren Anteilen. Hier erscheint die Anknüpfung an den zeitlichen und sachlichen Zusammenhang mit einer späteren Veräußerung zunächst sachgerecht, erweist sich jedoch bei näherer Betrachtung als unzureichend. Zum einen bringt eine Gesamtbetrachtung mehrstufiger Vorgänge unvermeidlich erhebliche Rechtsunsicherheit

---

[591] DB 2001, 854 (Leitsatz 7) zur Umstrukturierung im Dornier-Konzern.

[592] OLG Köln v. 07.12.1987 – 21 U 12/87 (unveröffentlicht), zit. nach Kowalski in GmbHR 1992, 347, 350f (zur Umgehung einer Vinkulierung).

[593] Kowalski in GmbHR 1992, 347, 351 bezeichnet diesen Sachverhalt jedoch als einen „*recht eindeutigen Fall*".

mit sich [594]. Zum anderen kann die bloße Tatsache des nachträglichen Verkaufs der Aktien durch die Gesellschaft oder der Anteile der Gesellschaft nicht entscheidend sein [595]. Da das Vorkaufsrecht durch die vorkaufsrechtsfreie Übertragung der Aktien erlischt, kann allein auf den Vorgang der Einbringung in die Gesellschaft abgestellt werden. Zeitgleich oder nachfolgend abgeschlossene Rechtsgeschäfte können hierbei jedoch für die Einordnung der Einbringung als unzulässige Umgehung bedeutsam sein, sofern ein Wille zur Übertragung der Aktien bereits im Zusammenhang mit Einbringung besteht. Ausgehend von der Zweckrichtung der Vorkaufsvereinbarung sollen dem Verpflichteten mitunter nicht sämtliche Umstrukturierungen verwehrt bleiben, sofern die Rechtstellung des Berechtigten hierdurch nicht unzulässig beeinträchtigt wird. Die Umstrukturierung eines Konzerns unter Einbringung in die verschiedenen Gesellschaften darf allerdings nicht der Zwecksetzung der Vorkaufsabrede zuwiderlaufen [596]. Demnach verbietet sich eine pauschale Fiktion des Vorkaufsfalles bei der Einbringung der Anteile.

b)   Umgehungskonstellationen

Die vorstehende Interessenlage ist bei der rechtlichen Bewältigung der verschiedenen Umgehungskonstellationen zu berücksichtigen. Die undifferenzierte Gleichstellung mit dem Aktientausch [597] ist problematisch. Zum einen ist die Einbringung in die Gesellschaft kein gegenseitiger Vertrag, sondern ein spezifisch gesellschaftsrechtlicher Vorgang. Zum anderen müsste zumindest die überwiegende Ansicht in diesem Fall die Möglichkeit der Ausübung des Vorkaufsrechts schon allein deshalb verneinen, weil der Berechtigte die konkrete Gegenleistung nicht erbringen könnte. Einer fehlenden grundsätzlichen Gleichstellung steht jedoch nicht entgegen, ein den Tauschkonstellationen ähnliches Konzept anzunehmen, *sofern* die Einbringung im Einzelfall „tauschähnlich" ist. Dies gilt im Bereich des Tauschs gegen Aktien für den Ringtausch und den Tausch gegen eigene Aktien [598]. Es macht keinen Unterschied, ob der Verpflichtete seine Aktien gegen Aktien tauscht, die vom Dritten gehalten werden, oder über eine dreiseitige Einbringungskonstellation ein wirtschaftlich vergleichbares Ergebnis erzielt. Eine unterschiedliche rechtliche Behandlung würde Umgehungen geradezu herausfordern und gleichsam legalisieren.

---

[594] Lutter/Grunewald in AG 1989, 109, 111 (mit Blick auf die dinglich wirkende Vinkulierung).

[595] Ebenso RGZ 104, 42, 43f; Soergel-Huber § 504, RN 14 (unklar jedoch RN 10); OLG Nürnberg NJW-RR 1992, 461, 462 „... *spielt es keine Rolle, dass die Gesellschaft kurz danach* (i.e. nach der Einbringung in die Gesellschaft) *Barvermögen und ein weiteres Grundstück erlangte*"; zu weitgehend Kowalski in GmbHR 1992, 347, 352 (zur Vinkulierung) Erwerb der Anteile der abhängigen Gesellschaft durch Dritte wie unmittelbaren Erwerb zu behandeln.

[596] Vgl. beispielhaft BGH NJW 1987, 890ff „*Burda/Springer*".

[597] Hierzu vorstehend § 7 II.

[598] Hierzu unter II 2 a).

Dennoch ist nicht jede Einbringung einem Aktientausch gleichzusetzen. Die bloße Einbringung der Aktien ist nämlich wertneutral. Die Wertung beruht allein auf der durch die Person des Dritten begründeten Beeinträchtigung des Berechtigten. Um das Vorkaufsrecht bei üblichen gesellschaftsrechtlichen Vorgängen jedoch nicht bereits im Ansatz zu entwerten, gebietet die Zwecksetzung der Vorkaufsabrede bei konzerninternen Umstrukturierungen oder sonstigen (ausnahmsweise) vorkaufsfreien Verkäufen die Weitergabe der Vorkaufsbindung unabhängig davon, ob der Verpflichtete nach der Einbringung die Stellung als Mehrheitsgesellschafter innehat oder nicht. Dieser Ansatz vermeidet eine nähere Unterscheidung nach der Einflussnahmemöglichkeit des Vorkaufsverpflichteten in der Gesellschaft und erfasst gleichsam automatisch unzulässige Umgehungsgeschäfte durch eine Veräußerung durch die Gesellschaft. Die *fehlende* Weitergabe führt hiernach zur Annahme des Vorkaufsfalls.

Bringt der Verpflichtete seine Aktien nicht in eine konzerninterne Gesellschaft, z.B. eine 100 %ige Tochtergesellschaft, ein, sondern als Sacheinlage in der Form des sog. Ringtausch in die erwerbende Drittgesellschaft, ist die bloße Weitergabe der Vorkaufspflichten unzureichend, *sofern* ein Erwerb des Dritten nach der Zwecksetzung verhindert werden soll. Da die Einbringung in die Drittgesellschaft von der Auswirkung auf das Vorkaufsrecht her wegen der faktischen Austauschbarkeit der Gestaltungsformen dem Standardtausch gleichgesetzt werden muss, sind für die Frage, unter welchen Voraussetzungen dies der Fall ist, die in diesem Zusammenhang genannte Kriterien maßgebend [599].

Die rechtliche Qualifizierung einer Einbringung hängt demnach von der Definition des „Dritten" ab. Diese richtet sich nach der Zielrichtung der sog. Abwehrfunktion der Zwecksetzung des Vorkaufsrechts. Gehört die erwerbende Gesellschaft zur Unternehmensgruppe eines der Gesellschafter, werden die Interessen des Berechtigten bei der Weitergabe der Vorkaufsbindung vielfach hinreichend gewahrt. Erwirbt jedoch eine konkurrierende Gesellschaft, deren Eintritt in die Gesellschaft verhindert werden sollte, ist diese „Dritte". Daher führt dieser Erwerb unter den gleichen Kriterien wie beim Standardtausch zur Fiktion des Vorkaufsfalls.

Man könnte geneigt sein, die Fiktion des Vorkaufsfalls bei Nichtweitergabe der Vorkaufsbindung im Rahmen einer internen Umstrukturierung gegenüber der „weicheren" Frage nach der Zwecksetzung unabhängig von einer Weitergabe bei der Einbringung in eine erwerbende Drittgesellschaft als unverhältnismäßig anzusehen. Hierbei würde jedoch verkannt, dass die Einbringung eine „Alles-oder-nichts"-Entscheidung zwingend voraussetzt, weil die bloße Weitergabe wertlos ist. Die interne Neuordnung ist hingegen auf eine Sicherung der späteren Zugriffsmöglichkeit zugeschnitten. Gerade diese Differenzierung wird durch die vorliegend dargestellten Kriterien gewährleistet.

---

[599] Vgl. vorstehend II 2 c).

Die Weitergabepflicht sichert den Berechtigten jedoch nur gegen die Umgehung durch den Verkauf der Aktien durch die Gesellschaft, in die diese zuvor eingebracht wurden, nicht jedoch gegen den Verkauf der Anteile der Gesellschaft selbst. Für die Frage einer Umgehung sind insoweit zwei Kriterien entscheidend: Zum einen ist auf den zeitlich-sachlichen Zusammenhang zwischen der Einbringung und dem Anteilsverkauf abzustellen. Hiernach liegt eine Umgehung insbesondere dann nahe, wenn die Gesellschaft gerade zum Zweck der Einbringung der Aktien gegründet wurde [600]. Zum anderen ist jedoch der Unternehmensgegenstand der Gesellschaft, in die die Aktien eingebracht werden, von Bedeutung. Lediglich bei (Holding-) Gesellschaften, deren ausschließliche oder überwiegende Beteiligung die eingebrachten Aktien sind, kann der Verkauf der Anteile dem der eingebrachten Aktien wertungsmäßig gleichgestellt werden. Der Tatsache, dass die Vermögensstruktur der verpflichteten Gesellschaft für Unbeteiligte nicht erkennbar ist, kommt insoweit keine Bedeutung zu, weil es allein auf die objektive „Gleichwertigkeit" ankommt. Insoweit kann der ähnliche Ansatz zur Vinkulierung [601] teilweise auch für das Vorkaufsrecht herangezogen werden und gewährleistet einen einheitlichen Umgehungsschutz. Die konkrete Rechtsform der Gesellschaft, in die die Aktien eingebracht werden, ist unerheblich. Lässt sich der erforderliche enge Zusammenhang zwischen der Einbringung und der Veräußerung der Anteile nicht feststellen, geht dies zu Lasten des Berechtigten.

Die Rechtsfolge der Annahme des Vorkaufsfalls ist nicht der Eintritt des Berechtigten in die Gesellschaft, sondern die Wertung als *Kaufvertrag* über den Vorkaufsgegenstand [602].

Zwischenergebnis:
Die Einbringung vorkaufsbelasteter Aktien in eine Gesellschaft führt nicht zur Annahme des Vorkaufsfalls, wenn der Verpflichtete die Pflichten aus der Vorkaufsabrede an die Gesellschaft weitergibt und die Aktien nicht im Wege des Ringtauschs unter Erhöhung des Kapitals in die erwerbende Drittgesellschaft eingebracht werden. Die Annahme des Vorkaufsfalls beim Verkauf der Anteile an der Gesellschaft, in die die Aktien eingebracht wurden, hängt neben dem zeitlich-sachlichen Zusammenhang zur Einbringung auch davon ab, ob die eingebrachten Aktien einziger oder überwiegender Vermögensgegenstand der Gesellschaft sind (Holdingfunktion).

---

[600] Ebenso OLG Nürnberg NJW-RR 1992, 461, 462.
[601] Lutter/Grunewald in AG 1989, 409, 414; Kowalski in GmbHR 1992, 347, 350ff.
[602] OLG Nürnberg NJW-RR 1992, 461, 462.

IV. Umgehung des Vorkaufsrechts durch Verkauf der verpflichteten Gesellschaft durch deren Muttergesellschaft

Diese Umgehungskonstellation wurde in Literatur und Rechtsprechung bislang nicht eingehend behandelt [603].

> Beispiel: Zwei Gesellschafter einer AG, die beide selbst Tochtergesellschaften jeweils einer Muttergesellschaft sind, haben sich wechselseitig ein Vorkaufsrecht an den Aktien der AG eingeräumt. Statt nun die (vorkaufsgebundenen) Aktien an der AG zu verkaufen, verkauft die Muttergesellschaft ihre Beteiligung an der vorkaufsverpflichteten Gesellschaft.

Hierüber lässt sich auch ein Teil-Verkauf der vorkaufsbelasteten Aktien realisieren.

> Beispiel: Eine Muttergesellschaft (gemäß vorstehendem Beispiel) verkauft 50 % der Anteile an der verpflichteten Gesellschaft, deren wesentliches Vermögen ausschließlich in den vorkaufsbelasteten Aktien besteht, an einen Dritten und erzielt hierdurch einen der Übertragung von 50 % der vorkaufsbelasteten Aktien vergleichbaren Erfolg.

In Abgrenzung zur vorangegangenen Umgehungskonstellation erfolgt hier keine Einbringung der Aktien in die Gesellschaft, sondern gleichsam die „Ausnutzung" der bereits früher erfolgten Einbringung. Die Möglichkeit der unmittelbaren Anknüpfung an den Einbringungsakt, scheidet daher aus. Soweit die Muttergesellschaft selbst aus dem Vorkaufsrecht verpflichtet ist, liegt das bereits behandelte Problem der rechtlichen Einordnung „mittelbarer Beteiligungen" [604] vor.

1. Ansätze in Rechtsprechung und Literatur

Rechtsprechung zu diesem Problembereich besteht, soweit ersichtlich, nicht [605]. Der Burda/Springer-Fall [606] betrifft angesichts der unmittelbaren Vorkaufsbindung der Brüder Burda den Problembereich der mittelbaren Beteiligungen und nicht die vorliegende Umgehungskonstellation. Das *OLG Düsseldorf* [607] erstreckte die Berechtigung bei einem Verkauf von Erbteilen einer Erbengemeinschaft für einen Nachlass, der lediglich ein Grundstück umfasste, durch einen Wiederkaufsverpflichteten auf alle Fälle einer Übertragung der dinglichen Berechtigung, weil eine formaljuristische Auslegung den Interessen der Parteien widerspräche. Mit Blick auf die besonders ausgestaltete Klausel und die gesamthänderische Bindung in der

---

[603] Zur umgekehrten Konstellation, dem Verkauf der vorkauf*berechtigten* Gesellschaft, vgl. unter § 12 I 3 a).

[604] Vgl. hierzu eingehend § 5 III 2 b).

[605] Die Entscheidung des OLG Köln v. 07.12.1987 – 21 U 12/87 (unveröffentlicht), zit. nach Kowalski in GmbHR 1992, 347, 350f und Lutter/Grunewald in AG 1989, 409, 411 (Fn. 11) zur Umgehung einer Vinkulierung betraf einen Fall vorheriger Einbringung in die Gesellschaft; vgl. hierzu vorstehend unter III.

[606] LG Offenburg AG 1989, 134ff; OLG Karlsruhe WM 1990, 725ff.

[607] NJW-RR 1995, 522, 523.

Erbengemeinschaft kann diese Entscheidung allenfalls als Indiz eines eher weiten und interessengerechten Verständnisses angesehen werden, betrifft die vorliegende Konstellation jedoch nicht direkt.

Lutter und *Grunewald* [608], sowie *Kowalski* [609] sehen den Verkauf einer Gesellschaft durch deren Muttergesellschaft im Ausgangspunkt als typisches Risiko einer Vertragsbeziehung zu einer juristischen Person an, nehmen jedoch aus Gründen des Umgehungsschutzes im Wege ergänzender Vertragsauslegung eine ungeschriebene Verpflichtung des Vorkaufsverpflichteten zur Anbietung der Aktien an, wenn es sich bei der verpflichteten Gesellschaft um eine Beteiligungsgesellschaft (Holding) handele, *„deren Zweck überwiegend in der Beteiligung an der geschützten Gesellschaft besteht"*. Hierbei sei der *„Erwerb der Anteile der abhängigen Gesellschaft durch Dritte wie ein unmittelbarer Erwerb der gebundenen Beteiligungen zu behandeln"* [610].

2. Eigener Ansatz
a) Rechtlicher Rahmen
Zwar können durchaus sachgerechte Erwägungen für einen mittelbaren Verkauf von Anteilen sprechen. Dieses Vorgehen kann sich allerdings auch als unzulässige Beeinträchtigung der Interessen des Vorkaufsberechtigten darstellen. Erhebliche Bedeutung kommt insoweit der strukturellen Schwäche des Vorkaufsrechts zu. Wer sich ein Vorkaufsrecht von einer Gesellschaft einräumen lässt, muss mit einer Änderung des Gesellschafterkreises rechnen und kann sich auf die Realisierung des hierdurch bewusst eingegangenen Risikos grundsätzlich nicht berufen [611]. Das durch eine einzelne Gesellschaft einer Unternehmensgruppe einem Berechtigten eingeräumte Vorkaufsrecht kann keine Perpetuierung der gesamten Gesellschafterstruktur bewirken. Dies widerspräche den Erfordernissen des Wirtschaftslebens an eine dem Markt angepasste Flexibilität auch der rechtlichen Struktur [612]. Es ist daher bedenklich [613], bei Gesellschaften von einem allgemeinen *Vorbehalt ihrer unveränderten Beteiligungsstruktur* [614] zu sprechen. Darüber hinaus stellt sich eine „Erstreckung" des Vorkaufsrechts auf die Muttergesellschaft auch als Eingriff in *deren* unternehmerische Freiheit dar, obwohl diese nicht unmittelbar an das Vorkaufsrecht gebunden ist.

[608] AG 1989, 409ff zur Umgehung der Vinkulierung.
[609] GmbHR 1992, 347, 352-354, jedoch bezogen auf die Umgehung einer *Vinkulierungsregelung*.
[610] Kowalski a.a.O. S. 352.
[611] Noack S. 296; Lutter/Grunewald in AG 1989, 409f; Kowalski in GmbHR 1992, 347, 353.
[612] Ähnlich Lutter/Grunewald in AG 1989, 409, 410 (zur Vinkulierung): kein Verstoß gegen Zielrichtung der Klausel bei unternehmerischer Tätigkeit der Gesellschaft.
[613] Vgl. Erman-Küchenhoff § 1094, RN 3.
[614] So aber Kowalski in GmbHR 1992, 347, 353 (zur Vinkulierung).

Dogmatisch ließe sich der Schutz des Berechtigten über die Annahme eines aufschiebend bedingten Kaufvertrags gewährleisten. Die Änderung im Gesellschafterbestand der verpflichteten Gesellschaft würde dem Berechtigten den Weg zur Ausübung des Vorkaufsrechts ebnen [615]. Da eine derartige Bedingung allerdings unabhängig von einem möglichen sachlichem Grund des Verkaufs, der Anzahl der verkauften Aktien und damit der Bedeutung des Gesellschafterwechsels, sowie der Person des Erwerbers wäre, würde dies nicht nur den Verpflichteten, sondern auch die veräußernde Muttergesellschaft unzulässig beeinträchtigen [616]. Die Zulässigkeit der Ausübung des Vorkaufsrechts bei einem Verkauf eines nicht dem Vorkaufsrecht unterliegenden Objekts durch einen nicht an die Vorkaufsklausel gebundenen Rechtsträger kommt nur in engen Grenzen in Betracht.

b)   Kriterien eines unzulässigen Verkaufs durch die Muttergesellschaft
Anders als bei der Einbringung in eine Gesellschaft und dem anschließenden Verkauf der Anteile reicht es für Annahme einer unzulässigen Umgehung regelmäßig nicht aus, dass das Vermögen der verpflichteten Gesellschaft ausschließlich oder zumindest weit überwiegend aus den vorkaufsbelasteten Aktien besteht. Die Einschränkung der unternehmerischen Freiheit von nicht an die Vorkaufsvereinbarung gebundenen Gesellschaften lässt sich nur dann unter Rückgriff auf die Zwecksetzung der Vorkaufsklausel rechtfertigen, wenn die Parteien dies unzweifelhaft, wenn auch nicht notwendig ausdrücklich, vereinbart haben. Eine unzulässige Umgehung wird man daher lediglich dann annehmen können, wenn die verkaufende Muttergesellschaft selbst pflichtwidrig handelt. Mangels Einbeziehung in den Pflichtenkreis der Vorkaufsvereinbarung kommen insoweit jedoch ausschließlich das Deliktsrecht (§ 826 BGB) sowie - in engen Grenzen - allgemeine Verhaltenspflichten im Wirtschaftsleben (§ 242 BGB) in Betracht. Je nach den Umständen des Einzelfalls kann sich der Berechtigte zum Nachweis einer unzulässigen Umgehung i.R.d. § 826 BGB auf eine Beeinträchtigungsabsicht der Muttergesellschaft berufen, sofern diese der Vorkaufsabrede der Tochtergesellschaft evident zuwider handelt. Hierunter können die Fälle gefasst werden, in denen die Muttergesellschaft das Vermögen der Verpflichteten, z.B. durch Maßnahmen nach dem UmwG (Abspaltung) [617], erst von anderen Vermögensteilen „bereinigt", bevor anschließend die aus dem Vorkaufsrecht verpflichtete Tochtergesellschaft - nunmehr als reine Holding der vorkaufsbelasteten Aktien - verkauft wird.

Fehlt es jedoch an einem pflichtwidrigen Verhalten der Muttergesellschaft, kann sich der Berechtigte zwar auf das Fortbestehen des Vorkaufsrechts berufen. Wegen des wirtschaftlichen Wechsels des Rechtsträgers ist dies jedoch letztlich wertlos. Das geringere Schutzniveau des Berechtigten beruht auf der nicht durch die

---

[615] Gleichsam eine dinglich wirkende sog. change-of-control-Klausel.

[616] In diese Richtung gehen auch die Bedenken von Kowalski in GmbHR 1992, 347, 352f.

[617] Hierzu ausführlich unter § 13.

Vorkaufsabrede beschränkten unternehmerischen Freiheit der Muttergesellschaft des Verpflichteten. Vorherige Verhandlungen über einen Verkauf der Aktien durch die Verpflichtete, die am Vorkaufsrecht des Berechtigten scheitern, reichen für die Annahme der Unzulässigkeit eines Verkaufs durch die Muttergesellschaft jedenfalls nicht aus.

c)   Rechtsfolgen eines unzulässigen Verkaufs durch die Muttergesellschaft
Hinsichtlich der einschlägigen Rechtsfolgen bei Annahme der Unzulässigkeit ist zu unterscheiden. Ansprüche gegen die Muttergesellschaft sind bei fehlender Vorkaufsbindung allein aus § 826 BGB (bzw. § 242 BGB) möglich und richten sich auf eine Übertragung der vorkaufsbelasteten Aktien, nicht der verkauften verpflichteten Gesellschaft. In Ausnahmefällen mag den Interessen des Berechtigten auch durch die bloße Sittenwidrigkeit des Verkaufs hinreichend Rechnung getragen werden.

Sollte die Vorkaufsabrede ausnahmsweise dahingehend zu verstehen sein, dass der Bestand des Gesellschafterkreises der verpflichteten Gesellschaft für die Erreichung der unternehmerischen Zwecksetzung der Beteiligten von wesentlicher Bedeutung ist, kann der Berechtigte bei einer (wesentlichen) Änderung sein Vorkaufsrecht ausüben. Das Vorkaufsrecht ist in diesem Fall korrekterweise als „Ankaufsrecht zum Schätzpreis" zu verstehen. Der Vertrag über den Verkauf der verpflichteten Gesellschaft mag hierbei für die Ermittlung der Gegenleistung des Berechtigten bedeutsam sein. Wegen des abweichenden Vertragsgegenstandes ist sein Inhalt jedoch nicht nach § 464 Abs. 2 BGB umfassend bindend.

Zwischenergebnis:
Der Verkauf der Anteile der verpflichteten Gesellschaft durch die Muttergesellschaft ermöglicht dem Berechtigten lediglich dann die Ausübung des Vorkaufsrechts, wenn der unveränderte Fortbestand der Gesellschafterstruktur der verpflichteten Gesellschaft ausnahmsweise für die Zwecksetzung von wesentlicher Bedeutung ist oder das Verhalten der Muttergesellschaft selbst als pflichtwidrig i.S.d. § 826 BGB anzusehen ist. Dem Berechtigten kommt in beiden Fällen kein Anspruch auf den Erwerb der Anteile der verpflichteten Gesellschaft zu. Er kann vielmehr lediglich den Verkauf der vorkaufsbelasteten Aktien verlangen. In den übrigen Fällen besteht das Vorkaufsrecht zwar fort, ist aber mitunter nach dem Verkauf der verpflichteten Gesellschaft für den Berechtigten wertlos.

3. Teil: Geltendmachung des Vorkaufsrechts

Die Darstellung des Anwendungsbereichs des Vorkaufsrechts diente dazu, dem Berechtigten Klarheit über den *Umfang* seiner Rechte zu verschaffen. Nunmehr soll den Fragen nachgegangen werden, die sich bei der Geltendmachung des Vorkaufsrechts stellen, d.h. inwieweit der Berechtigte sein Recht auch realisieren kann. Hierzu sind nach dem Gesetz zwei Stufen zu trennen, nämlich die Mitteilung des Eintritts des Vorkaufsfalls (§ 8), sowie die ordnungsgemäße Ausübung des Vorkaufsrechts (§ 9). Die Erfassung der Problematik setzt die Behandlung einer Mehrzahl von Einzelfragen voraus, die zur dogmatischen Aufarbeitung getrennt dargestellt werden sollen, faktisch aber verzahnt sind und daher in der Gesamtschau aufeinander abgestimmt sein müssen.

§ 8 Mitteilung des Vorkaufsfalles

Bei der ordnungsgemäßen Mitteilung gegenüber dem Berechtigten ist zunächst auf die allgemeinen Grundsätze dieser Mitteilungspflicht einzugehen (sub. I.), bevor der Frage nachgegangen werden soll, welche Anforderungen an den Inhalt einer Mitteilung zu stellen (sub. II.) sind, sowie welche Rechtsfolgen bei pflichtwidrigem Unterlassen der Mitteilung in Betracht kommen (sub. III.).

I. Verpflichtung zur Mitteilung des Vorkaufsfalles
Neben der Person des Mitteilungspflichtigen ist insbesondere der konkrete Zeitpunkt der Mitteilung klärungsbedürftig.

1. Person des zur Mitteilung Verpflichteten
Nach dem Wortlaut des § 469 Abs. 1 S. 1 BGB ist der Vorkaufsverpflichtete gehalten, den Berechtigten über den mit dem Dritten geschlossenen Kaufvertrag zu informieren, um ihm die Ausübung des Vorkaufsrechts zu ermöglichen. Diese Mitteilung, für die das Gesetz keine besondere Form vorsieht, kann der Verpflichtete nach allgemeinen Grundsätzen auch durch Einschaltung anderer Personen (z.B. Vertreter, Boten) vornehmen [618]. Statthaft ist insbesondere auch die antizipierte Beauftragung der AG selbst zur Mitteilung an den/die Berechtigten [519]. Dies setzt aber voraus, dass die Gesellschaft umgehend vom Verkauf Kenntnis erlangt. Hiervon wird man aber nur bei einer Beteiligung der AG am Verkauf (z.B. Erwerb eigener Anteile; Zustimmung zur Übertragung vinkulierter Aktien) oder bei der Übertragung von Namensaktien wegen der notwendigen Eintragung in das Aktienregister (§ 67 AktG) ausgehen können. Daneben bleibt es aber auch dem an schneller Rechtssicherheit über die Ausübung des Berechtigten interessierten *Dritten* un-

---

[618] Faistenberger S. 138.
[519] Salzgeber-Dürig S. 45f; insoweit ungenau Staudinger-Mader § 510, RN 3, nach dem Dritterklärungen stets unbeachtlich seien.

benommen, diesem den Kauf anzuzeigen (§ 469 Abs. 1 S. 2 BGB). Eine eigene Verpflichtung des Dritten gegenüber dem Berechtigten besteht zwar nicht. Es bestehen aber keine rechtlichen Bedenken gegen eine derartige Vereinbarung der Kaufvertragsparteien. Die rein zufällige Kenntniserlangung des Berechtigten vom Abschluss des Kaufvertrages ist grundsätzlich unerheblich [620]. Daher hat der Verpflichtete auch in letzterem Fall den Vertragsinhalt mitzuteilen, sofern der Berechtigte nicht (konkludent) hierauf verzichtet [621]. Die Annahme eines solchen Verzichts setzt voraus, dass der Erklärung des Berechtigten unmissverständlich zu entnehmen ist, dass er an der Mitteilung der Einzelheiten des Vertragsinhalts kein Interesse hat. Dies wird man jedoch lediglich dann annehmen können, wenn die Erklärung des Berechtigten als Verzicht auf die Ausübung des Vorkaufsrechts insgesamt auszulegen ist [622]. Gerade wenn der Berechtigte gewillt ist, die Aktien gleichsam „um jeden Preis" zu erwerben, hat er an der Mitteilung des Vertragsinhalts ein berechtigtes Interesse.

2.   Zeitpunkt der Mitteilung
Nach § 469 Abs. 1 S. 1 BGB hat der Verpflichtete den „geschlossenen Vertrag" dem Berechtigten „unverzüglich", d.h. „ohne schuldhaftes Zögern" (§ 121 Abs. 1 S. 1 BGB), mitzuteilen. Auch bei komplexen Transaktionen wird man hierbei eine Mitteilung nach mehr als einer Woche grundsätzlich nicht mehr als fristgerecht ansehen können. Regelmäßig hat die Erklärung innerhalb von 2-3 Tagen zu erfolgen. Klärungsbedürftig ist aber insbesondere im Aktienrecht die Frage, wann ein Vertrag rechtlich als *„geschlossen"* anzusehen ist.

Dies ist unproblematisch, sofern der Vertrag bereits bei Unterzeichnung in vollem Umfang wirksam ist. Angesichts der Tatsache, dass Aktienkaufverträge vielfach [623] eine Mehrzahl von Bedingungen bzw. Genehmigungserfordernissen aufweisen, kann der maßgebliche Zeitpunkt aber durchaus fraglich sein.

Bedarf der Kaufvertrag zu seiner Wirksamkeit einer *Genehmigung*, so muss diese erteilt sein [624]. Maßgeblich ist insoweit allein die Genehmigungsbedürftigkeit des Kausalgeschäfts, nicht hingegen Genehmigungen im Rahmen des *Vollzugs* [625]. Soweit lediglich der Vollzug eines wirksamen Kaufvertrags von öffentlich-rechtlichen Erklärungen abhängt (z.B. kartellrechtliche Freigabeerklärung nach dem GWB), steht dies der Ausübung nicht grundsätzlich im Wege. Die Genehmigungs-

---

[620] Unstreitig, vgl. zur kontroversen Diskussion in der Entstehung Mugdan S. 794.

[621] Erman-Grunewald § 510, RN 2.

[622] Hierzu unter § 9 II 1.

[623] Beim Verkauf von Aktien sind bedingte Kaufverträge entgegen Soergel-Huber § 504, RN 19 alles andere als selten.

[624] Allg. Ansicht, vgl. BGHZ 14, 1; 23, 342, 344; 32, 375, 383; BGH NJW 1994, 315, 316; Pikart in WM 1971, 490, 491; MK-Westermann § 510, RN 3; Soergel-Huber § 510, RN 2.

[625] BGH NJW 1994, 315, 316.

bedürftigkeit wird überwiegend öffentlich-rechtliche Genehmigungen betreffen. Die Rechtslage kann allerdings auch bei privatrechtlichen Genehmigungen (z.B. durch den Aufsichtsrat einer beteiligten Gesellschaft) nicht anders sein [626]. Die bewusste Unverbindlichkeit der Vereinbarung hängt nicht davon ab, ob die die Wirksamkeit begründende Genehmigung im Rahmen des Privatrechts oder des Öffentlichen Rechts erfolgt.

Bei der *auflösenden* Bedingung haben sich die Vertragsparteien bereits endgültig gebunden. Ein auflösend bedingte Kaufvertrag ist daher als Vorkaufsfall i.S.d. § 463 BGB anzusehen [627]. Ausgehend vom Wortlaut [628] wird man jedoch auch für den Fall der *aufschiebenden* Bedingung auf die endgültige Rechtsverbindlichkeit des Vertrages abzustellen haben [629]. Hiergegen wird zwar vorgebracht, auch ein aufschiebend bedingter Vertrag sei bereits ein *„fertiger rechtsgültig geschlossener Kaufvertrag"*, während bei der Genehmigungsbedürftigkeit ein *„rechtswirksamer Vertrag nicht zustande gekommen"* sei [630]. Angesichts der faktischen Austauschbarkeit von Genehmigung und Bedingung [631] erscheint diese Differenzierung jedoch ungeeignet. Die Gegenansicht verkennt zudem, dass die Mitteilung an der Berechtigten und die Ausübung des Vorkaufsrechts beide vom Gesetz zeitlich befristet sind [632] und demnach eine frühere Mitteilungspflicht grundsätzlich auch die frühere Entschließung des Berechtigten zur Folge haben müsste. Die Entscheidung über die Ausübung des Vorkaufsrechts hätte dann aufgrund der Kürze der gesetzlichen Zeitvorgaben vor Eintritt der Bedingung bzw. Erteilung der Genehmigung zu erfolgen [633]. Hierdurch wäre der Berechtigte gezwungen, sich über die Ausübung zu entscheiden, ohne sicher sein zu können, dass der Vertrag jemals wirksam wird. Zudem verleitet dies zu Umgehungsmöglichkeiten der Ausgangsparteien, die es zu vermeiden gilt. Die Vorkaufparteien könnten ansonsten geneigt sein, eine Vielzahl aufschiebender Bedingungen zu vereinbaren, deren Eintritt sie für den Fall der Ausübung durch den Berechtigten verhindern können. Dies widerspricht jedoch eindeutig der Wertung des § 465 BGB, wonach

---

[626] Soergel-Huber § 504, RN 18.

[627] Statt Vieler Staudinger-Mader § 504, RN 29; Erman-Grunewald § 504, RN 13.

[628] Zu beachten ist allerdings, dass nicht jedes von den Parteien als „Bedingung" bezeichnete Ereignis auch rechtlich (vgl. § 158 BGB) als solches anzusehen ist.

[629] HM, vgl. nur Salzgeber-Dürig S. 46; Erman-Grunewald § 510, RN 7; MK-Westermann § 510, RN 3; RGRK-Mezger § 510, RN 3; aA Grothus in GmbHR 1959, 24, 25: auch bedingter Vertrag ist „geschlossen".

[630] RGZ 98, 44, 49; 106, 320, 323f; RGRK-Mezger § 504, RN 7; Soergel-Huber § 504, RN 19; Jauernig-Vollkommer § 463, RN 18; kritisch BGH NJW 1998, 2352, 2353 = Z 139, 29.

[631] Vgl. Staudinger-Mader § 504, RN 31; ferner BGH NJW 1998, 2352, 2353.

[632] Zum Zusammenspiel beider Fristen auch Staudinger-Mader § 510, RN 1.

[633] Dies scheint allein Soergel-Huber § 504, RN 19, zu erkennen, der sein Ergebnis jedoch nachfolgend gleich wieder einschränken muss.

Vereinbarungen, die das Vorkaufsrecht des Berechtigten beeinträchtigen, unbeachtlich sind.

Eine *Verpflichtung* zur Mitteilung besteht demnach nicht vor Eintritt einer aufschiebenden Bedingung bzw. vor Erteilung einer etwaigen Genehmigung. Dies schließt jedoch nicht aus, dass der Verpflichtete bereits vorher den Berechtigten über die Unterzeichnung informiert. Eine solche antizipierte Mitteilung ist zulässig und in der Praxis regelmäßig auch sachgerecht, aber letztlich nicht ausreichend. Insbesondere wird hierdurch der Fristlauf des § 469 Abs. 2 BGB nicht ausgelöst [634]. Der Veräußerer bleibt weiterhin zur Mitteilung der endgültigen Wirksamkeit des Vertrages verpflichtet.

Ferner besteht eine (erneute) Mitteilungspflicht bei Änderungen des Vertrages nach erfolgter Mitteilung [635]. Dies gebietet schon die Regelung des § 464 Abs. 2 BGB, die im Ausgangspunkt sämtliche Bestimmungen auch gegenüber dem Berechtigten für erheblich erklärt. Die Verpflichtung zu erneuter Mitteilung dürfte lediglich dann entfallen, wenn sich die Vereinbarung nicht mehr als Änderung des Kaufvertrages darstellt, sondern als Neuregelung der vertraglichen Beziehungen nach Erfüllung des Kaufvertrags [636]. Aufgrund der nahe liegenden Umgehungsgefahr wird man hierbei Anhaltspunkte dafür erwarten müssen, dass ein sachlicher Bezug zum ursprünglichen Vertrag nicht gegeben ist. Maßgebliche Bedeutung kommt hier dem Motiv der Neuregelung zu. Der zeitliche Abstand zum ursprünglichen Vertragsschluss und zum Vollzug kann daneben jedoch ebenfalls ein wichtiges Indiz sein. Sofern z.B. Rückvergütungen gewährt werden, ist dies als Änderung des ursprünglichen Kaufpreises regelmäßig keine echte Neuregelung, sondern eine Änderung des ursprünglichen Kaufvertrags oder gar ein Umgehungsgeschäft.

II.   Inhalt der Mitteilung

Der Inhalt der Mitteilung ist nur vermeintlich unproblematisch. Die Besonderheiten eines Aktienverkaufs werfen vielmehr mehrere Probleme auf.

1.   Grundsatz

Die Mitteilungspflicht umfasst nach der gesetzlichen Vorgabe schlicht den *„Inhalt"* des Kaufvertrages (§ 469 Abs. 1 S. 1 BGB). Da das Gesetz die Entscheidung über das „Wie" der Mitteilung dem Verpflichteten überlässt, wäre eigentlich auch eine

---

[634] Staudinger-Mader § 510, RN 5; Erman-Grunewald § 504, RN 13; unklar Jauernig-Vollkommer § 469, RN 1.

[635] BGH NJW 1973, 1365; BGH NJW 1994, 315; MK-Westermann § 510, RN 3; Jauernig-Vollkommer § 469, RN 2; Erman-Grunewald § 510, RN 4; Grunewald in FS Gernhuber, S. 137, 149; Soergel-Huber § 510, RN 7.

[636] RGRK-Mezger § 510, RN 3.

mündliche Erklärung ausreichend. Aufgrund der Komplexität von Aktienverkäufen ist der Verpflichtete jedoch gehalten, den Berechtigten schriftlich über den Vertragsinhalt zu informieren. Eine solche konkludente Nebenpflicht wird sich im Zweifel aus der Vorkaufsabrede entnehmen lassen. Da die Schriftform lediglich eine sorgfältige Prüfung der Vertragsbedingungen ermöglichen soll, ist der Verpflichtete aber nicht gezwungen, dem Berechtigten eine Kopie des Kaufvertrages zukommen zu lassen [637]. Dies wäre zwar im Regelfall ausreichend, ist aber nicht geboten [638]. Darüber hinaus wird vertreten [639], die Verpflichtung umfasse nicht den gesamten Vertrag, sondern lediglich die *wesentlichen Vertragsbedingungen*, die erforderlich seien, dem Berechtigten eine sachgerechte Entscheidung über die Ausübung des Vorkaufsrechts zu ermöglichen. Diese Ansicht steht jedoch im Widerspruch zum Gesetzeswortlaut, der generalisierend auf den Inhalt abstellt und die Mitteilungspflicht nicht vom Umfang her einschränkt. Eine beschränkte Mitteilung wäre auch mit Blick auf die Bindungswirkung des § 464 Abs. 2 BGB problematisch. Da der Berechtigte den Vertrag so hinnehmen muss, wie er geschlossen wurde, darf er eine vollständige Information über sämtliche Vertragsbestimmungen erwarten [640]. Schließlich übersieht die überwiegende Ansicht das Problem der näheren Bestimmung der „Wesentlichkeit". Die Entscheidung hierüber müsste objektiv getroffen werden und könnte daher nicht allein dem Verpflichteten zukommen, da dieser aus naheliegenden Gründen eine restriktive Handhabung vorziehen wird, die den Interessen des Berechtigten nicht gerecht wird. Insofern spricht auch die teleologische Auslegung gegen die Einschränkung. Die herrschende Meinung widerspricht sich schließlich auch selbst, da sie ergänzende Auskunftsverlangen zulässt und somit über die „wesentlichen" Regelungen hinaus letztlich doch die Übermittlung des „gesamten Vertragtextes" [641] fordert.

2. Problembereiche

Bestimmte Fragen der Mitteilungspflicht [642] verdienen eine besondere Erwähnung.

a) Verpflichtung zur Mitteilung des Namens des Dritten

Da der Berechtigte sich durch die Ausübung des Vorkaufsrechts – auch ohne rechtlichen „Eintritt" in den Vertrag [643] – gleichsam an die Stelle des Dritten setzt,

---

[637] AA Faistenberger S. 142.

[638] RGZ 108, 66, 67; Staudinger-Mader § 510, RN 10.

[639] HM, vgl. BGH WM 1966, 891; Staudinger-Mader § 510, RN 10; Faistenberger S. 141; aA Jauernig-Vollkommer § 464, RN 2; Erman-Grunewald § 510, RN 2: gesamter Inhalt.

[640] Missverständlich Faistenberger S. 141: exakte Angabe über Anbietungsinhalt nicht möglich.

[641] MK-Westermann § 510, RN 4.

[642] In der Literatur werden die nachfolgenden Aspekte anscheinend nicht als problematisch angesehen.

[643] Unstreitig; die missverständliche Terminologie „*Vertragseintritt*", vgl. Schrötter S. 113, sollte unterbleiben.

könnte man annehmen, im Falle des Erwerbs sei die *Person* des Dritten unbe-achtlich. Dieser Gedanke drängt sich insbesondere unter Berücksichtigung der sog. Offertentheorie auf, derzufolge die Mitteilung des Vertragsinhalts als Angebot zu werten sei. Diese Offerte würde naturgemäß nur die Vertragsbedingungen, nicht aber den Namen des Dritten umfassen. Richtigerweise ist die Mitteilung aber kein Angebot, also eine Willenserklärung, sondern eine reine Wissenserklärung [644], die – anders als ein Angebot – nach §§ 463, 364 Abs. 2 BGB zum Zustandekommen des Vertrages nicht einmal erforderlich ist.

Soweit dieses Problem gesehen wird, wird zumeist eine Verpflichtung zur Mittei-lung auch des Namens des Erwerbers angenommen [645]. Hierfür spricht zunächst das entstehungsgeschichtliche Argument: Aus den Protokollen ergibt sich, dass die Person des Erwerbers als für die Entscheidung des Berechtigten bedeutsam angesehen wurde [646]. Der Wortlaut ist hingegen offen; aus dem Begriff „Inhalt" des Vertrages läst sich nicht zwingend entnehmen, ob auch die andere Vertragspartei hiervon erfasst sein soll. Ausschlaggebend sind aber Sinn und Zweck des Vorkaufsrechts: Das Abwehrinteresse ist regelmäßig zumindest eines der Motive der Vorkaufsvereinbarung. Demnach wird die Person des Erwerbers auch für die Ausübungsentscheidung mitentscheidend sein. Ein Anspruch auf Mitteilung der Person des Dritten scheidet daher lediglich dann aus, wenn das Abwehrinteresse von den Beteiligten für unbeachtlich erachtet wurde, z.B. das Vorkaufsrecht ausschließlich einem Verschaffungsinteresse diente [647].

b) Verpflichtung zur Mitteilung unbeachtlicher Vertragsbestandteile
Fraglich erscheint jedoch, ob die Mitteilungspflicht auch „unbeachtliche Vertrags-bestandteile" umfasst, d.h. solche, die aufgrund einer Vorabvereinbarung oder aus sonstigen Gründen abweichend vom Grundsatz des § 464 Abs. 2 BGB nicht zwischen Berechtigtem und Verpflichtetem Bindungswirkung entfalten. Es wäre daran zu denken, insoweit die umfassende Mitteilungspflicht teleologisch zu be-schränken. Dies kann insbesondere bei einem sog. preislimitierten Vorkaufsrecht für die Höhe des Kaufpreises gelten. Enthält die Vorkaufsabrede z.B. einen Ver-weis auf den Börsenkurs zum Zeitpunkt der Ausübungserklärung, ist die Verein-barung eines hiervon abweichenden Kaufpreises mit dem Dritten für den Berech-tigten unerheblich. *Salzgeber-Dürig* [648] bejaht dennoch das Recht des Berechtigten auf Mitteilung auch dieses Vertragselements aus mehreren Gründen. Mit Blick auf

---

[644] Staudinger-Mader § 510, RN 8; MK-Westermann § 510, RN 5.

[645] RGRK-Mezger § 510, RN 3; Salzgeber-Dürig S. 46, 142f; Henrich S. 349 (Fn. 36).

[646] Vgl. Mugdan S. 792.

[647] Faistenberger, S. 141, will die Namensnennung nur für die Glaubhaftigkeit der Mitteilung verlangen und somit trotz des auch von ihm erkannten prohibitiven Charakters des Vorkaufs-rechts hierauf verzichten, falls dem anderweitig Rechnung getragen werden kann; zu den Elementen der Zwecksetzung eingehend unter § 5 II.

[648] S. 47.

ein mögliches spekulatives Element sei ein sachliches Interesse des Berechtigten nicht zu verneinen. Zudem könne ein auffällig niedriger Preis die Person des Dritten, u.U. ein nicht erwünschter Wettbewerber, in den Vordergrund rücken. Schließlich könnten Verpflichteter und Berechtigter bei einem aufwendigen Preisermittlungsverfahren geneigt sein, dennoch den Preis aus dem Kaufvertrag einverständlich zu übernehmen.

Diese Argumente vermögen aber nur teilweise zu überzeugen. Die Tatsache, dass es dem Berechtigten selbstverständlich freisteht, *im Einverständnis* mit dem Verpflichteten nachträglich andere Abreden zu treffen, kann keinen *einseitigen* Anspruch auf solche Informationen begründen, die vorher einvernehmlich für unbeachtlich erklärt wurden. Aufgrund der Mitteilung der Person des Dritten ist es dem Berechtigten möglich, dessen Eigenschaft als unerwünschter Wettbewerber abzuschätzen. Der „Umweg" über Verdachtmomente bei niedrigem Kaufpreis ist daher entbehrlich. Der Hinweis auf das spekulative Interesse ist hingegen im Ansatz zutreffend. Der Berechtigte kann ein Interesse an zeitnahem Wiederverkauf der Aktien haben. Eine Abschätzung möglicher Gewinnspannen ist aber nur möglich, sofern ihm der auf dem „Markt" erzielbare Wert bekannt ist. Vor allem bei fehlender Börsennotierung stellt der vom Dritten angebotene Preis einen wertvollen Richtwert dar [649]. Dennoch sprechen die besseren Argumente gegen eine Verpflichtung zur Mitteilung des Kaufpreises bzw. anderer „unbeachtlicher" Vertragsbestimmungen. § 469 BGB ist nicht isoliert, sondern in einer Gesamt- schau, insbesondere mit § 464 Abs. 2 BGB zu sehen: Erst die Mitteilung sämt- licher für den Berechtigten bindenden Vertragsbestimmungen erlaubt diesem eine sachgerechte Entscheidung über die Erklärung der Ausübung [650]. Daher sind alle insoweit relevanten, aber eben auch nur diese Regelungen mitzuteilen. Ein darüber hinaus gehender Anspruch auf weitergehende Informationen, die für den Berech- tigten von Interesse sein mögen, stellt das Gesetz nicht auf [651]. Auf die Frage, ob Verpflichteter oder Dritterwerber ein berechtigtes Interesse an Geheimhaltung des Preises haben, kann es nicht ankommen. Die Vereinbarung abweichender Bestim- mungen stellt hingegen rechtlich eine Art Verzicht auf die Mitteilung der hierauf gerichteten Vertragsbestimmungen mit dem Dritten dar [652]. Dies beruht auf der Erwägung, dass Vorabvereinbarungen naturgemäß nicht allein dem Berechtigten zugute kommen müssen. So hat auch der Verpflichtete stets ein berechtigtes Interesse an der Geheimhaltung solcher Klauseln, die nur den Dritten, nicht aber

---

[649] Vgl. BVerfGE 100, 289, 308 „*DAT/Altana*".

[650] BGH NJW 1994, 315, 316: der Zweck des § 469 BGB, dem Berechtigten die Entscheidung über die Ausübung zu ermöglichen, bestimmt auch den Umfang der Mitteilung.

[651] Zutreffend Erman-Grunewald § 510, RN 2; nun auch BGH NJW 1994, 315, 316; ähnlich wohl auch Soergel-Huber § 510, RN 3, der allerdings nachfolgend doch wieder auf den „gesamten Inhalt" abstellt; einschränkend MK-Westermann § 510, RN 3.

[652] Ebenso Faistenberger S. 142, der bei begründetem Verdacht eines Scheingeschäfts Ausnah- men zulassen will.

den Berechtigten binden. Sollte dem Berechtigten die Befugnis zur Ausübung zu bestimmten Bedingungen hingegen *neben* der Berufung auf den wirklichen Vertragstext zustehen, hat die Mitteilung auch den Preis etc. zu umfassen.

c) Verpflichtung zur Mitteilung anderer Vertragstypen

Das Vorkaufsrecht gewährt ein Vorrecht nur im Falle des „Kaufs"; sofern die Aktien im Rahmen eines Tauschs oder im Wege der Schenkung übertragen werden, erlischt das Vorkaufsrecht grundsätzlich [653]. Sofern sich die Vorkaufsklausel im Einzelfall auch auf abweichende Vertragstypen erstreckt, greift die Mitteilungspflicht selbstverständlich auch hier. Mit Blick auf mögliche Umgehungsgeschäfte könnte man die Mitteilungspflicht aber auch auf andere Vertragskonstellationen erstrecken wollen, die das Vorkaufsrecht erlöschen lassen und an deren Mitteilung der Berechtigte ein grundsätzliches Interesse hat. Gegen diese Pflicht spricht jedoch, dass der verpflichteten Partei hierdurch die Möglichkeit einer unzulässigen Umgehung unterstellt werden könnte. Der Berechtigte mag an weitergehenden Informationen durchaus ein Interesse haben oder zur effektiven Durchsetzung seiner Rechte hierauf sogar angewiesen sein. Dennoch wäre eine solche Pflicht mit Blick auf die Relativität der Rechtsstellung des Berechtigten nicht mehr vom Gesetzeswortlaut gedeckt. Zudem würde andernfalls die Befugnis des Verpflichteten eingeschränkt, über den Vorkaufsgegenstand anders als durch Kauf zu verfügen. In systematischer Hinsicht ist die Mitteilungspflicht eng an die Ausübungsmöglichkeit gekoppelt. Sofern keine Ausübung denkbar ist, bleibt auch kein Raum für obligatorische Mitteilungen. Der wirksame Nachweis von Umgehungen fällt daher grundsätzlich in die Risikosphäre des Berechtigten. Ein Anspruch auf „Unterstützung" durch den Verpflichteten scheidet jedoch aus.

d) Einschränkung der Mitteilungspflicht bei Geheimhaltungsbedürftigkeit

Wirtschaftlich bedeutende Unternehmensumstrukturierungen setzen für ihr Gelingen die Geheimhaltung bestimmter Tatsachen voraus. Sofern diese Aspekte jedoch zum Gegenstand des Kaufvertrages gemacht werden, mag zwar zwischen den Vorkaufsparteien Vertraulichkeit vereinbart sein. Dies kann der Verpflichtete dem Berechtigten jedoch nur dann entgegen halten, wenn die Vorkaufsklausel eine diesbezügliche Verpflichtung des Berechtigten vorsieht. Für den Fall der Ausübung des Vorkaufsrechts ist der Berechtigte auch an diese geheimen Elemente gebunden. Daher sind ihm diese zuvor auch mitzuteilen. Aus der Vorkaufsabrede können sich jedoch im Einzelfall Verschwiegenheitspflichten als Nebenpflichten ergeben. Sofern der Verpflichtete bei der Mitteilung auf die Vertraulichkeit besonders hinweist, kann die Verletzung Schadensersatzansprüche begründen, die dem Geheimhaltungsinteresse im Regelfall ausreichend Rechnung tragen. Die Verwendung derartiger Informationen zu eigenen Interessen kann dem Berechtigten aber nicht vollständig untersagt werden. Soweit die Vorkaufsparteien geheimhaltungsbedürf-

---

[653] Zu Umgehungsfällen vgl. insb. § 7 I; zum Vorkaufsrecht für künftige Aktien siehe § 5 III 1.

tige Tatsachen zum Gegenstand des Kaufvertrages machen, handeln sie auf eigenes Risiko.

e)   Verpflichtung zur Offenlegung begleitender Verträge
Vielfach werden Kaufverträge über Aktien nicht isoliert abgeschlossen, sondern bilden einen Bestandteil einer komplexen gesellschaftsrechtlichen Umstrukturierung, der von anderen Verträgen, z.b. Kooperationsverträgen, Liefervertägen, aber auch weiteren Vorrechtsvereinbarungen, begleitet wird. Die Struktur eines Aktienverkaufs erschließt sich hierbei erst in einer Gesamtschau aller oder zumindest mehrerer Verträge. Einen Anspruch auf Mitteilung auch dieser rechtlich selbständigen Verträge hat der Berechtigte jedoch nur, sofern sich aus ihnen Informationen für die Bestimmungen des eigentlichen Kaufvertrags ergeben [654]. Sollten also in getrennten Vereinbarungen z.b. Abreden über Leistungen des Erwerbers aufgeführt sein, die sich bei wertender Betrachtung als Gegenleistung für den Verkauf der Aktien darstellen (z.b. Preisnachlässe im Rahmen von Liefervereinbarungen), so werden auch diese Regelungen von der Mitteilungspflicht erfasst [655]. Neben die rechtliche Problematik, auf welche Bestimmungen dies zutreffen mag, tritt die faktische Schwierigkeit für den Berechtigten, hiervon Kenntnis zu erlangen und dies ggf. beweisen zu können. Dieses Risiko ist der Vorkaufabrede aber immanent und somit nicht (gänzlich) vermeidbar.

f)   Anspruch auf ergänzende Auskunft
Dem Berechtigten steht aus § 469 Abs. 1 S. 1 BGB ein allgemeiner Auskunftsanspruch hinsichtlich des Inhalts des zwischen Verpflichtetem und Drittem geschlossenen Kaufvertrags zu [656]. Problematisch ist jedoch, ob und ggf. inwieweit der Berechtigte einen über die Mitteilung hinausgehenden Anspruch auf ergänzende Auskunfterteilung hat. Weitergehende Informationen können insbesondere für die Frage bedeutsam sein, ob die Aktien den vereinbarten Kaufpreis wert sind und sich die Ausübung des Vorkaufsrechts mithin als wirtschaftlich gerechtfertigt darstellt. Hier ist vor allem an ergänzende Angaben über die wirtschaftliche Lage der Gesellschaft und die künftige geschäftliche Entwicklung zu denken. Hierbei bestehen zwischen einem Aktionär und einem Nicht-Gesellschafter als Vorkaufsberechtigtem gewisse Unterschiede: Beabsichtigt ein *Gesellschafter*, weitere Aktien hinzuzuerwerben, so sind ihm viele für den Wert der Aktien relevante Aspekte bereits bekannt. Darüber hinaus steht es ihm in begrenztem Umfang frei, im Rahmen der Hauptversammlung Fragen zu stellen. Einen allgemeinen Auskunftsanspruch gegenüber der Gesellschaft kennt das Aktienrecht hingegen nicht (§ 131 Abs. 1 S. 1 AktG). Für einen *Außenstehenden*, der bislang nicht an der Gesellschaft beteiligt ist, wird sich die Entscheidung über die Ausübung des

---

[654] Eine unmittelbare Bindung an diese Verträge erfolgt jedoch nicht; die Ausübung bleibt auf den Kauf beschränkt; vgl. Soergel-Huber § 505, RN 5; sowie BGH NJW 1987, 890ff.

[655] Von RGZ 108, 66, 67 für den Fall des Verweises auf andere Urkunden noch offen gelassen.

[656] Unstreitig, vgl. hierzu auch LG Offenburg AG 1989, 134, 135.

Vorkaufsrechts als noch problematischer erweisen. Ihm stehen regelmäßig nicht einmal die einem Aktionär zukommenden gesellschaftsinternen Informationen zur Verfügung. Der Nicht-Gesellschafter kann vielmehr zunächst lediglich auf die beim Handelsregister verfügbaren Informationen zurückgreifen. Rechtsprechung [657] und Literatur [658] nehmen jedoch darüber hinaus übereinstimmend an, dem Berechtigten stehe ein Anspruch auf ergänzende Auskunftserteilung zu, sofern die begehrten Informationen zur Entscheidung über die Ausübung erforderlich seien. Diese Ansicht ist bei näherer Betrachtung allerdings zweifelhaft.

Ein allgemeiner Anspruch auf ergänzende Auskünfte oder gar Prüfung des Kaufobjekts, und damit mittelbar der Gesellschaft selbst, auf Werthaltigkeit durch eine eingehende Unternehmensprüfung (sog. Due Diligence) besteht grundsätzlich nicht [659]. Auf eine mögliche Veränderung der Kaufsache seit Begründung des Vorkaufsrechts kann es nicht ankommen [660]. Eine (gewisse) Änderung der Kaufsache seit Vereinbarung des Vorkaufsrechts ist stets hinzunehmen. Hätte der Gesetzgeber ein derart weites Prüfungsrecht gewollt, hätte er dies im Gesetz verankert. Die Entstehungsgeschichte stützt das extensive Auskunfts- oder gar Prüfungsrecht nicht. Hierbei wäre es zwar zu formalistisch, allein darauf abzustellen, dass sich das Kaufobjekt „Aktie" streng genommen nicht verändert hat. Die hinter dem Objekt „Aktie" stehende wirtschaftliche Rechtsposition ist bei der Frage möglicher Änderungen stets zu berücksichtigen. Wegen der unternehmerischen Entwicklung der für den Wert der Aktien maßgeblichen Geschäftstätigkeit der Gesellschaft werden Veränderungen insoweit nicht nur in Kauf genommen, sondern sind von den Beteiligten sogar bezweckt.

Hat der Verpflichtete dem Berechtigten den Inhalt des Kaufvertrags vollständig mitgeteilt, so sind dem Berechtigten sämtliche Bedingungen bekannt, die das Gesetz als zur Ausübung des Vorkaufsrechts erforderlich erachtet. Der überwiegend vertretene allgemeine Auskunftsanspruch scheint vielmehr auf der unzutreffenden Beschränkung der Mitteilung auf die wesentlichen Bedingungen zu beruhen, die dann durch ergänzende Auskünfte letztlich doch den gesamten Vertrag erfassen soll. Soweit Auskünfte im Einzelfall über die Vertragsurkunde hinaus verlangt werden können, begründet dies keinen über eine Mitteilung des Vertragsinhalts hinausgehenden Auskunftsanspruch. Die Wertermittlung für Aktien ist von subjektiven Erwägungen geprägt, die auch von der persönlichen und wirtschaftlichen Stellung des Käufers abhängen. Ein umfassender Auskunftsanspruch entspricht nicht der mutmaßlichen Interessenlage beider Parteien z.Zt. der Vereinbarung des Vorkaufsrechts, nicht zuletzt da dieser auch nicht innerhalb der Aus-

---

[657] RGZ 108, 66; LG Offenburg AG 1989, 134; einschränkend BGH NJW 1994, 315, 316.

[658] Erman-Grunewald § 510, RN 5; Staudinger-Mader § 510, RN 10; Soergel-Huber § 510, RN 3; MK-Westermann § 510, RN 1 und 4.

[659] Früher aA RGZ 108, 66f (allerdings unter Berücksichtigung der Besonderheiten des RSG).

[660] So aber MK-Westermann § 510, RN 4.

übungsfrist zu realisieren wäre. Will man dem Berechtigten ein (letztlich unbestimmtes) allgemeines Auskunftsrecht für „wesentliche" Informationen und „Unklarheiten" einräumen [661], so würde der Ausschlussfrist faktisch keine Bedeutung zukommen. Dieses Folgeproblem wird jedoch regelmäßig übersehen [662].

III. Rechtsfolgen eines Verstoßes gegen die Mitteilungspflicht

Soweit der Verpflichtete seiner Pflicht zur unverzüglichen Mitteilung des Vorkaufsfalls nicht ordnungsgemäß nachkommt, sind zwei Rechtsfolgen denkbar.

1. Fehlender Fristlauf

Im Falle eines Verstoßes gegen die Mitteilungspflicht beginnt die Frist für den Berechtigten zur Entscheidung über die Ausübung des Vorkaufsrechts nicht zu laufen [563]. Dies ist bei gänzlich unterbliebener Mitteilung fraglos gerechtfertigt. Schwieriger ist die Situation jedoch bei nur unvollständiger Mitteilung. Vorstehende Erwägungen haben ergeben, dass die Frage, welche Informationen mitteilungspflichtig sind, nicht immer eindeutig zu beantworten ist. Daher gilt es zu vermeiden, dass sich der Berechtigte u.U. lange Zeit nach Abwicklung des Aktienkaufs auf eine vermeintlich unvollständige Mitteilung beruft und z.B. Schadensersatz fordert. Ein ähnliches Problem stellt sich in den Fällen, in denen erst Jahre später die fehlende Vollständigkeit durch letztinstanzliche Gerichtsentscheidung festgestellt wird. Andererseits muss aber dem Verpflichteten die Möglichkeit zur folgenlos unvollständigen Mitteilung genommen werden.

Für die gebotene Abwägung bieten sich zwei Hauptkriterien an: Zum einen die „Wesentlichkeit" der nicht mitgeteilten Tatsachen, zum anderen das Verschuldenselement. Die Nichtmitteilung „wesentlicher" Aspekte führt somit zur Unwirksamkeit der Mitteilung, wohingegen zumindest ein versehentliches Verschweigen „unwesentlicher" Aspekte hierfür nicht ausreicht [664]. Unwesentliche Vertragsbestimmungen begründen gleichsam die Vermutung, dass sie für die Entscheidung für oder gegen die Ausübung nicht von Bedeutung gewesen wären. Die Mitteilung mag dann zwar objektiv unvollständig sein, setzt den Fristlauf aber dennoch in

---

[661] RGZ 108, 66, 67; Erman-Grunewald § 510, RN 5; Staudinger-Mader § 510, RN 10.

[662] In BGH NJW 1994, 315, 316 wird dieser Aspekt lediglich angedeutet, die entscheidende Frage, ob die Aufklärung innerhalb der Ausübungsfrist erfolgen muss, wird hingegen offen gelassen; zum Vorkaufsrecht nach dem RSG hat das RG (Z 108, 66, 67f) verlangt, dass Auskunftsverlangen und –erteilung (im Regelfall) innerhalb der (dort dreiwöchigen) Frist erfolgen müssten. Dies erscheint für den Verkauf von Aktien nicht tragbar.

[663] Allg. Ansicht, vgl. nur Erman-Grunewald § 510, RN 2, 7 und 10; Soergel-Huber § 504, RN 18f, § 510, RN 6f.

[664] Ebenso Erman-Grunewald § 510, RN 2.

Gang. Problematisch ist die Handhabung des bewussten Verschweigens unwesentlicher Vertragsbestandteile. Der Vorsatz spricht für die Annahme fehlenden Fristlaufs, während die Unwesentlichkeit eher das Gegenteil nahe legt.

Hier sollte letztlich eine Abwägung zwischen der Schwere eines möglichen Täuschungsversuchs und der Bedeutung der verschwiegenen Tatsache entscheidend sein. Da der fehlende Fristlauf stets auch „Sanktionsfunktion" haben soll, wird der Fristlauf nicht gehindert, wenn der Verpflichtete die mitzuteilenden Regelungen sorgfältig prüft und sich aufgrund einer (intern) begründeten Entscheidung für bzw. gegen die Mitteilung entscheidet. Sofern hierbei kein grundsätzlich zu restriktiver Maßstab angesetzt wurde, hindern geringfügige Fehleinschätzungen den Beginn des Fristlaufs nicht. Andererseits sind die in einer Kaufvertragsurkunde enthaltenen Regelungen wegen § 464 Abs. 2 BGB nur im Ausnahmefall nicht bindend. Eine nur eingeschränkte Übermittlung setzt demzufolge eine eingehende Prüfung voraus. Die denkbaren Fälle des Fristlaufs trotz objektiv unvollständiger Mitteilung werden deshalb insbesondere Regelungen außerhalb der eigentlichen Vertragsurkunde betreffen.

2.   Schadensersatzverpflichtung

Darüber hinaus kann sich der Verpflichtete bei unterbliebener oder unvollständiger Mitteilung dem Berechtigten gegenüber schadensersatzpflichtig machen [665]. Auch bei Einschaltung Dritter richtet sich dieser Anspruch grundsätzlich gegen den Verpflichteten. Dieser kann allerdings ggf. bei demjenigen, dem er die Erfüllung der Mitteilungspflicht übertragen hat, Regress nehmen [666]. Eine schuldhaft unvollständige Mitteilung ist – entsprechend den vorgenannten Kriterien – dann auszuschließen, wenn der Verpflichtete den Umfang seiner Mitteilungspflicht sorgsam geprüft hat und zumindest vertretbare Argumente dafür sprechen, dass die von ihm abgegebene Erklärung vollständig ist. Den Nachweis fehlenden Verschuldens hat der Verpflichtete zu führen. Kernproblem der Ersatzpflicht ist hingegen die Bestimmung des konkreten Schadens des Berechtigten. Dieser kann darin bestehen, dass im Vertrauen auf den erfolgreichen Erwerb andere Dispositionen getroffen werden [667]. Der Schadensersatz kann hierbei auch auf das Erfüllungsinteresse gerichtet sein, sofern er durch die unterlassene Mitteilung adäquat verursacht wurde [668]. Falls sich der Wert der Aktien seit dem Vorkaufsfall vermindert hat, wird dies regelmäßig einen wirtschaftlichen Schaden ausschließen. Aber auch im Falle eines Wertzuwachses kann dies auf unternehmerische Entscheidungen des Dritterwerbers zurückzuführen sein und wäre beim

[665] RGRK-Mezger § 510, RN 3; Erman-Grunewald § 510, RN 6; Soergel-Huber § 510, RN 6; Staudinger-Mader § 510, RN 2.

[666] Salzgeber-Dürig S. 46.

[667] Zutreffend Erman-Grunewald § 510, RN 6.

[668] BGH-Report 2002, 751.

Berechtigten nicht notwendig in gleicher oder ähnlicher Weise erfolgt [669]. In diesem Fall würde ein Schaden am fehlenden Nachweis der Kausalität scheitern. Das spekulative Element der Bewertung von Aktien und die starke Abhängigkeit von der unternehmerischen Einbindung in bestimmte Unternehmensgruppen macht den Nachweis höchst problematisch und wird ihn sogar vielfach gänzlich ausschließen. Auch für eine richterliche Schätzung gem. § 287 ZPO werden häufig die erforderlichen konkreten Tatsachen nicht eindeutig zu ermitteln sein. Dem kann allerdings durch die Vereinbarung einer verschuldensunabhängigen Vertragsstrafe begegnet werden [670].

Zwischenergebnis:
Der Verpflichtete hat dem Berechtigten sämtliche Regelungen des rechtswirksam abgeschlossenen Kaufvertrags mitzuteilen, an die der Berechtigte nach § 464 Abs. 2 BGB gebunden ist. Die Mitteilungspflicht umfasst ferner den Namen des Dritten, sowie solche Informationen in separat geschlossenen Vereinbarungen, die wertungsmäßig als Bestandteile des Kaufvertrags anzusehen sind. Ein Anspruch auf weitergehende Auskunft steht dem Berechtigten hingegen nicht zu. Bei unterbliebener oder (wesentlich) unvollständiger Mitteilung wird die Frist zur Ausübungserklärung nicht in Gang gesetzt. Hinsichtlich der hieran anknüpfenden Verpflichtung zur Leistung von Schadensersatz wird der Nachweis eines kausal hierauf beruhenden Schadens jedoch regelmäßig scheitern.

---

[669] Vgl. BGH WM 1970, 962, 963.
[670] Hierzu und zu anderen Sicherungen des Vorkaufsrechts bereits unter § 3 II 4.

§ 9 Abgabe der Vorkaufserklärung

Die ordnungsgemäße Abgabe der Vorkaufserklärung bringt neben der (formellen) Fristgebundenheit (sub. I.) das Problem einer möglichen (materiellen) Unwirksamkeit der Ausübungserklärung mit sich (sub. II.).

I. Fristgebundenheit

Fristlänge und –beginn können mit Blick auf die Komplexität des Verkaufs eines Aktienpakets problematisch sein. Zudem kann dem Berechtigten zur Beschleunigung des Erwerbs an einer antizipierte Ausübung gelegen sein.

1. Länge der Frist
a) Grundsatz der Wochenfrist
Nach § 469 Abs. 2 S. 1 BGB beträgt die Frist zur Ausübung des Vorkaufsrechts bei allen Gegenständen außer Grundstücken lediglich eine Woche ab Erhalt der Mitteilung. Der Gesetzgeber ging bei der Festlegung der Fristlänge davon aus, dass eine Woche *„für die Regelfälle genügen"* würde [671]. Aufgrund des dispositiven Charakters (vgl. § 469 Abs. 2 S. 2 BGB) sollte die Vereinbarung einer längeren Frist den Parteien selbst überlassen bleiben [672].

In der Literatur wird die gesetzliche Frist überwiegend als sehr kurz angesehen [673]. Sie mag für die Entscheidung über den Erwerb „normaler" Gegenstände ausreichend sein. Zumindest bei komplexen Aktientransaktionen wird man dies jedoch nicht vertreten können. In Anbetracht des heutigen Umfangs von Unternehmenskaufverträgen samt Anlagen, deren Preisermittlung oftmals lange Prüfungen des Erwerbers vorangehen, würde die Wochenfrist für eine mehr als nur sehr oberflächliche Prüfung der wirtschaftlichen Rechtfertigung nicht ausreichen. Daneben bleibt die erhebliche Unsicherheit, welche der mitgeteilten Vertragsbestimmungen möglicherweise nicht bindend sein würden oder finanziell abgegolten werden müssten (§ 466 BGB). Zudem haben mehrere Berechtigte untereinander ggf. den Erwerb entsprechend aufzuteilen bzw. abzusprechen [674]. Schließlich droht das „Damoklesschwert" fehlender Finanzierbarkeit des Erwerbs [675]. Daher stellt sich die Frage, ob nicht eine Fristverlängerung zur Wahrung der Interessen des Berechtigten geboten ist.

[671] Vgl. Mugdan S. 195.
[672] Schubert Redaktion S. 77; Jakob/Schubert Beratung S. 329f.
[673] Staudinger-Mader § 510, RN 14; Erman-Grunewald § 510, RN 11; Langenfeld/Gail Handbuch der Familienunternehmen 5.2.4.13, Rz. 76.1 (zur GmbH); unklar aber MK-Westermann § 510, RN 1 (*„sehr kurz"*), RN 2 (*„verhältnismäßig knapp"*), aber RN 4 (*„in der Praxis allgemein ausreichend lang"*).
[674] Zur Vorkaufsberechtigung bei mehreren Berechtigten vgl. nachfolgend unter §§ 11 II, III.
[675] Vgl. Reichert S. 78.

b) Fristverlängerung wegen Besonderheiten beim Aktienkauf
Gegen die interpretative Verlängerung der gesetzlichen Frist lässt sich eine Vielzahl von Aspekten anführen. Zunächst einmal spricht der Wortlaut gegen eine derartige Verlängerung. Zwar wäre eine geänderte Auslegung insofern zu erwägen, als sich die Rahmenbedingungen seit der Schaffung des BGB erheblich geändert haben [676]. Nach § 469 Abs. 2 S. 1 BGB kann das Vorkaufsrecht aber ausdrücklich *„nur bis zum Ablauf einer Woche ausgeübt werden"*. Andere Fristen sollen lediglich im Wege vertraglicher Vereinbarungen zulässig sein (Satz 2). Ferner ist die fehlende Bestimmtheit abweichender Fristen zu bedenken: Sofern die Wochenfrist nicht greift, könnte man allenfalls auf eine „angemessene" oder „hinreichend lange" Frist abstellen [677]. Aufgrund der abweichenden Ansichten der Beteiligten wäre hierbei aber Streit vorprogrammiert und es bestünde die Gefahr, dass erst nach Abschluss eines Rechtsstreits Jahre später feststünde, ob die Frist dem gerecht wurde und somit die Ausübung noch (oder eben nicht mehr) fristgerecht war. Die Einräumung einer „angemessenen Zeit" war auch im Gesetzgebungsverfahren vorgebracht worden [678], wurde letztlich aber zugunsten einer klaren Fristvorgabe aufgegeben. Gegen eine *pauschale* Verlängerung von Fristen beim Erwerb von Aktien spricht ferner die Tatsache, dass Verkäufe geringen Umfangs regelmäßig unproblematisch sein werden und eine Verlängerung der Frist nicht erfordern. Zumindest wird sich hier keine wirtschaftliche Unzumutbarkeit für den Berechtigten ergeben, die eine solche Abweichung vom Gesetzeswortlaut gebiete würde. Lediglich bei umfangreichen Transaktionen mit hohem Kaufpreis wird sich eine unternehmerisch durchdachte Entscheidung nicht binnen Wochenfrist realisieren lassen. Eine Fristverlängerung allein für letztere Fälle führt hingegen zu Abgrenzungsschwierigkeiten. Der Berechtigte wird die Schwelle zur vermeintlichen „Unzumutbarkeit" deutlich früher als überschritten ansehen als der Verpflichtete. Neben die Rechtsunsicherheit tritt schließlich das Argument der Selbstbeschränkung der Rechte durch die Privatautonomie: Da es den Parteien freisteht, längere Fristen zu vereinbaren (§ 469 Abs. 2 S. 2 BGB), kann sich der Berechtigte nicht auf Schwierigkeiten berufen, deren Entstehung voraussehbar war. Auch außerhalb des Aktienrechts hat der Berechtigte keinen Anspruch auf Verlängerung der Frist allein wegen Problemen bei der Kapitalbeschaffung [679]. Sofern bereits die *Ausübung* des Vorkaufsrechts der Genehmigung (z.B. durch ein internes Gremium) bedarf, deren Erteilung nicht zurückwirkt, muss diese innerhalb der (Wochen-)Frist erfolgen [680].

---

[676] Näher zu diesem Aspekt Larenz Methodenlehre S. 350-353.

[677] So vorgeschlagen von Henrich S. 353, sofern die Mitteilung konkret als Angebot zu werten sei; ähnlich Soergel-Huber § 510, RN 7 bei unzulässig verweigerter Besichtigung der Kaufsache; RGZ 108, 66, 68 will dem Verpflichteten bei verzögerter Auskunft schlicht die Berufung auf den Fristablauf verweigern.

[678] Vgl. Schubert Redaktion S. 77.

[679] BGH WM 1973, 1403f; Erman-Grunewald § 510, RN 5.

[680] BGHZ 32, 375, 383; MK-Westermann § 510, RN 6.

Es ist auch keine rechtliche Konstruktion erkennbar, die eine Verlängerung gestatten würde. Eine Unterbrechung oder Hemmung des Fristlaufs scheidet aus, weil es sich um eine Ausschlussfrist handelt [681]. Die Annahme einer konkludenten Verlängerung widerspräche dem Interesse des Verpflichteten und wäre reine Fiktion.

Auf andere Vorrechte als das Vorkaufsrecht, insbesondere die Vorhand und das Ankaufsrecht, wird sich die Frist hingegen nicht entsprechend anwenden lassen. Die Kürze der Frist ermöglicht dem Berechtigten keine hinreichende Prüfung der Erwerbsmöglichkeit und entsprich damit nicht der Interessenlage der Beteiligten [682]. Sollten die Parteien keine Fristlänge vereinbart haben, wird daher durch die Mitteilung eine „angemessene" Frist in Lauf gesetzt [683]. Die hieraus folgende Rechtsunsicherheit haben die Parteien durch ihre unvollständige und atypische Regelung (implizit) in Kauf genommen.

2.   Beginn der Frist
a)   Grundsatz
Neben der Länge der Frist erscheint aber auch der konkrete Beginn des Fristlaufs klärungsbedürftig. Das Gesetz verweist insoweit schlicht auf den *„Empfang der Mitteilung"*. Auf die Problematik der Fristberechnung unter Berücksichtigung aufschiebender Bedingungen bzw. Genehmigungen wurde bereits für den Zeitpunkt der Mitteilung hingewiesen. Unabhängig von der letztlich dort vertretenen Auffassung wird man für den Ausübungszeitpunkt den Fristbeginn nicht vor Mitteilung des Eintritts der Bedingungen bzw. Erteilung der Genehmigung annehmen können [684]. Andernfalls wäre der Berechtigte gezwungen, sich über einen Kaufvertrag zu erklären, dessen Rechtswirksamkeit noch nicht vorliegt oder sogar letztlich ausbleibt.

b)   Sonderfälle
Aus der Tatsache, dass die Frist an die ordnungsgemäße Mitteilung anknüpft, folgt, dass eine erneute Frist zu laufen beginnt, sofern der Verpflichtete seine Mitteilung nachträglich - vor oder nach Ablauf der ersten Frist – abändert [685]. Auch vermeintlich Randbereiche betreffende Änderungen ziehen für die Kaufvertragsparteien

---

[681] MK-Westermann § 510, RN 1 und 6; BGHZ 33, 375, 383.

[682] Ebenso Soergel-Huber § 510, RN 8; MK-Westermann § 510, RN 2; Erman-Grunewald § 510, RN 11; aA Staudinger-Mader § 510, RN 16; rechtsvergleichende Erwägungen führen ebenfalls nicht zum Ziel: die Frist beträgt z.B. in der Schweiz einen Monat (näher Lehner in SJZ 1954, 73, 74f), in Österreich aber nur einen Tag; vgl. schon Schubert Redaktion S. 77.

[683] Anders in der Schweiz: Fristlauf mit Kenntnis, vgl. Lehner in SJZ 1954, 73, 74f.

[684] Vgl. BGHZ 23, 342, 348; 32, 383, 385; BGH NJW 1994, 315f; MK-Westermann § 504, RN 16; Staudinger-Mader § 510, RN 5; Erman-Grunewald § 510, RN 7; aA Soergel-Huber § 510, RN 19 (für die aufschiebende Bedingung).

[685] Schubert Redaktion (S. 78) bezeichnet dies gar als *„selbstverständlich"*.

mithin das Risiko nach sich, dass der Berechtigte das Vorkaufsrecht ausübt, sei es erstmalig (bei zunächst unterbliebener Ausübung), sei es erneut (bei günstigeren Vertragsbedingungen). Allenfalls bei völlig unwesentlichen Änderungen, die für die Entscheidung für oder gegen die Ausübung bei objektiver Betrachtung aus der Sicht des Berechtigten nicht erheblich sein können, bleibt es bei der ursprünglichen Frist.

Für den Fall eines vorgeschalteten Preisermittlungsverfahrens wird der Berechtigte regelmäßig das Ergebnis der Preisermittlung abwarten dürfen, bevor er sich entscheidet [686]. Die Frist beginnt hierbei mit Zugang des ermittelten Preises. Auf eine angeblich fehlerhafte Ermittlung wird er sich hingegen nicht berufen können, um den Fristbeginn weiter aufzuschieben. Hier muss die Rechtslage ebenso wie bei einer Mitteilung durch den Verpflichteten sein. Auch dort sind bloße Zweifel des Berechtigten an der Korrektheit bzw. Vollständigkeit für den Fristbeginn unbeachtlich.

3. Zulässigkeit antizipierter Ausübung

Der gesetzliche Regelfall ist die Ausübung des Vorkaufsrechts binnen Wochenfrist nach Mitteilung des rechtsverbindlich gewordenen Kaufvertrages. Die Ausübung hat demnach für ihre Gültigkeit spätestens vor Ablauf der Frist zu erfolgen. Eine etwaige nachträgliche rückwirkende Genehmigung eines vollmachtlosen Vertreters wäre nicht möglich [687]. Für die Frage der Statthaftigkeit einer *antizipierten* Ausübung ist zwischen den verschiedenen denkbaren Zeitpunkten zu differenzieren.

Da die Mitteilung des Verpflichteten keine Wirksamkeitsvoraussetzung der Ausübung ist, kann der Berechtigte die Ausübung auch *vor Zugang der Mitteilung* erklären [588]. Das Zustandekommen des (zweiten) Kaufvertrags hängt nur vom Abschluss des (ersten) Kaufvertrags ab (§§ 463, 464 Abs. 2 BGB). Ebenso kommt es auf die Kenntnis des Berechtigten vom Vertragsinhalt nicht an [689].

Die Möglichkeit einer Ausübung *vor Rechtswirksamkeit* des Vertrages, d.h. bei noch ausstehender Genehmigung oder ausstehendem Eintritt einer aufschiebenden Bedingung, wurde früher mit dem Hinweis verneint, es läge noch kein „geschlossener" Vertrag vor. Heute geht man jedoch überwiegend davon aus, eine Ausübung sei bereits möglich, wenngleich ihre Wirksamkeit vom nachträglichen Eintreten

---

[686] Zu dem Problem auch Henrich S. 351 ff, allerdings ohne näheren Vorschlag.

[687] BGHZ 32, 375, 383; RGRK-Mezger § 510, RN 4.

[688] BGH WM 1971, 46; MK-Westermann § 505, RN 2, § 510, RN 1 und 6; Pikart in WM 1971, 490, 492; Mugdan S. 193; zur Zeit der Schaffung des BGB wurde diese Frage hingegen als problematisch angesehen und eingehend diskutiert, vgl. Schubert Redaktion S. 74ff.

[689] Staudinger-Mader § 505, RN 1.

des Vorkaufsfalles abhänge [690]. Dieser Ansicht ist zuzustimmen: Sofern der Verpflichtete den Vertragsinhalt antizipiert mitteilt, steht es dem Berechtigten auch frei, die Ausübung gleichsam bezogen auf den Zeitpunkt der Rechtswirksamkeit zu erklären [691]. Darüber hinaus besteht hierfür auch ein praktisches Bedürfnis [692]: Bedingte Verträge sind gerade bei Aktientransaktionen nicht mehr die Ausnahme, sondern zumindest bei bedeutenden Paketverkäufen eher die Regel [693]. Sollte der Berechtigte bereits vor Einholung der erforderlichen Genehmigungen die Ausübung erklären, könnten der Verpflichtete und der Dritte andernfalls das Vorkaufsrecht leer laufen lassen, indem sie das Genehmigungsverfahren einstellen. Soweit hierbei aber dem Berechtigten die Befugnis zum jederzeitige Widerruf zugesprochen wird [694], ist dies abzulehnen, weil nicht einzusehen ist, dass der Berechtigte in Kenntnis des Schwebezustandes Rechte geltend macht, hiervon aber problemlos nachträglich wieder soll abrücken können.

Einer Ausübung bereits *vor Abschluss* des Kaufvertrages, die bei fehlendem Widerruf nach dem Abschluss Geltung erlangen könne [695], wird man aber entgegenhalten müssen, dass vor Abschluss des Vertrages gar kein Bezugsobjekt für die Ausübung besteht, weil der Vertrag noch nicht einmal in den wesentlichen Grundzügen feststeht. Es steht dem Berechtigten zwar frei, nach Eintritt des Vorkaufsfalles auf frühere, unwirksame Erklärungen zu verweisen und sich deren Inhalt nunmehr gleichsam zu eigen zu machen. Angesichts der Bedeutung einer fristgerechten Ausübungserklärung würde die Zulassung einer zweifelhaften rechtlichen Konstruktion über einen vom Gesetz nicht vorgesehen „Widerruf" zu unzumutbarer Rechtsunsicherheit führen. Hiervon zu unterscheiden ist jedoch der Fall, dass der Verpflichtete seine Mitteilung zu einem Zeitpunkt macht, zu dem der Vertrag noch nicht geschlossen ist. Hier darf der Berechtigte nicht schutzlos gestellt werden. Im Einzelfall kann daher aus Gründen des Vertrauensschutzes bereits mit Ausübung ein wirksamer Vertrag begründet werden.

---

[690] Jauernig-Vollkommer § 469, RN 1; Palandt-Putzo § 463, RN 5; Erman-Grunewald § 504, RN 13; Staudinger-Mader § 504, RN 29ff; BGH NJW 1998, 2352f = Z 139, 29 (in Abgrenzung zu BGHZ 14, 1; 32, 383); aA (erst mit Bedingungseintritt) MK-Westermann § 504, RN 16; Soergel-Stürner § 1097, RN 2.

[691] BGH NJW 1998, 2352, 2353.

[692] Zustimmend BGH NJW 1998, 2352, 2353 = Z 139, 29.

[693] Unzutreffend daher Soergel-Huber § 504, RN 19 a.E. „*praktisch sehr selten*".

[694] Vgl. Soergel-Huber § 505, RN 24.

[695] In diese Richtung wohl Soergel-Huber § 505, RN 24; unklar Erman-Grunewald § 505, RN 2 die nicht ausreichend zwischen fehlendem Bedingungseintritt und gänzlich fehlendem Vertrag unterscheidet.

II.   Unwirksamkeit der Ausübungserklärung

Die Ausübungserklärung kann jedoch aus mehreren Gründen unwirksam sein.

1.   Vorkaufsverzicht

Die Problematik einer Verzichtserklärung ist dogmatisch nicht abschließend geklärt. Bei Aktienverkäufen kann dieser Frage jedoch, nicht zuletzt mit Blick auf mögliche Voraberklärungen des Berechtigten, eine gesteigerte Bedeutung zukommen.

a)   Abgrenzung des Erlassvertrags von der einseitigen Verzichtserklärung
Der BGH geht in ständiger Rechtsprechung davon aus, ein einseitiger Verzicht des Berechtigten sei nicht möglich. Erforderlich seien vielmehr der Abschluss eines Erlassvertrages (§ 397 Abs. 1 BGB) zwischen den Parteien der Vorkaufsabrede [696] bzw. vor Entstehung der Rechte ein sonstiger Vertrag [697]. Die überwiegende Ansicht in der Literatur [698] stimmt dem zu, ohne jedoch eine überzeugende rechtliche Begründung zu liefern. Sie beruft sich neben § 397 BGB v.a. auf die Rechtsnatur als doppelt bedingter Kauf [699], wobei sie ihren Ansatz jedoch dahingehend einschränkt, dass dem Erfordernis einer vertraglichen Vereinbarung zur Aufhebung des Vorkaufsrechts auch durch eine stillschweigende Vereinbarung hinreichend Rechnung getragen werde. Hiervon sei auszugehen, sofern der Verpflichtete einer Verzichtserklärung des Berechtigten nicht widerspreche [700]. Ferner könne ein Verstoß gegen Treu und Glauben vorliegen, falls der Berechtigte eine einseitige Zusage der Nichtausübung nicht einhalte [701].

Die Gegenansicht [702] will hingegen eine einseitige Verzichtserklärung ausreichen lassen. Der dogmatische Weg über einen Erlassvertrag sei nicht zuletzt wegen der Berücksichtigung konkludenter Abreden überflüssig. Zudem könne die einseitige Möglichkeit, das Vorkaufsrecht auszuüben, auch die Befugnis enthalten, einseitig hierauf zu verzichten, zumal dies durch Verstreichenlassen der Frist ohnehin faktisch möglich sei [703].

---

[696] BGH WM 1966, 893; WM 1965, 1178; WM 1966, 511 = BB 1966, 636 (1. Revisionsentscheidung); WM 1970, 962 (2. Revisionsentscheidung).

[697] Insoweit aA RGRK-Mezger § 504, RN 9.

[698] Vgl. nur Erman-Grunewald § 504, RN 18; Soergel-Huber § 504, RN 44; Jauernig-Vollkommer § 463, RN 15.

[699] Vgl. Jauernig-Vollkommer § 463, RN 15.

[700] BGH NJW 1965, 1178, 1180; Soergel-Huber § 504, RN 44.

[701] BGH WM 1966, 893; WM 1965, 1178; WM 1966, 511; OLG Nürnberg DNotZ 170, 39, 42.

[702] Insbesondere Schurig S. 172 – 175; MK-Westermann § 504, RN 27; Staudinger-Mayer-Maly-Mader § 1094, RN 37; Staudinger-Mader § 505, RN 23f m.w.N.

[703] Eingehend Staudinger-Mader § 505, RN 23f; gegen letzteres aber BGH WM 1965, 1178 (4. Leitsatz)

Dieser Ansatz erscheint rechtlich zum einen deshalb vorzugswürdig, weil er auf die fragliche Differenzierung der überwiegenden Ansicht zwischen dem Verzicht auf das Vorkaufsrecht und der bloßen Vereinbarung der Nichtgeltendmachung [704] verzichtet. Zum anderen mündet er nicht in dem vermeidbaren Folgeproblem, eine unzulässige Ausübung zwar als wirksam anzusehen, aber dem Berechtigten die Geltendmachung der Rechte zu verwehren [705]. Im Einzelfall wird es allerdings weniger auf die dogmatische Konstruktion ankommen als auf Auslegung und Wirksamkeit einer eventuellen Voraberklärung des Berechtigen. Hier sind insbesondere die hinreichende Bestimmtheit und der erkennbare Rechtsbindungswillen von Bedeutung.

b)   Bindungswirkung einseitiger Voraberklärungen des Vorkaufsberechtigten
Sofern die Beteiligten nichts anderes vereinbart haben, besteht keine Verpflichtung des Berechtigten, sich zur Frage einer möglichen Ausübung des Vorkaufsrechts nach Abschluss eines künftigen Kaufvertrages mit dem Dritten zu äußern [706]. Der Gesetzgeber hat sich bewusst sowohl gegen ein derartiges „vorgeschaltetes" obligatorisches Verfahren als auch gegen einen Anspruch des Verpflichteten gegen den Berechtigten zu einer Voraberklärung entschieden [707]. Der Berechtigte handelt demnach auch dann nicht treuwidrig, wenn er sein Vorkaufsrecht ausübt, obwohl ihm zuvor ein Vertrag zu denselben Bedingungen angeboten wurde, er sich hierzu aber nicht geäußert hat. Neben dem entstehungsgeschichtlichen Argument liefe ein abweichendes Verständnis auch dem Wortlaut zuwider und würde schließlich die Abwehrfunktion des Vorkaufsrechts nicht hinreichend berücksichtigen. Dieses setzt aber neben dem Inhalt des Vertrages zwingend die Kenntnis der Person des Dritten voraus. Für ein treuwidriges Verhalten des Berechtigten gilt ein strenger Maßstab. Ein möglicher Fall wäre jedoch die bewusste Schädigung der Vorkaufsparteien, die sich indes wohl höchst selten erweisen wird. Es erscheint jedoch nicht ausgeschlossen, eine Verpflichtung zur antizipierten Stellungnahme zu verlangen, sofern den Verpflichteten unzumutbar hohe Kosten oder sonstige unverhältnismäßige Beeinträchtigungen drohen. Hierbei ist jedoch zu bedenken, dass das Gesetz einen wirksamen Vertragsschluss voraussetzt, der z.B. im Falle der Beurkundungsbedürftigkeit, aber auch aus sonstigen Gründen, regelmäßig nicht unerhebliche Kosten anfallen lässt. Die Annahme von „Unzumutbarkeit" als Ausnahme muss daher Nachteile betreffen, die deutlich über die vom Gesetz in Kauf genommenen hinausgehen.

Die fehlende Verpflichtung zur Voraberklärung besagt aber noch nichts darüber, ob und inwieweit der Berechtigte gebunden ist, *wenn* er eine solche Erklärung dennoch abgegeben haben sollte. Hier wird man die berechtigten Interessen beider

---

[704] Vgl. BGH WM 1966, 893; WM 1965, 1178, 1180; BGHZ 37, 147, 151f.

[705] So Erman-Grunewald § 505, RN 3.

[706] BGHZ 139, 29, 31ff; Schurig S. 172; Staudinger-Mader § 510, RN 6.

[707] Vgl. eingehend Jakob/Schubert Beratung S. 315, sowie Mugdan S. 791f.

Parteien zu berücksichtigen haben. Zum Teil wird eine pauschale Bindung an Voraberklärungen befürwortet [708], während andere eine abredewidrig erfolgte Ausübung dennoch nicht als unwirksam ansehen [709]. Da Wertungen iRd § 242 BGB stets einzelfallbezogen sind, verbieten sich solche generalisierenden Ansätze. Über die Fälle des pauschalen Verzichts des Berechtigten auf das Vorkaufsrecht erscheint es jedoch angemessen, eine Bindungswirkung nach Ankündigung eines geplanten Kaufvertrags zumindest dann anzunehmen, wenn (1.) der Verpflichtete ihm eine *vollständige* Mitteilung des geplanten Kaufvertrags gemacht hat, (2.) der Berechtigte aus der Sicht des Empfängerhorizonts eine hinreichend *bestimmte* Erklärung mit *Rechtsbindungswillen* abgegeben und sich nicht auf nur vage Andeutungen oder bloße Möglichkeiten beschränkt hat, (3.) der später geschlossene mit dem beabsichtigten Kaufvertrag in allen wesentlichen Punkten *identisch* ist, wobei zugunsten des Berechtigten ein strenger Maßstab anzulegen ist [710], und (4.) ein enger *zeitlicher Zusammenhang* mit dem geplanten Kaufvertrag besteht, weil nach Ablauf einer gewissen Frist dem Berechtigten selbst bei identischen Bedingungen eine neue Überlegungsmöglichkeit eingeräumt werden muss [711].

Sofern der Berechtigte eine derartige bindende Erklärung abgegeben hat, sein Vorkaufsrecht für den ihm angezeigten geplanten Kaufvertrag nicht auszuüben, ist eine dennoch abgegebene Ausübungserklärung wegen des Verbots widersprüchlichen Verhaltens (§ 242 BGB) unbeachtlich [712]. Dem BGH [713] ist jedoch zuzugeben, dass die bloße Nennung eines Höchstpreises für zu veräußernde Aktien im Regelfall einer späteren Ausübung des Vorkaufsrechts zu einem höheren Kaufpreis nicht entgegenstehen wird, weil selbst bei unveränderten wirtschaftlichen Rahmenbedingungen das Abwehrinteresse auch die Entrichtung höherer Preise zur Verhinderung des Erwerbs durch Dritte rechtfertigen kann. Zudem kommt mündlichen Erklärungen bei Aktienverkäufen bedeutenden Umfangs regelmäßig keine

---

[708] Unzutreffend Noack S. 16, dem zufolge eine *„ablehnende Reaktion"* auf die Mitteilung der bloßen Verkaufsabsicht das Vorkaufsrecht *„ausschließe"*; ferner Staudinger-Mader § 510, RN 6, der aber bei Irrtum über den Vertragsinhalt die Anfechtung zulässt.

[709] Erman-Grunewald § 505, RN 3.

[710] Vgl. BGH WM 1965, 356.

[711] Lehner in SJZ 1954, 73, 80, der dies zu Recht als mitunter *„unbefriedigend"* ansieht.

[712] BGH WM 1965, 1178, 1180; WM 1966, 893, 895; BB 1966, 636; MK-Westermann § 505, RN 3; Jauernig-Vollkommer § 464, RN 3; Palandt-Putzo § 464, RN 2; aA Erman-Grunewald § 505, RN 3: Berechtigter hat aus einem *wirksamen* Vertrag keine Rechte.

[713] BGH WM 1966, 511 = BB 1966, 636; sowie WM 1970, 962 (2. Revisionsurteil) zur Aufhebung eines Vorkaufsrechts an Aktien im Rahmen eines Konsortialvertrags; zustimmend Soergel-Huber § 504, RN 47.

Bindungswirkung zu [714]. Darüber hinaus wird die Nennung eines vermeintlichen Höchstpreises mit Gründen der Verhandlungstaktik zu rechtfertigen sein.

2. Unzulässigkeit von Ausübungsvorbehalten

a) Grundsatz der Bedingungsfeindlichkeit

Aufgrund der Komplexität vieler aktienrechtlicher Kaufverträge, insbesondere im Falle einer Einbettung in eine umfassende gesellschaftsrechtliche Umstrukturierungsmaßnahme, besteht für den Berechtigten stets das Problem, dass er nicht abschätzen kann, welche Verpflichtungen ihn im Falle der Ausübung des Vorkaufsrechts treffen werden. Der Inhalt der Mitteilung ist dabei zwar von Bedeutung. Jedoch genügt ein Verweis auf § 466 BGB und die bereits erörterte Umgehungsproblematik, um sich zu vergegenwärtigen, dass die Inhaltsakzessorietät des § 464 Abs. 2 BGB bei Aktienverkäufen nur eingeschränkt gilt. Der Berechtigte wird daher mitunter versucht sein, der Ausübungserklärung Einschränkungen beizufügen, die sein Verständnis der Sach- und Rechtslage, aber ggf. auch rechtliche Änderungen beinhalten. Dies ist jedoch in höchstem Maße problematisch [715]. Ausübungsvorbehalte und Bedingungen sind bei der Ausübung des Vorkaufsrechts unzulässig und führen zur Unwirksamkeit der Erklärung insgesamt [716]. Die fehlende rechtliche Wirkung beruht jedoch dogmatisch weder auf einem wenig greifbaren Verstoß gegen Treu und Glauben [717], noch auf einer „Erfüllungsverweigerung" [718]. Die Erklärung, an den Kauf gebunden sein zu wollen, ohne die sich hieraus ergebenden Verpflichtungen in den Grenzen des § 464 Abs. 2 BGB erfüllen zu wollen, ist vielmehr wegen innerer Widersprüchlichkeit (Perplexität) unwirksam. Da der Dritte ebenfalls ein berechtigtes Interesse an umgehender Rechtssicherheit hat, sind auch Potestativbedingungen zu Gunsten des Berechtigten unzulässig [719].

Die Aufrechterhaltung der mit einem unzulässigen Vorbehalt versehenen Erklärung ohne die Einschränkung scheidet aus, weil dies nicht dem mutmaßlichen Willen des Berechtigten entspricht. Problematisch ist diesbezüglich jedoch die Abgrenzung zwischen unzulässigen Vorbehalten oder Bedingungen einerseits und statthaften Meinungsäußerungen über die Bindungswirkung der Regelungen des Kaufvertrages gegenüber dem Berechtigen (§ 464 Abs. 2 BGB) andererseits [720].

---

[714] Zutreffend BGH a.a.O.; die Notwendigkeit einer zweiten Revisionsentscheidung zeigt jedoch die Schwierigkeiten der Feststellung eines hinreichenden Rechtsbindungswillens.

[715] Zur Sachdienlichkeit eines vorgeschalteten klärenden Vorverfahrens vgl. den letzten Teil.

[716] BGHZ 102, 237, 240; Jauernig-Vollkommer § 464, RN 3; Soergel-Huber § 505, RN 6f, 15; RGRK-Mezger § 505, RN 2; Grunewald in FS Gernhuber, S. 137, 150f; MK-Westermann § 505, RN 2f; Salzgeber-Dürig S. 48.

[717] So aber BGH WM 1962, 1091, 1094.

[718] Näher Staudinger-Mader § 505, RN 6.

[719] Ebenso MK-Westermann § 505, RN 2; aA Erman-Grunewald § 505, RN 2.

[720] Zutreffend Erman-Grunewald § 505, RN 3.

Die Auslegung der Erklärung richtet sich auch hier nach dem Empfängerhorizont, etwaige Zweifel gehen zu Lasten des Erklärenden: Entweder man sieht die Einschränkungen als unzulässige Bedingungen an, oder die Erklärung ist wegen Mehrdeutigkeit unwirksam und eine Nachholung innerhalb der Frist regelmäßig nicht mehr möglich. Der Berechtigte muss sich also zwischen einer eventuell unwirksamen und einer in den Folgen ungewissen Erklärung entscheiden, sofern er nicht aufgrund der Unsicherheit gänzlich vom Vertrag Abstand nimmt [721]. Bringt der Berechtigte die unbedingte Ausübung jedoch *unzweideutig* zum Ausdruck, steht es ihm frei, Zweifel an der Bindungswirkung bestimmter Regelungen zu äußern [722]. Soll eine Bindung hingegen von einer gerichtlichen Überprüfung abhängen oder werden Regelungsbereiche zu *Unrecht* [723] zurückgewiesen, führt dies zur Unwirksamkeit der Ausübung [724]. Auch die nachträgliche Weigerung der Erfüllung der vertraglichen Verpflichtungen macht die Ausübungserklärung nicht etwa rückwirkend unwirksam [725].

b)   Wahlrecht des Verpflichteten
Sofern der Berechtigte jedoch eine unwirksame (bedingte) Erklärung abgegeben hat, wird man dem Verpflichteten dennoch das Recht einräumen dürfen, den Berechtigten hieran zu binden und diese gleichsam als Vertragsangebot zu wertende Erklärung anzunehmen (§ 242 BGB) [726]. Ein Recht des Verpflichteten, die Ausübung als *unbedingt* gelten zu lassen und die Einschränkungen zurückzuweisen, ist jedoch abzulehnen [727]. Weder hat der Berechtigte eine solche Erklärung abgegeben, noch wollte er dies oder durfte der Verpflichtete dies so verstehen.

3.   Erfordernis ausreichender Zahlungsfähigkeit
a)   Solvabilität als Wirksamkeitsvoraussetzung
Mit Blick auf die hohen Aktienwerte vieler Gesellschaften und die für Paketverkäufe oft sehr hohen Kaufpreise ist es mitunter nicht gewährleistet, dass der Berechtigte nach Ausübung des Vorkaufsrechts auch zur Erbringung dieser Summe finanziell in der Lage ist. Es besteht zwar keine Verpflichtung zur Entrichtung

---

[721] Zu diesem Dilemma näher Soergel-Huber § 505, RN 7.

[722] Zutreffend Grunewald in FS Gernhuber, S. 137, 150f; einschränkend BGHZ 102, 237, 240.

[723] Eine Zurückweisung nicht bindender Bestimmungen steht dem Berechtigten frei und führt nicht zur Unwirksamkeit; vgl. Soergel-Huber § 505, RN 7.

[724] RGRK-Mezger § 505, RN 2; Soergel-Huber § 505, RN 7 und 15; teilweise aA MK-Westermann § 505, RN 3.

[725] So bereits BGH WM 1962, 722, 723; aA Soergel-Huber § 505, RN 15 (venire contra factum proprium).

[726] Pikart in WM 1971, 490, 493.

[727] AA Soergel-Huber § 505, RN 7, der zu Unrecht meint, hierbei werde der Berechtigte beim „Wort genommen".

des Kaufpreises noch innerhalb der Ausübungsfrist [728]. Der Kaufpreis wird jedoch mit Zustandekommen des Kaufvertrages, d.h. mit Zugang der Ausübungserklärung (§ 464 Abs. 2 BB), in voller Höhe fällig. Für etwaige dem Dritten eingeräumte Stundungen hat der Berechtigte Sicherheit zu leisten (§ 468 Abs. 1 BGB). Für den Verpflichteten ist diese Situation insoweit misslich, als er möglicherweise mit Blick auf die Vorkaufsberechtigung die Erfüllung gegenüber dem Dritterwerber unterlassen hat und sich nunmehr nachträglich herausstellt, dass dem Berechtigten die Erfüllung nicht möglich ist. Die Verweisung auf Schadensersatz mag hier unzureichend sein, zumal bei fehlender Zahlungsfähigkeit auch die Realisierung dieses Ersatzanspruchs zweifelhaft sein wird. Mit Blick hierauf sieht die überwiegende Ansicht die ausreichende Solvabilität als Wirksamkeitsvoraussetzung der Ausübungserklärung an, sofern der Berechtigte die finanziellen Verpflichtungen *offensichtlich* nicht erfüllen kann [729].

b)   Solvabilität als Abwicklungsvoraussetzung

Dieser Ansicht ist zuzugeben, dass es Ausnahmefälle geben mag, bei denen die Zahlungsunfähigkeit derart evident ist, dass sie sogar die Wirksamkeit der Ausübungserklärung in Frage stellt (§ 242 BGB). Als Grundsatz ist diese Ansicht jedoch erheblichen Bedenken ausgesetzt [730]. Dem Wortlaut lässt sich ein derartiges einschränkendes Verständnis nicht entnehmen. Vielmehr verstößt diese Meinung gegen die insoweit spezielleren Regeln der §§ 280f, 320 ff BGB. Diese Normen regeln eingehend und für sämtliche Vertragsarten die Rechtsfolgen bei Pflichtverletzungen. §§ 323 Abs. 1, 281 Abs. 1 S. 1 BGB sehen ausdrücklich den Weg über die Fristsetzung vor, um sich von einem Vertrag zu lösen, wenn die Gegenseite finanziell zur Leistungserbringung nicht in der Lage sein sollte. Selbst wenn § 281 Abs. 2 BGB Ausnahmen zulässt, bleibt es dennoch bei der Rücktrittserklärung. Eine gänzliche Unwirksamkeit der Erklärung einer Vertragspartei aufgrund der fehlenden Möglichkeit, den Vertrag später erfüllen zu können, findet sich im allgemeinen Schuldrecht nicht. Die Beschränkung dieses „Kunstgriffs" auf das Vorkaufsrecht ist daher unzulässig. Aus welchem Grund gerade für das Vorkaufsrecht dem Verpflichteten eine Rücktrittserklärung erspart und dies als „*richterliche Rechtsfortbildung akzeptiert*" werden sollte [731], erscheint nicht nachvollziehbar. Auch das entstehungsgeschichtliche Argument spricht für die Einordnung als bloße Abwicklungsvoraussetzung, weil die Kommission die

---

[728] Eine solche Verpflichtung war jedoch tatsächlich bei der Schaffung des BGB mit Blick auf andere Gesetze bzw. Entwürfe vorgeschlagen worden, vgl. Schubert Redaktion S. 78f.

[729] Die für die Offensichtlichkeit verwendeten Begrifflichkeiten schwanken hierbei: BGH WM 1962, 722 („*auf der Hand liegen*"); Palandt-Putzo § 464, RN 2 („*offenbar*"); Pikart in WM 1971, 490, 492f; Erman-Grunewald § 505, RN 3 („*offensichtlich*"); MK-Westermann § 505, RN 3 („*feststeht, dass ... außerstande ...*"); RGRK-Mezger § 505, RN 2 („*außerstande*"); Grothus in GmbHR 1959, 24, 26 m.w.N („*außerstande*").

[730] Kritisch auch Westermann/Klingberg in FS Quack, S. 545, 562f; der Fall BGH WM 1962, 722, auf den sich die Literatur pauschal beruft, betraf z.B. lediglich 15.000,- DM.

[731] So ohne nähere Begründung Staudinger-Mader § 505, RN 6.

Koppelung der Wirksamkeit an die Zahlungsfähigkeit und damit die Ausdehnung des Rücktrittsrechts über den Verzug hinaus ausdrücklich abgelehnt hatte [732]. Schließlich ist der Maßstab der Offensichtlichkeit höchst fraglich, weil Aktienkäufe größeren Umfangs oft kreditfinanziert werden und die entgeltliche Verpfändung der zu erwerbenden Aktien auch vermeintlich finanziell schwachen Berechtigten offen steht. Der Rückschluss „ex post" von einer Nichtbezahlung auf die anfängliche Nichtbezahlbarkeit ist nicht gestattet. Die Gründe des Scheiterns einer Finanzierung können vielfältig sein und verbieten eine pauschale Wertung zu Lasten des Berechtigten. Schließlich spricht die Rechtsunsicherheit gegen Mutmaßungen über die Wahrscheinlichkeit der ordnungsgemäßen Pflichterfüllung [733]. Die unsichere Einschätzung der Solvabilität soll hier über die Frage entscheiden, ob der Verpflichtete - mangels wirksamer Vorkaufsausübung - berechtigt ist, gegenüber dem Dritten zu erfüllen.

Darüber hinaus besteht hierfür auch kein zwingendes Bedürfnis [734]. Jeder Käufer ist gehalten, den Kaufpreis bei Fälligkeit sofort entrichten zu können. Aufgrund der Grundkonzeption des Vorkaufsrechts kann hieran auch die Tatsache nichts ändern, dass der Berechtigte von der Mitteilung überrascht sein mag. Die vom Gläubiger zu setzende Nachfrist soll dem Schuldner nur eine „letzte Chance" geben und muss daher nicht sehr lang bemessen sein [735]. Es gibt weder einen Grundsatz, dass die Frist umso länger sein muss, je höher der zu beschaffende Kaufpreis ist, noch dass der höhere Kaufpreis die Vermutung fehlender Finanzierbarkeit nahe lege. Selbst wenn eine gewisse Unsicherheit über die zu gewährende Nachfristlänge nicht zu leugnen ist, wird dies praktisch nicht bedeutsam werden: Eine zu kurz bemessene Frist wird notfalls automatisch verlängert und nicht etwa gänzlich unwirksam. Sollte der Berechtigte nur wenig „verspätet" leisten, wird der Verpflichtete nicht unzumutbar beeinträchtigt. Bei deutlichem Überschreiten oder gänzlicher Nichtzahlung besteht auch keine Rechtsunsicherheit.

4. Anfechtung der Vorkaufsausübung

Die Ausübung des Vorkaufsrechts ist unwiderruflich [736]. Bei Fehlvorstellungen des Berechtigten kommt jedoch eine Anfechtung der Erklärung in Betracht. Eine solche ist bei vorsätzlich unvollständiger Mitteilung des Verpflichteten oder durch diesen eingeschaltete Dritte (§ 123 BGB) denkbar. Hiervon wird man i.d.R.

---

[732] Vgl. Mugdan S. 798.

[733] Staudinger-Mader § 505, RN 7; Soergel-Huber § 505, RN 7; auch der BGH (WM 1962, 722, 723) betont lediglich die *Möglichkeit* der Unwirksamkeit und hebt den entgegengesetzten Wortlaut und die mögliche Beeinträchtigung der Rechtssicherheit hervor während die *„größere oder geringere Wahrscheinlichkeit der Erfüllung"* unbeachtlich sei.

[734] Zutreffend Soergel-Huber § 505, RN 7.

[735] BGH WM 1973, 1403, 1404: Berücksichtigung finanzieller Probleme nicht erforderlich.

[736] Wegen des Abgehens vom Vertrag beim wirksamen Erstreckungsverlangen nach § 508 S. 2 vgl. unter § 10 III.

ausgehen dürfen, sofern der Verpflichtete bewusst wesentliche Bestandteile der Kaufvertragsabrede verschweigt. Handelt der Dritterwerber bei einer täuschenden Erklärung in eigenem Interesse (§ 469 Abs. 1 S. 2 BGB), ist eine Zurechnung an den Verpflichteten nicht möglich. Insbesondere bei Ausübungen vor Mitteilungsempfang wird ferner eine Anfechtung wegen Inhaltsirrtum denkbar sein [737], sofern der Berechtigte nicht die Unsicherheiten bewusst in Kauf genommen hat. Eine Anfechtung kann hingegen nicht darauf gestützt werden, der Berechtigte habe sich über die Reichweite der Bindungswirkung an den Vorkauf geirrt. Derartige Fehlvorstellungen betreffen rein rechtliche Wertungen und wären als bloßer Rechtsfolgenirrtum unbeachtlich [738]. Dies wird bei Aktienverkäufen häufig problematisch sein, weil hinsichtlich der Bindungswirkung komplexer vertraglicher Gestaltungen durchaus abweichende Meinungen vertretbar sein werden. Eine subjektive Fehleinschätzung hinsichtlich der Bindung an den Kaufvertrag (§ 464 Abs. 2 BGB) kann jedoch nicht über die Anfechtung der Ausübungserklärung korrigiert werden.

Zwischenergebnis:
Der Berechtigte hat auch bei komplexen Unternehmenskaufverträgen keinen Anspruch auf Verlängerung der Frist zur Ausübung des Vorkaufsrechts. Da für den Fristbeginn die Mitteilung des rechtsverbindlich gewordenen Kaufvertrages über die Aktien maßgebend ist, kann es durch eine verfrühte Mitteilung des Verpflichteten oder eine nachträgliche Änderung des Vertrages mitunter aber zu einer rein faktischen Verlängerung kommen. Der Berechtigte muss sich zu einer möglichen Ausübung des Vorkaufsrechts zu bestimmten Konditionen vor Mitteilung des Vorkaufsfalles nicht erklären. Aufgrund der Bedingungsfeindlichkeit der Ausübungserklärung ist eine Erklärung des Berechtigten, die hinsichtlich der inhaltlichen Bindung an den Erstvertrag Vorbehalte zu erkennen gibt, unwirksam. Dem Berechtigten steht es jedoch frei, Bestimmungen, die ihm gegenüber unwirksam sind, zurückzuweisen oder eine bloß unverbindliche Meinung über die Reichweite der Bindungswirkung zu äußern. Er handelt insoweit aber auf eigenes Risiko, da Zweifel zu seinen Lasten gehen.

---

[737] Staudinger-Mader § 510, RN 6.

[738] Zur Unbeachtlichkeit des Rechtsfolgenirrtums bei ungewollten Nebenfolgen: Palandt-Heinrichs § 119, RN 15f.

4. Teil: Teilbarkeit des Vorkaufsrechts

Ein Spezialaspekt der Ausübung des Vorkaufsrechts ist die Frage der Teilbarkeit des Vorkaufsrechts an Aktien. Diese kann in die nachfolgend getrennt dargestellten Bereiche „objektive" (§ 10) und „subjektive" Teilbarkeit (§ 11) unterteilt werden. Der Begriff der Teilbarkeit betrifft hierbei keine Teilung der Aktie, sondern eine Aufspaltung des Vertrages bzw. der Aktientransaktion i.w.S.

Zur einleitenden Darstellung der fraglichen Konstellation dient das folgende

Beispiel [739]: Die Mehrheit an einer deutschen AG hält eine ausländische Gesellschaft mit 61 %; daneben werden jeweils 9 % durch zwei Minderheitsaktionäre gehalten, während sich die übrigen 21 % der Aktien in der Hand der drei Vorstandsmitglieder (je 7 %) befinden. Den beiden Minderheitsgesellschaftern ist ein Vorkaufsrecht eingeräumt worden. Die Satzung der AG sieht vor, dass Gesellschafter mit einer Kapitalbeteiligung von mindestens 10 % bestimmte Sonderrechte haben. Zur Erreichung einer satzungsändernden Mehrheit einigt sich die ausländische Gesellschaft mit dem Vorstand auf den Erwerb des Aktienpakets von 21 % und gewährt hierfür einen „Paketaufschlag" von 20 % auf den eigentlichen Aktienwert. Als Kaufpreis wird eine Mio. Euro (zzgl. Paketaufschlag) pro Prozent Kapitalbeteiligung vereinbart, mithin 25,2 Mio. Euro.

Einer der Vorkaufsberechtigten überlegt, ob er sein Recht nur gemeinsam mit dem anderen Berechtigten oder auch allein geltend machen könne. Ferner würde er den Erwerb gerne auf 1 % der Aktien beschränken. Die Vorstände sehen hierbei aber ihren Paketzuschlag gefährdet, weil die ausländische Gesellschaft an einem Erwerb nur interessiert ist, wenn die Minderheitsgesellschafter keine Sonderrechte erhalten.

Im Rahmen der Frage der Zulässigkeit der Aufspaltung des das Vorkaufsrecht auslösenden Kaufvertrags stellt sich mit Blick auf den Paketzuschlag die Frage nach der Bestimmung des zu entrichtenden Kaufpreises und damit auch nach der Risikoverteilung zwischen den Beteiligten bei einem gescheiterten Paketkauf.

§ 10 Objektive Teilbarkeit des Vorkaufsrechts

Die objektive Teilbarkeit betrifft die Frage, ob und ggf. unter welchen Voraussetzungen der Vorkaufsberechtigte die Ausübung seines Vorkaufsrechts zulässigerweise auf einen von ihm näher bezeichneten Teil der veräußerten Aktien beschränken kann. Nach einer einleitenden Darstellung der Problematik (sub. I.) und der Lösungsansätze in Rechtsprechung und Literatur (sub. II.) soll ein eigener Ansatz zur Bewältigung der Rechtsfragen zur objektiven Teilbarkeit erarbeitet werden (sub. III.).

---

[739] Sachverhalt – leicht verfremdet – der beratenden Praxis entnommen.

I. Darstellung der Problematik

1. Fallkonstellationen

Die gestalterische Vielfalt führt dazu, dass unterschiedliche Konstellationen denkbar sind, deren rechtliche und praktische Handhabung zwar auf denselben Grundsätzen basiert, aber mitunter gewisse Besonderheiten aufweist.

<u>Fall 1</u>: Dem Berechtigten wurde ein Vorkaufsrecht für sämtliche Aktien des Verpflichteten eingeräumt, die dieser nunmehr verkauft. Der Berechtigte möchte jedoch lediglich einen Teil dieser Aktien erwerben.

<u>Fall 2</u>: Dem Berechtigten wurde ein Vorkaufsrecht für ein Aktienpaket eingeräumt. Nachfolgend erwirbt der Verpflichtete weitere Aktien hinzu und veräußert nunmehr *sämtliche* Aktien an einen Dritten. Der Berechtigte möchte lediglich das ursprünglich betroffene Aktienpaket erwerben.

<u>Fall 3</u>: Dem Berechtigten wurde ein Vorkaufsrecht für sämtliche Aktien des Verpflichteten eingeräumt, von denen dieser jedoch lediglich einen Teil verkauft. Der Berechtigte möchte diesen Teil der Aktien erwerben, ohne sein Vorrecht für den Rest zu verlieren.

Dieser Problembereich wurde bislang in Rechtsprechung und Literatur, soweit ersichtlich, noch nie (eingehend) erörtert. Überraschenderweise wurde das Problem bis auf wenige Fälle offenbar nicht einmal als solches erkannt [740]. Stellungnahmen fallen daher – wenn überhaupt – recht pauschal aus und enthalten keine Begründung. Da die Beschränkung auf lediglich einen (objektiven) Teil des veräußerten Aktienpakets eine Abweichung gegenüber dem zwischen Verpflichtetem und Drittem vereinbarten Vertragsinhalt darstellt, könnte sie als unzulässig beschränkte *(bedingte) Ausübung* unwirksam sein [741]. Da es sich letztlich jedoch um Fragen der materiellen Teilbarkeit handelt, soll dies Problem auch in diesem Zusammenhang behandelt werden [742].

2. Divergierende und kollidierende Interessenlagen beim Paketkauf

Aktienkäufe dürften heutzutage als klassische Massen-Geschäfte angesehen werden. Kennzeichnend ist insoweit, dass Aktien nicht einzeln, sondern regelmäßig in „Paketen" erworben werden.

a) „Aktienpaket" und „Paketpreis"

Einen gesetzlich definierten Begriff des „Aktienpakets" oder des „Paketpreises" gibt es nicht. Dennoch wird man zur Annahme eines „Pakets" eine gewisse Mindeststückzahl voraussetzen müssen, ohne dass es möglich wäre, hierfür nähere Angaben in Prozent oder Anzahl zu machen. Die Besonderheiten des Paketkaufs

---

[740] Bei Aktien liegt grundsätzlich kein „Koppelungsgeschäft" vor, sondern ein Verkauf einer Massen-Sachgesamtheit; die Annahme von Trinkner (BB 1963, 1236, 1237), derartige Geschäfte hielten sich in der Praxis „*in engen Grenzen*", greift daher nicht.

[741] Eingehend zur Unzulässigkeit der bedingten Ausübung des Vorkaufsrechts bei § 9 II 2 a).

[742] Vgl. auch RGZ 158, 57, 61 (zu § 513 BGB); für den Bereich des Übernahmerechts vgl. auch unter § 12 II.

knüpfen letztlich nicht an eine bestimmte Größe an [743], sondern hängen davon ab, dass eine Vielzahl von Aktien „en bloc" übertragen wird [744]. Dem Erwerb eines Pakets kommt bei aktienrechtlichen Transaktionen eine erhebliche Bedeutung zu, weil der individuelle Erwerb, z.b. über die Börse, für den Erwerber viel zu kosten- und zeitintensiv wäre. Zudem hängt der wirtschaftliche Erfolg auch von dem nur durch einen Paketerwerb zu realisierenden Überraschungseffekt ab [745]. Der Begriff des Paketverkaufs erfasst hier zum einen die Bereitschaft des Erwerbers, insbesondere im Bereich der Unternehmenskäufe [746], einen über den eigentlichen Wert der Beteiligung hinausgehenden Preisaufschlag (Paketzuschlag) zu zahlen, der in der Regel zumindest 10 % [747] beträgt, im Einzelfall aber auch deutlich höher sein kann [748]. Die gesteigerte Bedeutung des Paketerwerbs liegt in der Verschaffung der Kontrolle über die Gesellschaft bzw. zumindest der Einräumung bestimmter Sonderrechte (z.b. Sperrminorität) [749]. Die im Paketaufschlag zum Ausdruck kommende Anerkennung einer besonderen ökonomischen Leistung muss nicht zugleich den übrigen Aktionären zugute kommen. Dies gilt insbesondere im Bereich des Übernahmerechts für Paketzuschläge bis zu 15 % [750].

b) Interessenskollision der Beteiligten
Die Interessen der Beteiligten sind in ihrer Gesamtheit miteinander unvereinbar.

Der *Vorkaufsverpflichtete* einigt sich mit dem Dritterwerber über den Verkauf des Aktienpakets zu einem gegenüber dem durchschnittlichen Aktienwert (deutlich) höheren Kaufpreis (Paketpreis). Sein Kerninteresse besteht darin, den Paketzuschlag nicht zu verlieren. Da der Dritterwerber im Regelfall die Zahlung des Paketaufschlages bzw. den Erwerb der übrigen Aktien davon abhängig macht, das gesamte Paket erwerben zu können [751], hat der Verpflichtete ein erhebliches Inter-

---

[743] Anders im Übernahmerecht, vgl. hierzu unter § 12 II.

[744] Einen guten Überblick über die Probleme des Pakethandels gibt Wastl in NZG 2000, 505ff; vgl. ferner Pyszka in AG 1997, 461, 462f.

[745] Vgl. Hommelhoff in FS Semler, S. 455, 457: Beim Bekannt werden des Erwerbs eines großen Aktienpakets „sinkt der Börsenkurs erfahrungsgemäß ab".

[746] Assmann S. 65; Wastl in NZG 2000, 505, 510; Westermann/Klingberg in FS Quack, S. 545, 548, 559f; für Paketzuschläge auch bei Familiengesellschaften vgl. Uhlenbruck in DB 1967, 1927, 1931.

[747] Vgl. bereits Lutter/Schneider in ZGR 1975, 182, 208.

[748] So soll Bertelsmann einen Paketaufschlag von 100 % für den Erwerb von 30 % der RTL Group S.A., Luxemburg, an die Groupe Bruxelles Lambert S.A. bezahlt haben, vgl. FAZ v. 06.02.2001, S. 17

[749] Näher BVerfGE 100, 289, 306f „DAT/Altana" (Bereitschaft, für eine bestimmten „Grenznutzen" einer bestimmten Menge Aktien einen Paketzuschlag zu zahlen); zutreffend Wastl in NZG 2000, 505, 506 (Vermittlung einer Machtstellung, Fn. 7).

[750] Zur Sonderreglung des § 11 Abs. 3 BewG vgl. Pyszka in AG 1997, 461ff.

[751] Krebs S. 75.

esse daran, das gesamte Paket als Einheit zu veräußern. Die Teilausübung würde für ihn einen erheblichen finanziellen Nachteil bedeuten, nicht zuletzt, weil es für den Handel von größeren Aktienpaketen außerhalb der Börse nur einen sehr begrenzten Markt gibt (sog. private equity).

Der *Dritterwerber* ist nicht verpflichtet, sich mit einer lediglich teilweisen Erfüllung des Vertrages zufriedenzugeben. Zum einen stehen ihm insoweit Ansprüche auf Schadensersatz zu. Zum anderen wird der Vertrag i.d.R. ausdrücklich ein Rücktrittsrecht vorsehen. Für den Fall der Teilausübung durch den Berechtigten wird ihm zwar letztlich eine Überteuerung der restlichen Aktien erspart bleiben. Die durch einen Paketerwerb vielfach bezweckten Kostenvorteile (z.B. Synergieeffekte) würden ihm jedoch verwehrt bleiben und müssten rechtlich als Schaden aus der gescheiterten Transaktion angesehen werden.

Der *Vorkaufsberechtigte* kann gewillt sein, nicht das gesamte Aktienpaket, sondern lediglich einzelne Teile des verkauften Pakets zu erwerben. Angesichts der heutzutage deutlich gestiegenen Aktienpreise bedeutet zudem ein vollständiger Erwerb eine erhebliche finanzielle Mehrbelastung. Daher könnte das Verbot der Teilausübung sein Vorkaufsrecht letztlich wertlos erscheinen lassen.

Der <u>Ausgangsfall</u> des 4. Teils zeigt, dass die beschränkte Ausübung des Vorkaufsrechts für den Berechtigten vor allem in den Fällen unternehmerisch sinnvoll ist, in denen eine höhere Beteiligung letztlich auch keine weitergehenden Rechte verschaffen könnte. Hier reicht der Erwerb von 1 % aus zur Erreichung der Schwelle von 10 %.

Das gleiche Problem stellt sich bei Erreichen anderer Schwellenwerte von z.B. 50 % oder 75 %. Hier bedeutet es für einen Gesellschafter vom *unternehmerischen* Einfluss her keinen weitergehenden Vorteil, z.B. 55 % bzw. 60 % oder 80 % bzw. 85 % zu besitzen.

Die Problematik der Teilbarkeit führt nun zu der „Gretchenfrage" [752], welche dieser im Grundsatz allesamt berechtigten Interessen zurücktreten müssen. Hierbei sollten zwar pauschale und einseitige Ergebnisse vermieden werden. Die rechtlich begründete und praktisch handhabbare Lösung kann aber nicht stets alle Interessen miteinander vereinbaren, sondern bringt es mit sich, dass einzelne Beteiligte im Einzelfall ihre *derzeitige* unternehmerische Zielsetzung nicht realisieren können.

Die Frage der objektiven Teilbarkeit war bereits im Rahmen des Gesetzgebungsverfahrens zu § 467 BGB kontrovers diskutiert worden [753]. Daher überrascht es letztlich, dass dieses gerade für Massengeschäfte eigentlich evidente Problem nicht nur sehr selten in Verträgen geregelt wird [754], sondern auch in Rechtsprechung und Literatur bislang vernachlässigt wurde.

---

[752] Vgl. J.W. Goethe, Faust I, Vers 3415 (Marthens Garten).

[753] Der S. 2 wurde letztlich durch eine mit 8:6 Stimmen denkbar knappe Entscheidung nachträglich angefügt; Mugdan S. 194, 797; Jakob/Schubert Beratung S. 325.

[754] Zutreffend Faistenberger S. 295; Westermann/Klingberg in FS Quack, S. 545, 560 (Fn. 62).

II.   Lösungsansätze der Rechtsprechung und Literatur

Die überwiegende Anzahl der Stellungnahmen der Rechtsprechung [755] zur Frage der objektiven Teilbarkeit betrifft *Grundstücke*. Aus mehreren Gründen sind die dortigen Grundsätze jedoch nicht auf Aktien übertragbar. Zum einen bestehen für Grundstücke unterschiedliche spezialgesetzliche Regelungen (z.B. §§ 24-28 Bau-GB, § 9 Abs. 1 Nr. 2 GrdstVG), die Ausdruck der Berücksichtigung der öffentlich-rechtlichen Belange [756] bzw. des Allgemeininteresses sind und die Ausübung des Vorkaufsrechts durch die öffentliche Hand an den Grundsatz der Verhältnismäßigkeit koppeln [757]. Zum anderen begehrt der Berechtigte bei Aktien nicht *Bruchteile* einer Sache, sondern von mehreren Sachen nur einige Sachen ganz. Die Darstellung soll daher auf die gesellschaftsrechtlichen Aspekte beschränkt werden.

1.   Verneinung der Teilbarkeit

In der Literatur finden sich wenige Stellungnahmen, die eine Teilbarkeit im Grundsatz ablehnen. *Salzgeber-Dürig* hat in ihrer grundlegenden Arbeit diesen Problembereich angedeutet und ist der Ansicht, dass der Berechtigte wegen des bei einer Verkleinerung des Aktienpakets regelmäßig eintretenden „disproportional abnehmenden" Verkaufspreises bei einem verkauften Aktienpaket, das vollumfänglich vom Vorkaufsrecht erfasst wird, dieses „im Zweifel" nur bei entsprechender vertraglicher Vereinbarung teilweise ausüben darf [758]. Selbst in den Fällen, in denen vorkaufsbelastete Aktien mit nicht belasteten Aktien in einem Paket veräußert werden, solle der Berechtigte zur Übernahme auch der nicht belasteten Aktien verpflichtet sein, sofern der Dritte nur an einem Gesamterwerb interessiert ist [759]. Eine nähere Begründung wird hingegen nicht gegeben.

Lehner [760] führt als zusätzliches Argument gegen die Teilbarkeit an, dass der veräußerungswillige Aktionär andernfalls für die verbleibenden Aktien keinen Interessenten mehr finden würde.

Lutter und *Uwe H. Schneider* [761] gehen implizit von der Unteilbarkeit eines verkauften Aktienpakets aus, indem sie die Schwierigkeit des Vorkaufsberechtigten herausstellen, die für das *gesamte* Paket erforderlichen Mittel aufzubringen. Da die Autoren das Problem der Teilbarkeit aber nur am Rande streifen, dürfte dies jedoch

---

[755] Vgl. BGHZ 116, 348, 352.

[756] BGH NJW 91, 293, 294: „limitiertes Vorkaufsrecht" zur Wahrung städtebaulicher Belange.

[757] Nunmehr ausdrücklich EGMR NJW 2003, 654ff (Beyeler/Italien).

[758] Salzgeber-Dürig S. 44, 50 und 288.

[759] Vgl. Salzgeber-Dürig S. 44.

[760] Zitiert nach Henrich S. 354 (dort Fn. 52a).

[761] Lutter/Schneider in ZGR 1975, 182, 205f.

nicht als rechtlich verbindliche Stellungnahme zu diesem Problembereich anzusehen sein.

2. Bejahung der Teilbarkeit

Eine andere Ansicht bejaht hingegen die Teilbarkeit. *Huber* [762] geht unter
Berufung auf § 467 BGB davon aus, das Vorkaufsrecht könne auch eingeschränkt
ausgeübt werden, sofern der Vertrag nicht die einheitliche Ausübung vorsehe.

Westermann und *Klingberg* [763] trennen zwar nur unzureichend zwischen objektiver und subjektiver Teilbarkeit, erwägen aber, ohne sich jedoch letztlich eindeutig für oder gegen die Teilbarkeit zu entscheiden, die Bedingung des Dritten, ausschließlich das gesamte Paket erwerben zu wollen, dem Berechtigten gegenüber
nach § 465 BGB als unwirksam anzusehen.

Grunewald [764] nimmt für den Fall eines gemeinsamen Verkaufs vorkaufsbelasteter
mit nicht belasteten Aktien die Zulässigkeit der Beschränkung des Vorkaufsrechts
auf die vorkaufsbelasteten Aktien an. In Abweichung von § 467 S. 2 BGB [765] sei
der Berechtigte zudem befugt, das Erstreckungsverlangen dadurch auszugleichen,
dass er dem Verpflichteten den finanziellen Nachteil erstatte. Sofern nunmehr
jedoch der Dritte die restlichen Anteile wegen einer objektiven Entwertung nicht
mehr erwerben wolle, scheide diese Zuzahlungsmöglichkeit hingegen aus. Abgesehen davon, dass die hier angesprochene Konstellation lediglich einen (relativ
kleinen) Teilbereich der Teilbarkeit betrifft, dürfte die Ansicht, Missbräuche seien
hierbei „*kaum zu befürchten*" [766], nicht zutreffen: Gerade wenn der Dritte aufgrund einer unternehmerischen Entscheidung davon ausgeht, der Paketzuschlag sei
wirtschaftlich gerechtfertigt, wird es ihm nicht schwer fallen, sachliche Gründe für
eine „Entwertung" des Restpakets darzulegen. Die grundsätzliche Zulässigkeit, das
Erstreckungsverlangen durch eine Ausgleichszahlung „abzulösen", wäre hiernach
in der Praxis nicht denkbar. Hierauf wird jedoch nachfolgend noch näher einzugehen sein.

Auch *Henrich* [767] erachtet die Beschränkung der Ausübung auf einzelne der verkauften Gegenstände analog § 467 S. 2 BGB für „*grundsätzlich zulässig*".

---

[762] Soergel-Huber § 508, RN1a.

[763] Westermann/Klingberg in FS Quack, S. 545, 559-562.

[764] Grunewald in FS Gernhuber, S. 137, 144; ebenso Erman-Grunewald § 508, RN 1.

[765] Kritisch zum § 508 BGB auch Erman-Grunewald § 508, RN 2: „*offensichtlich langwierig
und streitträchtig*".

[766] Grunewald a.a.O.

[767] Henrich S. 342, 354 (anders jedoch S. 354, Fn. 52a).

Nachstehend soll nun versucht werden, für die verschiedenen rechtlichen und praktischen Konstellationen die Zulässigkeit der objektiven Teilbarkeit näher darzulegen und einen spezifisch aktienbezogenen „Nachteilsausgleich" zu entwickeln.

III. Eigener Lösungsansatz

Nachfolgend soll ein neuartiger Lösungsansatz zur rechtlichen Handhabung der objektiven Teilbarkeit entwickelt werden, der auf § 467 S. 1 BGB aufbaut und unter Zugrundelegung von § 467 S. 2 BGB ein Korrektiv der Nachteilsvermeidungspflicht zu begründen versucht.

1. Rechtliche Verankerung in § 467 BGB
Der rechtliche Ansatz der Teilbarkeit muss in § 467 BGB gesehen werden. Nach § 467 BGB hat der Berechtigte einen verhältnismäßigen Teil des Gesamtpreises zu zahlen, sofern der Verpflichtete den vorkaufsbelasteten Gegenstand dem Dritten mit anderen Gegenständen zu einem Gesamtpreis verkauft hat. Ausgangspunkt der Überlegung ist die Feststellung, dass das Vorkaufsrecht dem Berechtigten an *jeder einzelnen* Aktie zusteht. Das Recht muss hierbei unabhängig von der Anzahl der verkauften Aktien sein. Sofern der Verpflichtete lediglich eine einzelne Aktie verkauft, ist das Vorkaufsrecht anwendbar. Das Gleiche gilt aber auch für Paketverkäufe. Es kann unter rechtlichen Gesichtspunkten für das Bestehen des Vorkaufsrechts nicht beachtlich sein, ob der Verpflichtete mehrmals eine Aktie oder einmal mehrere Aktien verkauft. Die Teilbarkeit liegt umso näher, als S. 2 im Gegensatz zu § 469 S. 2 BGB a.F. keinen Verkauf als zusammengehörig oder als wirtschaftliche Einheit voraussetzt. Darüber hinaus verbietet § 465 BGB die Koppelung der Wirksamkeit des Vorkaufes an das Zustandekommen des Paketverkaufs im Wege der aufschiebenden Bedingung [768].

Mit Blick auf den Umfang des Vorkaufsrechts, sowie den des verkauften Aktienpakets ist zwischen der direkten und der analogen Anwendung des § 467 BGB zu unterscheiden.

a) Direkte Anwendung
§ 467 BGB betrifft in direkter Anwendung den Verkauf einer vorkaufsbelasteten Sache mit einer anderen, vom Vorkaufsrecht nicht erfassten Sache. Es ist kein Grund ersichtlich, diese Norm für eine Mehrzahl verkaufter Aktien nicht anzuwenden. Wenn der Verpflichtete in der Entscheidung über den Umfang der verkauften Aktien frei ist, muss dem Berechtigten das Recht eingeräumt werden, zu bestimmen, in welchem Umfang er sein Vorkaufsrecht geltend machen will. Soweit sich seine Ziele auch durch den Erwerb eines Teilpakets erreichen lassen, besteht für den Berechtigten bei Unternehmenskäufen kein Interesse am Gesamt-

---

[768] Vgl. BGHZ 110, 230.

erwerb [769]. Diese Interessenlage ist dem Verpflichteten nicht nur bewusst, sondern dem Vorkaufsrecht an Massensachgesamtheiten inhärent.

Die direkte Anwendung des § 467 BGB betrifft zunächst den Fall, dass der Verpflichtete dem Berechtigten das Vorkaufsrecht – aus welchen Gründen auch immer – nicht hinsichtlich sämtlicher Aktien, sondern lediglich teilweise eingeräumt hat, nun jedoch eine Aktienanzahl verkauft, die über die von dem Vorkaufsrecht erfasste Menge hinausgeht [770].

Beispiel: Der Verpflichtete ist mit 15 % der Aktien an einer AG beteiligt. Er räumt dem Berechtigten, der seinerseits lediglich mit 3 % beteiligt ist, aber nur in Höhe von 5 % der Aktien ein Vorkaufsrecht ein, damit dieser selbst bei Erwerb der 5 % eine geringere Beteiligung als er selbst (dann 10 %) besitzt. Nunmehr veräußert der Verpflichtete jedoch die gesamten 15 % an einen Dritten, weil er sich aus der Gesellschaft insgesamt zurückziehen möchte. Hier steht es dem Berechtigten frei, sein Vorkaufsrecht in vollem Umfang (d.h. in Höhe von 5 % der Aktien) auszuüben, auch wenn die Aktien zusammen mit weiteren 10 % verkauft werden.

Daneben wird aber insbesondere der praktisch weitaus bedeutsamere Fall erfasst, dass der Verpflichtete dem Berechtigten zwar ein Vorkaufsrecht an sämtlichen Aktien einräumt, jedoch nachträglich weitere Aktien hinzuerwirbt. Bei einem derartigen Hinzuerwerb werden zwar mitunter auch diese - aus der Perspektive der Vereinbarung des Vorkaufsrechts „künftigen" - Aktien erfasst sein. Zwingend ist dies jedoch nicht [771].

Beispiel: Der Verpflichtete ist zu 10 % an der AG beteiligt und räumt dem Berechtigten hieran ein Vorkaufsrecht ein. Nunmehr erwirbt er seinerseits weitere 10 % hinzu. Sofern er zu einem späteren Zeitpunkt sämtliche Aktien an einen Dritten verkaufen sollte, kann der Berechtigte dennoch sein Vorkaufsrecht auf die ursprünglichen 10 % „beschränken".

In diesen Fällen liegt – streng genommen – keine teilweise Ausübung des Vorkaufsrechts vor. Der Berechtigte macht vielmehr sein Vorkaufsrecht in vollem Umfang geltend. Lediglich die Tatsache, dass die belasteten Aktien mit weiteren, nicht belasteten Aktien veräußert werden, führt hier zu einer Aufspaltung des Vertrages mit dem Dritterwerber.

b)   Analoge Anwendung
Der Wortlaut des § 467 BGB erfasst nicht den einheitlichen Verkauf mehrerer dem Vorkaufsrecht unterfallender Sachen [772]. Für diese Konstellation ist jedoch eine analoge Anwendung anzunehmen: Wenn die Aufspaltung des Vertrags schon dann zulässig ist, wenn die mitverkauften Gegenstände nicht dem Vorkaufsrecht unterliegen, muss dies *erst recht* zulässig sein, wenn auch die übrigen Gegenstände

---

[769] Westermann/Klingberg in FS Quack, S. 545, 548, 559f.

[770] Hierzu Grunewald in FS Gernhuber, S. 137, 144.

[771] Eingehend zum Problem künftiger Aktien unter § 5 III 1.

[772] Unzutreffend daher Soergel-Huber § 508, RN 1a.

hiervon erfasst werden. Andernfalls würde ein „Mehr" an Rechten dem Berechtigten letztlich geringere Befugnisse einräumen. Ferner könnte der Berechtigte ohnehin auf das übrige Vorkaufsrecht „verzichten" und anschließend in vollem Umfang das Vorkaufsrecht ausüben.

Die analoge Anwendung betrifft hierbei zunächst den Fall der eigentlichen Teilausübung:

Beispiel: Der Verpflichtete verkauft sein gesamtes Aktienpaket von 20 % an einen Dritten. Dem Berechtigten steht hierbei ein Vorkaufsrecht an sämtlichen Aktien zu. Er ist jedoch analog § 467 BGB berechtigt, dieses lediglich in Höhe von 10 % auszuüben.

Daneben ist die *Kombination* der direkten und der analogen Anwendung des § 467 BGB denkbar in Fällen, bei denen auch nicht vorkaufsbelastete Aktien mitverkauft werden und der Berechtigte von den vorkaufsbelasteten Aktien lediglich einen Teil erwerben möchte.

Beispiel: Der Verpflichtete verkauft ein Aktienpaket von 20 % an einen Dritten. Dem Berechtigten steht hieran in Höhe von 10 % ein Vorkaufsrecht zu. Er ist nunmehr jedoch auch befugt, sein Vorkaufsrecht z.B. nur in Höhe von 5 % auszuüben, sofern er die übrigen Aktien nicht erwerben will oder kann.

c)   Vorkaufsrecht an nicht verkauften Aktien
Mitunter wird angenommen, das Vorkaufsrecht erlösche auch dann insgesamt, wenn der Verpflichtete lediglich einen Teil verkaufe und der Berechtigte nunmehr die Möglichkeit des (wenn auch nur teilweisen) Erwerbs habe [773]. Diese Ansicht betrifft jedoch vorwiegend den Fall, dass von einer einzelnen vorkaufsbelasteten Sache nur ein Bruchteil (Miteigentumsanteil) verkauft wird und ist auf (Massen-)Sachgesamtheiten mit Blick auf § 467 BGB nicht haltbar. Darüber hinaus ist dies selbst beim Verkauf von Miteigentumsteilen höchst umstritten [774], kann hier aber letztlich offen bleiben. Sofern der Verpflichtete nicht sämtliche vorkaufsbelasteten Aktien verkauft, bleibt das Vorkaufsrecht des Berechtigten an den übrigen Aktien unabhängig davon erhalten, ob er es für die verkauften Aktien ausgeübt hat oder nicht. Eine andere Ansicht dürfte lediglich dann gerechtfertigt sein, wenn die Nichtausübung als umfassender Verzicht des Berechtigten auf das Vorkaufsrecht auch an den restlichen Aktien verstanden werden darf [775].

2.   Korrektiv der „Nachteilsvermeidungspflicht" (§ 467 S. 2 BGB)
a)   Begriff des „Nachteils"
§ 467 S. 2 BGB sieht vor, dass der Verpflichtete die Erstreckung des Vorkaufs auf alle Sachen verlangen kann, *„die nicht ohne Nachteil für ihn getrennt werden können"*. Eine nähere Definition des Nachteilsbegriffs gibt das Gesetz jedoch nicht. Die Annahme, für einen Nachteil reiche eine *„objektive Entwertung"* aus

---

[773] Palandt-Putzo § 463, RN 9.

[774] AA z.B. Erman-Grunewald § 504, RN 20.

[775] Zum Problembereich des einvernehmlichen bzw. einseitigen Vorkaufsverzichts § 9 II 1, 2.

[776], führt hierbei auch zu keinen näheren Erkenntnissen. Entgegen der Literatur [777] kann auch den vagen Andeutungen der Rechtsprechung im Rahmen eines „obiter dictum" im Burda/Springer-Fall [778] nicht entnommen werden, dass die Ausübung des Vorkaufsrechts in Höhe von 24,9 % bei verkauften 26 % Aktien stets als Nachteil anzusehen sei.

Bezogen auf das Aktienrecht sind eine Vielzahl von „Nachteilen" denkbar:

(aa) Da der Dritterwerber regelmäßig nur für den Erwerb des vollständigen Pakets gewillt ist, den Paketzuschlag zu zahlen, kann der Wegfall des Zuschlags als Nachteil der Aufspaltung des Vertrags anzusehen sein.

(bb) Der Dritte wird vielfach am Erwerb des Restpakets kein Interesse mehr haben und berechtigterweise vom gesamten Vertrag zurücktreten; hierbei kann der Nachteil in der fehlenden wirtschaftlichen Veräußerbarkeit des Restpakets liegen [779].

(cc) Der Nachteil kann auch schlicht in nicht realisierbaren Kursgewinnen bzw. eintretenden Kursverlusten (z.B. an der Börse) bestehen, sofern sich der Erfolg der mit dem Dritten beabsichtigten Transaktion auf die Bewertung der AG nicht unerheblich auswirkt.

Die Schwierigkeit, den Eintritt eines Schadens und die Kausalität zum Verhalten des Berechtigten notfalls beweisen zu können, wurde bereits angesprochen [780]. Gerade für Aktienverkäufe besteht in der Unbestimmtheit des Nachteilsbegriffs eine erhebliche Unsicherheit. Es gehört zum Wesen des Vorkaufsrechts, dass dem Berechtigten nach Abschluss des Vorkaufes die Entscheidung über die Ausübung zukommt. Die fehlende Realisierbarkeit des Erstvertrages ist daher vertragsimmanentes Risiko. Gerade bei Vorkaufsrechten an Gesellschaftsbeteiligungen ist dem Verpflichteten zur Gewährleistung der gemeinsamen (unternehmerischen) Zwecksetzung ein größeres Opfer zumutbar [781]. Nachteile, die auch bei einer vollständigen Ausübung oder einer Nichtausübung entstanden wären, können daher grundsätzlich nicht dem Berechtigten auferlegt werden. Darüber hinaus kann es allein auf die dem *Verpflichteten* entstehenden Nachteile ankommen, während die des Dritten unbeachtlich sind. Die Vorkaufsabrede betrifft ausschließlich einen Vertrag zwischen Berechtigtem und Verpflichtetem. Hieran knüpft die Regelung des § 467 BGB an. Der Dritte hat sich wegen möglicher vermögensrechtlicher Nachteile ausschließlich an seinen Vertragspartner zu halten. Hieraus folgt aber auch, dass der Verpflichtete die durch die Inanspruchnahme des Dritten entstan-

---

[776] Vgl. nur Erman-Grunewald § 508, RN 3.

[777] MK-Westermann § 504, RN 1; Soergel-Huber § 504, RN 3.

[778] LG Offenburg AG 1989, 134, 137 (*„möglicherweise gem. § 508 BGB verlangen können, dass die Kläger die insgesamt 26 % übernimmt"*); OLG Karlsruhe WM 1990, 725, 734 (*„Miterwerb unter den Voraussetzungen des* [früheren] *§ 508 S. 2 BGB"*).

[779] MK-Westermann § 508, RN 4.

[780] Vgl. unter § 3 II 4c) aa); ferner Trinkner in BB 1963, 1236f.

[781] Westermann/Klingberg in FS Quack, S. 545, 552.

denen vermögenswerten Einbußen nicht an den Berechtigten weitergeben darf, zumal ihm das Vorkaufsrecht und die mögliche Ausübung bekannt war [782].

In Bezug auf den Nachteilsbegriff sind zwei verschiedene Ansätze denkbar:

1. Möglichkeit: Beschränkung des Nachteils auf *unzumutbare Beeinträchtigungen*
Für eine Beschränkung des Nachteilsbegriffs auf unzumutbare Beeinträchtigungen spricht die wirtschaftliche Bedeutung der *Rechtsfolge*. Eine Erstreckung auf das gesamte Aktienpaket erscheint allenfalls bei erheblichen Nachteilen gerechtfertigt, weil die Ausübung durch den Berechtigten nach der Konzeption des Vorkaufsrechts stets eine gewisse Beeinträchtigung des Verpflichteten mit sich bringt. Andererseits ist zu bedenken, dass wirtschaftliche Nachteile unterhalb dieser Schwelle wegen der gesetzgeberischen Absicht eines „Korrektivs" unbeachtet blieben. Schließlich könnte der Nachweis des Überschreitens der Zumutbarkeitsgrenze für den Verpflichteten in der Praxis unmöglich erscheinen.

2. Möglichkeit: Nachteil als *jede vermögensrechtliche Schlechterstellung*
Vom Wortlaut her könnte man als „Nachteil" jede vermögensrechtliche Schlechterstellung des Verpflichteten gegenüber der vollständigen oder der Nichtausübung verstehen. Hierfür könnte auch sprechen, dass eine vom Gesetz für den atypischen Bereich des Aktienverkaufs zumindest nicht ausdrücklich vorgesehene Teilbarkeit eine erhöhte Schutzbedürftigkeit des Verpflichteten nach sich ziehe. Gegen ein derart weites Verständnis des „Nachteils" spricht jedoch, dass hierdurch die Teilbarkeit faktisch ausgeschlossen würde, weil stets irgendein messbarer wirtschaftlicher Nachteil entstehen dürfte. Hierdurch würde das in § 467 S. 2 BGB vorgesehene Regel-Ausnahme-Prinzip in das Gegenteil verkehrt. Zudem zeigt die praktische Wirklichkeit, dass sich wirtschaftliche Nachteile aufgrund der Bewertungsschwierigkeiten auch „künstlich" schaffen lassen und daher eine erhebliche Missbrauchsgefahr besteht.

b)   Abgrenzung Erstreckungsverlangen und Nachteilsausgleichspflicht
Eine für die Beteiligten letztlich angemessene Lösung bietet die Kombination beider vorgenannten Ansätze durch die Zugrundelegung des weiten Nachteilsbegriffs unter Modifizierung der in § 467 S. 2 BGB vorgegebenen Rechtsfolge. Der Wortlaut steht einer derartigen Ergänzung nicht entgegen, weil dieser auch die Abstandnahme des Berechtigten nach zulässigem Erstreckungsverlangen nicht vorsieht und daher ohnehin „unvollständig" ist.

Lediglich in den Fällen, in denen der vermögensrechtliche „Nachteil" der Teilung die Schwelle der *Zumutbarkeit* überschreitet, steht dem Verpflichteten der in § 467 S. 2 BGB genannte Anspruch zu, die Erstreckung auch auf die übrigen verkauften

---

[782] Zustimmend MK-Westermann § 508, RN 4.

Aktien zu den im Vorkauf vereinbarten Bedingungen zu verlangen [783]. Soweit ihm ein Verkauf eines Teils weiter möglich ist, kann der Verpflichtete die Erstreckung auch zahlenmäßig beschränken [784]. Der Wortlaut („...*alle Sachen,... die ...*") dürfte diesen Erst-recht-Schluss nicht nur zulassen, sondern zur Minderung der Belastung des Berechtigten sogar gebieten. Hierbei handelt es sich aber allein um ein Recht des Verpflichteten. Ein Erstreckungsanspruch des *Berechtigten* auf *nicht* vorkaufsgebundene Aktien scheidet aus [785]. Nachfolgend kommt dem Berechtigten das gesetzlich nicht geregelte, aber letztlich weitgehend unstreitige [786] Recht zu, aufgrund dieser neuen Situation nunmehr vom Vorkauf Abstand zu nehmen.

Unterhalb der Schwelle der Zumutbarkeit steht dem Verpflichteten hingegen kein Anspruch auf Übernahme sämtlicher verkaufter Aktien zu. Ein solches Verlangen würde das Vorkaufsrecht in einer Vielzahl von Fällen leer laufen lassen. An die Stelle der in § 467 S. 2 BGB vorgesehenen Rechtsfolge tritt nunmehr eine entgeltliche Nachteilsausgleichspflicht. Der Berechtigte bleibt also zur teilweisen Ausübung berechtigt, hat dem Verpflichteten jedoch dessen vermögensrechtliche Einbuße zu erstatten [787]. Diese Lösung trägt sowohl dem gesetzgeberischen Willen einer Kompensation des beim Verpflichteten eintretenden Nachteils als auch der Realisierung des an jeder einzelnen Aktie anknüpfenden Vorkaufsrechts Rechnung. Eine unzumutbare Beeinträchtigung des Verpflichteten ist hierbei wohl nicht denkbar [788]. Ein solcher Ansatz wird auch durch die Entstehungsgeschichte gestützt: § 467 BGB sollte die „*gleichmäßige Wahrung des Interesses beider Teile*" verwirklichen [789].

> Beispiel: Der Verpflichtete verkauft ein Aktienpaket von 50 % (Wert: 5 Mio. Euro) an einen Dritten für 5,5 Mio. Euro. Der Berechtigte übt sein umfassendes Vorkaufsrecht jedoch lediglich in Höhe eines Paketes von 10 % aus. Hier müsste er selbst bei einem vollständigen Nachteilsausgleich nicht 5,5, sondern nur 1,5 Mio. Euro zahlen.

---

[783] Grunewald in FS Gernhuber, S. 137, 144, sowie Erman-Grunewald § 508, RN 3, will den finanziellen Ausgleich hingegen unabhängig von der Schwere des eingetretenen Nachteils zulassen. Dies berücksichtigt jedoch die Konstellationen nicht, bei denen die Unzumutbarkeit nicht (allein) auf finanziellen Gründen beruht (z.B. mitunter bei zwingenden unternehmerischen Umstrukturierungen).

[784] Staudinger-Mader § 508, RN 4; MK-Westermann § 508, RN 4; aA Grunewald in FS Gernhuber, S. 137, 144.

[785] Vgl. BGH NJW 1991, 293f, 294f (zur Teilausübung eines gemeindlichen Vorkaufsrechts).

[786] RGZ 133, 76, 79; Soergel-Huber § 508, RN 2; MK-Westermann § 508, RN 5; aA RGRK-Mezger § 508, RN 4.

[787] Zutreffend Grunewald in FS Gernhuber, S. 137, 144; Erman-Grunewald § 508, RN 3; MK-Westermann § 508, RN 1 (Fn. 2), abweichend jedoch RN 5 (Verpflichteter kann sich auf S. 2 nicht berufen); ablehnend Staudinger-Mader § 508, RN 7: kein Anhaltspunkt im Gesetz.

[788] Nach RGZ 133, 76, 80 soll der Berechtigte in der Ausübung seines Rechts nicht unnötig beschränkt werden.

[789] Jakob/Schubert Beratung S. 322; Soergel-Huber § 508, RN 1: „*Interessenausgleich*".

Im Einzelfall ist es auch denkbar, dass dem Verpflichteten nach § 242 BGB die Berufung auch auf die Nachteilsausgleichspflicht verwehrt bleibt. Dies wird insbesondere dann der Fall sein, wenn der Verpflichtete dem Berechtigten von Beginn an ein lediglich beschränktes Vorkaufsrecht eingeräumt hat. Hier musste er mit der späteren Aufspaltung eines Vertrages rechnen und hat die hieraus folgenden Nachteile hinzunehmen [790].

Beispiel: Der Verpflichtete räumt dem Berechtigten ein Vorkaufsrecht für 5 % seiner Aktien ein. Insgesamt verfügt er über 20 % Aktien. Verkauft er später die gesamten 20 % an einen Dritten steht es dem Berechtigten frei, in Höhe von 5 % sein Vorkaufsrecht (vollumfänglich) auszuüben. Da der Verpflichtete hiermit von Anfang an rechnen musste, kann er nunmehr vom Berechtigten auch keinen Ausgleich des ihm entstehenden Nachteils verlangen.

Darüber hinaus kann ein Anspruch des Verpflichteten dann ausscheiden, wenn dieser die wirtschaftliche Einheit zwar nach Begründung des Vorkaufsrechts hergestellt hat, aber bei dem Verkauf im Paket (ausschließlich oder) vorwiegend zu dem Zweck handelt, das Vorkaufsrecht des Berechtigten faktisch zu vereiteln [791].

Beispiel: Der Verpflichtete will dem Dritten eigentlich nur eine geringe Beteiligung einräumen. Zur Vermeidung der Ausübung des Vorkaufsrechts durch den Berechtigten verkauft er letztlich jedoch 50 % in Kenntnis der Tatsache, dass der Berechtigte weder den Gesamtpreis noch die Erstattung des gesamten Nachteils finanziell aufbringen kann.

c)   Kriterien der Zumutbarkeitsprüfung

Die Abgrenzung zwischen zulässigem Erstreckungsverlangen und der Beschränkung auf den Nachteilsausgleich kann nur nach dem objektiven Kriterium der Zumutbarkeit erfolgen. Die Anknüpfung an den Wegfall des subjektiven Erwerbsinteresses des Dritten lädt zu Missbrauch geradezu ein und ist somit untauglich [792]. Das im Einzelfall den Beteiligten noch Zumutbare setzt eine umfassende Abwägung der berechtigten Interessen des Verpflichteten und des Berechtigten voraus. Eine abschließende Definition ist naturgemäß nicht möglich. Für den Bereich aktienrechtlicher Transaktionen werden die nachfolgend exemplarisch und ohne interne Gewichtung schlagwortartig genannten Kriterien jedoch eine entscheidende Weichenstellung ermöglichen:

(1) Allgemeine wirtschaftliche Betrachtung
      (a) Persönliches und / oder wirtschaftliches Verhältnis der beteiligten Parteien
      (b) Vergleich des wirtschaftlichen Vor-/Nachteils für die Beteiligten bei erfolgter bzw. unterbliebener Anteilsverschiebung
      (c) Größe des Aktienpakets
      (d) Höhe des Kaufpreises und des Paketzuschlags

---

[790] Palandt-Putzo § 467, RN 4; RGRK-Mezger § 508, RN 3; Staudinger-Mader § 508, RN 6; Trinkner in BB 1963, 1236, 1237.

[791] Ähnlich Trinkner in BB 1963, 1236, 1237.

[792] AA jedoch Grunewald in FS Gernhuber, S. 137, 144.

(2) Berechtigte Interessen des Verpflichteten an der Unteilbarkeit
 (a) Existenz von potenziellen Ersatzerwerbern
 (b) Erwerbs-/ Verkaufsmöglichkeit der Aktien auf freiem Markt (Börsennotierung)
 (c) Zulässigkeit eines Rücktritts vom Gesamtvertrag durch den Dritterwerber
 (d) Veräußerbarkeit der (übrigen) Aktien (arg ex § 467 Satz 2 BGB)
 (e) Unternehmerisches Interesse des Verpflichteten am Verkauf des Gesamtpakets

(3) Berechtigte Interessen des Berechtigten an der Teilbarkeit
 (a) Sachliche Gründe des Berechtigten an der Beschränkung
 (b) Finanzierbarkeit eines Gesamterwerbs

(4) Sonstige rechtliche Aspekte
 (a) Zeitablauf, „Vorgeschichte" des aktuellen Verkaufsvorganges
 (b) Sinn und Zweck der Vertragsgestaltung

Zwar wird sich eine gewisse Rechtsunsicherheit hierbei letztlich nicht vollständig vermeiden lassen. Diese ist jedoch zur Ermöglichung einer interessengerechten Abwägung im Einzelfall in Kauf zu nehmen. Andernfalls müsste das nach dem Wortlaut vermeintlich uneingeschränkt zulässige Erstreckungsverlangen im Einzelfall durch uneinheitliche Anwendung des § 242 BGB bzw. der Treuwidrigkeit korrigiert werden.

3. Berechnung des Teilkaufpreises

Das Gesetz beschränkt sich auf die Vorgabe, der Berechtigte habe bei der Aufspaltung des Vorkaufes „einen verhältnismäßigen Teil des Gesamtpreises zu entrichten" (§ 467 S. 1 2. HS BGB). Selbst wenn letztlich verschiedene Preisberechnungsmöglichkeiten denkbar bleiben [793], muss die im Einzelfall zugrunde gelegte Variante bei der Berücksichtigung des Paketaufschlages sicherstellen, dass der Verpflichtete nicht doppelt begünstigt und der Berechtigte nicht doppelt belastet wird. Hieraus folgt, dass der Aufschlag insoweit nicht mehr als „Nachteil" (i.S.d. § 467 S. 2 BGB) berücksichtigt werden darf, als er bereits im anteiligen Teil-Kaufpreis (§ 464 Abs. 2 BGB) Niederschlag gefunden hat [794].

Üblicherweise erfolgt die Berechnung dieses Teilkaufpreises in Anlehnung an § 441 Abs. 3 BGB dergestalt, dass der Teilkaufpreis sich zum Gesamtpreis ebenso

---

[793] Zu Möglichkeiten der praktischen Gestaltung einer Preisberechnungsklausel vgl. im 6. Teil; die Preisberechnung ist auch in vielen anderen Bereichen höchstproblematisch, z.B. im Spruchstellenverfahren, beim sog. Squeeze-out (§ 327a AktG) oder im Übernahmerecht.

[794] Problematisch daher Staudinger-Mader § 508, RN 3f, der zwischen „Wert" und „Nachteil" nicht strikt trennt.

zu verhalten habe wie der Wert des vorkaufsbelasteten Gegenstandes zum Gesamtwert der Gegenstände [795]. Hierbei wird jedoch stets darauf verwiesen, dass eine streng „mathematisierte Formel" auch „*Willkürlichkeiten und Unebenheiten*" [796] enthalte und bereits von der Konzeption her „*streitträchtig*" sei [797]. Das praktische Problem liegt hierbei regelmäßig in der Ermittlung des jeweiligen Einzelwertes der Gegenstände. Für die Teilausübung bei Aktien ergeben sich insoweit Abweichungen, als durch die feststehende Anzahl der verkauften Aktien der jeweilige Kaufpreis unproblematisch ist. Zur Ermittlung des Teilkaufpreises bedarf es daher der Feststellung des *Wertes* der einzelnen Aktien nicht. Ausreichend ist die prozentuale Berechnung mit Blick auf den Gesamtkaufpreis. Allerdings dürfen auch hier gewisse Einschränkungen nicht übersehen werden: Zum einen kann der jeweilige Wert bei unterschiedlichen Aktiengattungen mitunter doch Bedeutung erlangen, insbesondere weil Stammaktien und Vorzugsaktien vom Markt unterschiedlich bewertet werden. Zum anderen kommt der Differenz zwischen Wert und Preis im zweiten Schritt bei der Frage nach einem möglichen „Nachteil" ohnehin Bedeutung zu. Der Schwerpunkt der Berechnung liegt also darin, dass der Paketzuschlag bei der Berechnung des Teilpreises nicht herausgerechnet wird, sondern - wenn auch nur anteilig - erhalten bleibt [798]. Der *verbleibende Rest* des nicht realisierten Paketzuschlags kann allenfalls im Rahmen des „Nachteils" erstattet werden, sofern der Verpflichtete diese Aktien allein nicht mehr veräußern kann.

Zwischenergebnis:
Der Berechtigte ist unter direkter oder analoger Anwendung des § 467 BGB befugt, sein Vorkaufsrecht lediglich hinsichtlich eines Teils der verkauften Aktien auszuüben. Ein eventuell darüber hinaus bestehendes Vorkaufsrecht an weiteren Aktien des Verkäufers bleibt bestehen. Bei der Berechnung des Teilkaufpreises wird ein eventuell gezahlter Paketzuschlag nicht herausgerechnet. Sofern dem Verpflichteten gerade durch die Teilung des Vorkaufes ein Nachteil i.S.e. vermögenswerten Schlechterstellung entsteht, ist zu differenzieren: Übersteigt dieser Nachteil für den Verpflichteten die Schwelle der Zumutbarkeit, ist er befugt, vom Berechtigten die Übernahme auch der restlichen Aktien gegen Zahlung des Gesamtpreises zu verlangen. Hierbei steht dem Berechtigten dann aber das Recht zu, nunmehr vom Vertrag Abstand zu nehmen. Unterhalb der Schwelle der Zumutbarkeit ist der Berechtigte befugt, anstelle der Übernahme sämtlicher Aktien den Verpflichteten lediglich für den entstehenden Nachteil finanziell zu entschädigen. Die Frage des Überschreitens der Zumutbarkeit ist für jeden Fall gesondert unter Berücksichtigung der Umstände des Einzelfalls zu bestimmen.

---

[795] Darstellung der Formel bei Staudinger-Mader § 508, RN 3; RGRK-Mezger § 508, RN 2.
[796] MK-Westermann § 508, RN 3.
[797] Erman-Grunewald § 508, RN 2.
[798] Grunewald in FS Gernhuber, S. 137, 144, sowie dort Fn. 22.

§ 11 Subjektive Teilbarkeit eines Vorkaufsrechts

Von der „objektiven" Teilbarkeit streng zu trennen ist die Frage der „subjektiven" Teilbarkeit. Diese stellt sich bei näherer Betrachtung nicht als ein einzelnes Problem dar, sondern lässt sich in mehrere rechtlich getrennte Problembereiche aufgliedern. Da Berechtigung und Verpflichtung sich jedoch stets auf das identische Objekt beziehen, besteht zwischen den nachfolgend isoliert dargestellten Rechtsfragen eine rechtliche, aber auch faktische Wechselwirkung. Zudem können die aufgezeigten Probleme nicht nur alternativ, sondern auch kumulativ auftreten. Hier kann in Dogmatik und Praxis allein eine klare Trennung der rechtlichen Teilfragen folgerichtige, aber auch praktisch handhabbare Lösungen bieten. Daher soll zunächst die gestufte Vorkaufsberechtigung (sub. I.) von der Konkurrenz paralleler Vorkaufsberechtigungen (sub. II.) abgegrenzt werden. Anschließend werden die Probleme im Zusammenhang mit der Beteiligung einer Mehrzahl von Vorkaufsverpflichteten näher hinterfragt (sub. III.).

I.   Gestufte Vorkaufsberechtigung

Bei einem einzelnen Berechtigten können in der Praxis keine Verteilungsprobleme mit Blick auf die vorkaufsbelasteten Aktien auftreten. Für den Regelfall der Vereinbarung wechselseitiger Vorkaufsrechte in einem Konsortialvertrag bestehen hingegen mehrere Berechtigungen an denselben Aktien. Neben „formalen" Fragen [799] bei der Mitteilung und des individuellen Fristlaufs ist insbesondere die „materielle" Frage des Umfangs der jeweiligen Rechte von Bedeutung.

1.   Abgrenzung der gestuften von der gleichrangigen („parallelen") Vorkaufsberechtigung
Die Vielfalt der rechtlich denkbaren Konstruktionen gebietet zumindest eine gewisse Strukturierung der relevanten Ausgestaltungen.

a)   Mehrere unabhängige („individuelle") Vorkaufsrechte
Denkbar ist es zunächst, dass der Verpflichtete mehreren Berechtigten *unabhängig voneinander* ein Vorkaufsrecht an den Aktien einräumt [800]. Dies kommt v.a. dann in Betracht, wenn jeder Berechtigte sich als allein berechtigt ansieht und keine Kenntnis von weiteren Vorkaufsrechten hat. Hierbei umfasst die materielle Berechtigung *jedes* Berechtigten die *Gesamtheit* der Aktien des Verpflichteten. Die fehlende Möglichkeit der Erfüllung sämtlicher Ansprüche im Vorkaufsfall steht dem nicht entgegen. Die Privatautonomie gestattet es, Verträge abzuschließen, zu deren Erfüllung der Schuldner nicht in der Lage ist. Selbst in den Fällen, in denen

---

[799] Hierauf soll nicht näher eingegangen werden. Sofern im Einzelfall keine gegenseitige „Zurechnung" erfolgt, wird die Mitteilung des Verpflichteten an alle Berechtigten zu erfolgen haben und – je nach Zugangszeitpunkt – einen individuellen Fristlauf auslösen.

[800] Emmerich WuB IV A § 504 BGB 1.90, S. 1063f.

der Verpflichtete mit der Geltendmachung sämtlicher Ansprüche rechnet, kommt eine Nichtigkeit wegen Sittenwidrigkeit (§ 138 BGB) der Vorkaufsabreden nicht in Betracht, da diese den Verpflichteten einseitig begünstigen würde. Die Berechtigten werden sich jedoch bei eintretenden Schäden mitunter auf § 826 BGB berufen können. Die Sittenwidrigkeit kann zumindest bei Unkenntnis der Berechtigten von der Existenz weiterer Begünstigter auch nicht auf die zeitlich später abgeschlossenen Vorkaufsrechte beschränkt werden. Sollte allerdings ein zeitlich später Begünstigter einwilligen, den Verpflichteten von möglichen Ersatzansprüchen freizustellen, so kann dies als Verleitung zum Vertragsbruch sittenwidrig und nichtig sein.

Aufgrund der Relativität der Schuldverhältnisse bestehen somit alle „individuellen" Vorkaufsrechte nebeneinander. Durch die Ausübung mehrerer Berechtigter kommen daher entsprechend viele Kaufverträge über die Gesamtheit der Aktien in Betracht. Das jeweilige Schicksal der Verträge richtet sich insoweit grundsätzlich nach den allgemeinen Regeln des Schuldrechts und soll hier nicht weiter behandelt werden.

b) Gleichrangige anteilige („parallele") Vorkaufsberechtigung
Von der mehrfachen Vorkaufsberechtigung jeweils für die Gesamtheit der Aktien zu trennen ist die Konstellation, bei der die Vorkaufsberechtigungen insgesamt sämtliche Aktien betreffen, jedem einzelnen Berechtigten aber lediglich ein Teil hiervon zukommen soll. Das jeweils Gewollte ist letztlich zwar eine Frage der Auslegung. Bei lebensnaher Auslegung wird die nur anteilige („parallele") Berechtigung jedoch zumindest dann der Regelfall sein, wenn die Berechtigten von der Existenz der übrigen wissen *und* die Vorkaufsrechte zeitgleich (oder zeitnah) abgeschlossen werden. Für den praktischen Hauptanwendungsfall, der Vereinbarung wechselseitiger Vorkaufsrechte innerhalb einer Konsortialvereinbarung, wird man die Erklärungen nicht dahingehend verstehen können, der Verpflichtete solle gegenüber jedem Berechtigten zur Leistung sämtlicher Aktien verpflichtet sein. Somit wird sich stets die Frage der internen Aufteilung unter den Berechtigten stellen [801].

c) Zulässigkeit „mehrstufiger" Vorkaufsrechte
Ähnlichkeiten mit beiden vorgenannten Möglichkeiten weist nun die Vereinbarung „mehrstufiger" Vorkaufsrechte auf. Dennoch bestehen erhebliche Unterschiede. Gestufte Vorkaufsrechte räumen *jedem* Berechtigten ein Vorkaufsrecht an sämtlichen vorkaufsbelasteten Aktien ein. Dennoch setzt sich der Verpflichtete hierbei keinem Haftungsrisiko bei Nichterfüllbarkeit aus, weil die Vorrechte nicht „individuell" nebeneinander bestehen, sondern „gestuft" nacheinander. Der eine Berechtigte soll seine Befugnisse hierbei erst bzw. nur insoweit geltend machen

---

[801] Hierzu eingehend nachfolgend unter II.

dürfen, als der andere hiervon absieht [802]. Daher kann bis zur endgültigen Entscheidung über den Erwerb mitunter deutlich mehr Zeit vergehen [803]. Dies ist allerdings wesenstypisch und unvermeidlich. Eine derartige schuldrechtliche Abrede ist unproblematisch zulässig, weil die Regelungen der §§ 463ff BGB dispositives Recht sind. Dennoch bereiten die rechtliche Struktur und die praktische Handhabung stets Probleme. Das OLG Karlsruhe [804] bezeichnet eine in den Urteilsgründen aufgezeigte Vorgehensweise zu Recht als *„ausgesprochen kompliziert und für Zweifelsfragen, aber auch Redaktionsfehler anfällig, wenn nicht prädestiniert"*. Soweit die Betroffenen keine präzisen Klauseln über das Verhältnis der Berechtigungen treffen [805], fragt sich, nach welchen Kriterien sich die Rangfolge mehrerer Vorkaufsrechte bestimmt.

2.   Kriterien der Rangfolge
a)   Stellungnahmen in Rechtsprechung und Literatur
Das Problem eines Rangverhältnisses unter Vorkaufsrechten war in der Entscheidung „Burda/Springer" von Bedeutung. Das Verhältnis mehrerer Vorerwerbsrechte war hierbei – zumindest nach Ansicht des OLG Karlsruhe – sogar *entscheidungserheblich*. Die vereinbarte Klausel, die mit einem weiteren Vorkaufsrecht des Klägers kollidierte, lautete (auszugsweise) wie folgt [806]:

> „Beabsichtigt die AS KG, Aktien der ASV AG auf Dritte zu übertragen, ist sie verpflichtet, diese zunächst B. anzubieten. Übt B. das Erwerbsrecht nicht aus, sind die Aktien der X-Bank anzubieten. Übt auch diese ihr Ankaufsrecht nicht aus, steht B. ein Vorkaufsrecht zu. Wird dieses Vorkaufsrecht nicht ausgeübt, ist die X-Bank zum Vorkauf berechtigt."

Abgesehen von offensichtlichen Unklarheiten hinsichtlich der Terminologie finden sich hier mehrere Vorkaufsrechte (i.e.S.) in gestufter Rangfolge. Die Rangstufen der Berechtigung sind hierbei klar zu erkennen. Soweit sich das Verhältnis widerstreitender Erwerbsprätendenten [807] indes nicht aus dem Wortlaut [808] der Vereinbarung entnehmen lässt, stellt die Rechtsprechung vorwiegend auf das zeitliche Element ab [809], ohne zu verkennen, dass auch andere Kriterien im Einzelfall von Bedeutung sein können [810].

---

[802] Salzgeber-Dürig S. 22; vgl. auch Erman-Küchenhoff § 1094, RN 5 *„rangbesserer/-schlechterer Vorkaufsberechtigter"*; ähnlich MK-Westermann § 1094, RN 8; Staudinger-Mayer-Maly-Mader § 1094, RN 11f.

[803] Uhlenbruck in DB 1967, 1927, 1931.

[804] WM 1990, 725, 733.

[805] Vgl. zu möglichen Ausgestaltungen Salzgeber-Dürig S. 135.

[806] Vgl. OLG Karlsruhe WM 1990, 725, 726.

[807] OLG Karlsruhe WM 1990, 725, 733.

[808] Zu einem ausdrücklich gestuften (dinglichen) Vorkaufsrecht vgl. RGZ 155, 172, 173.

[809] Hierzu näher OLG Karlsruhe WM 1990, 725, 734: *„von entscheidender Bedeutung"*; das LG Offenburg AG 1989, 134, 137 erwägt die mögliche Nachrangigkeit zwar, stützt die Entscheidung aber letztlich nicht hierauf.

[810] OLG Karlsruhe WM 1990, 725, 729: *„... Ankaufsrecht dem Vorkaufsrecht nicht nur zeitlich vorgeht"*.

Auch die Literatur stellt mitunter auf die zeitliche Reihenfolge der Einräumung der Berechtigung ab [811] und vertritt - ohne ein *gesetzliches* Rangverhältnis anzunehmen [812] - gleichsam eine Vermutung der Nachrangigkeit bei Kenntnis des Berechtigten von einem zeitlich früheren Vorkaufsrecht [813]. Darüber hinaus betont sie unter Berufung auf § 5 RSG [814] für den Fall gesetzlicher Vorkaufsrechte deren Vorrang vor rechtsgeschäftlich vereinbarten [815].

b)   Eigener Ansatz

Der pauschale Vorrang gesetzlicher vor rechtsgeschäftlicher Vorkaufsrechte lässt sich indes nicht mit einem Rückgriff auf § 5 RSG begründen, da diese Regelung eine atypische Sonderregelung unter den Vorkaufsrechten darstellt und anders als die Regelungen des BGB die Vorrangfrage ausdrücklich regelt. Zudem begründet § 5 RSG den Vorrang nur gegenüber „*eingetragenen und gesetzlichen Vorkaufsrechten*", nicht auch gegenüber rein schuldrechtlichen Vorkaufsrechten. Gesetzliche Regelungen sind wegen ihrer Allgemeingültigkeit auch nicht „stärker" als nur zwischen den Vertragsparteien wirkende (relative) rechtsgeschäftliche Abreden. Dies folgt bereits aus dem grundsätzlich dispositiven Charakter des Gesetzes. Die Privatautonomie schließt es in den allgemeinen Grenzen der Sittenwidrigkeit gerade nicht aus, dass der gesetzlich zu einem bestimmten Verhalten Verpflichtete sich gegenüber einem Dritten abweichend hiervon verpflichtet. Es ist kein allgemein gültiger Grund ersichtlich, warum der schuldrechtlich Begünstigte gegenüber dem gesetzlich Begünstigten zurücktreten müsste. Der Vorrang gesetzlicher Vorrechte lässt sich vielmehr allein mit der *dinglichen Rechtsnatur* begründen. Nur soweit gesetzliche Vorkaufsrechte auch dinglich (absolut) wirken, vermögen sie gegenüber rechtsgeschäftlich begründeten eine Vorrangstellung zu behaupten [816].

Auch der Ansatz des OLG Karlsruhe [817], zwischen mehreren rechtsgeschäftlich vereinbarten Vorkaufsrechten sei grundsätzlich der zeitliche Vorrang maßgebend, sofern Wortlaut und Zweck der kollidierenden Regelungen unklar bleiben, erscheint fraglich. Zutreffend ist sicherlich der Ausgangspunkt, dass ein Rückgriff auf die zeitliche Komponente allenfalls dann geboten ist, wenn sich aus dem Wortlaut der zeitlich späteren Vereinbarung eine Nachrangigkeit nicht eindeutig

---

[811] MK-Westermann § 504, RN 30 a.E.; einschränkend Soergel-Huber § 504, RN 4a: Auslegungsfrage.

[812] Soergel-Huber § 504, RN 4a.

[813] Offengelassen von Westermann/Klingberg in FS Quack, S. 545, 549.

[814] Reichssiedlungsgesetz (RSG) vom 11. August 1919, RGBl. 1919, S. 1429ff; § 5 S. 1 RSG lautet wie folgt: „Das Vorkaufsrecht hat den Vorrang vor allen anderen eingetragenen und gesetzlichen Vorkaufsrechten.".

[815] Staudinger-Mader vor §§ 504 ff, RN 19; MK-Westermann § 504, RN 13.

[816] Ähnlich OLG Karlsruhe EWiR § 504 BGB 1/90, 447, 448 (Fleck) als Ergebnis der Auslegung im Einzelfall.

[817] OLG Karlsruhe WM 1990, 725, 734.

ergibt. Bereits bei der Zweckrichtung ist jedoch zwischen beiden Abreden zu unterscheiden: Die beabsichtigte Alleinberechtigung des (zeitlich) Erst-Berechtigten zwingt nicht zu der Vermutung, hierauf hätten die Parteien der Zweit-Berechtigung auch Rücksicht nehmen wollen. Die bloße Kenntnis von einem bereits früher vereinbarten Vorkaufsrecht lässt nicht immer den Schluss zu, der Zweit-Berechtigte habe sich mit einer nachrangigen Berechtigung zufrieden geben wollen. Mitunter wird dem Zweit-Berechtigten vielmehr an einer Berechtigung auf die Gesamtheit der Aktien gelegen sein [818]. Lediglich wenn der Verpflichtete bei der Zweit-Vereinbarung auf das bestehende Recht hinweist, wird man dies - im Interesse der Haftungsvermeidung - im Sinne einer Nachrangigkeit verstehen dürfen. Hieraus folgt auch bereits die eingeschränkte Verwendbarkeit des zeitlichen Moment zur Begründung der Rangfolge. Der Zeitfaktor kann - mit den vorstehenden Einschränkungen - *allenfalls* dann von Bedeutung sein, wenn der Berechtigte von kollidierenden Rechten überhaupt Kenntnis hat [819]. Andernfalls spricht mehr dafür, eine umfassende „individuelle" Berechtigung hinsichtlich sämtlicher Aktien anzunehmen. Die sich hieraus ergebenden Haftungsfolgen für den Verpflichteten beruhen darauf, dass dieser seine Verpflichtung nicht hinreichend klar inhaltlich beschränkt hat [820].

II.   Konkurrenz paralleler Vorkaufsberechtigungen

Auch das Problem paralleler Vorkaufsberechtigung durch wechselseitige Vereinbarung im Rahmen einer Grundsatzvereinbarung tauchte im „Burda/Springer"-Fall auf, in dem die drei Burda-Brüder folgendes vereinbarten [821]:

> „Die Brüder räumen sich gegenseitig für die übernommenen Beteiligungen Vorkaufsrechte ein."

Fraglich ist hier, ob sämtliche Berechtigte ihr Vorkaufsrecht lediglich einheitlich oder auch unabhängig voneinander ausüben können. Ferner fehlen in der Praxis - wie in diesem Fall auch - nähere Bestimmungen zum Verhältnis der am Erwerb interessierten Berechtigten [822].

---

[818] Ebenso Soergel-Huber § 504, RN 4a; Emmerich WuB IV A § 504 BGB 1/90 (OLG Karlsruhe), S. 1063; zu pauschal daher MK-Westermann § 504, RN 30 a.E.

[819] Zutreffend OLG Karlsruhe EWiR § 504 BGB 1/90, 447, 448 (Fleck).

[820] Vgl. Emmerich WuB IV A § 504 BGB, 1.90 (OLG Karlsruhe), S. 1063; Soergel-Huber § 504, RN 4a.

[821] Vgl. LG Offenburg AG 1989, 134, 135.

[822] Reichert S. 77.

1.	Lösungsansätze in Rechtsprechung und Literatur

a)	Rechtsprechung

Nach der Rechtsprechung richtet sich das Verhältnis mehrerer Vorkaufsberechtigter untereinander grundsätzlich nach § 472 BGB [823]. Hiernach kann das Vorkaufsrecht, das mehreren gemeinschaftlich zusteht, wegen der spezifisch *„gesamthands-artigen Berechtigung der Beteiligten"* [824] nur im Ganzen ausgeübt werden. Eine *Allein*berechtigung *eines* Berechtigten kommt demnach nach S. 2 lediglich dann in Betracht, wenn das Recht für einen von ihnen (z.b. durch Verzicht) erloschen ist oder dieser das Vorkaufsrecht nach Mitteilung nicht ausübt (Akkreszenz). Von diesen Grundregeln wird nur für die Fälle eine Ausnahme zugelassen, in denen § 472 BGB abbedungen ist [825]. Die jeweilige Berechtigung im Falle der Ausübung des Vorkaufsrechts richtet sich zunächst nach der zwischen den Berechtigten getroffenen (ausdrücklichen oder konkludenten) Vereinbarung. In Ermangelung einer näheren Bestimmung seien die gesetzlichen Regeln der §§ 741 ff BGB anwendbar [826]. Hiernach soll die Berechtigung allen zu „gleichen Anteilen" (§ 742 BGB) zustehen. Der Maßstab der „gleichen" Berechtigung (pro Kopf, pro rata etc.) bleibt hierbei – bezogen auf das Aktienrecht – jedoch unklar. Stellungnahmen speziell zum aktienrechtlichen Vorkaufsrecht bestehen, soweit ersichtlich, bislang nicht [827].

b)	Literatur

Die Darstellungen der Literatur leiden darunter, dass sie schlicht den Gesetzeswortlaut des § 472 BGB wiedergeben oder bei mehreren Berechtigten pauschal eine „gleiche" Berechtigung statuieren [828], ohne dies näher zu präzisieren oder zu begründen. Mitunter beschränken sich die Autoren auch auf einen Verweis auf die in der Praxis *üblichen* Regelungen, ohne auf die Rechtslage bei *fehlender* Bestimmung einzugehen [829]. Die speziell gesellschaftsrechtlichen Probleme werden fast ausnahmslos übersehen.

---

[823] BGHZ 136, 327, 329f (zur Angabe des Gemeinschaftsverhältnisses im Grundbuch); kritisch KG FGPrax 1997, 130 ff, als vorlegendes Gericht.

[824] BGHZ 136, 327, 330 m.w.N.

[825] Dies soll nach OLG Frankfurt NJW-RR 1999, 17 beim *dinglichen* Vorkaufsrecht nicht möglich sein.

[826] BGHZ 136, 327, 331.

[827] Insbesondere betreffen die „Leitentscheidungen" BGH NJW 1987, 890 (*„Dinckelacker"*), und OLG Karlsruhe WM 1990, 725 (*„Burda/Springer"*) jeweils Fälle mit nur einem einzelnen Vorkaufsberechtigten.

[828] Vgl. nur Kowalski in GmbHR 1992, 347, 354 (*„in gleichen Teilen"*); Pastor/Werner in BB 1969, 1418, 1419 (*„allen Vorkaufsberechtigten"*).

[829] Baumann/Reiss in ZGR 1989, 157, 173 (*„im Verhältnis ihrer bisherigen Kapitalver-hältnisse"*); Henrich S. 324-326, sowie S. 368 (zu Sekundäransprüchen); Salzgeber-Dürig S. 94.

Soweit sich jedoch in der Literatur eine nähere Angabe zur Ausgestaltung der „Gleichheit" findet, wird ohne nähere Begründung überwiegend eine proportionale Berechtigung angenommen [830]. Lediglich *Salzgeber-Dürig* [831] zeigt hier Problembewusstsein und erwägt als Lösungsmöglichkeiten neben einem vereinbarten Aufteilungsmodus noch das Prioritätsprinzip, die Versteigerung der Aktien und die gemeinschaftliche Berechtigung sämtlicher Berechtigten. Aber auch sie zeigt keine Lösung für den Fall auf, dass die Parteien sich über die Aufteilungsmodalitäten *nicht* geeinigt haben sollten. *Noack* [832] stellt für den Fall der Mehrfachberechtigung bei der *GmbH* darauf ab, dass selbst bei einer „gemeinschaftlichen" Berechtigung regelmäßig wegen der fehlenden Flexibilität kein Miteigentum, sondern eine Aufteilung des Geschäftsanteils gewollt sei. Dieser Fall betrifft die hier bedeutsame Problematik zwar streng genommen nicht, weil Noack die Mehrfachberechtigung an *einem*, nicht hingegen an *mehreren* Anteilen anspricht. Der Ansatz geht aber in die richtige Richtung [833].

Da die praktisch weitaus häufigsten Fälle die Miterbengemeinschaft betreffen [834], haben die Stellungnahmen wegen der Anknüpfung an die gesamthänderische Bindung für die vorliegend maßgeblichen Fragen nur eine sehr eingeschränkte Bedeutung.

2.   Eigene Lösung: Grundsatz der subjektiven Teilbarkeit

Nachfolgend soll hinterfragt werden, ob bzw. inwieweit der Grundsatz der „Unteilbarkeit des Vorkaufsrechts" [835] beim Vorkaufsgegenstand „Aktie" Geltung beansprucht. Zudem soll versucht werden, den Maßstab einer „gleichen" Berechtigung der Vorkaufsberechtigten näher zu konkretisieren.

a)   Begründung der Teilbarkeit trotz § 472 BGB
Nach § 472 BGB kann das Vorkaufsrecht nur im ganzen ausgeübt werden, sofern es mehreren gemeinschaftlich zusteht. Dieser vermeintlich eindeutige Wortlaut scheint dem Grundsatz der Teilbarkeit grundsätzlich entgegenzustehen.

---

[830] Reichert S. 77; Schönhofer S. 158 („*anteilig*").

[831] S. 21, 24, 27 und 94.

[832] S. 290 (unter Verweis auf § 18 GmbHG); ähnlich OGH NZG 2000, 1127, 1128f (zur österreichischen GmbH).

[833] AA wohl Langenfeld/Gail Handbuch der Familienunternehmen 5.2.4.12, Rz. 76.1 die in § 472 BGB pauschal die „*gesetzliche Regelung für das Vorkaufsrecht mehrerer Berechtigter*" sehen wollen

[834] Staudinger-Mader § 513, RN 1; MK-Westermann § 513, RN 2.

[835] Vgl. nur MK-Westermann § 513, RN 1; Soergel-Huber § 513, RN 2; Staudinger-Mader § 513, RN 1; Faistenberger S. 304f.

aa)   Wortlautauslegung des § 472 BGB

Der Wortlaut stellt die Verpflichtung zu zwingend gemeinschaftlicher Ausübung lediglich für den Fall auf, dass das Vorkaufsrecht „mehreren gemeinschaftlich" zusteht. Hieraus folgt, dass eine gemeinschaftliche Berechtigung nur *eine* mögliche Konstellation ist und durchaus auch andere Ausgestaltungen denkbar sind. Auch die Rechtsprechung unterstellt indirekt, dass nicht auf jedes Vorkaufsrecht zugunsten Mehrerer § 472 BGB Anwendung findet [836]. Maßgeblich ist ausschließlich, ob die Berechtigung am Vorkaufsgegenstand eine *gemeinschaftliche* sein soll. Der üblicherweise vertretene Grundsatz der Unteilbarkeit beschränkt sich auf die Feststellung einer bestimmten *Rechtsfolge*, ohne das Vorliegen der tatbestandlichen *Voraussetzungen* der Norm geprüft zu haben [837]. Er übersieht, dass Vorkaufsrechte an Aktien Massen-Sachgesamtheiten betreffen, bei denen es – ganz im Gegenteil zu sonstigen Einzelstücken und auch einfachen Sachgesamtheiten – auf das einzelne individualisierbare Stück nicht ankommt, sondern nur auf die *Anzahl* der von der Berechtigung erfassten Aktien (Gesamtbetrachtung statt Einzelbetrachtung). Die Berechtigung ist daher als rein *zahlen*mäßige (verhältnismäßige) Berechtigung zu verstehen [838]. Selbst wenn die Vorkaufsklausel den Begriff „gemeinschaftlich" enthalten sollte, steht dies einer Auslegung im Sinne einer alleinigen Berechtigung, bezogen auf den jeweiligen Anteil, nicht entgegen [839]. Ausgehend vom Regelfall, einer wechselseitigen Einräumung der Vorkaufsberechtigung mehrerer Gesellschafter, entspricht eine Rechtsgemeinschaft sämtlicher Berechtigter (fast) niemals der Interessenlage der Beteiligten [840]. Die Beteiligten beabsichtigen regelmäßig eine *Allein*berechtigung an den dem jeweiligen Berechtigten zustehenden vorkaufsbelasteten Aktien. Allein hierdurch wird eine weitere einvernehmliche – d.h. somit auch einstimmige – Einigung über die Ausgestaltung der dinglichen Übertragung vermieden.

Beispiel: Drei Aktionäre räumen sich wechselseitig ein Vorkaufsrecht an den ihnen zustehenden Aktien ein. Verkauft nunmehr ein Aktionär seine Anteile an einen Dritten, würde die Annahme der gemeinschaftlichen Berechtigung dazu führen, dass die beiden übrigen hinsichtlich *jeder* Aktie jeweils zur Hälfte (§ 742 BGB) berechtigt wären. Selbst wenn es ihnen in der Praxis frei stünde, die dingliche Übertragung dergestalt zu regeln, dass jeder Berechtigte zur Hälfte zu *Allein*eigentum bekäme, wäre dies lediglich die einvernehmliche Korrektur einer letztlich ohnehin nicht gewollten Mitberechtigung an jeder einzelnen Aktie. Die Interessenlage geht vielmehr regelmäßig dahin, dass beide Aktionäre eine Alleinberechtigung an den ihnen rechnerisch zustehenden Aktien erhalten sollen.

---

[836] Vgl. Leitsatz BGHZ 136, 327: „*Wird zugunsten mehrerer Berechtigter ein schuldrechtliches Vorkaufsrechts bestellt, auf das § 513 BGB* [nunmehr § 472 BGB] *Anwendung findet, ...*".

[837] Vgl. Faistenberger S. 317.

[838] Ähnlich OGH NZG 2000, 1127, 1128f (zur österreichischen GmbH).

[839] Zutreffend Noack S. 290 hinsichtlich der Berechtigung Mehrerer an einem GmbH-Anteil.

[840] Ähnlich RGZ 158, 57, 64: Verpflichtung zur einheitlichen Ausübung „*im Ergebnis unerwünscht*".

bb)   Teleologische Auslegung des § 472 BGB
§ 472soll verhindern, dass der Verpflichtete mit dem Berechtigten bei nur teilweiser Ausübung des Vorkaufsrechts in eine Gemeinschaft gezwungen wird [841]. Aufgrund der abweichenden Interessenlage bei Aktienverkäufen ist der Schutzzweck der Norm jedoch auch bei einer Teilausübung grundsätzlich nicht betroffen. Selbst bei *Teil*ausübung [842] einzelner Berechtigter käme es nicht zur Gemeinschaft (d.h. *Mit*berechtigung) an *sämtlichen* Aktien, sondern zur *Allein*berechtigung an einer *bestimmten* Anzahl von Aktien. Dies ist nicht nur rechtlich, sondern insbesondere auch praktisch ein wesentlicher Unterschied. Wegen der vorwiegend kapitalistischen Beteiligung bei einer AG ist eine gemeinsame Gesellschafterstellung viel eher zuzumuten als die Mitberechtigung an Bruchteilen. Demnach steht auch die teleologische Betrachtung des § 472 BGB der Anwendung des Grundsatzes der Unteilbarkeit auf das Vorkaufsrecht an Aktien entgegen.

cc)   Historisch-systematische Auslegung des § 472 BGB
Der Normgeber von 1900 hat die Probleme des Massenhandels mit Aktien nicht gesehen. Demnach kann die in § 472 BGB getroffene Grundentscheidung nicht ohne weiteres auf diesen Bereich übertragen werden. Hervorzuheben ist jedoch, dass der Gesetzgeber die Vielfältigkeit der Anwendungsfälle erkannt hat und die Zulässigkeit der teilweisen Ausübung daher von einer *„Interpretation des einzelnen Falles"* abhängig machen wollte [843].

Hieraus folgt, dass die überwiegende Ansicht den Anwendungsbereich des § 472 BGB verkennt. Eine präzise rechtliche Betrachtung zeigt, dass dessen Voraussetzungen nicht vorliegen. Darüber hinaus steht es den Partien unstreitig frei, die Bestimmung des § 472 BGB abzubedingen.

dd)   Konkludente Abbedingung des § 472 BGB
Die Annahme einer stillschweigenden Abbedingung setzt aber neben einer derartigen Interessenlage voraus, dass sich der Erklärungsgehalt der Vorkaufsklausel dahingehend auslegen lässt. Hiervon wird man ausgehen können, sofern die Anwendung des § 472 BGB die Erreichung der mit dem Vorkaufsrecht bezweckten unternehmerischen Gesamtkonzeption grundsätzlich in Frage stellt und zu nicht hinzunehmenden Ergebnissen führen würde.

Für die stillschweigende Abbedingung sprechen viele Aspekte: Die Berechtigten [844] haben kein Interesse an eine bloßen Mitberechtigung [845]. Zudem bestünden bei

---

[841] MK-Westermann § 513, RN 1; Staudinger-Mader § 513, RN2; § 504, RN 35.

[842] Die Akkreszenz im Sinne des § 472 S. 2 BGB soll hierbei zunächst vernachlässigt werden.

[843] Vgl. Schubert Redaktion S. 81.

[844] Wegen der wechselseitigen Berechtigung sind (in der Vorkaufsabrede) regelmäßig auch die (später) Verpflichteten (potentielle) Berechtigte.

[845] Zutreffend OGH NZG 2000, 1127, 1128f (zur österreichischen GmbH).

Anwendung des § 472 BGB erhebliche praktisch nicht handhabbare Probleme bei der Ausübungserklärung. Bei Anwendbarkeit des § 472 S. 2 BGB wäre eine *uneingeschränkte* Ausübungserklärung mehrerer Berechtigter nicht etwa letztlich auf das zulässige Maß zu reduzieren, sondern gänzlich unwirksam [846]. Daher wird grundsätzlich eine durch die Mitberechtigung der übrigen Berechtigten eingeschränkte Ausübung des Vorkaufsrechts kombiniert mit einer (durch den Verzicht bzw. die Zustimmung bzw. die Nichtausübung der übrigen Berechtigten) gleichsam aufschiebend bedingten Gesamtausübung als einzig gangbarer Weg vorgeschlagen [847]. Jedoch soll auch hier ein Mitberechtigter durch die Erklärung, vollumfänglich allein erwerben zu wollen, die wirksame Ausübung auch des Mitberechtigten zunichte machen und somit auch dessen Vorkaufsrecht vereiteln können [848]. Mitunter wird gar vorgebracht [849], im Zweifel müsse der Verpflichtete hinsichtlich Art und Umfang der Ausübung unverzüglich nachfragen. Eine derart komplizierte Regelung wird Unsicherheiten über das Ausmaß der Berechtigung und der ordnungsgemäßen Ausübung ebenso wenig verhindern können wie Fälle schikanöser Verweigerung [850] durch Mitberechtigte. Angesichts der Befristung der Ausübung (§ 469 BGB) stehen auch bei Nichtanwendung des § 472 BGB nach Fristablauf die Berechtigten fest [851].

Aus der allgemeinen Auslegung der Vorkaufsklausel folgt demnach auch ohne nähere Präzisierung, dass eine *gemeinschaftliche* Ausübung i.S.d. § 472 BGB nicht erforderlich sein soll.

Zwischenergebnis:
§ 472 BGB ist auf die Geltendmachung des Vorkaufsrechts durch mehrere Vorkaufsberechtigte grundsätzlich nicht anwendbar, da die Berechtigung regelmäßig nicht „gemeinschaftlich", sondern als *anteilige Allein*berechtigung gewollt ist. Dieses Ergebnis folgt bereits aus der Auslegung des § 472 BGB, zumindest jedoch aus der stillschweigenden Abbedingung des § 472 BGB durch die Parteien.

---

[846] RGZ 158, 57, 63.

[847] Staudinger-Mader § 513, RN 7; MK-Westermann § 513, RN 3; Erman-Grunewald § 513, RN 3; Soergel-Huber § 513, RN 4; BGH NJW 1982, 330.

[848] Str.; MK-Westermann § 513, RN 3; Erman-Grunewald § 513, RN 3; BGH NJW 1982, 330; aA Soergel-Huber § 513, RN 4; ähnlich Faistenberger S. 319.

[849] Erman-Grunewald § 513, RN 2.

[850] MK-Westermann § 513, RN 3; vgl. auch Faistenberger S. 319, 322: „*ohne Rücksicht auf passive Resistenten*".

[851] Zum dogmatischen Vorgehen zur Ermittlung der jeweiligen Berechtigung, vgl. nachstehend.

b)   Nichtanwendbarkeit des Prioritätsgrundsatzes

Eine gleiche Berechtigung sämtlicher Aktionäre könnte auch durch Koppelung an den Zeitpunkt der Geltendmachung des Vorkaufsrechts erreicht werden [852]. Es steht den Beteiligten frei, eine derartige Form der Ausgestaltung des Vorkaufsrechts zu wählen. In Ermangelung einer vertraglichen Vereinbarung wird dieser Ansatz aber für den „Regelfall" keine sachgerechte Lösung darstellen. Zum einen spricht schon die gesetzlich ohnehin recht kurze Frist dafür, dass diese dem Berechtigten in jedem Fall vollständig zur Entscheidungsfindung verbleiben muss. Andernfalls käme es zu einem „Wettlauf der Berechtigten" [853]: Die Ausübung des Vorkaufsrechts würde mitunter unüberlegt erfolgen, um nicht durch Prüfung des Inhalts des Kaufvertrages vermeintlich unnötig Zeit zu verschenken. Zum anderen würden die zeitlich früher über den Kaufvertrag informierten Berechtigten einen entscheidenden, aber unberechtigten Vorteil erhalten. Dies könnte schließlich auch vom Verpflichteten durch einseitig vorab erteilte Informationen missbraucht werden.

c)   Bedeutung der § 139 BGB bzw. §§ 428, 432 BGB

Man könnte weiter geneigt sein, für die Frage der Zulässigkeit der Teilbarkeit auf § 139 BGB oder §§ 428, 432 BGB zurückzugreifen. Vom Wortlaut her ist § 139 BGB streng genommen nicht anwendbar, weil dieser allein die Frage der Erstreckung der Teil*nichtigkeit* auf das gesamte Rechtsgeschäft betrifft. Die Nichtigkeit eines Rechtsgeschäfts ist vorliegend hingegen nicht gegeben. Aber auch Sinn und Zweck der Vorschrift gebieten keine Erstreckung auf die Teilbarkeit des Vorkaufsrechts. Hiergegen spricht die Tatsache, dass § 139 BGB begrifflich die Teilbarkeit voraussetzt und letztlich allein die Rechtsfolgen regelt. Vorliegend ist die Möglichkeit der Teilbarkeit aber gerade problematisch. Dies liefe daher auf einen Zirkelschluss hinaus. Zudem geht es nicht um die *formale* Aufrechterhaltung der Wirksamkeit eines Teils des Vertrages, sondern um die *materielle* Aufteilung von Rechten innerhalb eines vollwirksamen Vertrages. Insoweit besteht auch die für eine Analogie erforderliche vergleichbare Interessenlage nicht. Schließlich spricht auch die Systematik gegen die Anwendbarkeit, weil auch § 138 und §§ 140, 141 BGB Unwirksamkeitsprobleme beim Abschluss von Rechtsgeschäften betreffen. § 139 BGB ist daher nicht geeignet, die Teilbarkeit oder Unteilbarkeit zu begründen [854].

Auch die Begründung der subjektiven Teilbarkeit unter Verweis auf §§ 428, 432 BGB ist ohne Rückgriff auf einen unzulässigen Zirkelschluss dogmatisch nicht möglich, weil sie die Unteilbarkeit bereits tatbestandlich voraussetzen.

---

[852] Salzgeber-Dürig S. 94 verweist für die „Prioritätsordnung ohne Aufteilung" als denkbaren Verteilungsmodus zur Verdeutlichung auf die Rangsystematik im Grundbuch.

[853] Vgl. Assmann S. 89: *„Windhundrennen"*; Lehner in SJZ 1954, 73, 79 zur Gefahr unüberlegter Entscheidungen.

[854] Vgl. hierzu auch Erman-Palm § 139, RN 3.

d)   Aktienrechtliche Gleichbehandlung

Auch der aktienrechtliche Gleichbehandlungsgrundsatz (§ 53a AktG) kann vorliegend nicht zur Begründung herangezogen werden, weil dieser ausschließlich eine gleiche Behandlung der *Aktionäre* verlangt, das Vorkaufsrecht aber – wie gezeigt – auch die AG selbst oder Außenstehende begünstigen kann. Die analoge Anwendung dieses Grundsatzes gleichsam im Vorgriff auf die diesen in Aussicht gestellte künftige Gesellschafterstellung ist nicht möglich. Da die Berechtigten nicht aufgrund ihrer mitgliedschaftlichen Stellung, sondern allein durch eine schuldrechtliche Vorkaufsabrede begünstigt werden sollen, fehlt es an der vergleichbaren Interessenlage. Das Gleiche gilt für die spezielle Regelung zum Bezugsrecht (§ 186 AktG).

e)   Gewillkürte Teilbarkeit aus der Zwecksetzung des Vorkaufsrechts

Einzig möglicher Ansatz dürfte die gewillkürte Teilbarkeit „kraft Natur der Sache" sein. Aus den vorstehend eingehend dargestellten Gründen widerspricht die Unteilbarkeit den Interessen der Beteiligten, insbesondere der spezifisch aktienrechtlichen Zwecksetzung des Vorkaufsrechts [855]. Letztere basiert regelmäßig (auch) auf einem gleichbleibenden Beteiligungsverhältnis der betroffenen Aktionäre, das durch die gemeinschaftliche Berechtigung in Frage gestellt würde. Zudem würde die Anwendung des § 472 BGB in ihrer praktischen Konsequenz absurde Ergebnisse nach sich ziehen, wie z.B. die Möglichkeit eines Berechtigten, die Vorkaufsrechte der übrigen Berechtigten durch die Weigerung der Mitwirkung an der einvernehmlichen Ausübung zu vereiteln. Auch ohne nähere Ausgestaltung der Vorkaufsklausel ist die Berechtigung vielmehr als rein „zahlenmäßige" Teil-Berechtigung ähnlich § 420 2. HS BGB zu verstehen. Sowohl die Wertberechnung als auch die Stimmrechtsquote knüpfen an die Anzahl der dem jeweiligen Gesellschafter zustehenden Aktien an. Aktienverkäufe sind allein schon wegen ihres Charakters als „Massengeschäft" grundsätzlich teilbar. Hierfür sprechen auch die Rechtsgedanken der §§ 463, 472 BGB: Die Ausübung des Vorkaufsrechts könnte als erneuter Vorkaufsfall angesehen werden, für den die übrigen Berechtigten ebenfalls ein Vorkaufsrecht ausüben könnten [856]. Darüber hinaus beruht auch das Prinzip der Anwachsung (§ 472 S. 2 BGB) auf dem Grundsatz der gleichen Berechtigung.

3.   Realisierung der Gleichbehandlung der Vorkaufsberechtigten

a)   Maßstab der Gleichbehandlung

In Ermangelung gesetzlicher Vorgaben fragt sich jedoch, welcher Maßstab an die „gleiche" Berechtigung i.S.d. § 420 2. HS BGB zu stellen ist. Hierunter könnte grundsätzlich die Aufteilung „pro-Kopf" fallen. Dies entspricht im Personengesellschaftsrecht zumindest dem gesetzlichen Regelbild (vgl. § 121 Abs. 3 HGB).

---

855 Vgl. eingehend § 5 II.

856 Ähnlich für den Verkauf an lediglich *einen* Berechtigten OLG Hamm DNotZ 1989, 786; Staudinger-Mader § 504, RN 35.

Im Hinblick auf das Vorkaufsrecht an *Aktien* wird man aber zu differenzieren haben. Vereinbaren die *Gesellschafter* wechselseitig ein Vorkaufsrecht, wird man im Zweifel davon ausgehen müssen, den Beteiligten sei an einer Erhaltung der bestehenden Machtverhältnisse gelegen [857]. Daher sollte die Vorkaufsabrede dahingehend verstanden werden, dass die („gleiche") Berechtigung an das bisherige Beteiligungsverhältnis anknüpfen soll (pro rata) [858]. Dies entspricht auch dem im Kapitalgesellschaftsrecht üblichen Vorgehen (vgl. § 186 Abs. 1 S. 1 AktG). Erfolgt die Vorkaufsabrede hingegen zwischen Aktionären und *Außenstehenden*, ist dies nicht möglich, da eine Beteiligung letzterer zunächst nicht besteht. Hier dürfte mehr für eine Aufteilung „nach Köpfen" sprechen. Auch bei einem Vorkaufsrecht zugunsten der AG selbst wird man – selbst wenn die Gesellschaft bereits über eigene Aktien (§§ 71 ff AktG) verfügt – eine Anknüpfung pro rata nur sehr eingeschränkt annehmen können, weil die Beteiligung der AG grundsätzlich anderen Zwecken dient als die der Gesellschafter [859].

b)   Sonderfälle

Steht das Vorkaufsrecht einer BGB-Gesellschaft zu, ist zwischen der gesamthänderischen Bindung des Gesellschaftsvermögens, zu dem auch das Vorkaufsrecht gehört, und der mittlerweile anerkannten Rechtsfähigkeit [860] zu unterscheiden. Hier geht auch die überwiegende Ansicht davon aus, § 472 BGB würde durch das Prinzip der gesamthänderischen Bindung gem. §§ 718, 719 BGB verdrängt [861]. Die Ausübung erfolgt demnach im Außenverhältnis durch die vertretungsberechtigten Gesellschafter für die Gesellschaft [862], nicht für jeden Gesellschafter separat. Die anteilige Alleinberechtigung erfolgt mithin nicht auf der Ebene der AG, sondern erst auf der Ebene der (gleichsam „zwischengeschalteten") GbR.

Probleme können ferner auftreten, sofern die verkauften Aktien unterschiedliche Stückelungen haben oder sich aus Stimmrechts- und Vorzugsaktien zusammensetzen. Hinsichtlich ersterer Gruppe wird man lediglich sicherzustellen haben, dass die Beteiligung *insgesamt* „gleich" ist [863], während für Vorzugsaktien regelmäßig eine gegenüber den Stimmrechtsaktien *getrennte Ermittlung* der anteiligen Berechtigung (entsprechend dem nachfolgend dargestellten Vorgehen) angezeigt sein wird.

---

[857] Baumann/Reiss in ZGR 1989, 157, 173.

[858] Zutreffend Schönhofer S. 158.

[859] Zur möglichen Vorkaufsberechtigung der AG selbst vgl. unter § 3 III 3.

[860] Vgl. eingehend BGH NJW 2001, 1056ff m.w.N.; ferner BGHZ 136, 254; BGH NJW 1998, 376; sowie Palandt-Sprau § 705, RN 24.

[861] Soergel-Huber § 513, RN 6.

[862] Erman-Grunewald § 513, RN 5; Soergel-Huber § 513, RN 6.

[863] Die Zuweisung von 10 Aktien zu je 1 Euro kann wertungsmäßig einer Aktie zu 10 Euro gleichgesetzt werden.

c)   Ermittlung und Realisierung der anteiligen Berechtigung:
Die Ermittlung und Realisierung der dem jeweils Berechtigten zustehenden Berechtigung erfolgt in mehreren Schritten.

1. Schritt: Geltendmachung der Rechte
Nach Mitteilung des Vorkaufsfalls hat jeder Berechtigte innerhalb der vereinbarten Frist (oder der gesetzlichen Wochenfrist) die Erklärung der Ausübung des Vorkaufsrechts abzugeben. Ein Zusammenwirken sämtlicher Berechtigter ist hierbei zwar zulässig, aber nicht erforderlich. Der Berechtigte braucht hierbei – abweichend von dem nicht anwendbaren § 472 BGB – seine Erklärung nicht auf den ihm rechnerisch zustehenden Anteil zu beschränken und ggf. hilfsweise zusätzlich auf das gesamte Paket zu erstrecken.

2. Schritt: Berechnung der anteiligen Aktien
Nach Ablauf der Ausübungsfrist steht fest, welcher Berechtigte sein Vorkaufsrecht wirksam ausgeübt hat. Nunmehr erfolgt die Aufteilung der verkauften Aktien unter diesen (verbleibenden) Berechtigten nach den o.g. Grundsätzen. Rechtlich stellt sich dies als eine Art „Anwachsung" entsprechend dem Rechtsgedanken der §§ 472 S. 2, 738 Abs. 1 S. 1 BGB dar. Bei wechselseitigen Vorkaufsrechten der Gesellschafter ergäbe sich eine Verteilung entsprechend der bisherigen Kapitalbeteiligung, bei Vorkaufsrechten mehrerer Außenstehender hingegen im Zweifel zu gleichen Teilen. Im Einzelfall wird es denkbar sein, dass die verkauften Aktien sich nicht vollständig entsprechend dem Verteilungsschlüssel aufteilen lassen, sondern Aktienspitzen auftreten. Hier wird den Berechtigten grundsätzlich kein Recht auf einen umfassenden Aktiensplit zukommen, da dieses Vorgehen unverhältnismäßig teuer wäre. Es ist daher unausweichlich, diesen regelmäßig faktisch zu vernachlässigenden Rest an Aktien sämtlichen Berechtigten in Gemeinschaft zuzuweisen. Diesen steht es dann frei, sich insoweit intern abweichend zu einigen, sei es durch Übertragung an einen der Aktionäre, sei es durch Einziehung und Ausgleichszahlung.

3. Schritt Übertragung der anteiligen Rechte
Abschließend erfolgt der Vollzug sämtlicher durch die Ausübung der Vorkaufsrechte zustande gekommener Kaufverträge durch Übertragung der dem jeweiligen Berechtigten zustehenden Aktien.

Zwischenergebnis:
§ 472 BGB findet auf Vorkaufsrechte an Aktien keine Anwendung. Jeder Vorkaufsberechtigte kann die Ausübung unabhängig von den übrigen Berechtigten erklären. Soweit diese ihr Vorkaufsrecht nicht ordnungsgemäß ausüben, wächst dieser Anteil den übrigen zu. Die subjektive Teilbarkeit mehrerer paralleler Vorkaufsberechtigter folgt letztlich aus der aktienrechtlichen Zwecksetzung des Vorkaufsrechts.

Fall-Lösung:
Für den einleitenden Fall bedeutet dies, dass der vorkaufsberechtigte und -willige Aktionär sein Vorkaufsrecht grundsätzlich auch unabhängig von der Geltendmachung durch den anderen Berechtigten durchsetzen kann. Durch dessen Nichtausübung des Vorkaufsrechts wächst dem ausübenden Berechtigten der Anteil des anderen Vorkaufsberechtigten gleichsam zu.

Ergänzendes Beispiel:
Verkauft ein Gesellschafter seine 20 % Aktien (unterstellt: 1000 Aktien) an einen Dritten und üben von den vorkaufsberechtigten übrigen Aktionären, die zu 10 %, 25 % und 45 % beteiligt sind, lediglich die letzten beiden ihr Recht aus, wächst ihnen die Berechtigung des Gesellschafters mit einer bisherigen Beteiligung von 10 % zu. Die Aktien sind hiernach im Verhältnis „25:45" aufzuteilen. Dies würde zu einer Übertragung von 355 bzw. 639 Aktien auf die Berechtigten führen, die zusätzlich weitere 6 Rest-Aktien in Gemeinschaft zu Miteigentum erhalten würden.

III. Beteiligung einer Mehrheit von Vorkaufsverpflichteten

Ein anderes Problemfeld der subjektiven Teilbarkeit ist die Frage, ob und ggf. in welchem rechtlichen Rahmen die Berechtigten die Ausübung bei mehreren an einem Vorkaufsfall beteiligten Vorkaufs*verpflichteten* auf einen von ihnen beschränken können oder ob sie nur zur Ausübung gegenüber sämtlichen Verpflichteten einheitlich berechtigt sind.
Beispiel: Drei Aktionäre haben sich wechselseitig ein Vorkaufsrecht an ihren Aktien eingeräumt. Nunmehr veräußern zwei von ihnen ihre Aktien in einer einheitlichen Urkunde an einen Dritten. Der verbleibende Aktionär möchte die Ausübung seines Vorkaufsrechts jedoch auf die Aktien *eines* der veräußernden Aktionäre beschränken.

1.   Lösungsansätze in Rechtsprechung und Literatur
Der BGH hat zu dieser Frage bislang keine Stellung genommen [864]. Die überwiegende Ansicht in der Literatur [865] betont, dass ein Vorkaufsrecht an einer Sache gegenüber mehreren Verpflichteten lediglich einheitlich ausgeübt werden kann. Da diese Ansicht jedoch auf der Anwendbarkeit des § 472 BGB beruht und von einer vorliegend gerade nicht einschlägigen Miteigentümerstellung der Verpflichteten

[864] Der *BGH* hatte in der „*Dinckelacker*"-Entscheidung (NJW 1987, 890) über den Verkauf vorkaufsgebundener Aktien an drei *Dritte* zu entscheiden, wobei der berechtigte Mitgesellschafter sein Vorkaufsrecht lediglich hinsichtlich des Verkaufs an *einen* der drei Erwerber ausübte. Ohne nähere Kenntnis des Sachverhalts lässt sich über die Gründe insoweit nur mutmaßen. Es liegt jedoch nahe, dass dem Mitgesellschafter lediglich an der Erreichung der absoluten Mehrheit gelegen war, wofür ein vollständiger Erwerb nicht erforderlich war. Rechtlich stellt dies jedoch keine Teilausübung dar, weil der getrennte Verkauf von Aktien an unterschiedliche Erwerber unzweifelhaft rechtlich als unterschiedliche Kaufverträge anzusehen ist, die jeweils eine gesonderte Entscheidung über die Ausübung des Vorkaufsrechts ermöglichte. Der BGH hat dies daher zu Recht als unproblematisch angesehen und ist hierauf nicht näher eingegangen; vgl. ebenfalls RGZ 122, 378, 380f.
[865] Staudinger-Mader § 513, RN 8; Erman-Grunewald § 513, RN 6.

hinsichtlich des Vorkaufsgegenstandes ausgeht, trifft dieser Ansatz zwar auf Verkäufe von Grundstücken in Miteigentum, nicht jedoch auf Gesellschaftsbeteiligungen zu.

Es finden sich in der Literatur nur wenige ausdrückliche Aussagen zum Bereich von Gesellschaftsbeteiligungen. *Huber* [866] will § 467 BGB „*nach Wortlaut und Sinn*" (wohl) direkt anwenden. Hiernach könne das "*Vorkaufsrecht gegenüber dem jeweils Verpflichteten isoliert, gegen Zahlung eines entsprechenden Teils des Gesamtpreises, ausgeübt werden*". *Westermann* [867] und *Grunewald* [868] gehen hingegen davon aus, dass jeder Verpflichtete die Erstreckung auf die Gesamtheit der Anteile verlangen kann, was der Berechtigte wiederum nur gegen Ausgleich des finanziellen Nachteils der Verpflichteten abwenden könne.

Beide Ansätze verkennen jedoch, dass § 467 BGB mit dem Problembereich des sog. *Mengenkaufs* die Frage der objektiven Teilbarkeit betrifft, während die Frage der Ausübung gegenüber einzelnen Verpflichteten die *subjektive* Teilbarkeit anspricht [869].

Westermann und *Klingberg* [870] stellen hingegen auf die Selbständigkeit der vertraglichen Beziehungen zwischen den Beteiligten ab und sehen im Verhältnis zwischen jedem Verpflichtetem und jedem Berechtigten einen rechtlich unabhängigen Vorkaufsfall. Zwar sei die Bündelung der Aktienpakete der Verpflichteten zur Erreichung eines Paketzuschlags zulässig. Da sich jeder Verpflichtete individuell zum Verkauf entschieden habe, sei die getrennte Anknüpfung aber gerechtfertigt. Dennoch sei es letztlich eine Frage der Vertragsauslegung, ob diese eine geschlossene Ausübung gegenüber sämtlichen Verpflichteten voraussetze. Auch *Henrich* [871] unterstreicht, dass das Vorkaufsrecht den Mitgesellschaftern i.d.R. im Verhältnis ihrer Anteile separat eingeräumt sein wird.

2.   Eigener Ansatz: Grundsatz der subjektiven Teilbarkeit
a)   Abgrenzung zwischen faktischer und rechtlicher Einheit des Vertrages
Die Verpflichtetenmehrheit (Verkäufermehrheit) zwingt zu einer strengen Differenzierung zwischen der faktischen und der rechtlichen Einheit des Vorkaufes. Sofern mehrere Verkäufer die ihnen jeweils einzeln zustehenden Aktien aufgrund einer einheitlichen Entscheidung an einen Erwerber veräußern, stellt sich dieser

---

[866] Soergel-Huber § 508, RN 1a.

[867] MK-Westermann § 508, RN 1 (Fn. 2), der i.ü. zur der Frage der subjektiven Teilbarkeit offen ist (RN 1).

[868] Grunewald in FS Gernhuber, S. 137, 144 (Fn.22).

[869] Auch Faistenberger, S. 306, geht zu Unrecht davon aus, § 467 und § 472 beträfen die „gleiche Problemlage".

[870] Eingehend Westermann/Klingberg in FS Quack, S. 545, 559-561.

[871] Henrich S. 326.

Vorgang als wirtschaftliche Einheit dar. Dieses rein faktische Zusammengehören besagt aber für sich alleine noch nichts über die Frage der rechtlichen Teilbarkeit.

Die Teilbarkeit wäre möglich, sofern auch ein einheitlicher Verkaufsvorgang rechtlich als mehrere Kaufverträge anzusehen wäre. Dies hat die Rechtsprechung [872] mitunter angenommen. Rechtlich wird man beim Verkauf eines Aktienpakets an mehrere Erwerber jedoch nicht für jeden Erwerber - oder gar für jede einzelne Aktie - einen gesonderten Kaufvertrag fingieren können. Andernfalls wäre eine Mehrheit von Beteiligten auf einer Seite bei Abschluss eines Vertrags nicht möglich. Eine rechtliche Aufspaltung in verschiedene Verträge mag in Einzelfällen angebracht sein, stellt jedoch keinen allgemeingültigen Grundsatz dar.

Hierdurch ist allerdings noch keine Aussage darüber getroffen, ob ein derartiger Vertrag nicht aus sonstigen Gründen „aufgespalten" werden kann. In rechtlicher Hinsicht besteht kein Unterschied, ob die Verkäufer ihre Aktien in separaten Urkunden an den Erwerber verkaufen oder in einem einheitlichen Dokument. Die bloße Zusammenfassung in einem Schriftstück ändert nichts am Umfang der Rechtsstellung des Berechtigten. Nicht die Anzahl der Urkunden ist für die Anzahl der geschlossenen Verträge und die rechtliche Zulässigkeit der Aufspaltung eines einheitlichen Vorgangs entscheidend, sondern der gemeinsame Wille der Parteien der Vorkaufsabrede [873]. Zudem haben die Verpflichteten dem Berechtigten das Vorkaufsrecht individuell gerade für ihre eigene Beteiligung, unabhängig von den übrigen Gesellschaftern, eingeräumt und sich nunmehr auch individuell zum Verkauf entschlossen. Durch die individuelle Anknüpfung an jeden einzelnen Veräußerungsvorgang realisiert sich lediglich das einem Verkauf immanente Risiko. Würde man dem Berechtigten die Teilungsmöglichkeit nehmen, würde dies, nicht zuletzt durch die Unbezahlbarkeit der Gesamtheit der Anteile, vielfach dem Zweck des Vorkaufsrechts widersprechen und zudem Umgehungsmöglichkeiten schaffen [874].

Schließlich folgt auch aus der objektiven zwingend die subjektive Teilbarkeit: Will man dem Berechtigten das Recht einräumen, von einer bestimmten Anzahl verkaufter Aktien nur einen Teil zu erwerben, wäre es wertungswidersprüchlich, ihm andererseits das Recht zu verwehren, lediglich sämtliche Aktien *eines* Verpflichteten zu übernehmen, da er sich - streng genommen - bei jedem Verpflichteten auf eine einzelne Aktie beschränken könnte. Insoweit beinhaltet jede subjektive Teilung auch eine objektive Beschränkung. Eine (konkludente) Untrennbarkeit der Verpflichtungen analog § 139 BGB mag zwar zwischen den Kaufvertragsparteien vereinbart worden sein, kann jedoch einem Anspruch des Berechtigten nicht ent-

---

[872] Vgl. RGZ 122, 378, 380f.

[873] Vgl. BGHZ 111, 115: ein einzelner Kaufvertrag trotz mehrerer Urkunden.

[874] Zustimmend Westermann/Klingberg in FS Quack, S. 545, 560f.

gegenstehen [875]. Zum einen läuft der Vorbehalt des Dritten, ausschließlich an einem Gesamt-Erwerb interessiert zu sein, auf eine entsprechend § 465 BGB unzulässige inhaltliche Beschränkung hinaus. Zum anderen ist die Berufung der Verpflichteten auf § 139 BGB aus dem Wesen des Vorkaufsrechts heraus unzulässig, weil dieses die Entscheidung über den Erwerb der Aktien umfassend dem Berechtigten zugewiesen hat [876].

Der Berechtigte kann sein Vorkaufsrecht daher auch bei Vorliegen eines einheitlichen Kaufvertrags auf einzelne Verpflichtete beschränken. Mit Ausübung des Vorkaufsrechts kommt zwischen jedem Verpflichteten und dem Berechtigten ein Kaufvertrag zustande, der in seiner Wirksamkeit von den übrigen Verträgen unabhängig ist.

c)   Grenzen zulässiger Einzelausübung:
Dennoch ist auch die Zulässigkeit der Einzelausübung gewissen Einschränkungen unterworfen.

aa)   Unzulässigkeit der Einzelausübung
Bei wechselseitigen Vorkaufsrechten der Aktionäre, sowie Vorkaufsrechten zugunsten der AG ist die gesellschaftsrechtliche Treuepflicht zu berücksichtigen. Diese kann - im Zusammenspiel mit der konkreten Zwecksetzung des Vorkaufsrechts - ausnahmsweise ein *Verbot der Teilausübung* ergeben. Bei Vorkaufrechten gesellschaftsfremder Dritter ist auf den allgemeinen Grundsatz von Treu und Glauben (§ 242 BGB) zurückzugreifen. Klare Vorgaben hinsichtlich der Grenze der Unzulässigkeit sind angesichts der vielfältigen Gestaltungsformen nicht möglich, jedoch wird dies auf evidente Fälle zu beschränken sein. Zu denken wäre etwa daran, dass die Beschränkung des Berechtigten auf die Aktien eines Verpflichteten auf Willkür beruht, d.h. selbst aus der wirtschaftlichen und unternehmerischen Sicht des Berechtigten keine vernünftigen Erwägungen gegen eine vollständige Ausübung sprechen.

bb)   Nachteilsausgleichspflicht, § 467 S. 2 BGB
Grundsätzlich sieht das Gesetz in § 467 S. 2 BGB lediglich für die objektive Teilbarkeit eine „Kompensation" des dem Verpflichteten entstehenden Schadens vor. Da jedoch – wie gezeigt – bei jeder subjektiven Teilbarkeit auch eine objektive Teilbarkeit vorliegt, könnte man annehmen, dass auch in diesen Fällen eine Verpflichtung des Berechtigten zum Ausgleich des einem Verpflichteten entstehenden Nachteils vorzunehmen sei [877]. Die den Verpflichteten entstehenden

---

[875] BGHZ 110, 230.

[876] Westermann/Klingberg in FS Quack, S. 545, 561; Noack S. 178 verweist darauf, dass § 139 BGB bei fehlgeschlagenen Erwartungen der Beteiligten durch das Prinzip des Wegfalls des Geschäftsgrundlage verdrängt werde.

[877] Die Ansicht von Soergel-Huber § 508, RN 1a, ein Nachteil sei „schwer vorstellbar", ist nicht nachvollziehbar.

finanziellen Nachteile können identisch sein, wenn der Berechtigte z.B. gegenüber einem von zwei Berechtigten in vollem Umfang ausübt bzw. gegenüber beiden Verpflichteten nur zur Hälfte. Dennoch wäre zunächst nur im zweiten Fall eine Ausgleichszahlung geboten bzw. gar ein Erstreckungsverlangen zulässig.

Gegen die Erstreckung der Zahlungspflicht spricht jedoch, dass der Berechtigte durch die Ausübung seiner gegenüber jedem Verpflichteten individuell begründeten Rechte nicht gegenüber dem Fall benachteiligt werden darf, dass die Verpflichteten ihre Aktien unabhängig voneinander verkaufen. In diesem Fall wäre er ohne Zweifel berechtigt, gegenüber einem Verkäufer sein Recht auszuüben, gegenüber dem anderen hingegen von der Ausübung abzusehen. Das Gesetz gestattet sowohl die Ausübung des Vorkaufsrechts als auch den Verzicht ohne Verpflichtung zum Ausgleich hieran anknüpfender wirtschaftlicher Nachteile. Eine Begründung der Entscheidung des Berechtigten kann ebenfalls selbst dann nicht verlangt werden, wenn neben dem Verpflichteten auch noch weitere Aktionäre zeitgleich ihre Anteile verkaufen.

In Ausnahmefällen mag aber eine Ausnahme denkbar sein. Ein allgemeiner Anspruch auf Übernahme auch der Aktien der übrigen Verpflichteten dürfte jedoch den Berechtigten unzumutbar beeinträchtigen. Auch die Erstattung des Nachteils wäre für die Verpflichteten insoweit allerdings ein „Geschenk des Himmels", das einer sachlichen Rechtfertigung bedarf. Diese beruht auf einer Gesamtabwägung zwischen der Beeinträchtigung der Verpflichteten und den Interessen des Berechtigten. Eine Ausgleichspflicht wird *allenfalls* dann in Betracht kommen, wenn (kumulativ)

(a) die Verkäufer den Aktienverkauf an den Dritten als *einheitliches* Geschäft beabsichtigen;

(b) die Verkäufer bei objektiver Betrachtung eine *Einheit* darstellen und sich nicht lediglich für den Verkauf der Aktien lose zusammengeschlossen haben;

(c) die Beschränkung auf die Aktien *eines* Verpflichteten einer objektiven Teilung insofern vergleichbar wäre, als kein sachlicher Grund für diese Art der Ausübung erkennbar ist, und

(d) bei einer Abwägung der betroffenen Interessen die Verweigerung einer „Kompensation" für den benachteiligten Verkäufer letztlich unzumutbar erschiene.

Sofern diese strengen Voraussetzungen nicht gegeben sind, kann es dem Berechtigten nicht verwehrt werden, möglicherweise dieselbe Anzahl Aktien von einem Verpflichteten entschädigungslos zu verlangen, für die bei einer gleichmäßigen Aufteilung auf die Verpflichteten ein Nachteilsausgleich zu leisten wäre oder gar eine Übernahmepflicht für das Gesamtpaket bestünde.

cc) Auswahl des Verpflichteten

Ferner besteht das Problem, ob und ggf. inwieweit die Entscheidung des Berechtigten eingeschränkt ist, gegenüber *welchem* Verkäufer er sein Vorkaufsrecht ausübt. Hier wird man dem Berechtigten grundsätzlich die freie Wahl überlassen müssen. Die Verpflichteten können diese Entscheidung jedoch dadurch relativieren, dass sie sich intern auf eine abweichende Art der Erfüllung einigen. Demnach wird der Berechtigte auch die Aktien anderer Aktionäre als Erfüllung gegen sich gelten lassen müssen, sofern diese rechtlich „identisch" [878] sind und dieses Vorgehen für ihn nicht mit erhöhten Kosten verbunden ist. Sollte bei einem Verpflichteten durch die Entscheidung ein finanzieller Nachteil entstehen (z.B. beim Rücktritt des Dritterwerbers für den Rest der Aktien), kann sich aus der Vorkaufsabrede mitunter auch eine Verpflichtung der übrigen Verpflichteten ergeben, diesen Nachteil gemeinsam zu tragen. Da die Entscheidung des Berechtigten letztlich zufällig ausfallen kann, kann es im Einzelfall unbillig sein, dem anderen Verpflichteten den Nachteil vollständig aufzubürden. Dies gilt umso mehr, als die Entscheidung des Berechtigten durchaus auch von persönlichen oder sonstigen sachfremden Erwägungen beeinflusst sein kann.

Zwischenergebnis:
Bei einer Mehrheit von verkaufenden Vorkaufsverpflichteten steht es dem Berechtigten aufgrund der rechtlichen Selbständigkeit der Verpflichtungserklärungen grundsätzlich frei, sein Vorkaufsrecht auch dann lediglich gegenüber einzelnen von ihnen auszuüben, wenn sich der Verkauf wirtschaftlich als einheitlicher Vorgang darstellt. Führt diese Beschränkung allerdings in der konkreten Situation zu einer bedeutenden Beeinträchtigung der Verkäufer, die nicht durch sachliche Gründe des Berechtigten gerechtfertigt ist, steht diesen ein Anspruch auf Ausgleich des entstehenden Nachteils analog § 467 S. 2 BGB zu. Ausnahmsweise kann die gesellschaftsrechtliche Treuepflicht oder das Prinzip von Treu und Glauben (§ 242 BGB) die Beschränkung der Ausübung auf einzelne Verpflichtete gänzlich ausschließen.

Fall-Lösung:
Der vorkaufswillige Minderheitsaktionär im einleitenden Fall ist nicht verpflichtet, sämtliche Aktien aller drei Vorstände zu übernehmen, sondern kann die Ausübung des Vorkaufsrechts auf die Aktien eines der Vorstände beschränken. Hierbei steht es ihm bis zur Grenze der Willkür auch frei, eigenständig zu entscheiden, gegenüber *welchem* Vorstand er sein Recht ausübt. Sofern die Vorstände sich intern jedoch anderweitig entscheiden, wird der Berechtigte jedoch auch die Aktien eines anderen Vorstands oder (aufgeteilt) aller Vorstände zu akzeptieren haben, sofern diese rechtlich „identisch" sind und dieses Vorgehen für ihn nicht mit erhöhten Kosten verbunden ist.

---

[878] Dies wäre z.B. bei einer Leistung von stimmrechtslosen Vorzugsaktien gegenüber Stammaktien nicht der Fall.

5. Teil: Auswirkungen von Umstrukturierungen auf das Vorkaufsrecht

Die Zahl der Umstrukturierungsmaßnahmen bei Aktiengesellschaften zur Stärkung der (nationalen und internationalen) Wettbewerbsfähigkeit nimmt ständig zu. Während die Rechtsfolgen für die Gesellschaften selbst oder die Mitgliedschaftsrechte der Gesellschafter im Gesetz geregelt oder doch zumindest in Rechtsprechung und Literatur bereits weitgehend geklärt sind, besteht bei rein schuldrechtlichen Vereinbarungen zwischen den Aktionären insoweit zum Teil bedeutender Nachholbedarf. Nachfolgend soll mit Blick auf die Frage, welche Bedeutung der spezifischen Zwecksetzung des Vorkaufsrechts an Aktien zukommt, zwischen Verkäufen von Aktien (bzw. Aktienpaketen) (§ 12) und Maßnahmen nach dem UmwG (§ 13) und deren jeweiligen Auswirkungen auf das Vorkaufsrecht unterschieden werden.

§ 12 Auswirkungen von Aktienverkäufen auf das Vorkaufsrecht

Vor spezifisch aktienrechtlichen Fragen zum neuen Übernahmerecht (sub. II.) und zum sog. Squeeze-out (sub. III.) soll zunächst auf die mögliche Übertragbarkeit des Vorkaufsrechts [879] (sub. I.) eingegangen werden. Soweit sich z.B. ein Aktionär ein Vorkaufsrecht auf weitere Anteile hat einräumen lassen, wird ein Erwerber der Beteiligung ein besonderes Interesse haben, daneben auch das Vorkaufsrecht zu erwerben.

I.   Übertragbarkeit des Vorkaufsrechts

Klärungsbedürftig ist, ob und inwieweit die vermeintlich klare Vorgabe der fehlenden Übertragbarkeit gemäß § 473 BGB auch für Vorkaufsrechte an Aktien anwendbar ist.

1.   Grundsatz des § 473 S.1 1. HS 1. Alt BGB
Da das Vorkaufsrecht als Teil einer schuldrechtlichen Gesellschaftervereinbarung kein (korporativer) Bestandteil der Mitgliedschaft ist, führt die Abtretung der Mitgliedschaft nicht zu einem anteilsakzessorischen Übergang des dem bisherigen Aktionär zustehenden Vorkaufsrechts auf den Erwerber [880]. Über diesen fehlenden Automatismus hinaus sind Vorkaufsrechte anders als Bezugsrechte [881] nach der

---

[879] Die Übertragbarkeit des Vorkaufsrechts betrifft vorliegend die Aktivseite, d.h. die Berechtigung aus dem Vorkaufsrecht. Wegen eines automatischen Übergangs bzw. einer rechtsgeschäftlich übertragenen *Verpflichtung* aus dem Vorkaufsrecht, vgl. unter § 6 III 4 („Weitergabepflicht").

[880] Näher Noack S. 171 f, auch zu Rechtsnachfolgefragen bei Gesellschaftervereinbarungen, insb. S. 173f.

[881] Hüffer § 186, RN 6, 7.

gesetzlichen Regelung nicht einmal durch ausdrückliche Vereinbarung zwischen dem Berechtigten und einem Erwerbsinteressenten übertragbar oder gar wirtschaftlich handelbar. Die fehlende Übertragbarkeit gemäß § 473 BGB wird hierbei zumeist pauschal mit der Schutzbedürftigkeit des Verpflichteten vor einem *„nicht genehmen Wechsel des Berechtigten"* begründet [882]. Da das (schuldrechtliche) Vorkaufsrecht streng von der (dinglichen) Übertragung der Aktien zu trennen ist, führt der Übergang der Aktien mangels Akzessorietät nicht zum Erlöschen des Vorkaufsrechts [883]. Hiervon zu trennen ist der umgekehrte Fall, bei dem eine vorkaufsfreie Veräußerung des Verpflichteten zum Erlöschen des Vorkaufsrechts führt [884].

Die Frage der Anwendbarkeit des § 473 BGB auch auf Vorkaufsrechte an *Aktien* hängt wesentlich von den Gründen der Höchstpersönlichkeit der Berechtigung ab.

a)   Gründe der Höchstpersönlichkeit
Zwar wirkt sich die Frage der Zulässigkeit der Übertragbarkeit nur dann aus, wenn sich der Verpflichtete ohnehin von seiner Beteiligung trennen möchte. Hiernach scheint ein Verbot der Übertragung wenig sachgerecht. Die Höchstpersönlichkeit beruht jedoch auf der spezifischen Zwecksetzung des Vorkaufsrechts [885], dessen Abwehrelement einer Weitergabe der Berechtigung an Dritte grundsätzlich entgegensteht [886]. Auch würde die Zulassung einer Übertragung die Wahrscheinlichkeit der Ausübung des Vorkaufsrechts erheblich erhöhen [887]. Selbst wenn der Verpflichtete durch die Einräumung des Vorkaufsrechts in eine gewisse Beschränkung seiner Partnerwahlfreiheit eingewilligt hat, läuft die „Handelbarkeit" des Vorkaufsrechts seinen Interessen doch regelmäßig zuwider. Zudem folgt aus der Wertung der §§ 414, 415 BGB, dass der Gläubiger einen Wechsel des *künftigen* Kaufpreis*schuldners* nur mit seiner Zustimmung hinzunehmen hat. Die fehlende Übertragbarkeit dient schließlich auch der Realisierung einer gewissen zeitlichen Begrenzung des Vorkaufsrechts und der grundsätzlichen Bestrebung einer Einschränkung der Belastung von Sachen durch Vorkaufsrechte [888].

Diese Argumente sind hierbei durchaus auch für Vorkaufsrechte an Aktien fruchtbar zu machen. Letztere dienen im Rahmen ihrer Zwecksetzung regelmäßig der

---

[882] BGHZ 50, 307, 310; RGRK-Mezger § 514, RN 1; Palandt-Putzo § 473, RN 1; Erman-Grunewald § 514, RN 1; Soergel-Huber § 514, RN 1.

[883] Eine solche Rechtsfolge würde gerade Akzessorietät voraussetzen, vgl. z.B. das Erlöschen der Bürgschaft bei der isolierten Abtretung der Hauptforderung.

[884] MK-Westermann § 504, RN 30.

[885] Vgl. hierzu eingehend unter § 5 II.

[886] Zutreffend MK-Westermann § 504, RN 1.

[887] Erman-Grunewald § 504, RN 1.

[888] BGHZ 50, 307, 310f; RGZ 148, 105, 113; RGRK-Mezger § 514, RN 1; ferner Staudinger-Mader § 514, RN 1.

Erreichung bestimmter gemeinsamer unternehmerischer Zielsetzungen, die bei einer Übertragung der Berechtigung auf Außenstehende verfehlt würde.

b)	Rechtsdogmatische Einordnung der fehlenden Übertragbarkeit
Da gemäß § 473 BGB die §§ 398 ff BGB auch nicht analog anwendbar sind, ist die Abtretung des Vorkaufsrechts somit im Zweifel ausgeschlossen [889]. Diese vermeintlich eindeutige Aussage ist mit Blick auf die rechtliche Einordnung der Norm allerdings konkretisierungsbedürftig. Die Rechtsprechung [890] geht davon aus, eine Übertragung des Vorkaufsrechts an einen Dritten sei *„relativ unwirksam"*. Auch die Literatur unterstellt vielfach ohne nähere Begründung, § 473 sei als relatives Veräußerungsverbot i.S.d. § 135 BGB zu verstehen [891]. Tatsächlich kann § 473 jedoch kein „Verbot" der Übertragung entnommen werden. Der Wortlaut statuiert schlicht die fehlende *Möglichkeit*, weil das Vorkaufsrecht bereits dem *Inhalt* nach nicht übertragbar ist [892]. Die fehlende Verfügungsmacht des Berechtigten [893] führt insoweit zur Unwirksamkeit einer Übertragung. Nach allgemeiner Auffassung [894] steht es dem Verpflichteten jedoch frei, einer (unwirksamen) Verfügung des Berechtigten über das Vorkaufsrecht nachträglich zuzustimmen und diese hierdurch wirksam werden zu lassen. Die Annahme nur relativer Unwirksamkeit würde der Verfügung über das Vorkaufsrecht nur gegenüber dem Verpflichteten, nicht gegenüber anderen Vorkaufsberechtigten oder einem Dritterwerber die Wirkung nehmen. Hieraus resultieren bedeutende Rechtsunsicherheiten für die Abwicklung der Verträge. Die vorgenannte (absolute) Unwirksamkeit ist daher rechtlich als *schwebende* Unwirksamkeit eines Rechtsgeschäfts des nicht „Verfügungsbefugten" anzusehen. Die Genehmigung des Verpflichteten (vgl. § 185 BGB) bewirkt hierbei nachträglich die Wirksamkeit der Übertragung [895].

2.	Abweichende Bestimmung, § 473 S.1 2.HS BGB
§ 473 BGB ist jedoch nicht zwingend, sondern – wie die Protokolle [896] zeigen – *„eine aus der präsumptiven Absicht der Parteien entnommene Dispositivvorschrift"*. Die Beteiligten können daher die Übertragbarkeit ausdrücklich oder stillschweigend zulassen.

---

[889] Vgl. Pikart in WM 1971, 490, 493.

[890] RGZ 148, 105, 111f; entgegen MK-Westermann 514, RN 4, sowie RGRK-Mezger § 514, RN 1, lässt sich dies der Entscheidung BGH WM 1963, 617 ff jedoch nicht entnehmen.

[891] Palandt-Putzo § 473, RN 2; Jauernig-Vollkommer § 463, RN 14.

[892] Zutreffend Soergel-Huber § 514, RN 2; ebenso MK-Westermann § 514, RN 4; das RG (Z 148, 105, 111) stellte lediglich darauf ab, dass der Wortlaut für die Abgrenzung *„absolutes (§ 134) oder relatives (§ 135) Veräußerungsverbot"* nichts hergebe.

[893] Staudinger-Mader § 514, RN 5; i.E. zustimmend Erman-Grunewald § 514, RN 2.

[894] RGZ 155, 172, 177f (Kombination mit unwiderruflicher Bevollmächtigung eines Dritten); BGH WM 1963, 617; MK-Westermann § 514, RN 4.

[895] Vgl. MK-Westermann § 1094, RN 12.

[896] Vgl. bei Mugdan S. 800; ebenso RGZ 148, 105, 112.

a)   Ausdrückliche Zulassung

Aufgrund der Vertragsfreiheit steht es Berechtigtem und Verpflichtetem frei, abweichend von § 473 BGB die Übertragbarkeit des Vorkaufsrechts zu vereinbaren. Rechtstechnisch bietet sich zunächst die schlichte Abbedingung des § 473 BGB an. Daneben ist aber auch die antizipierte und aufschiebend bedingte Vorkaufseinräumung an „den, den es angeht" zulässig, wobei dem (derzeit) Berechtigten eine Ermächtigung zur Bestimmung des Dritten eingeräumt wird. In diesem Fall ist der Berechtigte in der Bestimmung der Person des Dritten frei. Die Praxis zeigt jedoch, dass eine Befugnis zur Weitergabe eher selten ist. Allein in zwei Fällen mag eine ausdrückliche Regelung sachgerecht sein: Zum einen sofern der Verkauf der Aktien an einen Dritten bereits bei Vereinbarung des Vorkaufsrechts bekannt oder zumindest zeitnah zu erwarten ist und dieser gleichsam in die Rechtsstellung des Berechtigten einrücken soll. Meist wird hierbei aber der Kreis der künftigen Berechtigten eingeschränkt oder der künftige Berechtigte sogar konkret bezeichnet. Zum anderen findet sich vereinzelt bei der Beteiligung einer Vielzahl von Konzernunternehmen, z.B. im Rahmen einer komplexen Umstrukturierungsmaßnahme, die ausdrückliche Zulassung der Übertragung des Vorkaufsrechts auf andere Konzernunternehmen. Dies ermöglicht es der Konzernobergesellschaft, die Aktien in einer Gesellschaft zu bündeln bzw. die Beteiligung nachträglich (intern) umzustrukturieren.

b)   Konkludente Zulassung

Dogmatisch schwieriger ist die Annahme einer stillschweigenden Zulassung der Übertragung [897]. Die Problematik beruht auf der schwierigen, wenn nicht unmöglichen, zumindest aber höchst streitträchtigen Grenzziehung zwischen ergänzender Auslegung der Vorkaufsklausel aufgrund eines ex post unterstellten hypothetischen Parteiwillens und bloßer Fiktion bzw. willkürlicher (richterlicher) Ergänzung der Klausel um eine vermeintlich interessengerechte Klausel. Für eine zulässige Abweichung vom gesetzlichen Regelfall müssen daher im Einzelfall zumindest gewichtige Anhaltspunkte erkennbar sein. Ein Indiz für die konkludente Zulassung kann z.B. eine juristisch ungenaue Bezeichnung des Berechtigten sein.

Beispiel: Im Fall „Burda/Springer" räumten sich „*die Brüder*" gegenseitig Vorkaufsrechte ein. Da die Brüder Burda die maßgeblichen Beteiligungen jedoch nicht direkt, sondern über eine Beteiligungs-KG nur mittelbar hielten, spricht schon die ungenaue Formulierung des Berechtigten für eine konkludente Zulassung der Übertragung des Vorkaufsrechts zumindest innerhalb des Burda-Konzerns.

Weitere Indizien für eine Zulassung der Übertragung sind der allgemeine Verweis in der Vorkaufsabrede auf einen Konzern(teil) oder eine Unternehmensgruppe bzw. deren enge Einbindung in die vertragliche Gesamtstruktur oder eine zumindest wirtschaftliche (faktische) Koppelung der Stellung als Vorkaufsberechtigter an die Inhaberschaft der Aktien, z.B. im Rahmen eines wechselseitigen Vorkaufsrechts.

---

[897] Vgl. RGZ 148, 105, 107.

Zumindest für den Fall einer Übertragung des Vorkaufsrechts an eine *beherr-schende Konzernobergesellschaft* sollte für den Regelfall jedoch ein stillschwei-gendes Einverständnis mit der Übertragung angenommen werden. Wenn es dem Berechtigten möglich ist, sich hinsichtlich der Ausübung des Vorkaufsrechts und der Verfügung über die hieraus resultierenden Rechte den Weisungen eines Dritten zu unterwerfen [898], sollte dem Berechtigten zumindest dann die Übertragung des Vorkaufsrechts gestattet werden, wenn schon kraft Gesetzes ein Weisungsrecht des Erwerbers besteht. Dies ist unabhängig vom Abschluss eines Beherrschungsver-trages (§§ 291 Abs. 1 S. 1 1. Alt, 308 AktG) rechtlich zumindest dann der Fall, wenn die vorkaufsberechtigte Gesellschaft eine GmbH ist (§ 37 Abs. 1 GmbHG). Darüber hinaus spricht viel dafür, auch in sonstigen Fällen einer beherrschenden Gesellschafterstellung - ungeachtet der rechtlichen Eigenverantwortlichkeit des Vorstands (§ 76 Abs. 1 AktG) - von einer (zumindest faktischen) „Weisungsmög-lichkeit" auszugehen. Die ergänzende Auslegung des Parteiwillens dürfte wohl keine Unterscheidung zwischen einem dauerhaften Handeln nach Weisung der Muttergesellschaft und der Übertragung der Berechtigung zulassen. Da bei Han-delsgesellschaften generell ein geringeres Schutzbedürfnis des Verpflichteten be-steht [899] und die finanzielle Leistungsfähigkeit des neuen Schuldners den Ver-pflichteten stets besser stellt [900], stehen diesem Ansatz keine zwingenden Inter-essen des Verpflichteten entgegen.

3.   Zulässige Gestaltungsformen
Im Rahmen der individualvertraglichen „Ausschöpfung" der Privatautonomie kann der Verpflichtete ferner bestimmte vertragliche Gestaltungen nicht verhindern [901]. Von Bedeutung sind hierbei insbesondere der Verkauf der vorkaufsberechtigten Gesellschaft durch eine Obergesellschaft und die Übertragung der aus dem Vor-kaufsrecht fließenden wirtschaftlichen Rechtspositionen.

a)   Verkauf des Vorkaufsberechtigten
Anders als bei natürlichen Personen gestatten es die Besonderheiten des (ab-strakten) Gesellschaftsrechts, eine vorkaufsberechtigte Gesellschaft zu verkaufen, ohne dass dies dem Wortlaut des § 473 BGB widerspräche. Der Erwerber würde hiernach über die von ihm kontrollierte mittelbare Beteiligung wegen der wirt-schaftlichen Identität „Berechtigter" des Vorkaufsrechts. Je nach den konkreten Umständen des Einzelfalls kann aber die Auslegung der Vorkaufsklausel ergeben, dass das Vorkaufsrecht in diesem Fall untergehen soll. Dies wird mitunter dann der

---

[898] Hierzu sogleich nachfolgend unter 3 b).

[899] RGZ 163, 142, 148f; BGHZ 50, 307, 310f; Rieble in ZIP 1997, 301, 304f; Pikart in WM 1971, 490, 493; RGRK-Mezger § 514, RN 1.

[900] Ähnlich RGZ 155, 172, 178.

[901] MK-Westermann § 514, RN 4 verweist auf die *„verhältnismäßig schwache rechtspolitische Begründung"* des § 473 BGB.

Fall sein, wenn die Zugehörigkeit zu einem bestimmten Konzern wesentliches Element der Berechtigung sein soll.

Beispiel: Die Obergesellschaften der Konzerne A und B halten jeweils über ihre Tochtergesellschaften X und Y je 50 % an der Zielgesellschaft ("AG"). X hat Y hierbei in einem Konsortialvertrag ein (einseitiges) Vorkaufsrecht an den Aktien der AG eingeräumt. Nunmehr tritt der C-Konzern wegen eines Erwerbs der Aktien an der AG an B bzw. Y heran. Zwar steht es Y frei, ihre 50 %-Beteiligung an C zu verkaufen. Hierbei würde das Vorkaufsrecht auf die übrigen Anteile jedoch nicht übergehen (§ 473BGB). Sofern die Auslegung des Konsortialvertrags dem nicht entgegensteht, wäre es B jedoch möglich, ihre gesamte Tochtergesellschaft Y, einschließlich des dieser zustehenden Vorkaufsrechts, an C zu verkaufen und hierdurch wirtschaftlich das Gleiche zu erreichen wie bei einer Übertragung des Vorkaufsrechts.

Die vielschichtigen Zwecksetzungen gesellschaftsrechtlicher Umstrukturierungen schließen die pauschale Annahme einer unzulässigen Umgehung aus [902]. Da der Wortlaut der Vorkaufsklausel hierbei regelmäßig nicht weiterhilft, ist grundsätzlich die Zwecksetzung des Vorkaufsrechts maßgebend. In der Praxis kann - gerade bei *konkurrierenden* Konzernobergesellschaften - das Vorkaufsrecht vom Verbleib der berechtigten Gesellschaft im Konzern abhängig sein, auch wenn sich dies aus der Vorkaufsklausel nicht ausdrücklich ergibt. Die Übertragung der Anteile an der berechtigten Gesellschaft ist dann dogmatisch als auflösende Bedingung [903] der Vorkaufsberechtigung anzusehen und führt zu einem (automatischen) Erlöschen des Vorkaufsrechts. Die rechtliche Situation ist insoweit mit dem Verkauf der *verpflichteten* Gesellschaft vergleichbar [904], wenngleich Voraussetzungen und Rechtsfolgen insoweit nur angenähert, aber nicht notwendig deckungsgleich sind.

b)   Wirtschaftliche Übertragung des Vorkaufsrechts
§ 473 BGB steht ebenso einer Vereinbarung nicht entgegen, die darauf abzielt, dem Erwerber die wirtschaftlichen Rechte aus dem Vorkaufsrecht zu übertragen. So steht es dem Vorkaufsberechtigten frei, beim Vorkaufsfall sein Vorkaufsrecht ordnungsgemäß auszuüben und - anschließend oder zeitgleich - die sich aus der Ausübung des Vorkaufsrechts ergebenden Rechte auf den Erwerber zu übertragen [905]. Das Gleiche wird man auch für die antizipierte Übertragung annehmen müssen.

Beispiel: So war im Ansatz auch nichts gegen die Ausübung des Vorkaufsrechts durch Bell South gegenüber Vodafone Airtouch, RWE und Veba (nunmehr Eon) einzuwenden, durch die die geplante Veräußerung der E-Plus-Aktien an France Télécom letztlich verhindert

---

[902] Zu den Anforderungen an die Annahme eines Umgehungsgeschäfts unter § 5.

[903] Gleichsam als *dinglich* wirkende sog. „change-of-control"-Klausel.

[904] Hierzu eingehend unter § 7 IV.

[905] Vgl. RGZ 163, 142, 153f; Soergel-Huber § 514, RN 3; RGRK-Mezger § 514, RN 2; Erman-Küchenhoff § 1098, RN 6; Palandt-Putzo § 473, RN 4; Pikart in WM 1971, 490, 493; die Motive, vgl. bei Mugdan S. 195, gehen hiervon als selbstverständlich aus; treffend aber MK-Westermann § 1094, RN 12 *„was gar nicht zur Unübertragbarkeit passt"*.

wurde, auch wenn Bell South die Anteile nicht behalten, sondern unmittelbar KPN zukommen lassen wollte.

Ferner ist der Aktionär, der sich von seiner Beteiligung trennen will, zwar grundsätzlich befugt, seine Anteile nicht zu verkaufen, sondern treuhänderisch für den „Erwerber" nach dessen Weisungen zu halten [906]. Ähnlich den vorgenannten Gestaltungsmodalitäten wird jedoch auch hier die (ergänzende) Auslegung der Vorkaufsklausel ergeben, dass ein Mitspracherecht des Dritten ausgeschlossen sein soll. In diesem Fall wird man auch hier das automatische Erlöschen des Vorkaufsrechts, gleichsam auflösend bedingt durch den Abschluss eines Treuhandvertrages, annehmen müssen. Hierbei geht es um eine wirtschaftliche Übertragung des Vorkaufsrechts (Aktivseite). Diese ist von einer möglichen Fiktion des Vorkaufsfalls bei Abschluss eines Treuhandvertrages, d.h. der Umgehung des Vorkaufsrechts auf der Passivseite, streng zu trennen [907]. Der tatsächliche Nachweis einer verdeckten Treuhand ist aber stets besonders problematisch.

Beispiel: Zwei Gesellschafter räumen sich wechselseitig ein Vorkaufsrecht ein. Sofern der eine Aktionär nunmehr die Aktien aufgrund eines Treuhandvertrages für einen anderen hält, wird dies regelmäßig der Vorkaufsabrede widersprechen. Je nach Zweckrichtung des Vorkaufsrechts kann hier eine Wahrung der berechtigten Interessen des Mit-Gesellschafters dadurch erfolgen, dass auch die Treuhandabrede als Vorkaufsfall anzusehen ist (Passivseite) oder (zumindest) das Vorkaufsrecht des Treuhänders erlischt.

Zwischenergebnis:

Das Vorkaufsrecht geht bei der Übertragung von Aktien weder anteilsakzessorisch, d.h. automatisch, auf den Erwerber über, noch ist *im Zweifel* eine ausdrückliche Übertragung rechtlich zulässig (§ 473 BGB). Neben der nachträglichen Genehmigung einer zunächst schwebend unwirksamen Übertragung steht es dem Verpflichteten aber frei, die Übertragung (ausdrücklich oder) konkludent zuzulassen. Eine derartige (ggf. ergänzende) Auslegung der Vorkaufsklausel wird regelmäßig bei einer Übertragung des Vorkaufsrechts auf eine beherrschende Konzernobergesellschaft möglich sein. Als zulässige Gestaltung zur wirtschaftlichen Übertragung des Vorkaufsrechts kommen ferner der Verkauf der vorkaufsberechtigten Gesellschaft oder die schuldrechtliche Unterwerfung unter die Weisungen des Dritten in Betracht.

II.   Vorkaufsrecht und Übernahmerecht

Sofern ein umfassender Paketerwerb von einem Großaktionär nicht möglich sein sollte, bleibt dem Erwerbsinteressenten nur der Weg über das öffentliche Über-

---

[906] Unstreitig, vgl. BGH WM 1963, 617, 619; Erman-Grunewald § 514, RN 2; MK-Westermann § 514, RN 3f.

[907] Hierzu nähere Nachweise im Rahmen des § 7 I.

nahmeangebot [908]. Dem Vorkaufsrecht kommt insoweit auch im Rahmen des komplexen Übernahmerechts Bedeutung zu. Nach einer kurzen Darstellung des Anwendungsbereichs des Übernahmerechts sollen daher die spezifischen Problemfelder näher vorgestellt und – soweit möglich – denkbare Lösungsansätze erarbeitet werden.

1. Anwendungsbereich des Übernahmerechts
a) Regelungsbereich des Übernahmerechts

Bereits seit vielen Jahren bestehen Bemühungen, einen für die beteiligten Unternehmen verbindlichen Rechtsrahmen für die Regelung von Unternehmensübernahmen zu schaffen, der neben einem fairen Verfahren v.a. hinreichende Transparenz gewährleistet. Der deutsche Übernahmekodex [909] beruhte auf einer freiwilligen Anerkennung durch die Unternehmen, die jedoch nicht flächendeckend gewährleistet war und sich daher als unzureichend erwiesen hat. Das Wertpapiererwerbs- und Übernahmegesetz (WpÜG) [910] hat insoweit verbindliche und umfassende Vorgaben geschaffen.

Die nachfolgende Darstellung der Problembereiche des Vorkaufsrechts im Übernahmerecht beschränkt sich auf die Berücksichtigung dieses WpÜG. Auf das Verhältnis zu den übrigen Regelwerken [911], insbesondere zur EU-Richtlinie, kann nicht eingegangen werden [912].

b) Anwendungsbereich der Vorkaufsrechte im Übernahmerecht

Das Übernahmerecht und der Bereich der Vorkaufsrechte an Aktien haben einen sich lediglich überschneidenden Anwendungsbereich. Dies führt mitunter zu Schwierigkeiten bei der praktischen Handhabung. Die drei bedeutendsten Einschränkungen für das Übernahmerecht sollen daher kurz vorangestellt werden.

aa) Beschränkung auf Gesellschaften am „organisierten Markt"

Aufgrund der inhaltlichen Beschränkung des Übernahmerechts auf bestimmte Übernahmekonstellationen sind vorliegend nur Vorkaufsrechte an Aktiengesellschaften an einem *„organisierten Markt"* (§§ 1, 2 Abs. 7 WpÜG) von Interesse,

---

[908] Horn in ZIP 2000, 473, 474, 477.

[909] Übernahmekodex der Börsensachverständigenkommission beim Bundesministerium der Finanzen vom 14.07.1995, in der geänderten Fassung vom 28.11.1997, abgedruckt in NZG 2000, 390ff; seit 2002 nur noch Geltung für Altfälle.

[910] Vgl. Art 1 des Gesetzes zur Regelung von öffentlichen Angeboten zum Erwerb von Wertpapieren und von Unternehmensübernahmen vom 20.12.2001, BGBl I, 3822; hierzu umfassend, auch zur Entstehung, Krause in NJW 2002, 705f.

[911] In der Praxis können bei internationalen Übernahmen weitere Regelwerke von Bedeutung sein, z.B. der London City Code on Takeovers and Mergers; ferner die OECD-Grundsätze der Corporate Governance (Stand Mai 1999), vgl. AG 1999, 340ff.

[912] Das Gleiche gilt für das Verhältnis des Übernahmerechts zu anderen Rechtsgebieten; hierzu z.B. Hommelhoff in FS Semler, S. 455ff zum Verhältnis zum Konzernrecht.

wobei die Vorkaufsrechte regelmäßig, aber rechtlich keineswegs zwingend, allein die *nicht* über die Börse gehandelten Aktien betreffen werden. Derartige Vorkaufsrechte finden sich überwiegend in Konsortialverträgen zwischen Aktionären, die eine bedeutende Beteiligung an der AG halten, während ein mehr oder minder bedeutender Anteil der Aktien an der Börse gehandelt wird.

bb) Stimmrechtsanteil versus Kapitalbeteiligung
Die Ausübung des Vorkaufsrechts begründet im Verhältnis zum Verkäufer einen Anspruch auf Übertragung *sämtlicher* Aktien, auf die sich die Ausübung konkret erstrecken soll [913]. Übernahmerechtlich relevant ist jedoch allein das Stimmrecht, nicht die Kapitalbeteiligung insgesamt. Der Anteil stimmrechtsloser Vorzugsaktien kann bei der Ermittlung des Grenzwertes von 30 % im Rahmen einer möglichen Verpflichtung zur Abgabe eines sog. Pflichtangebots (§ 35 WpÜG) mithin unberücksichtigt bleiben.

cc) „Erlangung der Kontrolle" versus „Kaufvertrag"
Das Bestehen eines Vorkaufsfalles setzt die Existenz eines Kaufvertrags über die Aktien voraus, während das WpÜG mit der *„Erlangung der Kontrolle"* einen völlig anderen Ansatz begründet. Die *dingliche Übertragung* der Aktien – auch unter aufschiebenden Bedingungen - auf den jeweiligen Erwerber (Erstkäufer bzw. Berechtigten) ist für die *„Kontrolle"* zwar ausreichend, aber letztlich nicht zwingende Voraussetzung. Die Erlangung des Eigentums an den Aktien bezeichnet die Gesetzesbegründung [914] vielmehr – im Einklang mit der allgemeinen Dogmatik – als *„Erwerb"*. Der Erwerber kann die Kontrolle durchaus auch bereits mit Abschluss des Kaufvertrags erlangen, sofern sich der Verkäufer verpflichtet, bereits vor dem dinglichen Vollzug des Vertrages Weisungen des Erwerbers hinsichtlich des Stimmrechts zu befolgen [915]. Das WpÜG betont durchweg, dass die Rechtsinhaberschaft unerheblich ist, sofern der Bieter z.B. durch Stimmrechtsvereinbarungen die Gesellschaft kontrollieren kann (vgl. §§ 29, 30). So sind sowohl Konstellationen denkbar, die zur Ausübung des Vorkaufsrechts berechtigen, aber nicht das Übernahmerecht berühren, als auch umgekehrt. Sofern Vorkaufsrechte im Einzelfall atypisch als Erwerbsrechte oder Optionen ausgestaltet sind, können die hiervon betroffenen Aktien gem. § 30 Nr. 5 WpÜG der berechtigten Partei (auch ohne Übertragung) hinzuzurechnen sein [916]. Nach der Gesetzesbegründung soll eine Option, die lediglich das Recht zum Abschluss eines Kaufvertrages

---

[913] Zur objektiven Teilbarkeit des Vorkaufsrechts bei Paketverkäufen vgl. unter § 10 III.

[914] Vgl. Begründung zu § 30 Abs. 1 Nr. 5 WpÜG; ebenso Hommelhoff/Witt in Haarmann/Riehmer/Schüppen, § 35, RN 17.

[915] Das WpÜG will das (bloße) schuldrechtliche Grundgeschäft (ohne Stimmrechtsbindung) dem Eigentumserwerb i.ü. nur gleichstellen, sofern dies ausdrücklich anordnet ist; vgl. Begründung zu § 30 Abs. 1 Nr. 5 WpÜG.

[916] Hier gilt es zu beachten, dass rechnerisch mehr als 100 % denkbar sind, sofern Aktien beim Inhaber und beim Optionsberechtigten angerechnet werden sollten.

begründet, jedoch nicht ausreichen. Der Bieter müsse vielmehr durch einseitige Willenserklärung auch den Vollzug der *dinglichen* Übertragung herbeiführen können. Da das Gesetz stets auf die (faktische) Stimmrechtskontrolle abstellt, ist dem aus den vorgenannten Erwägungen allerdings nicht zuzustimmen.

Soweit nicht anders vermerkt, soll für die nachfolgende Darstellung unterstellt werden, dass der Verkäufer die Aktien nicht gleichzeitig mit Abschluss des Kaufvertrags dem Bieter auch übereignet, sondern die dingliche Übertragung einem späteren Zeitpunkt vorbehalten sein soll [917], wobei jedoch für die Zeit bis zur Übertragung – praxisnah – vom Vorhandensein einer (ausdrücklichen oder konkludenten) Stimmrechtsbindung des Verkäufers ausgegangen wird.

2.   Problembereiche des Vorkaufsrechts im Übernahmerecht
Die Darstellung der Problembereiche, die bei Ausübung des Vorkaufsrechts im Bereich des Übernahmerechts auftreten können, soll nachfolgend nicht rechtsdogmatisch abstrakt, sondern anhand einer fallorientierten exemplarischen Darstellung unter Verweis auf die jeweiligen gesetzlichen Regelungen erfolgen. Mit Blick auf die hohe Komplexität des Übernahmerechts einerseits und der konkreten Ausgestaltung eines öffentlichen Übernahmeangebots andererseits kann die Darstellung keine erschöpfende Behandlung bieten, sondern muss sich auf die Vermittlung möglicher Problemfelder unter Aufzeigung denkbarer Lösungsansätze beschränken.

a)   Vorkaufsrechte im Übernahmerecht (Ausgangsfall)
Fall 1: Die drei Gründungsgesellschafter eines start-up-Unternehmens (A, B und C) halten weiterhin jeweils 25% der Aktien, die restlichen 25% sind an der Börse platziert. Die Hauptaktionäre haben sich wechselseitig in einem Konsortialvertrag ein umfassendes Vorkaufsrecht an den Aktien eingeräumt. Nun verkauft A sein gesamtes Aktienpaket an den Dritterwerber D.
Hinweis: Die gleiche Fallproblematik ergibt sich bei der Börsennotierung eines Gemeinschaftsunternehmens (Joint Ventures), sofern z.B. drei Konzerne ihre Beteiligungen in einer gemeinschaftlich gehaltenen Gesellschaft (Holding) bündeln und nur ein Viertel der Aktien am Markt streuen wollen.

Da der D durch den Erwerb von 25 % der stimmberechtigten Aktien keine „Kontrolle" (§ 29 Abs. 2 WpÜG; mind. 30 % [918]) über die Zielgesellschaft erlangt, ist er zur Abgabe eines Pflichtangebots (§ 35 WpÜG) an die übrigen Aktionäre nicht verpflichtet. Übt hingegen B sein Vorkaufsrecht gegenüber A aus (während C kein Interesse zeigt), so würde er bei Übereignung der Aktien an ihn (zusammen mit seinen eigenen Aktien) insgesamt eine Mehrheit von 50 % halten und müsste ein Pflichtangebot abgeben. Aufgrund der Stimmbindung des Verkäufers gegenüber

---

[917] Siehe auch den einleitenden Grundfall „Bewag".

[918] Die Kontrolle setzt hierbei – abstrakt – an der absoluten Zahl der Stimmen und nicht an der – konkreten – Mehrheit in der Hauptversammlung an, vgl. Hommelhoff/Witt in Haarmann/-Riehmer/Schüppen, vor §§ 35 bis 39, RN 22.

dem D würde es zunächst jedoch an der Erlangung der „Kontrolle" fehlen. Dennoch müsste der vorkaufsberechtigte B den rechnerischen Preis pro Aktie bei der Entscheidung über die Ausübung berücksichtigen, weil ein möglicherweise recht hoher Kaufpreis (pro Aktie) für ihn mitunter nicht mehr bezahlbar wäre, weil und soweit er damit rechnen muss, durch ein Pflichtangebot insgesamt 75 % der Aktien erwerben zu müssen. D hingegen müsste lediglich den Erwerb von 25 % der Aktien finanzieren. Dies könnte die Ausübung des Vorkaufsrechts für den Berechtigten zumindest wirtschaftlich unmöglich machen [919].

In der Praxis wird dieses Problem noch dadurch verstärkt, dass die Entscheidung des Berechtigten an sehr kurze Fristen gebunden ist. Über die regelmäßig eher kurze *Ausübungs*frist [920] hinaus sind hierbei die ebenfalls kurzen Fristen des *Übernahmerechts* [921] bedeutsam. Zudem stehen die zur Entscheidung über die Ausübung des Vorkaufsrechts berufenen Organe unter dem Druck, eine nicht nur fristgebundene, sondern auch behördlich überwachte Entscheidung treffen zu müssen, wobei schuldhafte Verstöße gegen die Regelungen des WpÜG zudem bußgeldbewehrt sind. Soweit der Aktienerwerb nach Ausübung des Vorkaufsrechts ein Pflichtangebot des Berechtigten nach sich zieht, kann dies auch für mögliche Schadensersatzansprüche des Berechtigten von Bedeutung sein. Soweit ein Pflichtangebot für den Berechtigten nicht finanzierbar ist, kann auch die vorkaufswidrige Veräußerung an den Bieter keine für einen wirtschaftlichen Schaden kausale bzw. zurechenbare Pflichtverletzung darstellen.

b)   Vorkaufsrecht und „alternatives Pflichtangebot"

Fall 2: wie Fall 1, aber nunmehr veräußern sowohl A als auch B ihre gesamten Aktien an den D. C will sein Vorkaufsrecht ausüben.

Nach den Regeln des Übernahmerechts wäre D verpflichtet, dem C und allen übrigen Aktionären ein Angebot zur Übernahme ihrer Aktien zu machen (sog. Pflichtangebot), da er mit 50 % der stimmberechtigten Aktien die AG beherrschen könnte. Übt der vorkaufsberechtigte C jedoch erfolgreich gegenüber A und B sein Vorkaufsrecht aus, so kommt es zwischen ihm und den beiden Verpflichteten zu einem weiteren Kaufvertrag, dessen Vollzug die Voraussetzungen des Übernahmerechts erfüllen würde. Daher könnte im Rahmen der Transaktion auch C seinerseits zur Abgabe eines Pflichtangebots an die übrigen Aktionäre veranlasst sein. Die Entscheidung müsste letztlich davon abhängen, ob die Übereignung an den Bieter aufschiebend bedingt ist [922] bzw. wessen Weisungen sich A und B hinsichtlich der

---

[919] Zur faktischen Unverkäuflichkeit für den Verkäufer und der finanziellen Käuferbelastung Steinmeyer/Häger, § 35, RN 31-33; Ekkenga/Schulz in Ehricke/Ekkenga/Oechsler, § 35, RN 12.

[920] Vgl. eingehend hierzu und zum grundsätzlich fehlenden Anspruch auf Fristverlängerung unter § 9 I 1.

[921] Z.B. § 35 Abs. 1 WpÜG: Mitteilung der Erlangung der Kontrolle spätestens innerhalb von sieben Kalendertagen; Abs. 2: Erstellung des Pflichtangebots binnen vier Wochen.

[922] Dies war z.B. beim Übernahmeangebot von Vodafone Airtouch für die Mannesmann AG der Fall, vgl. FAZ v. 23.12.1999, S. 43, sub. Anhang I, Teil B – Angebotsbestimmungen, Nr. 4

Stimmrechte ihrer Aktien unterwerfen. Sofern beide ihre Verpflichtung aus dem Vorkaufsrecht zu erfüllen beabsichtigen, obwohl sie sich gegenüber D (schriftlich) zur Abstimmung nach Weisung verpflichtet haben, können sich erhebliche Unsicherheiten ergeben.

Anders als im Fall 1 betrifft die Frage der Finanzierbarkeit der Übernahme beide Erwerbsprätendenten gleichermaßen. Hieraus folgt jedoch noch nicht automatisch die wirtschaftliche Gleichwertigkeit für die von den jeweiligen Angeboten betroffenen Aktionäre, nicht zuletzt aufgrund der regelmäßig unterschiedlichen unternehmerischen Ausrichtung der potentiellen Erwerber [923].

c)   Vorkaufsrecht und „paralleles Pflichtangebot"

Fall 3: wie Fall 2, aber nunmehr übt C sein Vorkaufsrecht nur in Höhe von 10% aus, sei es nur gegenüber A in dieser Höhe, sei es gegenüber A und B jeweils in Höhe von 5%.

Abgesehen von den Problemen der objektiven und subjektiven Teilbarkeit des Vorkaufsrechts [924] könnte sich hierbei für C und D die Frage nach der Anwendbarkeit von § 35 WpÜG stellen. C hielte durch die Übertragung der 10 % nunmehr 35 % der Aktien, während D bei unterstellter teilweiser Erfüllung durch A und B auf eine Beteiligung von 40 % käme. Bei dieser Konstellation ist die Anwendbarkeit der Regeln über das Pflichtangebot höchst problematisch. D wird hierzu in jedem Fall verpflichtet sein. Zunächst müsste man darüber hinaus auch C als zur Abgabe eines „parallelen" Übernahmeangebots verpflichtet ansehen, weil er mehr als 30 % der Aktien hielte (§ 29 Abs. 2 WpÜG). Nach § 37 WpÜG könnte ihm hiervon jedoch eine Befreiung erteilt werden, sofern ihm wegen der tatsächlichen Beteiligungsverhältnisse eine Kontrolle der Gesellschaft nicht möglich wäre [925]. Hiervon dürfte man vorliegend mit Blick auf den noch stärker beteiligten Aktionär D ausgehen. Eine solche im Ermessen der Aufsichtsbehörde stehende Entscheidung wird jedoch selbst in eindeutigen Fällen nicht vor Ablauf der Erklärungsfrist über das Vorkaufsrecht ergehen. C wird seine Entscheidung über die Ausübung des Vorkaufsrechts somit auf recht unsicherer Tatsachen- und Rechtsgrundlage zu treffen haben. Wenn man zudem praxisnah davon ausgeht, dass der Kaufvertrag mit A und B für den D ein Rücktrittsrecht für den Fall der Teil-Ausübung des Vorkaufsrechts vorsieht bzw. D sich wegen teilweiser Nichterfüllung auf sein gesetzliches Rücktrittsrecht beruft, könnte C dennoch als größter Aktionär zum Pflichtangebot berufen sein. Für einen durchaus bedeutenden Zeit-

---

(b). Das Stimmrecht sollte bis zum Eintritt der aufschiebenden Bedingungen jedoch den Mannesmann-Aktionären zustehen (Nr. 4 (c)).

[923] Die (allgemeine) Gesetzesbegründung (sub. A I 1) weist insoweit auf die unterschiedliche „geschäftspolitische Ausrichtung des Unternehmens und die Werthaltigkeit der Unternehmensanteile" hin.

[924] Vgl. eingehend unter §§ 10, 11.

[925] Zur Praxis vgl. Lenz in NJW 2003, 2073, 2074f; sowie Hommelhoff/Witt in Haarmann/-Riehmer/Schüppen, vor §§ 35 bis 39, RN 22.

raum wird sich eine gewisse Unsicherheit, nicht nur der außenstehenden Gesellschafter, sondern insbesondere auch der beteiligten Erwerbsprätendenten über die Rechte und Pflichten der Beteiligten nicht vermeiden lassen.

Darüber hinaus könnte das Pflichtangebot mit der grundsätzlichen Zulässigkeit einer Teil-Ausübung kollidieren [926]. Sofern C trotz einer Teil-Ausübung zur Abgabe eines Pflichtangebots verpflichtet sein sollte, wäre dies grundsätzlich allen Aktionären (§ 3 Abs. 1 WpÜG) gegenüber, mithin auch gegenüber A und B, abzugeben. Im Rahmen des Pflichtangebots ist die Teilbarkeit des Vorkaufsrechts demnach ausgeschlossen, wenn und soweit die betroffenen Aktionäre von ihrem durch das WpÜG begründeten Recht auf Annahme des Pflichtangebots Gebrauch machen wollen. Insoweit überlagert das WpÜG die Regelung des § 467 BGB. Auch dies kann ggf. dazu führen, dass der Berechtigte von der Ausübung des Vorkaufsrechts absieht bzw. die Teilausübung auf ein Paket beschränkt, das ihm keine „Kontrolle" der AG ermöglicht. Sofern beide Großaktionäre ein Übernahmeangebot abgeben – oder abgeben *müssen* (Pflichtangebot) –, sind die allgemeinen übernahmerechtlichen Probleme zu berücksichtigen, wie z.B. unterschiedliche „angemessene Übernahmepreise" oder die problematische Vergleichbarkeit mehrerer Angebote zum Aktientausch. Diese Fragen betreffen aber das Vorkaufsrecht nur am Rande und sollen daher hier nicht näher behandelt werden.

d)   Vorkaufsrecht und öffentliches Übernahmeangebot

Fall 4: wie Fall 1, aber D kauft (fast) alle Aktien, außer die des C, aufgrund eines komplex gestalteten öffentlichen Übernahmeangebots an sämtliche Aktionäre. C, der das Übernahmeangebot abgelehnt hat, übt gegenüber A und B sein Vorkaufsrecht aus. Um auch die übrigen Aktionäre zur Annahme zu bewegen, verbessert der Bieter nachfolgend sein Barangebot. Nunmehr erklären A und B den Rücktritt vom Erstvertrag gemäß § 21 Abs. 4 WÜG. Während A das verbesserte Angebot annimmt, will B seine Aktien nunmehr aufgrund einer veränderten unternehmerischen Ausrichtung behalten.

Aufgrund der Inhaltsidentität beider Kaufverträge (§ 464 Abs. 2 BGB) gelten die Bestimmungen des Angebots des D zunächst auch für die Kaufverträge zwischen C und A/B. Vorkaufsrechtliche Besonderheiten können sich daraus ergeben, dass § 11 Abs. 2 WpÜG für den Inhalt der sog. Angebotsunterlage, d.h. den Inhalt eines möglichen Vorkaufsvertrages, detaillierte (Mindest-) Vorgaben macht. Problematisch ist hierbei zum einen die zulässige und praktisch übliche Koppelung des Angebots an „*Bedingungen, von denen die Wirksamkeit des Angebots abhängt*" (S. 2 Nr. 5). Hierbei erklärt § 18 WpÜG sog. Potestativbedingungen [927] und

---

[926] Die schuldrechtliche Teilbarkeit im Rahmen eines *individuellen* Vertrages ist streng vom Verbot des Teilangebots gemäß § 32 WpÜG zu trennen, das nur die Beschränkung *öffentlicher* Angebote auf Teile der Aktien untersagt und insoweit letztlich Ausdruck des Gleichbehandlungsgebots (§ 3 Abs. 1 WpÜG) ist.

[927] Hierzu allgemein Palandt-Heinrichs vor § 158, RN 10.

Rücktrittsrechte des *Bieters* für unzulässig [928]. Zum anderen sieht § 21 Abs. 4 WpÜG bei einer Änderung der Angebotsunterlage ein Rücktrittsrecht der Aktionäre vor [929], die das ursprüngliche Angebot bereits angenommen haben. Insoweit ist unter Berücksichtigung von § 465 Abs. 2 BGB fraglich, ob und inwieweit der Verpflichtete diese Bedingungen bzw. seinen Rücktritt dem Vorkaufsberechtigten gegenüber geltend machen kann, wenn hierdurch die Ausübung des Vorkaufsrechts verhindert oder erschwert würde.

Demjenigen, der ein Übernahmeangebot abgeben will, steht es frei, die Bedingungen selbst festzulegen, unter denen er zum Erwerb bereit ist. Das WpÜG betrifft hierbei allein das Verhältnis des Bieters zum Aktionär. Eine rechtliche Aussage über die vertragliche Beziehung zwischen Aktionär und dem Vorkaufsberechtigten lässt sich dem Gesetz nicht entnehmen. Daher sind in diesem Rechtsverhältnis analog § 465 BGB Rücktrittsrechte des Verpflichteten bei Ausübung des Vorkaufsrechts dem Berechtigten gegenüber unwirksam [930]. Welche Klauseln im einzelnen als unzulässige Beeinträchtigung i.d.S. anzusehen sind, kann nicht pauschal beantwortet werden, sondern bedarf einer wertenden Einbeziehung der Gesamtumstände. Die meisten Bedingungen einer „üblichen" Angebotsunterlage werden hiernach auch dem Berechtigten gegenüber wirksam sein [931]. Hierzu zählen neben der Zustimmung der Hauptversammlung des Bieters (§§ 18 Abs. 1, 25 WpÜG) insbesondere die Bedingungen, auf deren Eintritt der Bieter und der (einzelne) Aktionär keinen Einfluss haben, wie z.B. kartellrechtliche Freigabeerklärungen bzw. die Erreichung einer bestimmten Beteiligungshöhe [932].

Problematisch ist jedoch das gesetzliche Rücktrittsrecht nach § 21 Abs. 4 WpÜG, das dem Aktionär die Möglichkeit offen halten soll, von einem verbesserten Ange-

---

[928] Rücktrittsrechten wird man insoweit „Widerrufsrechte" hinsichtlich des Angebots gleichzustellen haben. Aus der Praxis: Das Mannesmann-Übernahmeangebot durch Vodafone Airtouch sah ein Widerrufsrecht für den Fall vor, dass Mannesmann irgendeine der – im Anhang V näher definierten - „Behindernden Maßnahmen" vornehmen sollte, vgl. FAZ v. 23.12.1999, sub. Anhang I, Teil B – Angebotsbestimmungen, Nr. 3 (e). Rechtlich wäre diese Klausel heute aber nicht als unzulässiges „Rücktrittsrecht", sondern als Bedingung auslegen lassen, weil die „Behindernden Maßnahmen" Handlungen bezeichnen, die § 33 WpÜG dem Vorstand untersagt.

[929] Ein vergleichbares Rücktrittsrecht sieht ferner § 22 Abs. 3 WpÜG für den Fall „konkurrierender Übernahmeangebote" vor. Hierfür dürften i.w. dieselben Überlegungen maßgebend sein.

[930] Soergel-Huber § 506, RN 1f.

[931] Das Übernahmeangebot von Vodafone Airtouch für die Mannesmann AG sah (verkürzt) folgende aufschiebende Bedingungen vor (vgl. FAZ v. 23.12.1999, S. 43, sub. Anhang I, Teil A – Bedingungen): Annahme des Angebots durch mind. 50 % der Aktionäre; Beschlussfassung der Hauptversammlung von Vodafone Airtouch zur Durchführung des Angebots; Zulassung der neuen Aktien durch die Londoner Wertpapierbörse; Teilnahmemöglichkeit von Vodafone Airtouch am Mobilfunkauktionsverfahren zu „vernünftigerweise akzeptablen Bedingungen"; Ablauf der Wartezeiten des US Hart-Scott-Rodino-Acts.

[932] So ausdrücklich die Begründung zu § 18 Abs. 1 WpÜG.

bot des Bieters zu profitieren. Im Verhältnis zum Berechtigten stellt die Annahme des Erstangebots einen wirksamen Kaufvertrag dar. Der Berechtigte wird durch die Zulassung des Rücktritts selbst bei Annahme des verbesserten Angebots schlechter gestellt, weil die von ihm zu entrichtende Gegenleistung nunmehr ebenfalls höher wäre. Es ist umstritten, ob und ggf. inwieweit die Parteien des Vorkaufes den Vertragsinhalt mit Wirkung gegenüber dem Berechtigten nachträglich *abändern* dürfen [933]. Unabhängig davon, dass die Zulassung einer Änderung Manipulationen der Vorkaufsparteien geradezu herausfordern würde [934] und die Abgrenzung zwischen Aufhebung und Änderung im Einzelfall problematisch sein kann, geht es vorliegend nicht um die einvernehmliche Änderung, sondern die Befugnis zum einseitigen Rücktritt ohne zwingenden Neuabschluss zu geänderten Bedingungen. Wenn aber anerkanntermaßen eine *Aufhebung* des Erstvertrages nicht mehr mit Wirkung gegenüber dem Vorkaufsberechtigten möglich ist, muss dies auch für das gesetzliche Rücktrittsrecht gelten. § 21 Abs. 4 WpÜG räumt dem Verpflichteten lediglich gegenüber dem Bieter ein Rücktrittsrecht ein. Ein Wille zur Erstreckung dieses Rechts auf andere vertragliche Rechtsverhältnisse, die mit einem Übernahmeverfahren nicht in unmittelbarem Zusammenhang stehen, kann dem Gesetzgeber nicht unterstellt werden. Auf die Frage, ob der Rücktritt vor oder nach der Ausübung des Vorkaufsrechts erfolgt und ob der Verpflichtete das verbesserte Angebot annimmt oder nicht, kommt es gegenüber dem Berechtigten mithin nicht an. Sollte der Verpflichtete der Vorkaufsabrede zuwider die Aktien dem Bieter übereignen, wäre die Differenz zwischen beiden Angeboten als Mindestschaden des Berechtigten anzusehen.

e)   Erwerb eigener Aktien und Übernahmerecht

Fall 5: A und B haben der AG zum Zweck des Erwerbs eigener Aktien – ausdrücklich in den Grenzen der §§ 71 ff AktG – ein Vorkaufsrecht eingeräumt, vom dem die AG anlässlich des Verkaufs der Aktien an den D nunmehr aus einem in § 71 Abs. 1 AktG genannten Grund Gebrauch machen will.

Hierbei ist zu bedenken, dass trotz der grundsätzlichen Zulässigkeit eines Vorkaufsrechts auch zugunsten der AG [935] gemäß § 33 WpÜG *nach* der Veröffentlichung des Angebots ohne vorherige Ermächtigung durch die Hauptversammlung [936] ein Verbot des Erwerbs eigener Aktien besteht. Die Unzulässigkeit begründet sich damit, dass durch die verstärkte Nachfrage ein erhöhter Börsenpreis und hierdurch (faktisch) ein Zwang zur Nachbesserung des Angebots bewirkt wird. Zusätzlich zur Erhöhung des Übernahmepreises verringert sich ferner die Zahl der für den Bieter „erreichbaren Aktien" und verschlechtert die

---

[933] Vgl. BGH NJW 1969, 1959; BGHZ 67, 395, 397f; Jauernig-Vollkommer § 464, RN 6; Soergel-Huber § 504, RN 40 f; MK-Westermann § 504, RN 29; eingehend Schurig S. 169 – 171.

[934] Zutreffend Schurig S. 170.

[935] Hierzu unter § 3 III 3; ferner Witt in BB 2002, Heft 31, Die Erste Seite.

[936] Näher zur sog. Neutralitätspflicht Land in DB 2001, 1707, 1711f.

189

Chancen einer erfolgreichen Übernahme. Mit Blick auf den eindeutigen Wortlaut wird man hiervon auch für zeitlich früher vereinbarte Vorkaufsrechte keine Ausnahme machen dürfen, zumal sich aus der gesetzgeberischen Intention ergibt, dass selbst die in § 71 Abs. 1 AktG genannten Erwerbsmotive unerheblich sein sollen. Hierbei ist zu berücksichtigen, dass mit o.g. Ausnahme der Erwerb eigener Aktien bei einem öffentlichen Übernahmeangebot unzulässig ist, bei einem individuellen Paketerwerb, der erst nachfolgend ein Pflichtangebot auslöst, hingegen zunächst nicht. Auch insoweit ist im Rahmen des individuellen Rückkaufs jedoch die allgemeine Grenze der §§ 71ff, 53a AktG zu beachten [937]. Im Falle einer gesetzestypischen Ausgestaltung des Vorkaufsrechts dürften dennoch zumindest *einseitige* Umgehungsmöglichkeiten der AG ausscheiden. Zwar setzt das Verbot in zeitlicher Hinsicht erst an der ordnungsgemäßen Veröffentlichung der Übernahmeangebots an, während der Vorstand hiervon regelmäßig bereits früher Kenntnis hat. Der den Vorkaufsfall begründende Kaufvertrag wird jedoch erst zeitlich nach der Veröffentlichung abgeschlossen. Sowohl im Falle optionsähnlich ausgestalteter und daher unabhängig vom Vorliegen eines Kaufvertrags einseitig ausübbarer Erwerbsrechte als auch bei einer einvernehmlichen Übertragung der Aktien auf die AG in den Grenzen des § 71 AktG ist hingegen eine unzulässige Umgehung zu befürchten.

Zwischenergebnis:
Die Ausübung des Vorkaufsrechts ist auch bei einem aufgrund der Annahme eines öffentlichen Übernahmeangebots eines Bieters zustande gekommenen Kaufvertrag möglich. Ein Aktientausch ist hierbei nur unter den bereits dargelegten Voraussetzungen dem Kaufvertrag gleichzusetzen [938]. Das WpÜG betrifft das Verhältnis zwischen Verpflichtetem und Berechtigtem hierbei nicht. Die praktischen Besonderheiten liegen neben einem im Zuge der Ausübung des Vorkaufsrechts möglichen Pflichtangebot v.a. darin, dass die Ausübung des Vorkaufsrechts durch die *AG* nach der Veröffentlichung des Angebots ohne Vorratsbeschluss der Hauptversammlung unzulässig ist (§ 33 WpÜG). Ferner ist die Ausübung des Rücktrittsrechts nach § 21 Abs. 4 WpÜG dem Berechtigten gegenüber analog § 465 BGB unwirksam. Schließlich wird sich gerade im Übernahmerecht regelmäßig die Problematik einer möglichen Gleichstellung von Kauf und Tausch stellen.

---

[937] Näher zum Problembereich des sog. „negotiated repurchase" Bosse in NZG 2000, 16, 19, sowie Kindl in DStR 1999, 1276, 1279 und Peltzer in WM 1998, 322, 329.
[938] Von den 43 Angebotsverfahren im Jahre 2002 enthielten (nur) drei ein Angebot zum Aktientausch; vgl. Lenz in NJW 2003, 2073, 2074

III.   Vorkaufsrecht und „Squeeze-out"

Neben den vorgenannten Bereichen des Wirtschaftsrechts ist die Bedeutung des Vorkaufsrechts auch beim Ausschluss der Aktionäre im Rahmen des „Squeeze-out" von Bedeutung. Dieser Bereich soll nachfolgend jedoch nur im Überblick [939] dargestellt werden soll, da er sich rechtlich auf wenige Fragen beschränkt.

1.   Kollision zweier Erwerbsrechte
Zugleich mit der Einführung des Übernahmerechts schuf der Gesetzgeber durch die Regelung des sog. „squeeze-out" in §§ 327a ff AktG erstmals [940] die Möglichkeit für einen Mehrheitsaktionär, der über mindestens 95 % des Grundkapitals verfügt (sog. Hauptaktionär, § 327a Abs. 1 AktG), die Übertragung der übrigen Aktien der Minderheitsaktionäre gegen Gewährung einer angemessenen Barabfindung zu beschließen. Hierbei kann es zu einer Kollision des „Erwerbsrechts" des Hauptaktionärs mit dem einem Dritten bestellten Vorkaufsrecht kommen.

> Beispiel: Ein Mehrheitsaktionär (zunächst 80 %) einer nicht börsennotierten AG erwirbt weitere 16 % der Aktien von anderen Aktionären und verlangt nunmehr unter Berufung auf seine Stellung als „Hauptaktionär" i.S.d. § 327a Abs. 1 AktG den Übergang der verbleibenden 4 % der Aktien auf ihn. Der Minderheitsaktionär hatte jedoch einem Außenstehenden ein Vorkaufsrecht an seinem Aktienpaket eingeräumt.

Problematisch ist nunmehr, ob die Übertragung der Aktien gegen Barabfindung als „Kaufvertrag" anzusehen ist und im Verhältnis zum Dritten das Vorkaufsrecht auslöst.

2.   Erlöschen des Vorkaufsrechts beim „Squeeze-out"
Die in § 327a AkG genannte Übertragung der Aktien betrifft lediglich den dinglichen Rechtsakt, der gemäß § 327e Abs. 3 S. 1 AktG mit Eintragung des Übertragungsbeschlusses in das Handelsregister kraft Gesetzes erfolgt [941]. Das Gesetz sieht jedoch als „causa" keinen *Kaufvertrag* vor, auf dessen Abschluss der Hauptaktionär einen schuldrechtlichen Anspruch hätte. Der Ausschluss der Minderheitsaktionäre beruht somit nicht etwa auf einem gesetzlich geregelten (aufschiebend) bedingten Erwerbs-/Ankaufsrecht. Rechtsgrundlage der Übertragung der Aktien ist vielmehr der Übertragungsbeschluss selber. Der Barausgleich ist mithin keine vertragliche Gegenleistung des Hauptaktionärs, sondern gleichsam

---

[939] Übersichtlich zu den Änderungen u.a. Fuhrmann/Simon in WM 2002, 1211ff; Krause in NJW 2002, 705, 715f; Markwardt in BB 2004, 277 m.w.N. auch zur Rspr (dort Fn. 5)

[940] Artikel 7 des Gesetzes zur Regelung von öffentlichen Angeboten zum Erwerb von Wertpapieren und von Unternehmensübernahmen, vom 20.12.2001; BGBl I, S. 3822, 3838; zur Rechtslage nach altem Recht und den wesentlichen Änderungen Land in DB 2001, 1707, 1717; Halm in NZG 2000, 1162ff; sowie Kallmeyer in AG 2000, 59ff.

[941] Nach der Gesetzesbegründung ist ein rechtsgeschäftliches „*Verfügungsgeschäft weder notwendig noch möglich*"; ebenso Land in DB 2001, 1707, 1717 „*ex lege*".; Fuhrmann/Simon in WM 2002, 1211, 1212

eine gesetzlich bestimmte „Entschädigung" für den eintretenden Rechtsverlust, die sich weitgehend an den Regelungen über die Mehrheitseingliederung orientiert [942]. Mangels Kaufvertrag scheidet daher die Annahme eines Vorkaufsfalls aus. Das Vorkaufsrecht des Berechtigten wird durch die spezifisch aktienrechtliche Befugnis, den Übergang der übrigen Aktien zu erwirken, nicht nur überlagert, sondern von dieser gleichsam verdrängt. Da der Minderheitsaktionär dem Übertragungsanspruch „machtlos" gegenüber steht, kommen auch Ersatzansprüche des Dritten gegen den ausgeschlossenen Aktionär nicht in Betracht.

3. Erlöschen des Vorkaufsrechts bei bloßer Ausschlussmöglichkeit
Ausgehend hiervon drängt sich die Frage auf, ob der Verpflichtete seine Aktien dem Hauptaktionär, der sich auf § 327a AktG berufen kann, auch gegen einen individuell ausgehandelten Kaufpreis *verkaufen* darf, ohne hierbei die Rechte des Vorkaufsberechtigten aus der Vorkaufsabrede zu verletzen.

Beispiel: Im vorgenannten Beispiel ist der zum Ausscheiden aufgeforderte Minderheitsgesellschafter bereit, seine Beteiligung dem Hauptaktionär gegen einen rechtgeschäftlich vereinbarten Kaufpreis zu übertragen.

Streng nach dem Wortlaut der Vorkaufsklausel wäre in diesen Fällen von einem Vorkaufsfall auszugehen. Maßgeblich ist jedoch stets die Zwecksetzung des Vorkaufsrechts. Da der Vorkaufsberechtigte selbst nach Realisierung seines Vorrechts den Übergang der Aktien auf den Hauptaktionär nicht verhindern könnte, ist zu erwägen, eine Ausübung des Vorkaufsrechts entweder als wegen Rechtsmissbrauchs unwirksam anzusehen oder zumindest dem Verpflichteten das Recht zuzugestehen, das fehlende rechtliche Interesse des Berechtigten einem Erfüllungs- oder Schadensersatzanspruch entgegenzusetzen. Dies setzt aber voraus, dass der Berechtigte tatsächlich an der Ausübung kein berechtigtes Interesse hat.

Da der Hauptaktionär dem Berechtigten die Mitgliedschaft unschwer entziehen kann, kann sich der Berechtigte nicht auf sein Interesse auf den Erwerb der *Mitgliedschaft* an sich berufen. Das Interesse an einem derart zeitlich beschränkten Erwerb ist nicht schutzwürdig. Bedeutung erlangt die Vorkaufsberechtigung jedoch hinsichtlich der - sogar verfassungsrechtlich geschützten [943]- *vermögens*rechtlichen Komponente der Aktie. Hiernach ist zu unterscheiden: Sofern der auch für den Berechtigten maßgebliche (vgl. § 464 Abs. 2 BGB) Kaufpreis *unterhalb* der nach § 327a AktG im Falle der Ausschließung geschuldeten „angemessenen Barabfindung" liegt, hat der Berechtigte durch die Möglichkeit der zeitnahen

---

[942] Auch die Begründung stellt nicht auf einen „(Zwangs-)Verkauf", sondern auf einen *„Ausschluss von Minderheitsaktionären"*, sowie eine *„Umgestaltung privatrechtlicher Beziehungen"* durch den Mehrheitsaktionär ab; unpräzise insoweit Sieger in ZGR 2002, 120, 122 („*zwangsweise zu erwerben"*); sowie Vetter in AG 2002, 176 („*Zwangsverkauf"*); umfassend Mülbert/-Schneider in WM 2003, 2301ff, insb. S. 2301 („*gesellschaftsrechtlicher Anspruch"*).

[943] Vgl. hierzu auch BVerfG ZIP 2000, 1670, 1671 *„Moto Meter"*; BVerfGE 100, 289, 301f *„DAT/Altana"*; BVerfGE 14, 263, 276f *„Feldmühle"*; BGH AG 2001, 417ff *„DAT/Altana IV"*.

Realisierung eines Gewinns an der Ausübung des Vorkaufsrechts ein rechtlich geschütztes Interesse. Lediglich in den Fällen, in denen der Kaufpreis mit der gebotenen Abfindung identisch ist oder diese sogar übersteigt [944], wird man der Geltendmachung des Vorkaufsrechts das fehlende rechtliche Interesse entgegenhalten dürfen. Die Zwecksetzung des Vorkaufsrechts schließt hierbei die Berufung auf ein formell bestehendes Vorkaufsrecht aus. Da die Durchsetzbarkeit mithin letztlich vom Verhältnis zwischen dem bezahlten Kaufpreis und der Höhe der angemessenen Barabfindung abhängt, ist dogmatisch nicht bereits das Vorliegen des Vorkaufsfalles zu verneinen, sondern „nur" das fehlende rechtliche Interesse als Einwendung des Verpflichteten gegen etwaige Ansprüche des Berechtigten einordnen.

Zwischenergebnis:
Die Ausschließung eines vorkaufsverpflichteten Aktionärs gegen Gewährung eines angemessenen Barausgleichs stellt mangels Freiwilligkeit der Aktienübertragung keinen Vorkaufsfall dar. Der Vorkaufsberechtigte kann sich jedoch selbst dann nicht auf seine Berechtigung berufen, wenn der Verpflichtete dem Hauptaktionär seine Aktien mit Blick auf die bloße Möglichkeit der Ausschließung einvernehmlich im Wege rechtsgeschäftlicher Übereignung überträgt und der Kaufpreis den angemessenen Barausgleich zumindest nicht unterschreitet.

---

[944] Mitunter wird der Hauptaktionär bereit sein, zur Vermeidung eines langwierigen und zeit- und kostenaufwendigen Verfahrens einen (deutlich) über dem „angemessenen Barausgleich" liegenden Betrag zu zahlen. Hierbei vermeidet er nicht nur die gesellschaftsinterne Beschlussfassung, sondern auch ein mögliches Spruchstellenverfahren (§ 327f AktG).

§ 13 Maßnahmen nach dem UmwG

Nach den Auswirkungen bloßer Aktienverkäufe bzw. einer möglichen rechtsge-schäftlichen Übertragung des Vorkaufsrechts soll nunmehr im Überblick dargestellt werden, welche Auswirkungen die Umstrukturierungsmöglichkeiten nach dem UmwG auf das Vorkaufsrecht haben. Mit Blick auf die unterschied-lichen Konstellationen des UmwG und die letztlich unbegrenzte Vielfalt prakti-scher Ausgestaltungen ist eine abschließende Behandlung nicht denkbar [945]. Der Rahmen der Darstellung soll auf die dogmatischen Strukturen der für das Vor-kaufsrecht wesentlichen Grundsätze beschränkt werden, wobei Probleme im Zu-sammenhang mit Vinkulierungen unberücksichtigt bleiben [946].

Bei der Frage nach möglichen Folgen einer Umwandlung ist zwischen rein schuld-rechtlichen und spezifisch umwandlungsrechtlichen Folgen zu unterscheiden. Während erstere aus der Vorkaufsabrede selbst resultieren und somit für jeden Vorkaufsberechtigten von Bedeutung sind, statuiert das UmwG lediglich für die *Gesellschafter* besondere Rechte, nicht hingegen auch für außenstehende Dritte. Nachfolgend sollen die Folgen einer Umwandlung danach unterschieden werden, bei welchem Beteiligten die Maßnahmen vorgenommen werden. Daher soll zu-nächst die Umwandlung der Gesellschaft, deren Anteile vorkaufsgebunden sind (sub I.), und anschließend die Umwandlung des Berechtigten (sub II.) und des Verpflichteten (sub III.) betrachtet werden.

I. Umwandlung der AG
Bei der Umwandlung der AG kommt der Differenzierung zwischen umwand-lungsrechtlichen und schuldrechtlichen Folgen besondere Bedeutung zu.

1. Schuldrechtliche Folgen einer Umwandlung für das Vorkaufsrecht
Der Bereich der *schuldrechtlichen* Auswirkungen der Umwandlung einer AG, deren Aktien vorkaufsbelastet sind, auf das Vorkaufsrecht wurde bislang von der Literatur, soweit ersichtlich, nicht eingehend behandelt [947]. Unternehmensum-strukturierungen erweisen sich − einmal mehr − als *„Prüfstein"* [948] für die Funk-

---

[945] Eine umfassende Darstellung sämtlicher denkbarer Konstellationen getrennt nach (1.) dem jeweiligen Vorkaufsberechtigten (Mitgesellschafter, Nichtgesellschafter, Gesellschaft), (2.) dem jeweiligen Umwandlungsvorgang (insbesondere Formwechsel, Verschmelzung, Spaltung) und (3.) danach, welcher Rechtsträger von der Umwandlung betroffen ist (Umwandlung des Berech-tigten, Verpflichteten bzw. der Gesellschaft, deren Anteile vorkaufsbelastet sind) würde - mit zumindest 27 Unterfällen - den vorliegenden Rahmen sprengen.

[946] Zu den Folgen der Vinkulierung für Umstrukturierungen nach dem UmwG bereits ausführlich Reichert in GmbHR 1995, 176 ff; vgl. ferner Reichert in BB 1985, 1496 ff.

[947] Auch die umfassende Darstellung von Reichert in GmbHR 1995, 176ff verzichtet hierauf (vgl. S. 190).

[948] Hommelhoff in ZHR 150 (1986), 254, 255.

tionsfähigkeit allgemeiner zivilrechtlicher Grundsätze. Hierbei sind mehrere Aspekte von grundlegender Bedeutung.

a) Wechsel zwischen korporativem und schuldrechtlichem Vorkaufsrecht
Ein Kernproblem ist der Wechsel zwischen statutarischen und nicht statutarischen Vorkaufsrechten bei Umwandlungsvorgängen unter Wechsel der Rechtsform. Da die AG keine statutarischen Vorkaufsrechte kennt [949], ist eine Übernahme von Vorkaufsrechten aus der Satzung einer GmbH in die einer AG, sei es bei einer Verschmelzung, sei es im Rahmen eines Formwechsels, nicht möglich. Umgekehrt wäre eine Aufnahme derartiger Rechte in den Gesellschaftsvertrag einer GmbH jedoch zulässig. Fraglich ist jedoch, ob und ggf. unter welchen Voraussetzungen ein Vorkaufsberechtigter hierauf bzw. auf die Aufnahme in einen Konsortialvertrag einen schuldrechtlichen *Anspruch* hat. Eine allgemeingültige Lösung wird hierbei nicht möglich sein. Bei einem „Wechsel" von einer GmbH in eine AG ist aber regelmäßig aus der Treuepflicht ein schuldrechtlicher Anspruch auf Aufnahme des Vorkaufsrechts in eine Konsortialvereinbarung zu bejahen [950]. Da die korporative Regelung der GmbH-Satzung gegenüber schuldrechtlichen Regelungen sogar stärkere Wirkung hat, liegt hierin auch kein Kontrahierungszwang, sondern lediglich die schriftliche Fixierung des für die wechselseitigen Beziehungen Gewollten. Zweifelhaft ist hingegen, ob bei einem „Wechsel" einer AG in eine GmbH auch ein Anspruch auf Aufnahme in die Satzung der GmbH besteht. Dies erscheint schon insofern problematisch, als ein solcher Anspruch grundsätzlich der notariellen Beurkundung (§ 2 GmbHG) bedarf [951]. Sofern zwischen den Parteien der Vorkaufsabrede und den Gesellschaftern der GmbH keine Personenidentität besteht, wird man dies verneinen müssen, weil hierdurch die Fungibilität der Anteile der übrigen Gesellschafter unzumutbar beeinträchtigt würde. Die Beschränkung auf eine bloße Gesellschaftervereinbarung ist auch ausreichend, weil der Berechtigte hierdurch gegenüber der Rechtslage bei der AG nicht schlechter gestellt wird.

Eine umwandlungsrechtliche Besonderheit besteht jedoch darin, dass es der Mehrheit frei steht, auch dann ein Vorkaufsrecht in die Satzung der GmbH aufzunehmen, wenn dieses zuvor nicht sämtlichen Gesellschaftern wechselseitig zustand. Der allgemeine Grundsatz, dass eine Verschärfung der Verfügungsbeschränkungen lediglich mit Zustimmung sämtlicher Gesellschafter zulässig ist (vgl. § 180 Abs. 2 AktG), wird beim Vorkaufsrecht für den Fall des Formwechsels durch die Möglichkeit des Ausscheidens aus der Gesellschaft gegen Barabfindung (vgl. § 207 UmwG) modifiziert [952].

---

[949] Ausführlich unter § 3 II.

[950] Zustimmend wohl auch Reichert in GmbHR 1995, 176, 193.

[951] Näher Scholz-K. Schmidt § 2, RN 13a.

[952] Reichert in GmbHR 1995, 176, 194.

b)   Erstreckung des Vorkaufsrechts auf den umgewandelten Rechtsträger
Bei umwandlungsrechtlichen Vorgängen stellt sich - unabhängig vom Vorgenannten − ferner stets die Frage, inwieweit sich das Vorkaufsrecht bereits nach
allgemeinen Grundsätzen auf den neuen bzw. rechtsformgeänderten Rechtsträger
erstreckt, sofern eine Regelung in einer Gesellschaftervereinbarung oder der
Satzung fehlt.

Für die Verschmelzung ist zwischen verschiedenen denkbaren Konstellationen zu
unterscheiden. Fällt der Rechtsträger, auf dessen Anteile sich das Vorkaufsrecht
bezieht, durch Verschmelzung mit einer Schwestergesellschaft (*„side-step-
merger"*) weg, wird sich die Vorkaufsklausel regelmäßig dahingehend auslegen
lassen, dass nunmehr die Anteile des neuen Rechtsträgers erfasst sein sollen [953].
Das Erlöschen des Rechtsträgers führt mithin zu einer inhaltlichen Anpassung der
Vereinbarung. Eine Berufung auf die Grundsätze des Wegfalls der Geschäftsgrundlage (§ 313 BGB) [954] ist daher nicht erforderlich. Darüber hinaus wäre die
Anwendbarkeit dieses Rechtsinstituts auch insofern zweifelhaft, als Umwandlungsvorgänge zumindest heutzutage voraussehbar sein dürften [955]. Zur Vermeidung von Umgehungsmöglichkeiten ist eine automatische Erstreckung auf die
Anteile am übernehmenden Rechtsträger geboten und führt für den Regelfall auch
nicht zu unzumutbaren Beeinträchtigungen des Verpflichteten oder Dritter. Praktische Probleme bei der Berechnung der nach Eintragung der Verschmelzung vom
Vorkaufsrecht umfassten Anteile des neuen Rechtsträgers sind wegen der
zwingenden Angabe des Umtauschverhältnisses im Verschmelzungsbericht (§ 8
Abs. 1 S. 1 UmwG) nicht zu erwarten. Je nach Auslegung und Zwecksetzung des
Vorkaufsrechts kann sich das Vorkaufsrecht aber auch auf die übrigen Anteile des
übernehmenden Rechtsträgers erstrecken [956]. Dies wird aber regelmäßig nicht der
Fall sein, wenn auch die Anteile des übernehmenden Rechtsträgers vorkaufsbelastet sein sollten [957]. Hier kommt es dann zu nebeneinander bestehenden Vorkaufsrechten für unterschiedliche Anteilspakete. Andernfalls würde der Verpflichtete durch den automatischen Übergang ohne ein Fehlverhalten Schadensersatzansprüchen für den Fall des Eintritts des Vorkaufsfalls ausgesetzt sein.
  Beispiel: Der Verpflichtete ist an zwei Tochter-AGs (A und B) zu je 75 % beteiligt. Er hat
  dem Nichtgesellschafter Z für seine Anteile an der A-AG ein Vorkaufsrecht eingeräumt.
  Minderheitsgesellschafter der B-AG ist der Dritte D mit 25 %, dem der Verpflichtete ein
  Vorkaufsrecht für die Aktien der B-AG eingeräumt hat. Für den Fall einer Verschmelzung
  der A-AG auf die B-AG sollte hier dem vorkaufsberechtigten Z insoweit ein Vorkaufsrecht
  an den Aktien des Verpflichteten an der B-AG zustehen, als dies dem Vermögensverhältnis
  beider Gesellschaften entspricht. Eine unzumutbare Beeinträchtigung des D erscheint weitgehend ausgeschlossen. Würde man hier das Vorkaufsrecht pauschal auch auf die neu

---

[953] Ähnlich LG Frankfurt a.M. AG 1985, 226f; eingehend Meilicke in BB 1961, 1069.

[954] LG Frankfurt a.M. AG 1985, 226, 227.

[955] Zustimmend Meilicke in BB 1961, 1069.

[956] Zum Vorkaufsrecht für „künftig Aktien" vgl. unter § 5 III 1.

[957] AA Lutter-Winter § 50, RN 22.

geschaffenen Aktien erstrecken, könnte der Verpflichtete durch das insoweit „doppelte" Vorkaufsrecht Haftungsansprüchen ausgesetzt sein.

Würde man für den Fall einer Verschmelzung stets das Erlöschen des Vorkaufs- rechts annehmen wollen, stünde es dem Verpflichteten frei, das Vorkaufsrecht durch interne Umstrukturierung leer laufen zu lassen. Die Lösung über die Annahme einer unzulässigen *Umgehung* würde in der Praxis zumeist daran scheitern, dass der Verpflichtete unschwer Gründe für die Maßnahme „schaffen" kann und der Nachweis einer Umgehung daher mehr als fraglich wäre.

Soweit eine verpflichtete Gesellschaft jedoch ihre Tochtergesellschaft, deren An- teile vorkaufsbelastet sind, durch Verschmelzung aufnimmt („*up-stream-merger*") oder die verpflichtete Gesellschaft umgekehrt auf diese verschmolzen wird („*down-stream-merger*"), wird das Vorkaufsrecht - von Umgehungskonstellationen abgesehen - erlöschen müssen, da die Konzernobergesellschaft regelmäßig nicht an die Vorkaufsabrede gebunden ist. Die Annahme der Fiktion des Vorkaufsfalles erscheint je nach Zweckrichtung des Vorkaufsrechts zwar nicht ausgeschlossen. Die vorgenannten Verschmelzungen haben mit einer Verkaufssituation nichts ge- mein. Zwar macht die Verpflichtete durch die Umwandlung und den damit ver- bundenen Wegfall der vom Vorkaufsrecht erfassten Aktien die Geltendmachung des Vorkaufsrechts unmöglich, so dass auch an einen Schadensersatzanspruch ge- dacht werden könnte. Selbst wenn jedoch der Nachweis einer schuldhaften Pflicht- verletzung durch bewusste Umgehung (Vereitelung) des Vorkaufsrechts gelingen sollte, wird es regelmäßig an einem bestimmbaren Schaden fehlen, weil die bloße Möglichkeit einer künftigen Ausübung schon insofern keinen bezifferbaren Wert haben kann, als der Berechtigte keinen Anspruch auf Eintritt des Vorkaufsfalls hat [958].

Bei einem bloßen *Formwechsel* wird die Auslegung der Vorkaufsklausel aufgrund der Identität des Rechtsträgers mithin erst recht die Erstreckung auf die Anteile des formgewechselten Rechtsträgers erfassen [959]. Für die *Spaltung* ist hingegen keine pauschale Lösung möglich. Bei einer Ausgliederung stellt sich das Problem wegen der unveränderten Beteiligungsform und einer lediglich auf eine Tochter- gesellschaft verlagerten Vermögensmasse nicht. Die Handhabung von Auf- oder Abspaltungen hängt von der konkreten Ausgestaltung ab.

Die Auslegung der Vorkaufsklausel kann für sämtliche Umwandlungsvorgänge im Einzelfall aber ergeben, dass das Vorkaufsrecht lediglich an dem Rechtsträger in seiner Rechtsform zur Zeit der Vereinbarung des Vorkaufsrechts bestehen und Umwandlungsvorgänge nicht erfassen soll [960]. Darüber hinaus kann mitunter eine

---

[958] Unstreitig, vgl. nur BGHZ 110, 230, 232 f; Z 115, 335, 338f.

[959] Henrich S. 252 (Fn. 27a); Meilicke in BB 1961, 1069.

[960] Vgl. Reichert in GmbHR 1995, 176, 183.

inhaltliche Modifizierung des Vorkaufsrechts zur Realisierung einer interessengerechten Lösung erforderlich sein, z.B. wegen eines geänderten Gesellschafterkreises oder einer Beschränkung des Vorkaufsrechts auf einen unternehmerischen
Teilbereich der AG [961].

Beispiel: Der Berechtigte ist als Inhaber eines Vorkaufsrechts an einer im Telekommuni-
kations- und im Anlagenbau tätigen AG lediglich am Bereich Anlagenbau interessiert. Sofern nunmehr der Alleingesellschafter eine Aufspaltung beider Teilbereiche in zwei neu
gegründete AGs vornimmt, liegt eine Auslegung der Vorkaufsklausel dahingehend nahe,
das Vorkaufsrecht nunmehr auf die Aktien an der im Anlagenbau tätigen AG zu beschränken. Dem Verpflichteten wäre hiernach die freie Veräußerung der übrigen Aktien möglich.

c)   Formbedürftigkeit nach § 15 Abs. 4 S. 1 GmbHG
Soweit durch den Umwandlungsvorgang ein Wechsel der Rechtsform der Gesellschaft, deren Anteile vorkaufsbelastet waren, in eine GmbH eintritt, ist fraglich,
ob dem „Fortbestehen" des Vorkaufsrechts an den Geschäftsanteilen eine fehlende
notarielle Beurkundung entgegensteht. Dies wird zum Teil [962] unter Verweis auf
§ 15 Abs. 4 S. 1 GmbHG angenommen. Beim Formwechsel besteht der aus der
Vorkaufsvereinbarung geschuldete Gegenstand wegen der rechtlichen Identität der
Gesellschaft jedoch fort. Das gewandelte rechtliche Erscheinungsbild alleine vermag die notarielle Form angesichts des eingeschränkten Schutzzwecks des § 15
GmbHG [963] nicht zu begründen. Zudem setzt § 15 Abs. 4 S. 1 GmbHG eine
rechtsgeschäftliche Vereinbarung voraus und ist auf Änderungen kraft Gesetzes
nicht anwendbar [964]. Aus diesem Grund scheidet die Anwendung dieser Norm
auch bei einer Verschmelzung aus.

Beispiel: Der Verpflichtete verschmilzt seine 100%-ige Tochter-AG auf eine 100%-ige
Tochter-GmbH. Hierbei steht § 15 Abs. 4 S. 1 GmbHG der Wirksamkeit der Erstreckung
des an den Aktien der AG bestehenden Vorkaufsrechts auf die Anteile an der GmbH nicht
entgegen.

Vielfach wird sich jedoch der Vorkaufsklausel zumindest eine umfängliche Beschränkung dahingehend entnehmen lassen, dass sich das Vorkaufsrecht - wie oben
gezeigt - lediglich auf einen bestimmten Anteil der Geschäftsanteile erstrecken
soll. Die anteilige Erstreckung des Vorkaufsrechts ist letztlich interessengerecht,
weil sie einerseits dem Berechtigten seine wirtschaftliche Position erhält und vor
(vermeintlichen oder tatsächlichen) Umgehungen schützt, andererseits aber dem
Verpflichteten die Möglichkeit von Umstrukturierungen belässt, ohne ihn durch
die vollständige Erstreckung des Vorkaufsrechts auf den gesamten Rechtsträger
unzumutbar zu beeinträchtigen. Dies trägt der Tatsache Rechnung, dass der Ver-

---

[961] Eine derartige Beschränkung ist angesichts der aufkommenden Überlegungen zur Zulässigkeit von sog. „tracking stocks" in der Praxis durchaus denkbar.

[962] Noack S. 211, sowie S. 286-288; aA Henrich S. 252 (Fn. 27a).

[963] Eingehend Lutter/Hommelhoff § 15, RN 12.

[964] Ebenso Meilicke in BB 1961, 1069; eingehend Baumbach/Hueck § 15, RN 30 ff.

pflichtete bei der Einräumung des Vorkaufsrechts lediglich in beschränktem Umfang einer Begrenzung der Dispositions- und Gestaltungsfreiheit zugestimmt hat.

2. Grundfragen zu den umwandlungsrechtlichen Folgen

Das UmwG statuiert verschiedene Regelungen zum Minderheitenschutz bzw. zur Modifizierung von Verfügungsbeschränkungen. Fraglich ist, ob diese auch für das Vorkaufsrecht Geltung beanspruchen. Hierbei stehen drei Normen im Mittelpunkt des Interesses.

a) Vorkaufsberechtigter als Inhaber von Sonderrechten i.S.d. § 23 UmwG

Sollten Vorkaufsrechte als *„Rechte in einem übertragenden Rechtsträger, die kein Stimmrecht gewähren"*, anzusehen sein, stünde dem Berechtigten ein Anspruch auf Einräumung *„gleichwertiger Rechte in dem übernehmenden Rechtsträger"* zu (§ 23 UmwG). Obwohl der Wortlaut dies nicht völlig ausschließt, scheidet eine Anwendung auf das Vorkaufsrecht jedoch aus mehreren Gründen aus [965]. Die beispielhafte Aufzählung in § 23 UmwG spricht dafür, lediglich solche Rechte zu erfassen, die dogmatisch zwischen Beteiligungsrecht und schuldrechtlicher Berechtigung einzuordnen sind [966]. Mitgliedschaftliche Sonderrechte sind hingegen in § 50 UmwG geregelt [967]. Zudem wäre die Gewährung „gleichwertiger" Rechte bei der AG mangels statutarischer Vorkaufsrechte ohnehin nicht möglich. Dies schließt aber die bereits angesprochene Möglichkeit nicht aus, dass sich ein Recht auf Einräumung bzw. Fortgeltung des Vorkaufsrechts (auch konkludent) aus der *Auslegung* der Vorkaufsabrede ergibt.

b) Obligatorische Vorkaufsfreiheit analog §§ 33, 211, 125 UmwG

Nach §§ 33, 211, 125 UmwG ist im Zeitraum zwischen der Fassung des Umwandlungsbeschlusses und zwei Monaten nach der Bekanntmachung der Eintragung der Maßnahme in das Handelsregister eine Veräußerung der Anteile trotz bestehender *„Verfügungsbeschränkungen bei den beteiligten Rechtsträgern"* zulässig. Fraglich ist nun, ob ein Vorkaufsrecht, ggf. *analog* § 33 UmwG, als „Verfügungsbeschränkung" i.d.S. anzusehen ist und daher eine *vorkaufs*widrige Veräußerung nicht nur wirksam [968], sondern auch rechtlich zulässig wäre.

Hiergegen spricht die Gefahr des Eindringens gesellschaftsfremder Dritter, die durch die Abwehrfunktion des Vorkaufsrechts gerade verhindert werden soll. Zwar wird bei der Verschmelzung der Begriff der „Verfügungsbeschränkung" in § 29 UmwG über dingliche Einschränkungen i.S.d. § 137 BGB hinaus wegen der ver-

---

[965] HM, vgl. nur Lutter-Grunewald § 23, RN 2 (sowie Fn. 6 m.w.N.); Kallmeyer-Marsch-Barner § 23, RN 2; Reichert in GmbHR 1995, 176, 184.

[966] Reichert in GmbHR 1995, 176, 184.

[967] Zustimmend Kallmeyer-Marsch-Barner § 23, RN 2; vgl. nachfolgend unter 3.

[968] Dies ist bei der AG wegen des rein schuldrechtlichen Charakters unstreitig.

gleichbaren wirtschaftlichen Beeinträchtigung analog auf Vorkaufsrechte erstreckt [969]. Diese Analogie ist aber deswegen nicht zwingend auch für den Anwendungsbereich bei § 33 UmwG geboten. Vielmehr besteht für eine derartige Analogie bei § 33 UmwG bei näherer Betrachtung des Normzwecks keine Berechtigung. Der dortige Wegfall der Verfügungsbeschränkungen dient nur der Kompensation der Zulässigkeit von Mehrheitsumwandlungen [970]. § 33 will lediglich verhindern, dass dem bisherigen Gesellschafter ein Ausscheiden aus der Gesellschaft generell versagt bleibt oder zumindest unzumutbar erschwert wird. Dies ist bei einem Vorkaufsrecht jedoch gerade nicht der Fall. Der Gesellschafter ist hinsichtlich der inhaltlichen Gestaltung des Verkaufs völlig frei, so dass eine erhebliche Verschlechterung der Fungibilität nicht eintritt. Die bloße Beschränkung der Partnerwahlfreiheit rechtfertigt keinen Verzicht auf den Schutz der verbleibenden Gesellschafter gegen das Eindringen Dritter. Dieses Ergebnis bedarf jedoch dogmatisch nicht des Rückgriffs auf eine teleologische Reduktion [971], sondern beruht auf der Verneinung der Voraussetzungen einer Analogie.

c)   Zustimmungserfordernis bei Minderheitenvorkaufsrecht (§ 50 UmwG)
Nach §§ 50 Abs. 2, 125, 241 Abs. 2 UmwG bedarf der Umwandlungsbeschluss zu seiner Wirksamkeit der Zustimmung eines einzelnen Gesellschafters, sofern dessen „auf dem Gesellschaftsvertrag beruhende Minderheitsrechte" durch die Umwandlung „beeinträchtigt" werden. Zu klären ist, ob auch Vorkaufsrechte eines Minderheitsaktionärs [972] hierunter zu fassen sind.

Mangels korporativer Vorkaufsrechte bei der AG kommt diese als Ausgangsrechtsträger nicht in Betracht, wohl aber die GmbH [973]. Bei dieser ist die im Gesellschaftsvertrag vorgesehene Vorkaufsberechtigung wegen der inhärenten Schutzfunktion als Individual- und Minderheitsrecht anzusehen [974]. Bei einem Formwechsel in bzw. einer Verschmelzung auf eine AG scheidet eine Verankerung des Vorkaufsrechts in der Satzung aus. Im Rahmen des § 50 UmwG braucht sich der bislang aus einem korporativen Vorkaufsrecht Berechtigte jedoch [975] nicht auf eine bloße Regelung in einer separat geschlossenen Konsortialvereinbarung zu beschränken. Wegen der rein schuldrechtlichen Wirkung kann bei der AG zudem

---

[969] Widmann/Mayer-Vollrath § 29, RN 14f.

[970] Widmann/Mayer-Vollrath § 33, RN 5; vgl. beispielhaft OLG Frankfurt a.M. WM 1989, 144f (Formwechsel einer AG in eine GmbH mit vinkulierten Geschäftsanteilen).

[971] AA Widmann/Mayer-Vollrath § 33, RN 6f; Reichert in GmbHR 1995, 176, 188ff; i.E. zutreffend Lutter-Grunewald § 33, RN 8.

[972] Der Mehrheitsgesellschafter bedarf angesichts der für die Umwandlung erforderlichen ¾-Mehrheit dieses Schutzes nicht.

[973] Konstellationen ohne jede Beteiligung einer AG sollen im Rahmen der vorliegenden Arbeit unbeachtlich sein.

[974] Reichert in GmbHR 1995, 176, 183f.

[975] Unstreitig, vgl. nur Lutter-Winter § 50, RN 23.

selbst ein durch Vertragsstrafe gesichertes Vorkaufsrecht nicht als funktionales Äquivalent zur korporativen Bestimmung in der GmbH-Satzung angesehen werden. Daher stellt der Wegfall des Vorkaufsrechts stets eine „Beeinträchtigung" i.S.d. § 50 UmwG dar [976]. Die Verweigerung der Zustimmung durch den Berechtigten wird hierbei nur beim Vorliegen gewichtiger Gründe als treuwidrig anzusehen sein [977]. Wegen der rein schuldrechtlichen Wirkung liegt daher zwar kein Zustimmungserfordernis nach § 13 Abs. 2 UmwG vor [978], wohl aber nach § 50 Abs. 2 UmwG. Zwar schützt § 50 UmwG lediglich die Minderheitsgesellschafter. Da die Zustimmung der Mehrheit aber bereits zur Erreichung der ¾-Mehrheit erforderlich ist, bedarf der Umwandlungsbeschluss einer GmbH mit wechselseitigen statutarischen Vorkaufrechten der Gesellschafter in eine AG bzw. die Verschmelzung hierauf regelmäßig der *Einstimmigkeit*.

II.   Umwandlung des Berechtigten
Ferner ist klärungsbedürftig, welche Bedeutung Maßnahmen nach dem UmwG auf seiten des Vorkaufsberechtigten für die Existenz und die Reichweite des Vorkaufsrechts haben. Hierbei soll zwischen den einzelnen Umwandlungsformen differenziert werden.

1.   Formwechsel
Nach allgemeiner Ansicht [979] führt ein Formwechsel nach den Regelungen des UmwG zu keinem Wechsel der rechtlichen Inhaberschaft des Vorkaufsrechts. Daher ist § 473 BGB in diesem Fall auch nicht anwendbar, und das Vorkaufsrecht besteht fort. Auf die möglichen rechtsformspezifischen Besonderheiten einer Gesellschaft (z.B. hinsichtlich der Einflussnahmemöglichkeit der Gesellschafter) wird es auch bei der Auslegung der schuldrechtlichen Vorkaufsklausel im Zweifel nicht ankommen, weil diese als rein (berechtigten)interne Belange das Vorkaufsrecht im Außenverhältnis allenfalls mittelbar betreffen.

2.   Verschmelzung
Klärungsbedürftig ist ferner die Frage, ob das Vorkaufsrecht im Falle einer Verschmelzung des Berechtigten erlischt oder beim übernehmenden Rechtsträger fortbesteht.

Die nachträglich eingeführte Möglichkeit des Übergangs im Wege der Gesamtrechtsnachfolge bei juristischen Personen im Bereich des Nießbrauchs, der Dienstbarkeiten und des dinglichen Vorkaufsrechts (§§ 1059a ff, 1092 Abs. 2, 1098

---

[976] Widmann/Mayer-Mayer § 50; RN 88; Kallmeyer-Zimmermann § 50, RN 21, 23; ähnlich Reichert in GmbHR 1995, 176, 183 f, 186, 193.

[977] Einschränkend Reichert in GmbHR 1995, 176, 184, 193.

[978] Näher Reichert in GmbHR 1995, 176, 181.

[979] Vgl. nur MK-Westermann § 514, RN 3 (Fn. 4); Palandt-Putzo § 473, RN 3.

Abs. 3 BGB) trifft für das *schuldrechtliche* Vorkaufsrecht keine Aussage [980]. Soweit in der Literatur [981] und früheren Rechtsprechung [982] vertreten wird, die übertragende Umwandlung des Berechtigten führe gemäß § 473 BGB zum Erlöschen des Vorkaufsrechts, ist dieser Ansatz unzutreffend [983]. § 473 BGB regelt allein die fehlende Übertragbarkeit des Vorkaufsrechts, trifft hingegen keine abschließende Aussage über die Folgen einer kraft Gesetzes eintretenden Gesamtrechtsnachfolge auf der Ebene der Gesellschaft [984]. Da das für die fehlende Übertragbarkeit bedeutsame Element der zeitlichen Beschränkung des Vorkaufsrechts für juristische Personen „nicht passt" [985] und der Verpflichtete bei Vorkaufsrechten zugunsten einer juristischen Person ohnehin weniger schutzwürdig ist [986], entspricht regelmäßig ein Übergang des Vorkaufsrechts der Interessenlage der Parteien. Daher wird man der Vorkaufsklausel im Zweifel im Wege ergänzender Vertragsauslegung einen derartigen Sinn entnehmen können. Aufgrund des dispositiven Charakters ist die wirtschaftliche Bedeutung der Umwandlung für das Bestehen des Vorkaufsrechts nicht nur nicht unerheblich [987], sondern über die (ausdrückliche oder konkludente) Zwecksetzung des Vorkaufsrechts sogar mitunter entscheidend. Dies schließt es jedoch nicht aus, dass Konstellationen denkbar sind, bei denen das Vorkaufsrecht bei einer Verschmelzung des Berechtigten untergeht [988].

Beispiel: Der Verkauf der gesamten vorkaufsberechtigten Gesellschaft an einen konkurrierenden Konzern lässt im Grundsatz das Vorkaufsrecht fortbestehen. Die Interessenlage der Beteiligten kann jedoch im Einzelfall ergeben, dass -zumindest- eine Verschmelzung dieser Gesellschaft auf ihre (neue) Muttergesellschaft zum Erlöschen des Vorkaufsrechts führen soll.

Mögliche Unsicherheiten resultieren aus der Gestaltungsvielfalt und Abstraktheit des Gesellschaftsrechts und vermögen als „systemimmanentes Risiko" den vorgenannten Lösungsansatz nicht grundsätzlich in Frage zu stellen.

---

[980] Vgl. RGZ 163, 142, 147f unter Verweis auf die Entstehungsgeschichte; Gutzler S. 295f; aA KG DR 1939, 1891f; MK-Westermann § 514, RN 3 (ohne Begründung).

[981] Salzgeber-Dürig S. 73; MK-Westermann § 514, RN 3; Staudinger-Mader § 514, RN 4

[982] KG DR 1939, 1891f; aA aber bereits RGZ 163, 142, 148f.

[983] Vgl. Gutzler S. 295f; kritisch auch RGZ 163, 142, 148f; sowie Soergel-Huber § 514, RN 4.

[984] Ebenso Schäfer in Spaltung S. 114, 131 f.

[985] So das (in der Literatur vielfach nicht beachtete Urteil des) RG (Z 163, 142, 148f) unter ausführlicher Ablehnung der Entscheidung des KG (DR 1939, 1891f); ebenso BGHZ 50, 307, 310f; vgl. zu den Gründen der fehlenden Übertragbarkeit unter § 12 I 1 a).

[986] Eingehend Rieble in ZIP 1997, 301, 304f, 314; BGHZ 50, 307, 310f; RGRK-Mezger § 514, RN 1; ähnlich Soergel-Huber § 514, RN 4; Staudinger-Mayer-Maly-Mader § 1098, RN 20.

[987] AA zu Unrecht KG DR 1939, 1981, 1892.

[988] Siehe zu zulässigen Gestaltungsmöglichkeiten (samt notwendiger Einschränkungen) auch unter § 12 I 3.

3. Spaltung

Auch bei Spaltungsvorgängen gilt mit Blick auf die Anordnung der Gesamtrechtsnachfolge (§ 131 Abs. 1 Nr. 1 S. 1 UmwG) das Vorgenannte. Die konkrete
Handhabung hängt hingegen von der jeweiligen Ausgestaltung der Spaltung (vgl.
§ 123 UmwG) sowie der Zweckrichtung des Vorkaufsrechts ab. Vielfach wird
zwar unter Berufung auf §§ 131 Abs. 1 Nr. 1 S. 2, 132 UmwG i.V.m. § 473 BGB
die Übergangsfähigkeit für sämtliche Fälle der Spaltung verneint, so dass das Vorkaufsrecht bei Abspaltung und Ausgliederung beim übertragenden Rechtsträger
verbleibe, während es bei der Aufspaltung erlösche [989]. Dies wird jedoch – zumindest für die Übertragung von Betrieben bzw. Betriebsteilen – abgelehnt, da hier
keine der Übertragung entgegenstehenden Interessen ersichtlich seien [990].

Wegen des dispositiven Charakters von § 473 BGB und des wohl unstreitig miss-
glückten Wortlauts von § 132 UmwG [991] wird man jedoch auch über diese Fälle
hinaus auf die gemeinsame Zwecksetzung des Vorkaufsrechts abzustellen haben.
Insbesondere im Rahmen komplexer Konzernstrukturen wird die Zuordnung des
Vorkaufsrechts zu einer bestimmten Gesellschaft in der Praxis nicht als derart
zwingend angesehen, dass Umstrukturierungen die Rechtsstellung im Grundsatz in
Frage stellen [992]. Daher wird bei Spaltungsvorgängen der Übergang des Vorkaufsrechts dem hypothetischen Parteiwillen entsprechen [993]. Wenn zudem eine
Übertragung des Vorkaufsrechts an die beherrschende Konzernobergesellschaft
zulässig ist [994], wird man dies im Zweifel auch *umgekehrt* für die Gesamtrechtsnachfolge im Rahmen einer Ausgliederung oder Abspaltung auf eine Tochtergesellschaft annehmen dürfen. Schließlich wäre auch der Kaufvertrag, auf den
das Vorkaufsrecht gerichtet ist, im Wege der Gesamtrechtsnachfolge übertragbar.
Das einschränkende Verständnis der §§ 132 UmwG, 473 BGB dient letztlich dem
gesetzgeberischen Anliegen, durch das UmwG Umstrukturierungen zu erleichtern
und nicht „durch die Hintertür" faktisch auszuschließen [995]. Neben Missbrauchs-
fällen wird man einen Verbleib des Vorkaufsrechts bei dem ursprünglichen
Rechtsträger bzw. ein Erlöschen lediglich in den Fällen anzunehmen haben, in
denen der Verpflichtete ein besonderes Interesse an der Beschränkung des Vor-

---

[989] Widmann/Mayer-Mayer § 132, RN 36; Mayer in GmbHR 1996, 403, 408; näher hierzu
Gutzler S. 295f.

[990] Kallmeyer in GmbHR 1996, 242, 244 (im Wege der Vertragsauslegung oder ergänzenden
Vertragsauslegung); ferner Gutzler S. 295f.

[991] Eingehende Darstellung bei Mayer in GmbHR 1996, 403, 406; sowie Schäfer in Spaltung
S. 114, 118 ff.

[992] Vgl. Schäfer in Spaltung S. 114, 126 ff *„im Verhältnis zur juristischen Person regelmäßig
fehlendes Vertrauensverhältnis"* (S. 128).

[993] Ebenso Schäfer in Spaltung S. 114, 132; Fuhrmann/Simon in AG 2000, 49, 57; vgl. auch
Rieble in ZIP 1997, 301, 304f, 314.

[994] Hierzu unter § 12 I 2 b).

[995] Vgl. Mayer in GmbHR 1996, 403, 406.

kaufsrechts hat. Dies kommt aber zumindest dann nicht in Betracht, wenn es nicht auf die „formale Rechtshülle", sondern auf die hinter der Gesellschaft stehenden (z.B. Konzern-) Interessen ankommt [996].

III. Umwandlung des Verpflichteten

Umwandlungsmaßnahmen beim Verpflichteten erfordern ebenfalls komplexe Wertungen unter Einbeziehung der berechtigten Interessen der Beteiligten. Nach einem *Formwechsel* richtet sich die Verpflichtung zur Beachtung des Vorkaufsrechts zwar unproblematisch an einen Rechtsträger einer anderen Rechtsform. Bei Verschmelzungs- und Spaltungsvorgängen fragt sich hingegen, ob die gesetzlichen Vorgaben geeignet sind, den Berechtigten wirksam gegen mögliche Umgehungen zu schützen.

1.   Gesetzlicher Rahmen für das Vorkaufsrecht bei der Umwandlung der vorkaufsverpflichteten Gesellschaft

Bei der *Verschmelzung* gehen die Verpflichtungen aus dem Vorkaufsrecht nach § 20 Abs. 1 Nr. 1 UmwG auf den übernehmenden Rechtsträger über [997]. Das Gleiche gilt für die Auf- oder Ab*spaltung* entsprechend den Vorgaben im Spaltungsplan. Sofern die Aktien im Wege der Ausgliederung auf eine Tochtergesellschaft übertragen werden, richtet sich das Vorkaufsrecht des Berechtigten nunmehr gegen diese Gesellschaft.

Der Berechtigte kann den Übergang der Rechte und Pflichten wegen der gesetzlich angeordneten Gesamtrechtsnachfolge (§ 131 Abs. 1 Nr. 1 S. 1 UmwG) insoweit zwar nicht verhindern. Durch die gesamtschuldnerische Haftung der „an der Spaltung beteiligten Rechtsträger" (§ 133 Abs. 1 S. 1 UmwG) ist eine Schlechterstellung jedoch ausgeschlossen. Die Gestaltungsvielfalt des UmwG lädt allerdings geradezu dazu ein, das Vorkaufsrecht durch den Einsatz von Umwandlungsvorgängen leer laufen zu lassen. Klärungsbedürftig ist daher ob und inwieweit die Rechtsstellung des Berechtigten durch eine interessengerechte Heranziehung der Zwecksetzung des Vorkaufsrechts geschützt werden kann.

2.   Schutz vor Umgehung des Vorkaufsrechts durch Umwandlung der verpflichteten Gesellschaft

Die undifferenzierte Zugrundelegung der vorgenannten Grundsätze würde es dem Verpflichteten ermöglichen, die Aktien vorkaufsrechtsfrei auf eine dritte Gesellschaft zu übertragen, indem er die Gesellschaft auf die dritte Gesellschaft verschmilzt, die Aktien auf eine Tochtergesellschaft ausgliedert oder auf eine neu

---

[996] Ähnlich Schäfer in Spaltung S. 114, 146 „*Personen- oder Zweckbezug*".

[997] Sofern der Verpflichtete selbst übernehmender Rechtsträger ist, werden die Rechte des Berechtigten ohnehin nicht tangiert.

gegründete Gesellschaft abspaltet [998] und dann deren Anteile veräußert [999], oder die Aktien auf die dritte Gesellschaft abspaltet [1000].

Einer generellen Fiktion des Vorkaufsfalls in derartigen Fällen steht die bewusst schwach ausgestaltete Stellung des Vorkaufsberechtigten entgegen. Zwar waren dem Gesetzgeber ursprünglich die komplexen Gestaltungsmöglichkeiten des UmwG nicht bekannt. Dennoch hat er allgemein davon Abstand genommen, dem Kaufvertrag andere rechtliche Gestaltungen gleichzustellen, sondern stets die Besonderheiten des Einzelfalls als maßgeblich dargestellt [1001]. Bei einer willkürlichen Erstreckung des Vorkaufsrechts auch auf Umwandlungsvorgänge wäre die unterbliebene Erstreckung auf sonstige Vertragsarten nicht zu begründen. Die Beschränkung auf den Übergang der Vorkaufsverpflichtung auf den übernehmenden Rechtsträger stellt sich als rechtlich fundierter und letztlich auch interessengerechter Mittelweg dar. Hiernach werden die Interessen des Berechtigten dadurch gewahrt, dass ihm das UmwG durch die Rechtsnachfolge in die Verpflichtungen aus der Vorkaufsabrede zumindest seine bisherige Rechtsstellung erhält. Wortlaut und Zweck des § 463 BGB stehen hingegen einer Beschränkung der Dispositionsfreiheit des Verpflichteten entgegen, in die dieser nicht durch die Vorkaufsabrede eingewilligt hat. Ein Anspruch des Berechtigten ist daher nur in zwei Fällen denkbar. Zum ersten kann die Auslegung der Vorkaufsabrede ergeben, dass das Vorkaufsrecht sich auch auf strukturelle Maßnahmen nach dem Umwandlungsgesetz bzw. auf die diesen zugrunde liegenden Vereinbarungen erstrecken soll. Sofern eine derart weitreichende Beschränkung der unternehmerischen Freiheit jedoch nicht ausdrücklich getroffen wurde, ist bei der Unterstellung eines hypothetischen Parteiwillens im Wege ergänzender Vertragsauslegung Vorsicht geboten. Eine konkludente Erweiterung ist nur dann denkbar, wenn die Umwandlungsmaßnahmen eine Übertragung der Aktien auf dritte Gesellschaften zur Folge haben, die dem Zweck des Vorkaufsrechts zuwider laufen würde, z.B. weil das Vorkaufsrecht gerade der Verhinderung einer Beteiligung dieses Dritten an der betroffenen Aktiengesellschaft dienen sollte.

Zum zweiten kann der Berechtigte sich auf die Rechte aus der Vorkaufsabrede berufen, wenn das Vorgehen des Verpflichteten rechtlich als Umgehung anzusehen ist [1002]. Ausgangspunkt der Überlegung muss hierbei die Einordnung der Umwandlungsmaßnahme als *Erfüllungs*handlung einer zugrunde liegenden vertraglichen Verpflichtung sein. Als Indiz mag hier die Frage gelten, ob diese „causa" einem Kaufvertrag über die Aktien wertungsmäßig gleichzusetzen ist. Sofern z.B.

---

[998] Ähnliches gilt auch für die Aufspaltung des Verpflichteten.

[999] Hierzu näher unter § 7 III.

[1000] Diese Darstellung ist nur beispielhaft zu verstehen.

[1001] Vgl. Schubert Redaktion S. 71; Mugdan S. 192.

[1002] Zu den Voraussetzungen und Rechtsfolgen eines Umgehungsgeschäfts beim Aktienverkauf vgl. unter §§ 6, 7.

eine Abspaltung als einzigen bedeutsamen Vermögensgegenstand die vorkaufsbelasteten Aktien umfasst, liegt die Annahme eines Umgehungsgeschäfts nahe.
Sofern aufgrund der konkreten Umstände eine Umgehung zu bejahen ist, kann der
Berechtigte seine Rechte auch noch gegenüber dem übernehmenden Rechtsträger
geltend machen. Da die Verpflichtung zur Beachtung des Vorkaufsrechts als
Verbindlichkeit auf den übernehmenden Rechtsträger übergeht, steht es ihm anders
als sonst beim Vollzug eines vorkaufswidrigen Verkaufs frei, sein Vorkaufsrecht
auszuüben und vom übernehmenden Rechtsträger die Herausgabe der vorkaufsbelasteten Aktien gegen Wertersatz zu verlangen. Die Bestimmung des Wertes hat
hierbei gemäß §§ 315f BGB zu erfolgen [1003]. Rechtsdogmatisch lassen sich zwei
Grundlinien feststellen: Bei Umwandlungsmaßnahmen „zur Neugründung" liegt
die Umgehung vor allem in der Gefahr eine anschließenden vorkaufsfreien Abtretung von deren Anteilen [1004]. Sofern die Umwandlungsmaßnahme zu einer unmittelbaren Vermögensmehrung des erwerbswilligen Dritten führt, richtet sich die
Zulässigkeit der Gestaltung nach der Zwecksetzung der Vorkaufsabrede unter Berücksichtigung der Kaufähnlichkeit der Ausgestaltung des zugrunde liegenden
Rechtsgeschäfts.

Zwischenergebnis:
Soweit ein Beteiligter Maßnahmen nach dem UmwG unterliegt, ist zwischen rein
schuldrechtlichen und umwandlungsrechtlichen Folgen zu differenzieren. Die
Auslegung der Vorkaufsklausel wird im Rahmen einer Verschmelzung der AG,
deren Anteile vorkaufsbelastet sind, regelmäßig eine Erstreckung des Vorkaufs-
rechts auf sämtliche bzw. nur Teile der Anteile des übernehmenden Rechtsträgers
ergeben, sofern dessen Anteile ebenfalls vom Verpflichteten gehalten werden.
Während § 33 UmwG hierbei nicht anwendbar ist und somit keine „vorkaufsfreie"
Veräußerung gestattet, greift das Zustimmungserfordernis gem. § 50 Abs. 2
UmwG bei einem Formwechsel in bzw. einer Verschmelzung auf eine AG ein. Ein
Formwechsel des Berechtigten ist regelmäßig unproblematisch. Bei einer Verschmelzung oder Spaltung des Berechtigten wird hingegen -scheinbar entgegen
§ 473 BGB- vielfach ein Übergang des Vorkaufsrechts im Wege der Gesamtrechtsnachfolge dem hypothetischen Parteiwillen entsprechen. Ein Formwechsel
des Verpflichteten berührt die Interessen der übrigen Beteiligten nicht. Bei den
übrigen Umwandlungsmaßnahmen geht die Verpflichtung aus dem Vorkaufsrecht
auf den übernehmenden Rechtsträger über. Trotz der hohen Umgehungsanfälligkeit von Verschmelzungs- und insbesondere Spaltungsvorgängen ist die der Umwandlung zugrunde liegende Vereinbarung lediglich dann als Vorkaufsfall anzusehen, wenn sich dies der Vorkaufsabrede entnehmen lässt oder der Vorgang als
unzulässige Umgehung anzusehen ist.

[1003] Vgl. BGH NJW 1987, 890, 892 „Dinckelacker".
[1004] Hierzu ausführlich unter § 7 III.

6. Teil: Vorkaufsrechte an Aktien in der praktischen Vertragsgestaltung

Die bisherige Untersuchung der Vorkaufsrechte an Aktien hat ergeben, dass die rechtliche Bewältigung von Aktientransaktionen, sei es als schlichte Kaufverträge zwischen natürlichen Privatpersonen, sei es als komplexe Unternehmenskaufverträge nationaler oder internationaler Unternehmensgruppen, allein auf der Grundlage der gesetzlichen Vorgaben nicht oder nur sehr eingeschränkt möglich ist. Da die erforderlichen rechtlichen Prinzipien und maßgeblichen Wertungskriterien herausgearbeitet wurden, stellt sich nun jedoch die Frage, ob das dargestellte Verständnis der „Vorkaufsrechte an Aktien" auch in ein Klauselwerk überführt werden kann, das den Anforderungen der Praxis standhält. Die kritische Auseinandersetzung mit der „üblichen" vertraglichen Gestaltung ist daher primär kein Formulierungsleitfaden, sondern die notwendige Ergebniskontrolle der umfassenden rechtlichen Aufarbeitung eines durch die Praxis maßgeblich beeinflussten Themenkomplexes.

Nachfolgend soll daher versucht werden, zunächst die Schwierigkeiten der Vertragsgestaltung aufzuzeigen (§ 14), um anschließend – ausgehend von den in den Teilen 1 bis 5 ausgeführten rechtlichen Erwägungen – Vorschläge für eine interessengerechte vertragliche Gestaltung zu unterbreiten (§ 15). Der Darstellung der Gestaltungsprobleme kommt mit Blick hierauf für die Praxis ferner die Funktion einer „Checkliste" zu, die bei künftigen Vereinbarungen eine Ausgestaltung erhoffen lässt, die den Bedürfnissen der Beteiligten weitestgehend Rechnung trägt.

§ 14 Problembereiche der Vertragsgestaltung

Wegen der üblichen Vertraulichkeitsvereinbarungen in Konsortialverträgen ist im Rahmen der Darstellung praktischer Problembereiche der Vertragsgestaltung ein ausdrücklicher Verweis auf konkrete Vereinbarungen vielfach ausgeschlossen [1005]. Mitunter soll jedoch auf die in der Rechtsprechung oder Literatur veröffentlichten Konstellationen oder Beispiele verwiesen werden, um wichtige Aspekte oder Fehlerquellen zu verdeutlichen. Nach den Kernproblemen der Gestaltung (sub. I.) soll gesondert auf die allgemeinen Grundsätze bei der praktischen Regelung des Vorkaufsrechts eingegangen werden (sub. II.).

[1005] Vgl. zu dieser Schwierigkeit bei rechtstatsächlichen Untersuchungen auch Baumann/Reiss in ZGR 1989, 157, 161f.

I. Kernprobleme der Gestaltung

Eine vertiefte Auseinandersetzung mit der praktischen Vertragsgestaltung im Bereich der Vorkaufsregelungen, insbesondere in aktienrechtlichen Konsortialverträgen, zeigt ein mitunter unzureichendes Problembewusstsein. Die Kernfragen der Gestaltung sollen an den folgenden Hauptproblemen, die bei einem erheblichen Anteil der im Zuge der Erstellung dieser Arbeit eingesehenen Vorkaufsabreden zu verzeichnen waren, verdeutlicht werden.

1. Unterschätzte Bedeutung der Vorkaufsvereinbarung

Trotz der bereits eingehend dargestellten Bedeutung der Vorkaufsrechte [1006] finden sich in der Literatur relativ wenige [1007] Muster für die Ausgestaltung eines Vorkaufsrechts an Aktienbeteiligungen. Mitunter ist selbst in Formularen für Konsortialverträge kein Vorkaufsrecht enthalten [1008], obwohl dieses zum „eisernen Bestand" [1009] einer derartigen Vereinbarung zählt. Die Literatur setzte sich bislang mit den Rechtsfragen beim Vorkaufsrecht an Aktien auch nicht oder nur hinsichtlich einzelner spezieller Fragestellungen auseinander [1010], ohne jedoch die gesamte Tragweite der Thematik zu erkennen [1011]. Daher überrascht es letztlich nicht, dass auch bei der Gestaltung eines Konsortialvertrages die Bedeutung des Vorkaufsrechts unterschätzt wird [1012]. Zu diesem Zeitpunkt sind die Parteien meist noch gewillt, dem Berechtigten die Aktien im Falle eines Verkaufs bzw. einer Veräußerung zu übertragen und verkennen regelmäßig die Tragweite ihrer Vereinbarung, sei es den Umfang der Freiheitsbeschränkung (für den Verpflichteten), sei es die Beschränkung der eigenen Rechtsstellung (für den Berechtigten). Zudem gehen die Parteien häufig irrig davon aus, die Gesetzeslage sei eindeutig [1013].

2. Verzicht auf Andienungspflicht

Eine den Interessen sämtlicher Beteiligter gerecht werdende vertragliche Ausgestaltung setzt zwingend die Kombination des Vorkaufsrechts mit einem vorgeschalteten Andienungsverfahren im Falle des Verkaufs bzw. der Veräußerung

---

[1006] Hierauf verweist auch Reichert in BB 1985, 1496, 1500.

[1007] So Baumann/Reiss in ZGR 1989, 157, 159.

[1008] So beschränkt sich das Beispiel bei Noack (Anhang) auf eine Andienungspflicht.

[1009] Salzgeber-Dürig S. 20.

[1010] Baumann/Reiss in ZGR 1989, 157, 159.

[1011] Zu Recht verweisen Hennerkes/Kirchdörfer in Hennerkes, Unternehmenshandbuch Familiengesellschaften S. 94 darauf, Poolverträge seien kein „bloßes Beiwerk" einer aktienrechtlichen Satzung.

[1012] Vgl. OLG Karlsruhe WM 1990, 725, 726 „Burda/Springer": Klausel wurde „unstreitig ohne größere Diskussion" vereinbart.

[1013] Hierzu eingehend nachfolgend unter II 2.

voraus [1014]. Der Berechtigte erfährt hierbei frühzeitig über einen möglichen Verkauf und kann in der Praxis noch Einfluss auf die inhaltliche Gestaltung nehmen, ohne im Vorkaufsfall auf die Ausübung des Vorkaufsrechts zu vorgegebenen Bedingungen verzichten zu müssen, sofern der Verpflichtete die Andienung unterlässt oder zu Bedingungen abschließt, die er dem Dritten in dieser Form nicht angeboten hat. Der Verpflichtete erfährt in der Regel seinerseits frühzeitig über eine Erwerbsbereitschaft des Berechtigten und vermeidet überflüssige Kosten im Zusammenhang mit dem Verkauf an den Dritten (z.b. für die Unternehmensprüfung, Finanzierungskosten, Beratungshonorare und ggf. Notargebühren).

Die Parteien haben hierbei jedoch besonderes Augenmerk darauf zu richten, den Inhalt der Andienung und die Bindungswirkung der Stellungnahme des Verpflichteten hierauf klarzustellen, um zu vermeiden, dass später Unklarheit darüber herrscht, ob die Andienung nur eine allgemeine Veräußerungsbereitschaft signalisieren oder ein konkretes Angebot beinhalten muss [1015].

3.   Offenkundige Redaktionsfehler

Die Anknüpfung an den Wortlaut der Vorkaufsvereinbarung kommt dann an ihre Grenze, wenn ein wortlautgetreues Verständnis der Klausel überhaupt keinen Anwendungsfall des Vorkaufsrechts ergibt. Dies kommt häufiger vor, als man erwarten sollte [1016].

Beispiel 1: Im Burda/Springer-Fall bezog sich der Wortlaut der Vorkaufsklausel auf Aktien, die ersichtlich nicht von dem Vorkaufsrecht erfasst sein sollten. Das OLG Karlsruhe [1017] stellte daher auch fest, dass die *„Präambel an einem offenkundigen Redaktionsfehler leidet"* und die Regelung *„jeden Sinns entbehrte, wenn man bei einem wörtlichen Verständnis ... stehen bleiben wollte"*.

Beispiel 2: Im Fall Bewag entsprach die freie Veräußerbarkeit mit Blick auf die durchweg gewollte paritätische Beteiligung (Gleichberechtigung) offensichtlich nicht den gemeinsamen Interessen der Parteien.

Selbst wenn die Parteien die rechtliche Unsicherheit bei komplexen Gestaltungen nicht stets selbst erkennen können, sollten die beteiligten Berater sich dieses Problems durchaus bewusst sein [1018]. Eine umfassende Regelung sämtlicher

---

[1014] Joussen S. 18f; aA Böttcher/Beinert/Hennerkes in DB 1971, 1998, 2000: Andienungsverfahren vermeidet Nachteile des Vorkaufsrechts; die Erfahrung von Baumann/Reiss in ZGR 1989, 157, 182, dies sei der praktische Regelfall, bestätigte sich bei den im Zuge der Erstellung dieser Arbeit eingesehenen Vereinbarungen nicht.

[1015] Für ersteres Lorenz in FS Dölle, S. 103, 129f; aA jedoch Lehner in SJZ 1954, 73, 78.

[1016] So ausdrücklich RG JW 1934, 1412 f; OLG Karlsruhe WM 1990, 725, 729 f.

[1017] WM 1990, 725, 730.

[1018] Vgl. Rittershaus/Teichmann, S. 103, RN 256; sowie LG Offenburg EWiR § 504 BGB 1/89, 135 f (Volhard).

denkbarer Konstellationen ist zwar nicht möglich. Insoweit darf aus der Unvollständigkeit oder Ungenauigkeit ex post nicht die Mangelhaftigkeit der Regelung zur Zeit der Vereinbarung gefolgert werden. Gerade bei der Erstellung komplexer und umfangreicher Vorkaufsregelungen ist allerdings darauf zu achten, dass sich die Klauseln nicht widersprechen oder keinen Anwendungsbereich haben.

4. Fehlende Teilbarkeitsregelung

Der Verkauf von Aktien als Rechtsgeschäft über eine Massen-Sachgesamtheit ist heutzutage ein übliches Geschäft, sei es als einfacher Verkauf, sei es im Rahmen von Unternehmenskaufverträgen oder Umstrukturierungen. Dennoch findet sich in (fast) keiner Vereinbarung eine nähere Regelung über die Zulässigkeit der Beschränkung der Ausübung des Vorkaufsrechts auf Teile der veräußerten Beteiligung oder einzelne Veräußerer [1019]. Über die Frage der Aufteilung hinaus werden hierbei auch die Folgeprobleme der Ermittlung der Gegenleistung im Allgemeinen und der „Nachteilsausgleichspflicht" für den dem Verpflichteten regelmäßig entgangenen Paketzuschlag im Besonderen verkannt. Wegen des Paketzuschlags ist der bloße Verweis auf § 464 Abs. 2 BGB für die Gegenleistung ebenso unzureichend [1020] wie sich die interessengerechte Zuweisung der wirtschaftlichen Nachteile allein über § 467 BGB bestimmen lässt.

5. Fehlende Zwecksetzung

Regelmäßig fehlt den Vereinbarungen eine gesonderte Regelung dahingehend, welche Zwecksetzung die Parteien mit der Vereinbarung eines Vorkaufsrechts verfolgen und inwieweit sie die Regelungen der §§ 463 ff BGB abbedingen wollen. Die genauestmögliche Beschreibung der unternehmerischen Zielsetzung kann entweder für das gesamte Vertragswerk pauschal erfolgen oder konkret auf die Vorkaufsklausel beschränkt sein. Nur diese zum Teil durchaus auch abstrakten Ausführungen zur Intention der Parteien ermöglicht es, bei nicht ausdrücklich geregelten Konstellationen die unternehmerische Freiheit nicht völlig zu blockieren, sondern interessengerechte Auswege zu finden [1021]. Soweit die Parteien hiervon aus Gründen der Geheimhaltung absehen wollen, sei anzumerken, dass der Vertrag ohnehin nur im Falle eines Rechtsstreits offengelegt würde. In diesem Fall wären aber ohnehin nähere Angaben zur gemeinsamen Zwecksetzung geboten.

[1019] Faistenberger S. 295.

[1020] Vgl. Baumann/Reiss in ZGR 1989, 157, 182 zu den Unzulänglichkeiten bei den Regelungen über die Preisbemessung.

[1021] Westermann/Klingberg in FS Quack, S. 545, 565; Noack S. 291; die vorbildliche Darlegung der Interessenlage (Zwecksetzung) ermöglichte es dem LG Berlin auch im Bewag-Fall, eine – mit Blick auf das verbindliche Schiedsverfahren allerdings nur vorläufige – letztlich interessengerechte Lösung zu finden.

Für den jeweils Berechtigten mag eine weite Zwecksetzung zwar bei Eintritt des Vorkaufsfalls günstiger sein. Da aber bei wechselseitiger Einräumung des Vorkaufsrechts die Berechtigten (abstrakt gesehen) zugleich Verpflichtete sind, kann sie eine ungewollt weite Fassung auch benachteiligen. Zudem wird eine Zwecksetzung, die die Interessenlage zur Zeit der Vereinbarung des Vorkaufsrechts wieder gibt, weniger Meinungsverschiedenheiten hervorrufen und notfalls im Streitfall leichter zu beweisen sein. Vielfach resultieren Streitigkeiten daraus, dass der vermeintlich Berechtigte sich auf den unklaren Wortlaut beruft, um ein nach der Interessenlage nicht bestehendes Vorkaufsrecht geltend zu machen. Bei klarem Wortlaut bzw. entsprechender Klarstellung der Zwecksetzung wären rechtliche Auseinandersetzungen vermeidbar gewesen.

6. Detailbesessenheit

Je komplexer die gewählte vertragliche Gestaltung oder die Unternehmensstruktur der beteiligten Gesellschaften ist, desto einfacher sollte die Grundstruktur der Vorkaufsklausel ausfallen [1022]. Dies schließt Detailregelungen nicht aus, sofern sie abschließend und präzise sind. Wenn man schon bestimmte individuelle Regelungen treffen will, sollte auf präzise Termini geachtet werden [1023]. Insbesondere in den Fällen, in denen trotz umfassender Gestaltung der Vorkaufsklausel einzelne Teilfragen nicht geregelt wurden, kann sich jedoch die Frage stellen, ob dies als unbeabsichtigte Lücke oder bewusste Einschränkung der Klausel zu verstehen ist. Eine Vielzahl der Vorkaufsklauseln in der Praxis zeichnet sich hingegen in Einzelfragen durch eine Detailbesessenheit aus, die an den rechtlichen Problemen vorbeigeht.

7. Unzureichende Adaption von Mustern

Die Praxis neigt mitunter dazu, konkreten Vereinbarungen standardisierte Muster nicht nur zugrunde zu legen, sondern diese ohne ausreichende inhaltliche Anpassung an die jeweiligen Besonderheiten zu übernehmen. Die Gestaltung hat sich auch bei dem vermeintlich gesetzlich geregelten Vorkaufsrecht ausnahmslos nach den Bedürfnissen der Beteiligten zu richten, die für jeden Fall gesondert zu ermitteln sind. Formulierungshilfen sind dabei hilfreich. Ihnen kann allerdings nur die Rolle einer „Checkliste" für *eine* denkbare Ausgestaltung zukommen [1024]. Die bestmögliche Ausgestaltung einer auf die Bedürfnisse der Parteien abgestimmten Konsortialvereinbarung bedarf hierbei „*besonderer Erfahrung*" [1025].

[1022] Vgl. Noack S. 16.

[1023] Vgl. Schrötter S. 117; Uhlenbruck in DB 1967, 1927, 1931.

[1024] Ebenso Rittershaus/Teichmann S. 111f, RN 279f; S. 117, RN 298.

[1025] Hennerkes/Kirchdörfer in Hennerkes, Unternehmenshandbuch Familiengesellschaften S. 94.

8.   Fehlende Regelung naheliegender Umgehungsmöglichkeiten

Angesichts der Vielfalt vertraglicher, aber auch spezifisch gesellschaftsrechtlicher Gestaltungsmöglichkeiten scheidet eine umfassende Regelung sämtlicher denkbarer Umgehungskonstellationen nicht zuletzt mit Blick auf die Schwäche des lediglich relativ wirkenden schuldrechtlichen Vorkaufsrechts aus. Dennoch sollten zumindest die „naheliegenden" Umgehungskonstellationen in der Klausel berücksichtigt werden. Dies gilt insbesondere für Tauschfälle, sowie interne Umstrukturierungen, Treuhand- oder Stimmrechtsvereinbarungen. Die Parteien sollten sich bewusst sein, dass die Beschränkung auf den echten Kaufvertrag das Vorkaufsrecht letztlich leer laufen lassen kann [1026]. Zudem sollten die Parteien mögliche Sicherungsmaßnahmen in Erwägung ziehen [1027]. In der Praxis finden sich abgesehen von mitunter wenig praktikablen Treuhänderlösungen jedoch keine Vertragsstraferegelungen. Angesichts der Nachweisschwierigkeiten bei Schadensersatzansprüchen aufgrund der Unwägbarkeiten bei der Ermittlung des Wertes von Aktien entwertet dies das Vorkaufsrecht grundlegend.

9.   Zeitmangel

Als typische Schwierigkeit bedeutender Aktienverkäufe zeigt sich das Zeitproblem: Die Umsetzung unternehmerischer Interessenlagen erfordert ein Mindestmaß an Zeit zur Gewährleistung einer sachgerechten schriftlichen Berücksichtigung im Vertrag. Das Risiko für die Beteiligten, nicht zuletzt mit Blick auf mögliche Lücken oder innere Widersprüchlichkeiten, ist daher besonders groß, weil derartige Regelungen zumindest bei Unternehmenskäufen stets unter Zeitnot vereinbart werden und die Vollständigkeit mitunter erst bei geplanter oder erfolgter Veräußerung näher geprüft wird. Zu dem Zeitdruck, dem die juristischen Berater ausgesetzt werden, kommt hierbei die Schwierigkeit eines vollständigen Informationsflusses an den Ersteller der Klausel.

10.   Fehlende Abstimmung der Vorkaufsklausel mit dem vertraglichen Gesamtwerk

Schließlich weisen Vorkaufsklauseln des öfteren einen inneren Widerspruch zum vertraglichen Gesamtwerk auf. Dieser dürfte darauf beruhen, dass bestimmte Regelungen erst kurz vor der Unterzeichnung geändert wurden, ohne dass die Vorkaufsabrede hierauf abgestimmt wurde. Beispielhaft sei die nachträgliche Einbeziehung (bzw. Nichtbeteiligung) einzelner Gesellschaften der Unternehmensgruppe genannt, die zu deren Bindung (bzw. Nichtbindung) an die Vorkaufsabrede führen und somit den Anwendungsbereich der Vorkaufsklausel verändern kann.

[1026] Langenfeld/Gail Handbuch der Familienunternehmen, 5.2.4.13, Rz. 7.6.1 (zur GmbH).
[1027] Rittershaus/Teichmann S. 114, RN 288 zu „positiven und negativen Verhaltensanreizen".

Die Berücksichtigung der vorgenannten Problemfelder kann Streitigkeiten der Parteien zwar nicht völlig verhindern, sorgt aber für eine erhöhte Klarheit des zwischen den Parteien Gewollten und gibt hierdurch erforderlichenfalls dem Richter wichtige Anhaltspunkte für die Entscheidungsfindung.

II. Allgemeine Grundsätze bei der Gestaltung des Vorkaufsrechts

Nach einer zusammenfassenden Darstellung der in den Teilen 1-5 gefundenen Zwischenergebnisse soll die eingeschränkte Anwendbarkeit der gesetzlichen Regelungen für das Vorkaufsrecht an Aktien für die einzelnen Normen verdeutlicht werden.

1. Zusammenfassende Darstellung der Zwischenergebnisse

Bei der Auslegung und Anwendung der §§ 463 ff BGB sind die spezifisch *gesellschafts*rechtlichen Besonderheiten (z.b. hinsichtlich Massenkauf, Beteiligtenmehrheit, Fristfragen) zu beachten.

Statutarische Vorkaufsrechte sind sowohl für Inhaber- als auch für Namensaktien nach allgemeiner Ansicht unzulässig (§ 55 i.V.m. § 23 Abs. 5 AktG). Die Aufnahme in die Satzung als sog. unechter Satzungsbestandteil - bei entsprechender Klarstellung in der Satzung - und die Aufnahme in die Registerakten stehen dem jedoch nicht entgegen.

Die Vorkaufsvereinbarung sollte nähere Bestimmungen zur Absicherung des Vorkaufsrechts beinhalten. Die sachgerechte Ausgestaltung hängt hierbei vom konkreten Einzelfall ab. Eine verschuldensunabhängige Vertragsstrafe kann sich zur Verhinderung von Umgehungen als psychologisch sinnvoll erweisen. Die rechtliche Absicherung kann unter Einbeziehung eines Treuhänders und/oder Einbringung in eine Gesellschaft erfolgen. Eine *umfassende* Sicherung gegen unzulässige Umgehung ist rechtlich und praktisch nicht möglich.

Bei der Ermittlung des Anwendungsbereichs des vereinbarten Vorkaufsrechts ist zwischen der Auslegung der Vorkaufsklausel und Fragen des Umgehungsschutzes zu differenzieren (Stufenverhältnis). Ein erweitertes Verständnis des Vorkaufsfalles kann nicht durch pauschale Erweiterung des Begriffs „Kaufvertrag" in § 463 BGB auf andere rechtsgeschäftliche Vereinbarungen erfolgen, sondern allein einzelfallbezogen durch Auslegung der konkret vereinbarten Vorkaufsklausel, sowie der Willensrichtung des Verpflichteten beim jeweiligen Rechtsgeschäft mit dem Dritten. Das Vorkaufsrecht verkörpert regelmäßig ein komplexes Konglomerat von verschiedenartigen Zwecksetzungen, die in ihrer Gesamtheit Ausdruck einer unternehmerischen Gesamtkonzeption der Gesellschaft(er) sind und sich nicht auf die bloße Kombination von Erwerbs- und Abwehrinteresse reduzieren lassen. Die Zwecksetzung kann sich auch zwischen Vereinbarung und Vorkaufsfall ändern. Hierbei sind aber konkrete Anhaltspunkte für einen *gemeinsamen* Willen der Beteiligten notwendig.

Die Annahme einer stillschweigenden Erstreckung der Vorkaufsabrede auf Aktien, die der Verpflichtete erst zeitlich nach der Vereinbarung des Vorkaufsrechts erworben hat, würde für den Verpflichteten grundsätzlich eine unzumutbare Beschränkung seiner unternehmerischen Entscheidungsfreiheit bedeuten. Eine Einbeziehung derartiger „künftiger Aktien" in den Anwendungsbereich der Vorkaufsklausel ist jedoch ausnahmsweise möglich, sofern das Verschaffungsinteresse des Berechtigten vorherrscht und bei weiter Fassung des Wortlauts der Erwerb weiterer Anteile bereits bei Vereinbarung des Vorkaufsrechts geplant war. Die Vereinbarung eines Vorkaufsrechts im Rahmen komplexer Konzernstrukturen gebietet eine strikte Trennung der beteiligten Gesellschaften. Auch hierbei kann die gemeinsame Zwecksetzung der Parteien jedoch eine Erweiterung bzw. Einschränkung des gesetzlichen Leitbilds des Vorkaufsrechts erfordern.

Die interessengerechte Rechtsfolge bei Annahme eines Umgehungsgeschäfts hängt von der Art der konkreten Umgehungshandlung ab. Die Sittenwidrigkeit eines Umgehungsgeschäfts wird hierbei nur noch in Ausnahmefällen in Betracht kommen. Vielmehr wird die Bewältigung einer Umgehung regelmäßig eine Fiktion des Vorkaufsfalls oder eine Anpassung der Vertragsbedingungen erfordern. Der Sonderfall einer Verpflichtung zur Weitergabe der Vorkaufsbindung, insbesondere bei konzerninternen Verkäufen oder vorweggenommener Erbfolge, stellt hingegen keinen Mechanismus gegen unzulässige Umgehungen dar, sondern beruht auf ergänzender Vertragsauslegung. Ein Verstoß gegen diese Verpflichtung führt zur Annahme eines Vorkaufsfalls.

Eine allgemeine Gleichstellung des Kaufs mit dem Tausch gegen Aktien, die der Dritte an anderen Gesellschaften hält, ist nicht möglich. Sofern das vom Verpflichteten abgeschlossene Rechtsgeschäft nicht bereits aus Wertungsgründen unter die Vorkaufsklausel fällt, sind für die Gleichstellung aus Gründen des Umgehungsschutzes vor allem die Börsennotierung der AG, deren Aktien der Dritte als Gegenleistung erbringt, der Umfang und Wert der Gegenleistung, die bezweckte Weiterveräußerung der erworbenen Aktien durch den Verpflichteten und dessen berechtigtes Interesse an den getauschten Aktien von Bedeutung. Der Tausch vorkaufsbelasteter stimmberechtigter Aktien einer börsennotierten AG gegen Aktien, die vom Dritten gehalten werden, stellt im Zweifel einen Vorkaufsfall dar. Der Ringtausch und der Tausch gegen eigene Aktien des Dritten sind rechtlich als Einbringung in eine Gesellschaft zu qualifizieren.

Die Einbringung vorkaufsbelasteter Aktien in eine Gesellschaft führt nicht zur Annahme des Vorkaufsfalls, wenn der Verpflichtete die Pflichten aus der Vorkaufsabrede an die Gesellschaft weitergibt und die Aktien nicht im Wege des

Ringtauschs unter Erhöhung des Kapitals in die erwerbende Drittgesellschaft eingebracht werden. Die Annahme des Vorkaufsfalls beim Verkauf der Anteile an der Gesellschaft, in die die Aktien eingebracht wurden, hängt neben dem zeitlich-sachlichen Zusammenhang zur Einbringung auch davon ab, ob die eingebrachten Aktien einziger oder überwiegender Vermögensgegenstand der Gesellschaft sind (Holdingfunktion).

Der Verkauf der Anteile der verpflichteten Gesellschaft durch die Muttergesellschaft ermöglicht dem Berechtigten lediglich dann die Ausübung des Vorkaufsrechts, wenn der unveränderte Fortbestand der Gesellschafterstruktur der verpflichteten Gesellschaft ausnahmsweise für die Zwecksetzung von wesentlicher Bedeutung ist oder das Verhalten der Muttergesellschaft selbst als sittenwidrig anzusehen ist. Dem Berechtigten kommt in beiden Fällen kein Anspruch auf den Erwerb der Anteile der verpflichteten Gesellschaft zu. Er kann vielmehr lediglich den Verkauf der vorkaufsbelasteten Aktien verlangen. In den übrigen Fällen besteht das Vorkaufsrecht zwar fort, ist aber mitunter nach dem Verkauf der verpflichteten Gesellschaft für den Berechtigten wertlos.

Der Verpflichtete hat dem Berechtigten sämtliche Regelungen des rechtswirksam abgeschlossenen Kaufvertrags mitzuteilen, an die der Berechtigte nach § 464 Abs. 2 BGB gebunden ist. Die Mitteilungspflicht umfasst ferner den Namen des Dritten, sowie solche Informationen in separat geschlossenen Vereinbarungen, die wertungsmäßig als Bestandteile des Kaufvertrags anzusehen sind. Ein Anspruch auf weitergehende Auskunft steht dem Berechtigten hingegen nicht zu. Bei unterbliebener oder (wesentlich) unvollständiger Mitteilung wird die Frist zur Ausübungserklärung nicht in Gang gesetzt. Hinsichtlich der hieran anknüpfenden Verpflichtung zur Leistung von Schadensersatz wird der Nachweis eines kausal hierauf beruhenden Schadens jedoch regelmäßig scheitern. Der Berechtigte hat auch bei komplexen Unternehmenskaufverträgen keinen Anspruch auf Verlängerung der Frist zur Ausübung des Vorkaufsrechts. Der Berechtigte muss sich zu einer möglichen Ausübung des Vorkaufsrechts zu bestimmten Konditionen vor Mitteilung des Vorkaufsfalles nicht erklären. Aufgrund der Bedingungsfeindlichkeit der Ausübungserklärung ist eine Erklärung des Berechtigten, die hinsichtlich der inhaltlichen Bindung an den Erstvertrag Vorbehalte zu erkennen gibt, unwirksam. Dem Berechtigten steht es jedoch frei, Bestimmungen, die ihm gegenüber unwirksam sind, zurückzuweisen oder eine bloß unverbindliche Meinung über die Reichweite der Bindungswirkung zu äußern. Er handelt insoweit aber auf eigenes Risiko, da Zweifel zu seinen Lasten gehen.

Der Berechtigte ist unter direkter oder analoger Anwendung des § 467 BGB befugt, sein Vorkaufsrecht lediglich hinsichtlich eines Teils der verkauften Aktien auszuüben (objektive Teilbarkeit). Ein eventuell darüber hinaus bestehendes Vorkaufsrecht an weiteren Aktien des Verkäufers bleibt bestehen. Bei der Berechnung des Teilkaufpreises wird ein eventuell gezahlter Paketzuschlag nicht herausgerechnet. Sofern dem Verpflichteten gerade durch die Teilung des Vorkaufes eine vermögenswerte Schlechterstellung entsteht, ist zu differenzieren: Übersteigt dieser Nachteil für den Verpflichteten die Schwelle der Zumutbarkeit, ist er befugt, vom Berechtigten die Übernahme auch der restlichen Aktien gegen Zahlung des Gesamtpreises zu verlangen. Hierbei steht dem Berechtigten dann aber das Recht zu, nunmehr vom Vertrag Abstand zu nehmen. Unterhalb der Schwelle der Zumutbarkeit ist der Berechtigte befugt, anstelle der Übernahme sämtlicher Aktien den Verpflichteten lediglich für den entstehenden Nachteil finanziell zu entschädigen. Die Frage des Überschreitens der Zumutbarkeit ist für jeden Fall gesondert unter Berücksichtigung der Umstände des Einzelfalls zu bestimmen.

§ 472 BGB ist auf die Geltendmachung des Vorkaufsrechts durch mehrere Vorkaufsberechtigte grundsätzlich nicht anwendbar, da die Berechtigung regelmäßig nicht „gemeinschaftlich", sondern als *anteilige Allein*berechtigung gewollt ist. Dieses Ergebnis folgt bereits aus der Auslegung des § 472 BGB, zumindest jedoch aus der stillschweigenden Abbedingung des § 472 BGB durch die Parteien. Jeder Vorkaufsberechtigte kann die Ausübung unabhängig von den übrigen Berechtigten erklären (subjektive Teilbarkeit). Soweit diese ihr Vorkaufsrecht nicht ordnungsgemäß ausüben, wächst dieser Anteil den übrigen zu. Bei einer Mehrheit von verkaufenden Vorkaufsverpflichteten steht es dem Berechtigten aufgrund der rechtlichen Selbständigkeit der Verpflichtungserklärungen grundsätzlich frei, sein Vorkaufsrecht auch dann lediglich gegenüber einzelnen von ihnen auszuüben, wenn sich der Verkauf wirtschaftlich als einheitlicher Vorgang darstellt. Führt diese Beschränkung allerdings in der konkreten Situation zu einer bedeutenden Beeinträchtigung der Verkäufer, die nicht durch sachliche Gründe des Berechtigten gerechtfertigt ist, steht diesen ein Anspruch auf Ausgleich des entstehenden Nachteils analog § 467 S. 2 BGB zu. Ausnahmsweise kann die gesellschaftsrechtliche Treuepflicht oder das Prinzip von Treu und Glauben (§ 242 BGB) die Beschränkung der Ausübung auf einzelne Verpflichtete gänzlich ausschließen.

Das Vorkaufsrecht geht bei der Übertragung von Aktien weder anteilsakzessorisch, d.h. automatisch, auf den Erwerber über, noch ist *im Zweifel* eine ausdrückliche Übertragung rechtlich zulässig (§ 473 BGB). Neben der nachträglichen Genehmigung einer zunächst schwebend unwirksamen Übertragung steht es dem Verpflichteten aber frei, die Übertragung (ausdrücklich oder) konkludent zuzulassen. Eine derartige (ggf. ergänzende) Auslegung der Vorkaufsklausel wird regelmäßig bei einer Übertragung des Vorkaufsrechts auf eine beherrschende Konzernobergesellschaft möglich sein. Als zulässige Gestaltung zur wirtschaftlichen Übertragung des Vorkaufsrechts kommen ferner der Verkauf der vorkaufsberechtigten Gesellschaft oder die schuldrechtliche Unterwerfung unter die Weisungen des Dritten in Betracht.

Die Ausübung des Vorkaufsrechts ist auch bei einem aufgrund der Annahme eines öffentlichen Übernahmeangebots eines Bieters zustande gekommenen Kaufvertrag möglich. Ein Aktientausch ist hierbei nur unter den o.g. Voraussetzungen dem Kaufvertrag gleichzusetzen. Das WpÜG betrifft das Verhältnis zwischen Verpflichtetem und Berechtigtem hierbei nicht. Die praktischen Besonderheiten liegen neben einem im Zuge der Ausübung des Vorkaufsrechts möglichen Pflichtangebot (§ 35 WpÜG) v.a. darin, dass die Ausübung des Vorkaufsrechts durch die *AG* nach der Veröffentlichung des Angebots ohne Vorratsbeschluss der Hauptversammlung unzulässig ist (§ 33 WpÜG). Ferner ist die Ausübung des Rücktrittsrechts nach § 21 Abs. 4 WpÜG dem Berechtigten gegenüber analog § 465 BGB unwirksam. Schließlich wird sich gerade im Übernahmerecht regelmäßig die Problematik einer möglichen Gleichstellung von Kauf und Tausch stellen.

Die Ausschließung eines vorkaufsverpflichteten Aktionärs gegen Gewährung eines angemessenen Barausgleichs (Squeeze-out) stellt mangels Freiwilligkeit der Aktienübertragung keinen Vorkaufsfall dar. Der Vorkaufsberechtigte kann sich jedoch selbst dann nicht auf seine Berechtigung berufen, wenn der Verpflichtete dem Hauptaktionär seine Aktien mit Blick auf die bloße Möglichkeit der Ausschließung einvernehmlich im Wege rechtsgeschäftlicher Übereignung überträgt und der Kaufpreis den angemessenen Barausgleich zumindest nicht unterschreitet.

Soweit ein Beteiligter Maßnahmen nach dem UmwG unterliegt, ist zwischen schuldrechtlichen und umwandlungsrechtlichen Folgen zu differenzieren. Die Auslegung der Vorkaufsklausel wird im Rahmen einer Verschmelzung der AG, deren Anteile vorkaufsbelastet sind, regelmäßig eine Erstreckung des Vorkaufsrechts auf sämtliche bzw. nur Teile der Anteile des übernehmenden Rechtsträgers ergeben, sofern dessen Anteile ebenfalls vom Verpflichteten gehalten werden. Während § 33 UmwG hierbei nicht anwendbar ist und somit keine „vorkaufsfreie" Veräußerung gestattet, greift das Zustimmungserfordernis gem. § 50 Abs. 2 UmwG bei einem Formwechsel in bzw. einer Verschmelzung auf eine AG ein. Ein Formwechsel des Berechtigten ist regelmäßig unproblematisch. Bei einer Verschmelzung oder Spaltung des Berechtigten wird hingegen -scheinbar entgegen § 473 BGB - vielfach ein Übergang des Vorkaufsrechts im Wege der Gesamtrechtsnachfolge dem hypothetischen Parteiwillen entsprechen. Ein Formwechsel des Verpflichteten berührt die Interessen der übrigen Beteiligten nicht. Bei den übrigen Umwandlungsmaßnahmen geht die Verpflichtung aus dem Vorkaufsrecht auf den übernehmenden Rechtsträger über. Trotz der hohen Umgehungsanfälligkeit von Verschmelzungs- und insbesondere Spaltungsvorgängen ist die der Umwandlung zugrunde liegende Vereinbarung lediglich dann ausnahmsweise als Vorkaufsfall anzusehen, wenn sich dies der Vorkaufsabrede entnehmen lässt oder der Vorgang als unzulässige Umgehung anzusehen ist.

2.   Eingeschränkte Anwendbarkeit der gesetzlichen Regelungen

Die Schwierigkeiten bei der Vereinbarung interessengerechter und rechtlich durchsetzbarer Regelungen beruhen neben den vorgenannten – konkreten – Aspekten zugleich auf der fehlenden Berücksichtigung der Gesetzesvorgaben. Die §§ 463 bis 473 BGB sind für den Bereich der Vorkaufsrechte an Aktien zudem nur eingeschränkt hilfreich: Zum Teil sind die Regelungen nicht einschlägig, andere gesetzliche Vorgaben sind in Einzelfragen lückenhaft, wieder andere behandeln ganze Themenkomplexe überhaupt nicht. Hierdurch bietet der Rückgriff auf die gesetzlichen Vorgaben dem Betroffenen nur scheinbare Rechtssicherheit. Der Ansicht Noacks [1028], für das Vorkaufsrecht seien die Rechtsfragen *„gesetzlich geregelt"* und *„im wesentlichen nach Tatbestand und Rechtsfolge festgelegt"*, trifft daher nicht zu. Die Praxis nimmt die §§ 463 ff BGB jedoch entweder als solche hin und verlässt sich auf die tatsächlich nicht vorhandene Gesetzeskraft oder ersetzt oder ergänzt diese durch ein letztlich weitgehend lückenhaftes vertragliches Regelungssystem ähnlich einem allgemeinen Vorerwerbsrecht. Bei letzterem stellt sich dann die Frage, ob ein ergänzender Rückgriff auf die gesetzlichen Regelungen überhaupt dem Parteiwillen entspricht.

Die nachstehend anhand von praktischen Unzulänglichkeiten *schlagwortartig und enumerativ* erläuterten Besonderheiten der gesetzlichen Regelungen sollten von den Parteien gedanklich berücksichtigt und erforderlichenfalls bei der Erarbeitung einer Vorkaufsklausel einbezogen werden.

§ 463 BGB:

Die gesetzliche Regelung des § 463 BGB ist aus mehreren Gründen unvollständig und nur sehr eingeschränkt geeignet, die Besonderheiten beim Vorkaufsgegenstand „Aktie" zu erfassen. Der Gesetzgeber hat die Parteien wegen des fehlenden Andienungsverfahrens vor eine „entweder-oder-Entscheidung" gestellt. Zudem ist wegen der Austauschbarkeit verschiedener Rechtsgeschäftsformen und wegen formeller und materieller Gestaltungsvielfalt die Beschränkung auf Kaufverträge insbesondere bei Unternehmenskaufverträgen unzureichend. Mit Blick auf Bedingungen und Genehmigungsvorbehalte ist ferner fraglich, wann der Vertrag als „geschlossen" anzusehen ist. Schließlich trägt das Gesetz der Problematik mittelbarer Beteiligungen nicht hinreichend Rechnung [1029].

§ 464 BGB:

Die Regelung des § 464 BGB verleitet zu der – unzutreffenden – Annahme eines inhaltlichen Gleichlaufs der Verträge. Angesichts der Detailfreudigkeit von Aktienkaufverträgen im Bereich der Unternehmenskaufverträge und aus Gründen des Umgehungsschutzes lässt die gesetzliche Regelung allerdings die unterschied-

---

[1028] Noack S. 15.
[1029] Vgl. beispielhaft OLG Karlsruhe WM 1990, 725 ff *„Burda/Springer"*.

218

lichen Fälle der Durchbrechung der inhaltlichen Akzessorietät nicht erkennen und führt zu einer erheblichen Unsicherheit über den Inhalt des Vertrages nach Ausübung des Vorkaufsrechts.

§ 465 BGB:

Im Rahmen des § 465 BGB ist anerkannt, dass dieser einen allgemeinen Rechtsgrundsatz enthält. Insbesondere im Bereich des Wegfalls der Geschäftsgrundlage (§ 313 BGB), der bedingten Verträge und der nachträglichen Inhaltsänderung des Vertrags zu Lasten des Berechtigten bestehen jedoch über die Kriterien einer unzulässigen Beeinträchtigung des Berechtigten erhebliche Unsicherheiten. Diese beruhen im wesentlichen auf einem mitunter fraglichen und stets einzelfallbezogenen Verständnis der Rechtsprechung [1030].

§ 466 BGB:

§ 466 BGB kann nicht über die allgemeine Problematik hinweghelfen, im Einzelfall zu bestimmen, welche Leistung eine Hauptleistung und welche eine Nebenleistung ist. Gerade dies ist jedoch bei Aktienkaufverträgen von Bedeutung, die auf einer oder beiden Seiten nicht eine Leistung, sondern ein komplexes Gemisch von Verhaltenspflichten umfassen oder in einer Kauf-Tausch-Kombination bestehen.

§ 467 BGB:

§ 467 BGB erfasst die verschiedenen denkbaren Konstellationen des Verkaufs einer Massen-Sachgesamtheit schon auf Tatbestandsebene nur sehr eingeschränkt. Zudem ist die allein von dem unbestimmten Rechtsbegriff des „Nachteils" abhängige Rechtsfolge eines „Alles-oder-Nichts" unzureichend.

§ 468 BGB:

Neben dem Problem der Abgrenzung der Stundung von der Vereinbarung spezifischer Fälligkeitsregelungen in Aktienkaufverträgen beinhaltet § 468 BGB die Schwierigkeit der Aufbringung hoher Kaufpreissummen, die heutzutage vielfach kreditfinanziert bezahlt werden.

[1030] Hier sei nur auf die grundsätzliche Anerkennung der Berufung auf den Wegfall der Geschäftsgrundlage im Fall *„Dinckelacker"* (BGH NJW 1990, 890ff) verwiesen.

§ 469 BGB:

Die Regelung des § 469 BGB ist hinsichtlich der Fristlänge zur Entscheidung über die Ausübung des Vorkaufsrechts von nur einer Woche nicht interessengerecht und bringt zudem bei der Bestimmung des Fristbeginns im Rahmen von bedingten oder genehmigungsbedürftigen Verträgen Probleme mit sich. Hinsichtlich des Umfangs der Mitteilung wird man die gesetzliche Regelung hingegen als ausreichend ansehen dürfen. Die Unsicherheiten beruhen auf Unzulänglichkeiten bei der rechtlichen Handhabung dieser Vorgaben.

§ 470 BGB:

§ 470 BGB trägt zwar der Schutzbedürftigkeit des Verpflichteten hinreichend Rechnung, verkennt aber grundlegend die Rechtsstellung des Berechtigten und die sich hieraus ergebenden offensichtlichen Umgehungsgefahren, denen nur durch das Erfordernis einer umfassenden Weitergabe der Vorkaufsbindung an den Erwerber Rechnung getragen werden kann.

§ 471 BGB:

Die Regelung des § 471 BGB ist unproblematisch. Zu Problemen kann es insoweit allenfalls für den Fall des Verkaufs des Vorkaufsgegenstandes durch den Insolvenzverwalter kommen. Hierfür dürfte jedoch im Regelfall ein Rückgriff auf die allgemeinen insolvenzrechtlichen Vorgaben genügen.

§ 472 BGB:

§ 472 BGB regelt die subjektive Teilbarkeit für den Fall der Berechtigtenmehrheit nur in den seltenen Fällen, in denen die Berechtigung als „gemeinschaftliche" ausgestaltet ist. Darüber hinaus enthält das Gesetz für die Probleme im Zusammenhang mit der Ausübung mehrerer Berechtigter und der ggf. eintretenden Anwachsung der Berechtigung ebenso wenig eine Lösung wie für den Fall einer Mehrheit von Verpflichteten.

§ 473 BGB:

§ 473 BGB ist zur Vermeidung einer Handelbarkeit des Vorkaufsrechts aufgrund der „personalistischen Struktur" des Vorkaufsrechts grundsätzlich auch für Aktien angebracht. Das Gesetz ist jedoch insoweit unvollständig, als es dem modernen Gesellschaftsrecht dahingehend nicht Rechnung trägt, dass es konzerninterne Umstrukturierungen durch Veräußerungsvorgänge oder Maßnahmen nach dem UmwG ebenso wenig berücksichtigt wie einen möglichen Gesellschafterwechsel beim Vorkaufsberechtigten. Darüber hinaus fehlt eine rechtliche Stellungnahme zur Zulässigkeit der *wirtschaftlichen* Übertragung des Vorkaufsrechts.

Ausgehend hiervon erlangt die Frage, ob die gesetzlichen Regelungen überhaupt Anwendung finden können, erneut Berechtigung. Die dogmatische Ausarbeitung in den Teilen 1 bis 5 hat jedoch gezeigt, dass zur Vermeidung eines „rechtsfreien Raums" die §§ 463 ff BGB zumindest der rechtliche Ausgangspunkt sein sollten, sofern die Parteien bei der Ausgestaltung des Vorkaufsrechts kein eigenständiges, vertraglich fest umrissenes Recht unabhängig vom gesetzlich typisiert vorgegebenen Rechtsinstitut „Vorkaufsrecht" schaffen wollten. Eine präzise Beschreibung der gewillkürten Abweichungen vom gesetzlichen Regelfall erhöht jedoch die Wahrscheinlichkeit der Realisierung des von den Parteien Gewollten [1031], da hierdurch dem Richter im späteren Streitfall Anhaltspunkte für die Auslegung der Vereinbarung und die Gewährleistung des gebotenen Umgehungsschutzes an die Hand gegeben werden.

[1031] Rittershaus/Teichmann S. 103, RN 256 zur „*hypothetischen Rechtsanwendung*" des Anwalts bei der Vertragsgestaltung; ferner Schrötter S. 117 f; Lehner in SJZ 1954, 73, 77.

§ 15 Vorschläge vertraglicher Gestaltungsmöglichkeiten

Die Entwicklung eines Klauselsystems, das den praktischen Erfordernissen stand hält, setzt nicht nur ein umfassendes Problembewusstsein für mögliche Konfliktfälle voraus, sondern verlangt neben präziser Formulierung auch die abstrakte Erfassung von Konstellationen, an welche die Beteiligten nicht gedacht haben. Eine „*kluge Vertragsgestaltung*" [1032] darf keinen abschließenden Anwendungsbereich vorgeben, sondern muss zugleich für diese Fälle den rechtlichen Rahmen aufzeigen.

Nachfolgend wird die mögliche Gestaltung einer (isolierten) Vorkaufsklausel für den Fall einer wechselseitigen Vorkaufsgewährung mehrerer Gesellschaften verschiedener Unternehmensgruppen als Aktionäre einer nicht börsennotierten AG vorgestellt. Der Entwurf neuer Klauseln entspricht insoweit nicht zuletzt mit Blick auf die vorstehende Kritik an der bisherigen Vertragsgestaltung einem Bedürfnis der Praxis. Soweit möglich und angebracht, wird in den Anmerkungen (als „Variante") ergänzend ein Formulierungsvorschlag für sonstige bedeutende Konstellationen gegeben. Sofern mehrere Formulierungen alternativ in Betracht kommen, wird deren *wahlweise* Berücksichtigung hervorgehoben. Es kann jedoch kein Anspruch auf Vollständigkeit dahingehend erhoben werden, dass für sämtliche denkbaren Konstellationen eine gesonderte Regelung vorgeschlagen wird [1033].

Zum besseren Verständnis und eine mögliche Adaption auf ähnlicher Sachverhalte wird die Klausel in Form eines „Bausteinsystems" entwickelt, d.h. mit separaten Klauseln für die einzelnen Teilprobleme des Vorkaufsrechts. Durch die ausführliche Regelung des Vorkaufsrechts wird den Parteien dessen Bedeutung vor Augen geführt. Zugleich dient die umfassende Bearbeitung der wesentlichen Rechtsfragen als eine Art „Checkliste" bei der individuellen Ausgestaltung. Den einzelnen Klauseln werden jeweils die wesentlichen Erläuterungen beigefügt, um die Formulierung konkret zu begründen, ihren Anwendungsbereich klarzustellen oder auf besondere Einzelaspekte ergänzend hinzuweisen.

I.   Baustein 1: Vorkaufsklausel

Die Vorkaufsklausel beinhaltet neben der einleitenden Regelung des Vorkaufsrechts die konkrete Bezeichnung der Vorkaufsberechtigten und –verpflichteten.

[1032] Noack S. 291, sowie S. 170: „*vorausschauende Vertragsgestaltung kann missliebige Entwicklungen verhindern*"; ferner Langenfeld/Gail Handbuch der Familienunternehmen 5.2.4.12, Rz. 76 „*ausgewogene Vertragsgestaltung*".
[1033] Ebenso schon Baumann/Reiss in ZGR 1989, 157, 161 für seine rechtstatsächliche Untersuchung: „*keine Repräsentativität für alle Gestaltungsmöglichkeiten von Nebenverträgen*".

1.   Einleitungsklausel
a)   Vorkaufsrecht
Ausgangspunkt der Vorkaufsabrede ist die Regelung der eigentlichen Vorkaufsberechtigung.

*Die Parteien räumen sich wechselseitig ein Vorkaufsrecht an den unter II 1 näher bezeich-
neten Aktien ein (Vorkaufsrecht). Auf das Vorkaufsrecht finden die §§ 463 ff BGB Anwendung, sofern sich nicht aus der nachfolgenden Regelung etwas Abweichendes ergibt.*

Der Verweis auf den gesondert geregelten Vorkaufsgegenstand bietet sich zumindest bei komplexen Konzernstrukturen an, um die Einleitungsregelung zu „ent-
schlacken". In einfachen Fällen spricht nichts dagegen, schlicht auf die *„nachfolgend näher bezeichneten Aktien"* zu verweisen. Auch bei atypischer Ausgestaltung sollte der Begriff des „Vorkaufsrechts" beibehalten werden, soweit die für die
§§ 463 ff BGB typische Anknüpfung an den geschlossenen Kaufvertrag die
Vereinbarung grundlegend kennzeichnet.

b)   Andienungspflicht
Das Vorkaufsrecht sollte zwingend mit einer vorgeschalteten Andienungspflicht
kombiniert werden. Andererseits kann die Andienung allein nicht ausreichen [1034].
Hierbei ist auf mehrere Besonderheiten zu achten: Zum einen müssen Zeitpunkt
und Inhalt der Anbietung klargestellt werden. Zum zweiten ist zu regeln, welche
Auswirkungen die Nichtannahme des Angebots auf das Vorkaufsrecht hat, d.h. ob
bzw. inwieweit der Berechtigte dennoch zur Ausübung des Vorkaufsrechts berechtigt bleibt.

*Beabsichtigt eine Partei, die vom Vorkaufsrecht erfassten Aktien ganz oder teilweise ent-
geltlich zu veräußern, ist sie verpflichtet, diese Aktien den übrigen Parteien zum Erwerb
anzudienen (Andienungspflicht). Das Angebot hat zumindest die wesentlichen Bedingungen
der beabsichtigten Veräußerung näher zu bezeichnen (Angebot). Die Berechtigten haben
sich innerhalb einer Frist von einer Woche über ihre grundsätzliche Erwerbsbereitschaft zu
den im Angebot bezeichneten Bedingungen zu erklären. Der Veräußerungswillige wird die
Aktien in diesem Fall innerhalb einer Frist von einem Monat ab Zugang dieser Erklärung
nicht an einen Dritten veräußern, sondern ausschließlich mit den Berechtigten über die
Veräußerung verhandeln.*

Bereits in dieser einleitenden Formulierung sollte für die Andienung klargestellt
werden, ob diese auf geplante Verkaufsvorgänge beschränkt sein oder auch
sonstige Veräußerungen erfassen soll. Bei einer Beschränkung auf Kaufverträge ist
neben der ausführlichen Eingrenzung im Rahmen von „II 2" auch hier der
Terminus *„verkaufen"* zu verwenden. Die Andienungspflicht kann hierbei weiter

---

[1034] AA wohl Langenfeld/Gail Handbuch der Familienunternehmen Mustersammlung, VIII, 1.6
(Muster: Schutzgemeinschaftsvertrag bei Familien-Aktienbesitz), Rz. 11; Capelle in BB 1954,
1076, 1079 sub § 4; Hölters in Münchener Vertragshandbuch, Band 1, V. 112, Anm. 9 geht irrig
davon aus, das von ihm vorgeschlagene Formular sehe ein Vorkaufsrecht vor.

gefasst sein als das zusätzliche Vorkaufsrecht, da bei der Andienung die Vertragsbedingungen regelmäßig noch vereinbart werden müssen. Die Beschränkung auf die entgeltliche Veräußerung soll Schenkungen aus dem Anwendungsbereich der Berechtigung ausnehmen, da der Berechtigte in diese regelmäßig nicht ohne eine Beeinträchtigung der Rechtsstellung des Verpflichteten eintreten kann.

Sinnvollerweise ist der Verpflichtete nicht gehalten, *sämtliche* Bedingungen der geplanten Veräußerung in das Angebot aufzunehmen. Ein solches würde den Berechtigten ebenso vor vollendete Tatsachen stellen wie die Entscheidung über die Geltendmachung des Vorkaufsrechts („entweder-oder-Lösung") und den Verpflichteten zur Ausarbeitung eines vollständigen Vertragsangebots zwingen. Vorzugswürdig ist daher die Vorgabe der *wesentlichen* Bedingungen durch den Verpflichteten, ohne dem Berechtigten die Möglichkeit zu nehmen, inhaltlich Einfluss auf den Vertrag zu nehmen. Dies erhöht auf beiden Seiten die Akzeptanz und verringert die Gefahr unzulässiger Umgehungen. Eine klare Preisangabe oder Angabe der erwarteten Gegenleistung ist jedoch unabdingbar, wobei der Verpflichtete auch auf einen *objektiven* Berechnungsmodus verweisen darf [1035].

c)   Wegfall des Vorkaufsrechts bei vollständigem Angebot

Sofern der Verpflichtete nicht nur die *wesentlichen* Bedingungen bezeichnet, sondern dem Berechtigten ein *vollständiges* Erwerbsangebot gemacht hat, ist der Berechtigte nicht mehr schutzbedürftig. Sofern er dieses Angebot nicht angenommen und der Verpflichtete nachfolgend zeitnah zu identischen Bedingungen veräußert hat, ist die Ausübung des nachgeschalteten Vorkaufsrechts ausgeschlossen [1036]. Der Maßstab der Vollständigkeit darf hierbei weder zu Gunsten des Verpflichteten noch des Berechtigten überdehnt werden. Die Beschränkung des Verpflichteten, er dürfe mit dem Dritten keine „günstigeren" Bedingungen vereinbaren [1037], wird regelmäßig die streitträchtige Frage des Maßstabs der Günstigkeit hervorrufen.

Soweit der Veräußerungswillige die Aktien an einen Dritten zu genau den Bedingungen veräußert, die er max. 3 Monate zuvor den Berechtigten im Angebot angeboten hat, entfällt die Möglichkeit zur Ausübung des Vorkaufsrechts. Hierbei sind solche Abweichungen vom Angebot im Verhältnis zu den Berechtigten unbeachtlich, denen nach dem Maßstab eines wirtschaftlich denkenden Beobachters keine Bedeutung für die Frage der Ausübung des Vorkaufsrechts zukommen kann.

1035 Vgl. Baumann/Reiss in ZGR 1989, 157, 182.

1036 Zutreffend Hölters in Münchener Vertragshandbuch, Band 1, V.112, § 8 (3); sowie Noack (Anhang) sub. § 5 (3); nicht sachgerecht hingegen Stephan in Becksches Formularbuch, IX.6, sub. § 9 (4).

1037 Stephan in Becksches Formularbuch, IX.6, sub. § 9 (3)d), sowie IX.7, sub. § 9 (2).

d)   Zwecksetzung des Vorkaufsrechts

Angesichts der überragenden Bedeutung der jeweiligen Zwecksetzung der Vorkaufsabrede für die Auslegung der Klausel und die Reichweite des Umgehungsschutzes sollten die Parteien auf eine ausdrückliche Regelung ihrer unternehmerischen und sonstigen Zwecksetzungen nicht verzichten. Hierbei ist neben den allgemeinen unternehmerischen Interessen an einer gemeinschaftlichen Beteiligung an der Gesellschaft auch auf die konkrete Intention der Parteien hinsichtlich der Vorkaufsabrede einzugehen. Die Zwecksetzung kann für die verschiedenen Beteiligten durchaus unterschiedlich sein. Gerade hier sollte eine Klarstellung erfolgen, um zu einem späteren Zeitpunkt keine Unsicherheiten aufkommen zu lassen.

Die Formulierung der Zwecksetzung muss den Besonderheiten des Einzelfalls, z.B. Wettbewerber, gesellschaftsrechtliche Konstruktion der Parteien, Marktlage und –entwicklung, Rechnung tragen und könnte wie folgt lauten[1038]:

Die Parteien haben ihre Betriebsteile im Bereich Elektrotechnik in die AG eingebracht, um durch gemeinsame Konzeption, Produktion und Vertrieb die bedeutende Stellung auf dem Weltmarkt weiter auszubauen und die Unabhängigkeit von Dritten, sowie die wirtschaftliche Entwicklung der Gesellschaft weiter zu fördern.

Der Zweck des Vorkaufsrechts ist daher zunächst die Verhinderung des Eintritts außenstehender Dritter in die Gesellschaft (Abwehrinteresse). Interne Umstrukturierungen der Parteien sind unbeachtlich, solange die wesentlichen Konkurrenten X, Y und Z keinerlei unmittelbaren oder mittelbaren Einfluss auf die Tätigkeit der AG erhalten. Erst in zweiter Linie kommt es den Parteien darauf an, die den übrigen Parteien zustehenden Aktien zum Ausbau der eigenen Beteiligung zu erwerben (Verschaffungsinteresse). Die Parteien beabsichtigen, zumindest für einen Zeitraum von 10 Jahren fest zusammenzuarbeiten, streben allerdings auch darüber hinaus eine gemeinsame Betätigung im Bereich Elektrotechnik an. Sie schließen jedoch nicht grundsätzlich aus, die unternehmerische Tätigkeit danach auch mit einem anderen Gesellschafter aus der Branche fortzusetzen, sofern ein Aktionär die Gesellschaft verlassen möchte und der eintrittswillige Gesellschafter sich denselben Bindungen hinsichtlich der Beteiligung unterwirft. Dies hängt neben der Eignung des potentiellen Erwerbers aber von der freien Entscheidung der verbleibenden Parteien ab.

2.   Vorkaufsverpflichteter

Zumindest bei komplexen Unternehmensstrukturen – wie z.B. im *Burda/Springer*-Fall – sollten die an das Vorkaufsrecht gebundenen Gesellschaften gesondert aufgeführt werden. Hierdurch werden die Beteiligten gezwungen, sich über den Umfang der Bindung für sämtliche betroffenen Gesellschaften Gedanken zu

---

[1038] Im Rahmen einer umfassenden Konsortialvereinbarung kann hierbei zum Teil auch auf die allgemeine Präambel verwiesen werden; vgl. hierzu Hölters in Münchener Vertragshandbuch, Band 1, V. 112, ausführlich zu Inhalt und Zielvorstellung der Beteiligten beim Abschluss eines Poolvertrags Joussen S. 5 – 58. Besonderheiten der Zwecksetzung des Vorkaufsrechts sollten jedoch im Zusammenhang mit der Vorkaufsklausel ausgeführt werden.

machen. Zugleich könnte durch die Mitunterzeichnung der Tochtergesellschaften der Problematik mittelbarer Beteiligungen begegnet werden. In einfachen Fällen kann dies jedoch entfallen.

Das Vorkaufsrecht und die Andienungspflicht binden sämtliche Parteien, auch soweit sie nicht unmittelbare Rechtsinhaber der vorkaufsbelasteten Aktien sind.

Diese Regelung erfasst im Ansatz auch den Sonderfall der Umgehung des Vorkaufsrechts durch den Verkauf der gesamten vorkaufsverpflichteten Gesellschaft durch die Obergesellschaft. Hierbei ist jedoch zu berücksichtigen, dass eine Bindung der Obergesellschaft deren Mitunterzeichnung voraussetzt. Andernfalls kann lediglich der Weg über die aufschiebende Bedingung der Änderung in der Gesellschafterstruktur gewählt werden, die jedoch rechtlich und praktisch problematisch ist.

3.   Vorkaufsberechtigter / Übertragbarkeit der Vorkaufsberechtigung

Vorkaufsberechtigt sind ausschließlich die Parteien dieser Vorkaufsabrede [1039]. *Soweit sich nicht aus dieser Vorkaufsabrede etwas anderes ergibt, erlischt die Berechtigung aus dem Vorkaufsrecht mit der Veräußerung der Aktien an der AG durch den Berechtigten.*

Der Berechtigte ist abweichend von § 473 BGB befugt, das Vorkaufsrecht auf eine Gesellschaft, die an ihm oder an der er mehr als 50 % des Kapitals und der Stimmberechtigung innehat (Konzerngesellschaft) zu übertragen. Er ist darüber hinaus befugt, sonstige Rechtsakte, z.B. nach dem UmwG, vorzunehmen, die einer Übertragung wirtschaftlich gleichkommen, insbesondere bei Ausübung des Vorkaufsrechts die Übereignung der Aktien auf diese Gesellschaft zu verlangen, sofern sich diese zugleich in vollem Umfang den Bindungen aus der Vorkaufsabrede unterwirft.

Der Berechtigte ist nicht befugt, das Vorkaufsrecht oder die sich hieraus ergebenden Rechte auf einen Dritten zu übertragen, den Anteil treuhänderisch für einen Dritten zu halten, diesem eine nicht nur einmalige Stimmrechtsvollmacht zu gewähren oder ein Treuhand- oder Unterbeteiligungs- oder sonstiges Rechtsverhältnis einzugehen, das dem Dritten einen mehr als nur unerheblichen Einfluss auf die Aktien und die sich hieraus ergebenden mitgliedschaftlichen Rechte einräumt.

Für die gesonderte Nennung des Vorkaufsberechtigten gilt das zum Verpflichteten Gesagte. Die Parteien sollten die Berechtigung an die Stellung als Aktionär der Gesellschaft koppeln. Andernfalls könnte es zu Unsicherheiten über die Berechtigung nach einer möglichen späteren Veräußerung der Aktien durch den Berechtigten kommen.

[1039] Variante: Es ist jedoch auch möglich, über die Parteien der Vorkaufsabrede einzelne Außenstehende als Berechtigte zu bezeichnen (§ 328 BGB). Hierbei ist gerade bei komplexen Konzernstrukturen eine präzise Bezeichnung der Gesellschaften notwendig: *„Vorkaufsberechtigt sind neben den Parteien der Vorkaufsabrede folgende Personen / Gesellschaften: [...]."*

Hinsichtlich der Frage der Zulässigkeit der Übertragung des Vorkaufsrechts sollte zur Vermeidung unzulässiger Umgehungen bzw. einer den Berechtigten beeinträchtigenden rechtlichen Ausgestaltung auf eine Gleichstellung der rechtlichen Übertragung des Vorkaufsrechts mit der faktischen Übertragung der aus dem Vorkaufsrecht resultierenden wirtschaftlichen Rechte geachtet werden. Da die Übertragbarkeit den Einfluss Dritter auf die Aktien ermöglicht, entspricht die Unzulässigkeit der Übertragung an Außenstehende der gemeinsamen Interessenlage. Die konzerninterne Übertragung widerspricht den Interessen der Beteiligten hingegen im Regelfall nicht. Insbesondere im Rahmen einer umfassenden Poolbindung muss jedoch sichergestellt werden, dass die Vorkaufsbindung auch bei einer Übereignung an Konzerngesellschaften fortbesteht. Soweit sich nichts Abweichendes ergibt, erlischt allerdings auch hier die ursprüngliche Stellung als Vorkaufsberechtigter. Über die Mehrheitsbeteiligung kann die Muttergesellschaft den unternehmerischen Einfluss jedoch weiterhin ausüben.

Eine gänzlich freie Übertragbarkeit wäre rechtlich zwar zulässig, aber faktisch zu weitgehend, weil hierdurch das Vorkaufsrecht zu einem handelbaren Gut würde und sich der Verpflichtete mit gänzlich Unbeteiligten als Berechtigten auseinander zu setzen hätte. Dies birgt zudem mit Blick auf die Geheimhaltung bei Aktienveräußerungen ein erhebliches Risiko. Auf eine detaillierte Regelung der unterschiedlichen Maßnahmen einer „wirtschaftlichen" Übertragung sollte hingegen zu Gunsten der Übersichtlichkeit verzichtet werden, sofern nicht konkrete Umstrukturierungen in naher Zukunft zu erwarten sind.

II.   Baustein 2: Definition des „Vorkaufsfalles"

Die nähere Bestimmung des Vorkaufsfalls ist angesichts der wirtschaftlichen Austauschbarkeit bestimmter Gegenleistungen und der gesellschaftsrechtlichen Gestaltungsfreiheit ein entscheidendes Element der Vorkaufsklausel.

1.   Vorkaufsbelastete Aktien

Abgesehen von einfachen Fällen sollte mit Blick auf nachträglich hinzuerworbene und mittelbare Beteiligungen stets klargestellt werden, auf welche Aktien sich das Vorkaufsrecht bezieht. Die Einbeziehung „künftiger Aktien" hängt von der Aufteilung des Grundkapitals zur Zeit der Vereinbarung (z.B. Umfang des Streubesitzes) und der Schutzrichtung des Vorkaufsrechts ab (z.B. Bedeutung der Verschaffungsfunktion) und sollte ausdrücklich geregelt werden. Die Einbeziehung mittelbarer Beteiligungen wird – soweit gewünscht – durch das Zusammenwirken der nachfolgenden Klausel mit der Regelung der Vorkaufsverpflichteten (z.B. auch Tochter- oder Obergesellschaften) bewirkt.

Sofern sich die Parteien auch auf die Einbeziehung künftiger Aktien einigen sollten, ist jedoch zwingend auch deren mittelbarer Erwerb einzubeziehen, weil andernfalls der Erwerber durch einen Erwerb über eine Tochtergesellschaft die Vorkaufsbindung unterlaufen könnte. Der Hinweis auf das Bezugsrecht (§ 186 AktG) ist letztlich deklaratorisch, dient aber bei einer umfassenden Vorkaufsbindung der Klarstellung.

Das Vorkaufsrecht erstreckt sich neben den nachfolgend näher bezeichneten Aktien der AG auch auf sämtliche Aktien der AG, die der Verpflichtete nachträglich erwirbt, sei es direkt oder über eine Konzerngesellschaft. Ein Anspruch des Berechtigten auf Ausübung eines möglichen Bezugsrechts bzw. auf dessen Abtretung besteht nicht. [.......]

Variante 1040:
Das Vorkaufsrecht erstreckt sich lediglich auf die Aktien der AG, deren Rechtsinhaber der Verpflichtete zum Zeitpunkt der Unterzeichnung der Vorkaufsabrede ist. Nachträglich vom Verpflichteten unmittelbar oder mittelbar erworbene Aktien der AG werden durch das Vorkaufsrecht nicht erfasst.

2. Vorkaufsfall

Es steht den Parteien frei, die gesetzliche Beschränkung auf echte Kaufverträge beizubehalten. Bei Aktien kann dies jedoch das Vorkaufsrecht leer laufen lassen. In jedem Fall sollten die Parteien zweifelsfrei [1041] klarstellen, auf welche Arten von Rechtsgeschäften sich die Berechtigung erstrecken soll. Das Vorkaufsrecht sollte neben dem Kaufvertrag [1042] auch die wichtigsten anderen Veräußerungsgeschäfte umfassen, die den Kauf faktisch „ersetzen" können. Jede andere Fassung würde Umgehungsgeschäfte geradezu herausfordern [1043]. Die nachstehende Formulierung kann je nach Bedarf um weitere Rechtsgeschäfte erweitert werden.

[1040] Vgl. auch Langenfeld/Gail Handbuch der Familienunternehmen Mustersammlung, VIII, 1.6 (Muster: Schutzgemeinschaftsvertrag bei Familien-Aktienbesitz), Rz. 11 *„sämtlichen gegenwärtigen und künftigen Aktienbesitz der Gesellschafter"*; Capelle in BB 1954, 1076, 1079 sub. § 1 (1) *„gegenwärtigen und künftigen Besitz ihrer Mitglieder an den Aktien der AG"*; Hölters in Münchener Vertragshandbuch, Band 1, V.112, sub. § 2 (1) *„neue Aktien der Poolbindung unterwerfen"*; Noack (Anhang) sub. § 1 (2).

[1041] Lehner in SJZ 1954, 73, 77 *„möglichst keine Zweifel"*; vgl. ferner OLG Karlsruhe WM 1990, 725, 733, sowie Schrötter S. 117f.

[1042] Wollen die Parteien die Berechtigten trotz der genannten Bedenken ausschließlich auf den Kauf i.e.S. beschränken, sollte dies klargestellt werden, auch wenn es – vermeintlich – die bloße Gesetzeslage wiedergibt: *„Als Vorkaufsfall im Sinne dieser Vorkaufsabrede gilt ausschließlich der Abschluss eines Kaufvertrags i.e.S. über die Aktien."* Der Verkauf über die Börse wird zumindest über die Andienungspflicht erfasst.

[1043] Langenfeld/Gail Handbuch der Familienunternehmen 5.2.4.12, Rz. 76.1.

Neben dem Abschluss eines Kaufvertrags gelten als Vorkaufsfall (Fiktion des Vorkaufsfalls):

1. *der Tausch vorkaufsgebundener Aktien gegen vertretbare Sachen, insbesondere gegen Aktien einer börsennotierten Gesellschaft;*

2. *die Einbringung vorkaufsgebundener Aktien in eine Gesellschaft, die entweder keine Konzerngesellschaft ist oder ohne vollumfängliche Weitergabe der Vorkaufsbindung erfolgt;*

3. *eine Veräußerung der Anteile der vorkaufsverpflichteten Gesellschaft, die bewirkt, dass deren derzeitiger Mehrheitsgesellschafter diese Mehrheit an Stimmrecht oder Kapital verliert.*

Die Ermittlung der Gegenleistung des Berechtigten erfolgt unter Zugrundelegung des tatsächlichen Wertes der Aktien im Verfahren nach V. 2.

Der Vorkaufsverpflichtete verzichtet ausdrücklich auf sein Recht zur Anfechtung (§ 119 BGB) und zur Berufung auf den Wegfall der Geschäftsgrundlage für den Fall, dass das Rechtsgeschäft mit dem Dritten entgegen seinen Erwartungen als Vorkaufsfall anzusehen sein sollte.

Die unter Nr. 1 genannte Regelung schützt den Berechtigten vor einer Umgehung durch die Vereinbarung eines Aktientauschs bei börsennotierten Gesellschaften, ohne dem Verpflichteten den Aktientausch grundsätzlich zu verwehren.

Durch Nr. 2 verbleibt dem Verpflichteten die Möglichkeit einer internen Umstrukturierung, z.B. durch Einbringung in eine 100 %ige Tochtergesellschaft. Durch die Weitergabe der Vorkaufsbindung wird den Interessen des Berechtigten regelmäßig hinreichend Rechnung getragen. Die Regelung kann zwar keinen völligen Gleichlauf zwischen Aktientausch und Einbringung erreichen, bewirkt aber durch die einfache Fassung die gebotene Rechtssicherheit über die Frage des Vorliegens eines Vorkaufsfalles.

Nr. 3 bewirkt schließlich einen Schutz des Berechtigten gegen einen Mehrheitswechsel beim Verpflichteten und damit gegen den Verkauf der verpflichteten Gesellschaft insgesamt. Hierbei bleibt der *Teil*verkauf der Verpflichteten weiterhin zulässig, weil erst der (auch sukzessive) Übergang der Stimmen- oder Kapitalmehrheit die Fiktion des Vorkaufsfalls auslöst.

Da dem Berechtigten die Erbringung der Gegenleistung in natura regelmäßig nicht möglich ist, hat der Berechtigte den tatsächlichen Wert der Aktien zu bezahlen. Zur Ermittlung des Wertes ist auf das Verfahren nach „V 2" zu verweisen.

Der Verzicht auf die Anfechtung und die Berufung auf den Wegfall der Geschäftsgrundlage (§ 313 BGB) ist mit Blick auf die Rechtsprechung des BGH [1044] geboten, um eine langjährige Unsicherheit über die rechtliche Einordnung des Rechtsgeschäfts bzw. die Bedeutung der Motive oder subjektiven Erwartungen des Ver-

---

[1044] BGH NJW 1987, 890, 893 „*Dinckelacker*" (entgegen OLG Stuttgart JZ 1987, 570f) spricht von der Relevanz eines „*angemessenen Irrtums*".

pflichteten oder des Dritten zu vermeiden. Nach dem BGH soll die Berufung auf den Wegfall der Geschäftsgrundlage lediglich dann ausscheiden, wenn *„die Vertragspartner die Ungewissheit bewusst in Kauf genommen haben"*. Die Möglichkeit einer Anfechtung nach § 123 BGB bleibt dem Verpflichteten ebenso unbenommen wie die Berufung auf einen Irrtum nach § 119 BGB, soweit dieser mit der rechtlichen Einordnung des Vertrages nicht im Zusammenhang steht (z.B. „Zahlendreher" bei Preisangaben).

Eine Erstreckung des Vorkaufsrechts auf *sämtliche* Veräußerungsgeschäfte [1045] ist ebenfalls möglich. Stets ist jedoch auf die präzise Abfassung des Gewollten zu achten [1046]. Die Beschränkung der unternehmerischen Freiheit für den jeweils Verpflichteten ist in diesem Fall allerdings erheblich. Für unentgeltliche Rechtsgeschäfte müsste zudem klargestellt werden, ob bzw. inwieweit der Berechtigte eine Gegenleistung erbringen soll.

Zugleich sollte für bestimmte Kaufverträge eine Einschränkung des Anwendungsbereichs des Vorkaufsrechts zu Gunsten des Verpflichteten vorgenommen werden, die die Rechtsstellung des Berechtigten durch die umfassende Weitergabe der Vorkaufsbindung nicht unzumutbar beeinträchtigt [1047].

Ein Vorkaufsfall liegt nicht vor
1.   beim Verkauf der Aktien an eine Konzerngesellschaft,
2.   beim Verkauf der Aktien an Familienangehörige, die mit dem Verpflichteten in gerader Linie verwandt oder bis zum dritten Grad in der Seitenlinie verwandt oder verschwägert sind,
sofern sich der Erwerber beim Erwerb in vollem Umfang den Bindungen aus der Vorkaufsabrede unterwirft.

Die Regelung in Nr. 2 erlangt Bedeutung, sofern die Anteile der Parteien der Vorkaufsabrede zum Teil von natürlichen Personen gehalten werden.

3.   Sicherung des Vorkaufsrechts

Bei der Sicherung des Vorkaufsrechts sollte darauf geachtet werden, ein „gesundes Mittelmaß" zu finden, dass auch praktisch handhabbar ist.

[1045] Vgl. Vorschlag Salzgeber-Dürig S. 284, Fn 49: *„Das Vorkaufsrecht kann ausgeübt werden anlässlich jeder rechtsgeschäftlichen Übertragung zu vollem und zu beschränktem Recht"*.

[1046] Bei folgendem Wortlaut, vgl. BGH WM 1966, 511, bleibt das Gewollte jedoch unklar: *„Für den Veräußerungsfall räumen sich die Vertragsteile gegenseitig das Vorkaufsrecht ... nach den Bestimmungen der §§ 504 ff BGB* [jetzt §§ 463ff BGB] *ein"*.

[1047] Vgl. Joussen S. 18f.

a)   Hinterlegung beim Treuhänder

Die vorkaufsbelasteten Aktien werden von den Parteien für die Dauer der Vorkaufsbindung bei einem gemeinsam bestellten Treuhänder in der Weise hinterlegt, dass die ordnungsgemäße Ausübung der Rechte aus den Aktien, insbesondere des Stimmrechts in der Hauptversammlung, sichergestellt ist. Der Anspruch auf Herausgabe der Aktien steht unter der aufschiebenden Bedingung des Wegfalls der Vorkaufsbindung.

Von der Einbringung der Aktien in eine Zwischenholding sollte abgesehen werden, weil sich dies nicht zuletzt aus steuerlichen Gründen als recht kostenintensiv (insbesondere bei einer GmbH) erweist. Über die Bedingung des Herausgabeanspruchs wird auch dem Problem Rechnung getragen, dass selbst bei einer Hinterlegung über §§ 929, 931 BGB eine Übereignung möglich wäre. Ein gutgläubiger einredefreier Erwerb ist wegen des unmittelbaren Besitzes des Treuhänders nicht möglich.

b)   Vertragsstrafe

Als „Mindestsicherung" sollten die Parteien, nicht zuletzt aus Gründen der psychologischen Hemmschwelle, eine Vertragsstrafe für den Fall der Missachtung der Vorkaufsabrede vereinbaren.

Die Parteien vereinbaren für den Fall der Veräußerung der Aktien ohne ordnungsgemäße Andienung oder unter Missachtung des Vorkaufsrechts die Zahlung einer Vertragsstrafe in Höhe von [.....]. Dieser Betrag wird ab dem Zeitpunkt der Verwirkung der Vertragsstrafe mit 8 % über dem Basiszinssatz verzinst und ist an die von dem pflichtwidrigen Verhalten betroffenen Berechtigten im Verhältnis ihrer Berechtigung zu zahlen.

Für die Höhe der Vertragsstrafe können sich die Parteien grundsätzlich am Abschreckungseffekt orientieren und relative (Prozent-) Werte, z.B. gemessen am Wert der Aktienveräußerung, oder absolute Geldbeträge vereinbaren [1048]. Eine nähere Angabe des aus der Strafe Berechtigten ist zur Gewährleistung hinreichender Bestimmtheit unumgänglich [1049]. Dies können bei einer unterlassenen Anbietung sämtliche Berechtigte sein, bei einem vertragswidrigen Vollzug des Vertrags mit dem Dritten nach Ablauf der Ausübungsfrist jedoch lediglich die Berechtigten, die ihr Vorkaufsrecht ordnungsgemäß ausgeübt haben.

Ein wirksamer (wirtschaftlicher) Schutz, der allerdings dem Verpflichteten ein gewisses Risiko auferlegt, verlangt folgenden Zusatz:

[1048] Für eine Vertragsstrafe in Höhe des Veräußerungserlöses/Verkaufspreises, mindestens jedoch 300.000 DM Noack (Anhang) sub. § 8 (1); zu möglichen Berechnungsansätzen und der Empfehlung, den Betrag „*spürbar hoch anzusetzen*", vgl. Noack S. 219 f; ferner Salzgeber-Dürig S. 80; Palandt-Heinrichs, § 339, RN 5.

[1049] Noack S. 221 erwägt insoweit zu Recht, eine Berechtigung nach Maßgabe der Beteiligungsquote könne sich im Einzelfall aus ergänzender Vertragsauslegung ergeben; anders wohl Henrich, der – zumindest für das Aktienrecht zu Unrecht, vgl. § 11 II 2 - i. Zw. § 472 BGB anwenden will.

Die Verwirkung der Vertragsstrafe setzt kein Verschulden des Verpflichteten voraus.

III. Baustein 3: Teilbarkeit des Vorkaufsrechts

Gerade mit Blick auf den Regelfall eines Paketverkaufs ist eine gesonderte Vereinbarung über die objektive und – soweit erforderlich – subjektive Teilbarkeit, sowie die Frage des Nachteilsausgleichs bei einem gescheiterten Paketverkauf unerlässlich.

1. Objektive Teilbarkeit

Die Zulassung der objektiven Teilbarkeit ist eine Grundsatzfrage [1050], bei der im Rahmen von wechselseitigen Vorkaufsrechten alle Parteien als mögliche Berechtigte und Verpflichtete an einer ausgewogenen Lösung interessiert sein sollten.

a) Verneinte Teilbarkeit

Bei Eintritt des Vorkaufsfalls kann der Berechtigte das Vorkaufsrecht in vollem Umfang ausüben. Eine Beschränkung auf einen Teil der verkauften Aktien ist nicht zulässig.

Eine Ausübung in vollem Umfang liegt auch dann vor, wenn der Berechtigte den Erwerb sämtlicher Aktien erstrebt, auf die sich sein Vorkaufsrecht erstreckt, der Verpflichtete die vorkaufsbelasteten Aktien jedoch mit weiteren Aktien zusammen im Paket verkauft, sei es, dass er bereits zur Zeit der Vereinbarung des Vorkaufsrechts der Inhaber dieser Aktien war oder diese erst nachträglich hinzuerworben hat.

Die Zulässigkeit der „Teilung" in den Fällen des zweiten Absatzes der vorstehenden Regelung ist für den Verpflichteten nicht vermeidbar, zumal diese auf seinem eigenen Verhalten beruht.

b) Bejahte Teilbarkeit

Bei Eintritt des Vorkaufsfalls kann der Berechtigte die Ausübung des Vorkaufsrechts nach freiem Belieben auf Teile des verkauften Aktienpakets beschränken (§ 467 S. 1 BGB).

Die Nachteile einer freien Teilbarkeit können durch eine nuancierte Rechtsfolgenregelung auf der Ebene des Nachteilsausgleichs zum Teil kompensiert werden. Daher ist die grundsätzliche Zulassung der Teilbarkeit vorzugswürdig.

[1050] Bejahend bei Noack (Anhang) sub. § 5 (3); verneinend hingegen bei Hölters in Münchener Vertragshandbuch, Band 1, V.112, sub. § 8 (2); Stephan in Becksches Formularbuch, IX.6; sub. § 9 (3)b).

2.   Subjektive Teilbarkeit

Eine gesonderte Regelung zur Teilbarkeit des Vorkaufsrechts erübrigt sich allenfalls bei der Beteiligung von nur zwei Aktionären an der Vorkaufsabrede. Allerdings sollte auch hier für den Fall eines Verkaufs an mehrere Erwerber, z.B. eine Familie oder ein Investorengruppe, Vorsorge getroffen werden.

a)   Mehrheit von Berechtigten

> *§ 472 BGB findet keine Anwendung. Das Vorkaufsrecht und das Erwerbsrecht im Zusammenhang mit der Andienungspflicht stehen den Berechtigten im Verhältnis ihrer bisherigen Beteiligung an der Gesellschaft zu. Soweit ein Vorkaufsberechtigter von dem Angebot oder dem Vorkaufsrecht keinen Gebrauch macht, wächst dieses Recht den übrigen Berechtigten im Verhältnis ihrer Berechtigung zu.*

Zwar greift § 472 BGB nicht ein [1051]. Da dies in Rechtsprechung und Literatur bislang nicht hinreichend beachtet wurde, ist jedoch ein klarstellender Hinweis sachgerecht. Beim Verhältnis der Berechtigung ist zu berücksichtigen, dass bei Vorkaufrechten von *Nicht*-Gesellschaftern einen Berechtigung *„zu gleichen Teilen"* geboten ist [1052]. Denkbar, aber wohl nicht zwingend erforderlich, ist zudem eine Regelung zu verbleibenden Aktienspitzen [1053].

b)   Mehrheit von Verpflichteten

> *Veräußern mehrere Verpflichtete ihre Aktien ganz oder teilweise in einer oder mehreren Urkunden an einen Dritten, so kann jeder Berechtigte die Ausübung des Vorkaufsrechts auf einen oder mehrere Verpflichtete beschränken.*

Die Unzulässigkeit der subjektiven Teilbarkeit gegenüber einzelnen Verpflichteten [1054] ist nicht empfehlenswert, weil hierdurch – gerade bei einer Übernahme der Mehrheit der Gesellschaft durch Dritte – das Vorkaufsrecht leer laufen kann. Durch eine entsprechende Nachteilsausgleichsregelung kann die wirtschaftliche

---

[1051] A.A. Langenfeld/Gail Handbuch der Familienunternehmen 5.2.4.12, Rz. 76.1 (für die GmbH).

[1052] Die von Salzgeber-Dürig S. 24 und 94 benannten sonstigen Verteilungsmöglichkeiten, z.B. *„Prioritätsordnung"* oder Losverfahren, sind eher theoretischer Natur und mit den praktischen Bedürfnissen nicht vereinbar.

[1053] Vgl. Noack (Anhang) sub. § 5 (3): an Gesellschafter mit größter Beteiligung; anders jedoch Stephan in Becksches Formularbuch, IX.6, sub. § 9 (3)b), sowie IX.7, sub. § 12: am geringsten beteiligter Gesellschafter; wieder anders Hölters in Münchener Vertragshandbuch, V.112, sub. § 8 (2): Verlosung; viele Verträge sehen in der Praxis auch ein Vorrecht des zeitlich zuerst Ausübenden vor.

[1054] Variante: Bei einer Unzulässigkeit bietet sich folgender Wortlaut an: *Veräußern mehrere Verpflichtete ihre Aktien ganz oder teilweise in einer oder mehreren Urkunden an einen oder mehrere Dritte, so kann jeder Berechtigte sein Vorkaufsrecht nur einheitlich gegenüber sämtlichen Verpflichteten ausüben.*

Benachteiligung einzelner Verpflichteter auch bei der Teilung „abgefedert" werden.

3. Nachteilsausgleich bei Teilausübung
Die nachstehenden Ausführungen zum Nachteilsausgleich sind naturgemäß entbehrlich, sofern die Parteien eine objektive oder subjektive Teilausübung ausgeschlossen haben.

a) Abbedingung des § 467 S. 2
Zur Klarstellung der Risikoverteilung bei einem gescheiterten Paketverkauf sollte § 467 S. 2 BGB stets abbedungen werden [1055]. Die Regelung ist – unabhängig davon, welche Ausgleichsregelung die Parteien vereinbaren wollen – nicht interessengerecht bzw. höchst streitträchtig.

§ 467 S. 2 BGB wird abbedungen.

b) Wirtschaftlicher Nachteilsausgleich
Die Parteien der Vorkaufsabrede sollten sich auf eine *eindeutige* und *einfach* zu handhabende Regelung über den Ausgleich eines möglichen Nachteils verständigen.

Zum Ausgleich eines wirtschaftlichen Nachteils des Verpflichteten im Fall einer objektiven oder subjektiven Teilausübung hat der Berechtigte dem jeweiligen Verpflichteten pauschal einen Betrag in Höhe von [........] zu zahlen.

Der Berechtigte ist nicht zu einer Erstattung des wirtschaftlichen Nachteils verpflichtet, der bei vollumfänglicher Ausübung des Vorkaufsrechts darauf beruht, dass die Teilung des Aktienverkaufs durch die anfängliche Beschränkung des Vorkaufsrechts auf einen Teil der Aktien oder den Mitverkauf nachträglich hinzuerworbener vorkaufsfreier Aktien beruht.

Variante: Angesichts der Wechselseitigkeit der möglichen Nachteilsausgleichspflicht können die Parteien aber auch einen Nachteilsausgleich ausschließen:

Zum Ausgleich eines wirtschaftlichen Nachteils des Verpflichteten im Fall einer objektiven oder subjektiven Teilausübung ist der Berechtigte nicht verpflichtet.

Die Ausgleichsregelung sollte, sofern sie überhaupt einen Ausgleich vorsieht, für die objektive und die subjektive Teilbarkeit identisch sein und einen festen Betrag als Höchstgrenze bezeichnen. Die bloße Berechenbarkeit reicht hingegen nur dann ausnahmsweise aus, wenn die heranzuziehenden Rechengrößen unstreitig sind. Die Koppelung an Umsätze, tatsächliche oder zu erwartende Gewinne etc. ist daher nicht sachgerecht. Ebenso wenig sollte der Berechtigte verpflichtet sein, pauschal „den vollständigen Paketzuschlag" zu erstatten. Die Höhe des „Zuschlags" ist für

---

[1055] Trinkner in BB 1963, 1236f.

den Berechtigten nicht nachprüfbar und würde Umgehungen zu seinen Lasten herausfordern.

c) Variante: Interessengerechter Nachteilsausgleich

Sofern sich die Parteien nicht auf eine der vorgenannten Klauseln verständigen können, sollten sie sich für nachfolgende interessengerechte Formulierung entscheiden:

Sofern der Verpflichtete durch die objektive Teilung des Vorkaufes eine vermögenswerte Schlechterstellung erfährt, ist zu differenzieren: Übersteigt dieser Nachteil für den Verpflichteten die Schwelle der Zumutbarkeit, ist er befugt, vom Berechtigten die Übernahme auch der restlichen Aktien gegen Zahlung des Gesamtpreises zu verlangen. Hierbei steht dem Berechtigten im Gegenzug das Recht zu, vom Vertrag Abstand zu nehmen. Unterhalb der Schwelle der Zumutbarkeit ist der Berechtigte befugt, anstelle der Übernahme sämtlicher Aktien den Verpflichteten lediglich für den entstehenden Nachteil finanziell zu entschädigen.

Eine subjektive Beschränkung der Ausübung auf einzelne Verpflichtete führt lediglich dann zu einem Anspruch auf Ausgleich des entstehenden Nachteils analog § 467 S. 2 BGB, wenn die Beschränkung in der konkreten Situation zu einer bedeutenden Beeinträchtigung einzelner Verkäufer führt, die nicht durch sachliche Gründe des Berechtigten gerechtfertigt ist.

Die Formulierung spiegelt – ausgehend vom Leitbild des Gesetzes – die salomonische Mittellösung wider und könnte aus diesem Grund für beide Seiten akzeptabel sein. Es darf jedoch nicht verkannt werden, dass es zu Folgeproblemen bei der Handhabung kommen kann.

IV. Baustein 4: Ausübung des Vorkaufsrechts

1. Mitteilungsverfahren

Der Verpflichtete hat dem Berechtigten zur Mitteilung des Vorkaufsfalles eine Abschrift des Vertrags mit dem Dritten umgehend nach dessen Unterzeichnung zukommen zu lassen. Die Vereinbarung von Bedingungen oder Genehmigungsvorbehalten oder rechtlich oder faktisch vergleichbaren Klauseln steht der Mitteilungspflicht nicht entgegen. Die Mitteilung hat ebenfalls den Namen des Dritten, sowie sämtliche Vereinbarungen im Zusammenhang mit der Veräußerung der Aktien zu umfassen, die für die Bestimmung von Leistung oder Gegenleistung unmittelbar von Bedeutung sind, andernfalls die Erklärung des Verpflichteten, dass keine sonstigen schriftlichen oder mündlichen Vereinbarungen getroffen wurden.

Der Berechtigte wird den geplanten Erwerb des Dritten, sowie den Inhalt des Vertrages, insbesondere die vom Verpflichteten als geheimhaltungsbedürftig bezeichneten Tatsachen, vertraulich behandeln.

Das Angebot und die Mitteilung des Vorkaufsfalls haben per Einschreiben mit Rückschein an die in dieser Vereinbarung genannte Adresse oder gegen ein vom Empfänger zu datierendes Empfangsbekenntnis zu erfolgen. Der Verpflichtete hat alles Erforderliche zu tun, um einen weitgehend gleichzeitigen Zugang gegenüber sämtlichen Berechtigten sicherzustellen.

Der Umfang der Mitteilung muss klar geregelt werden und sollte wegen des Abwehrinteresses eines Vorkaufsrechts auch den Namen des Erwerbers umfassen. Angesichts der üblichen Verknüpfung von Kausal- und Erfüllungsgeschäft sollte zudem die endgültige Wirksamkeit des Vertrags nicht zwingend erforderlich sein. Um den Berechtigten zumindest eingeschränkt gegen eine beeinträchtigende Gestaltung dergestalt zu schützen, dass neben der eigentlichen Veräußerung der Aktien in weiteren Verträgen Vereinbarungen getroffen werden, die sich unmittelbar auf den Umfang von Leistung oder Gegenleistung auswirken (z.B. Lieferverträge, Servicevereinbarungen), hat der Verpflichtete diese ebenfalls mitzuteilen oder – negativ – deren Fehlen ausdrücklich zu bestätigen. Ein Verstoß hiergegen wäre als bewusste Täuschung strafrechtlich von Bedeutung und sorgt neben der gebotenen Klarheit auch für einen mittelbaren Zwang.

Grundsätzlich steht dem Berechtigten ein uneingeschränktes Recht zur Kenntnisnahme vom Inhalt des Vertrags zu. Die Bedeutung der Kenntnis von sensiblen Wirtschaftsdaten sollte jedoch dazu führen, dass der Berechtigte diese Tatsachen, deren Kenntnisnahme zur Prüfung der Wirtschaftlichkeit der Ausübung des Vorkaufsrechts ihm nicht verwehrt werden kann, zumindest für einen bestimmten Zeitraum (z.B. 6 Monate) nicht an Außenstehende preisgeben darf. Ein Verbot der rein *internen* Verwertung wäre hingegen nicht zu verwirklichen. Das qualifizierte Formerfordernis ist wegen der besonderen Bedeutung von Inhalt und Zeitpunkt der Mitteilung aus Gründen des Nachweises von Bedeutung. Hierbei erfordert die Gleichberechtigung mehrerer Berechtigter eine weitgehend gleichzeitige Mitteilung.

2.   Ausübungsmodalitäten

Die Frist zur Ausübung des Vorkaufsrechts beträgt einen Monat ab Zugang der ordnungsgemäßen Mitteilung beim jeweiligen Vorkaufsberechtigten.

Die Ausübungserklärung hat per Einschreiben mit Rückschein an die in dieser Vereinbarung genannte Adresse oder gegen ein vom Verpflichteten zu datierendes Empfangsbekenntnis zu erfolgen. Maßgeblich für die Rechtzeitigkeit der Ausübung ist der Zugang beim Verpflichteten.

Die Ausübungserklärung kann nicht von Bedingungen abhängig gemacht werden. Erklärt der Berechtigte die Ausübung unter Hinweis auf die fehlende Bindung an bestimmte Vereinbarungen, gilt dies jedoch im Zweifel als bloße Rechtsansicht und steht der Wirksamkeit der Ausübung nicht entgegen. Für den Umfang der Bindung des Berechtigten ist allein das Verfahren nach V 2 maßgebend.

Jeder Vorkaufsberechtigte hat in seiner Ausübungserklärung auch für den Fall einer möglichen Anwachsung durch Nichtausübung anderer Berechtigter anzugeben, in welchem Umfang er von seiner Berechtigung Gebrauch machen möchte.

Soweit die Ausübungserklärung die vorstehenden Anforderungen nicht beachtet, ist sie unwirksam.

Die Monatsfrist verlängert die gesetzliche Wochenfrist und trägt sowohl dem Interesse des Verpflichteten an einer zeitnahen Entscheidung, als auch dem Interesse des Berechtigten an einer wirtschaftlichen Prüfung des Erwerbs hinreichend Rechnung [1056]. Sofern die Mitteilung trotz entsprechender Sorgfalt des Verpflichteten nicht allen Berechtigten weitgehend gleichzeitig zugeht, ist ein unterschiedliches Fristende nicht zu vermeiden. Die Koppelung an den zeitlich letzten Zugang bei den Berechtigten ist nicht handhabbar. Eine zwingende Angabe über den beabsichtigten Ausübungsumfang bei mehreren Berechtigten ist zumindest mit Blick auf die Rechtsprechung zu § 472 BGB sachgerecht, um die Unwirksamkeit der Ausübung bei Nichterklärung eines weiteren Berechtigten zu vermeiden [1057].

Der Hinweis auf die Unwirksamkeit einer bedingten Ausübungserklärung ist nur deklaratorisch. Durch die Umkehr des Regel-Ausnahme-Prinzips für den Fall eines Hinweises des Berechtigten auf seine vermeintlich fehlende Bindung an bestimmte Regelungen des Vertrages in Abweichung von § 464 Abs. 2 BGB wird einerseits der Berechtigte vor einer nicht gewollten materiellen Beschränkung der Bindung geschützt und andererseits dem Schiedsgericht der Umfang einer fraglichen Bindungswirkung für das hierfür allein maßgebliche Verfahren nach „V 2" vorgegeben.

V.   Baustein 5: Inhaltliche Anpassung der Vertragsbedingungen

1.   Vorabvereinbarung bestimmter Vertragbestimmungen
Je nach den konkreten Gegebenheiten des Einzelfalls kann es sachgerecht sein, abweichend von § 464 Abs. 2 BGB einzelne Vertragsbestimmungen für den Fall des Ausübung des Vorkaufsrechts gesondert zu vereinbaren. Neben der Ausgestaltung eines gesonderten „Vorverfahrens" zur Festlegung der im Verhältnis zwischen Berechtigtem und Verpflichtetem maßgebenden Bedingungen [1058] kann es angezeigt sein, sich – außerhalb des Schiedsverfahrens – über Zahlungsmoda-

---

[1056] Für eine Frist von einem Monat auch Langenfeld/Gail Handbuch der Familienunternehmen 5.2.4.12, Rz. 76.3; Hölters in Münchener Vertragshandbuch, Band 1, V.112, sub § 9 (2).

[1057] Die Möglichkeit, sich der Ausübung anderer Berechtigter „anzuschließen" – so Langenfeld/Gail Handbuch der Familienunternehmen 5.2.4.12, Rz. 76.3 –, ist irreführend, sofern jeder Berechtigte eine *eigene* Befugnis geltend macht; ist eine echte „*gemeinschaftliche*" Berechtigung gewollt, so dürfte dies unter Zugrundelegung der Rechtsprechung zur Unwirksamkeit der Ausübung führen, sofern nicht alle Berechtigten die Ausübung erklären.

[1058] Vgl. grundlegend BGH NJW 1993, 324; Noack S. 16; sowie MK-Westermann § 504, RN 25; dem wird vorliegend durch das Andienungs- und das Schiedsverfahren Rechnung getragen.

237

litäten und bestimmte Bewertungsmaßstäbe der Gegenleistung zu einigen [1059]. Da dies vom Einzelfall abhängt, kann nur der folgende Rahmen vorgeschlagen werden:

Abweichend von dem zwischen dem Verpflichteten und dem Dritten vereinbarten Vertragsinhalt (vgl. § 464Abs. 2 BGB) einigen sich die Parteien für den Fall der ordnungsgemäßen Ausübung des Vorkaufsrechts auf folgendes:

1. *Der Berechtigte hat die Gegenleistung innerhalb von 30 Tagen nach Ausübung des Vorkaufsrechts Zug-um-Zug gegen Übertragung der Aktien zu erbringen. Nach Ablauf dieser Frist wird die Gegenleistung mit einem Zinssatz von 8 % über dem Basiszins verzinst. Hängt die Höhe der Gegenleistung von einer Entscheidung durch das Schiedsgericht ab, erfolgt die Zinsberechnung rückwirkend zum vorgenannten Zeitpunkt. Sofern der Verpflichtete die Aktien nach Ausübung des Vorkaufsrechts nicht nach Weisung und für Rechnung des Berechtigten hält, hat er dem Berechtigten einen nach Eintritt der Fälligkeit eintretenden Wertverlust zu ersetzen.*
2. *Die Höhe der Gegenleistung des Berechtigten im Verfahren nach V 2 errechnet sich wie folgt: [.....].*
3. *[......]*

Eine gesonderte Fälligkeitsregelung ist angebracht, da die im Vertrag mit dem Dritten vorgesehenen Modalitäten vielfach wegen Zeitablaufs nach der Ausübungsfrist nicht mehr auf das Verhältnis zum Berechtigten übertragen werden können. Bei Streitigkeiten über das „Ob" oder „Wie" der Ausübung erfolgt für Leistung und Gegenleistung eine Rückanknüpfung an den Ausübungszeitpunkt. Sofern die Parteien eine spezifische Berechnung des Wertes der Gegenleistung wünschen, können sie die für das Schiedsgericht und die hierdurch bestimmten Sachverständigen maßgebenden Kriterien näher bezeichnen (z.B. Kaufpreisberechnungsklauseln).

2. Schiedsklausel

Bei komplexen Aktienveräußerungen, z.B. als Teil eines Unternehmenskaufs, werden sich rechtliche Streitigkeiten nicht vermeiden lassen, sofern sich der Verpflichtete und der Berechtigte nicht vor Abschluss des Vertrags mit dem Dritten einvernehmlich auf die Modalitäten der Übertragung auf den Berechtigten einigen können.

Beispiel: Der Fall Bewag zeigte die Probleme mancher Schiedsvereinbarungen: Dort sah der Konsortialvertrag zwar eine Standardschiedsklausel vor. Dennoch führte wegen § 1033 ZPO ein paralleles gerichtliches Verfahren vor dem LG Berlin zunächst zum Erfolg. Die Ansicht der Parteien [1060], „innerhalb weniger Wochen eine verbindliche Lösung" zu erreichen,

---

[1059] Baumann/Reiss in ZGR 1989, 157, 183; Reichert in BB 1985, 1496, 1500; sowie BGH WM 1965, 356 zu möglichen Kaufpreisberechnungsklauseln.
[1060] FAZ v. 05.09.00, S. 20.

scheiterte jedoch daran, dass die rechtlichen Rahmenbedingungen des Schiedsverfahrens anscheinend erst nachträglich vereinbart werden mussten [1061].

Daher ist eine *vorherige* Unterwerfung unter die Entscheidung eines Schiedsgerichts, sowie dessen umgehende Entscheidung über gegenständlich begrenzte Streitpunkte auch zur Wahrung der berechtigten Interessen möglicher Dritterwerber zwingend erforderlich [1062]. Ausgangspunkt sollte eine – hier nicht näher aufzuführende – Standard-Schiedsklausel ohne die Zulassung von Rechtsmitteln sein. Nach der Generalzuständigkeit des Schiedsgerichts unter Ausschluss des ordentlichen Rechtswegs ist auf die Besonderheiten der Vorkaufsklausel einzugehen:

> *Das Schiedsgericht entscheidet insbesondere über*
> - *die Frage der ordnungsgemäßen Mitteilung und Ausübung;*
> - *die Zulässigkeit der Teilausübung und eine eventuelle Nachteilsausgleichspflicht;*
> - *den Umfang der Bindungswirkung der Ausübung;*
> - *die Art und die Höhe der Gegenleistung;*
> - *die Verwirkung der Vertragsstrafe;*
> - *die Kosten des Schiedsverfahrens.*
>
> *Die §§ 315 ff BGB werden abbedungen. Soweit über die Höhe der Gegenleistung, insbesondere mit Blick auf den Wert der Aktien, Uneinigkeit besteht, kann das Schiedsgericht eine unabhängige Wirtschaftsprüfungsgesellschaft oder einen sonstigen geeigneten Sachverständigen beauftragen.*

Eine interessengerechte Ausgestaltung der Schiedsklausel ist wichtigste Voraussetzung einer konsequenten Durchführung des Schiedsverfahrens. Allein der zeitnahe Erlass eines bindenden Schiedsspruchs vermag für sämtliche Beteiligten Rechtssicherheit und wirtschaftliche Planbarkeit zu gewährleisten.

[1061] So machte Eon die Teilnahme am Schiedsverfahren wohl davon abhängig, dass „*keine Vorbedingungen*" gestellt würden, vgl. FAZ v. 07.09.2000, S. 21; sowie Handelsblatt v. 07.09.2000, S. 17.

[1062] Vgl. eingehend Noack S. 223ff; sowie Baumann/Reiss in ZGR 1989, 157, 173f; Böttcher/-Beinert/Hennerkes in DB 1971, 1998, 2002.

Peter Lang · Europäischer Verlag der Wissenschaften

Barbara Treeger-Huber

Rechtliche Probleme der Stückaktien

Frankfurt am Main, Berlin, Bern, Bruxelles, New York, Oxford, Wien, 2004.
209 S.
Europäische Hochschulschriften: Reihe 2, Rechtswissenschaft. Bd. 3897
ISBN 3-631-52079-4 · br. € 39.–*

In dieser Arbeit werden zunächst die wesentlichen Unterschiede zwischen den eingeführten Stückaktien und den Nennwertaktien herausgearbeitet. Sodann wird untersucht, ob diese Unterschiede der Stückaktien – entgegen der Regierungsbegründung und der bisherigen Literatur – nicht doch zu abweichenden Fragestellungen und Problemen führen. Dabei werden insbesondere „kranke" Fälle der Gründung und der Kapitalmaßnahmen erörtert. Durch die Veränderlichkeit der „unechten Nennbeträge" bei Stückaktien können auf die Aktionäre überraschende Zahlungspflichten in Form einer Ausfallhaftung zukommen. Andererseits kann sich eine Beteiligung auch nachträglich als wesentlich geringer herausstellen. Darüber hinaus können im Rahmen von Kapitalerhöhungen auch Gläubigerinteressen beeinträchtigt werden.

Aus dem Inhalt: Funktionen des Aktiennennwerts und Folgen dessen Fehlens · Transparenz · Gutgläubiger Erwerb und Verbriefung der Stückaktie · Probleme der Gründung mit Stückaktien · Probleme im Rahmen der Kapitalmaßnahmen bei Stückaktien

Frankfurt am Main · Berlin · Bern · Bruxelles · New York · Oxford · Wien
Auslieferung: Verlag Peter Lang AG
Moosstr. 1, CH-2542 Pieterlen
Telefax 00 41 (0) 32 / 376 17 27

*inklusive der in Deutschland gültigen Mehrwertsteuer
Preisänderungen vorbehalten
Homepage http://www.peterlang.de